Development of Advanced Materials Industry in China:
Annual Report (2021)

中国新材料产业发展报告

中国工程院化工、冶金与材料工程学部
中国材料研究学会 —— 编写

化学工业出版社

·北京·

内 容 简 介

《中国新材料产业发展报告（2021）》结合当前我国各行业对新材料的应用与需求情况，重点关注当前我国重点领域新材料的先进生产技术与应用情况、存在问题与发展趋势。书中着重阐明了先进陶瓷材料、钛合金材料、高性能纤维材料、稀土新材料、超高强度钢等先进基础材料的特性、应用与先进技术，特别讲解了高温合金、高性能二维材料膜、锂离子电池材料、压电陶瓷材料与元器件的产业需求与技术发展情况，对增材制造金属材料、智能仿生材料、液态金属材料、气凝胶材料等前沿新材料的发展与应用情况进行了全面解说。

书中对新材料产业各领域的详细解读，为未来我国新材料领域的技术突破指明了方向，将为新材料领域研发人员、技术人员、产业界人士提供全面的指导。

图书在版编目（CIP）数据

中国新材料产业发展报告.2021/中国工程院化工、冶金与材料工程学部，中国材料研究学会编写. —北京：化学工业出版社，2022.5（2023.1 重印）
ISBN 978-7-122-40695-8

Ⅰ.①中… Ⅱ.①中… ②中… Ⅲ.①材料工业-产业发展-研究报告-中国-2021 Ⅳ.①F426

中国版本图书馆 CIP 数据核字（2022）第 022956 号

责任编辑：刘丽宏　　　　　　　　　　文字编辑：林　丹
责任校对：王鹏飞　　　　　　　　　　装帧设计：王晓宇

出版发行：化学工业出版社（北京市东城区青年湖南街 13 号　邮政编码 100011）
印　　装：涿州市般润文化传播有限公司
787mm×1092mm　1/16　印张 22¾　字数 518 千字　2023 年 1 月北京第 1 版第 2 次印刷

购书咨询：010-64518888　　　　　　　售后服务：010-64518899
网　　址：http://www.cip.com.cn
凡购买本书，如有缺损质量问题，本社销售中心负责调换。

定　　价：198.00 元　　　　　　　　　　　　　　　　　　　　　版权所有　违者必究

《中国新材料产业发展报告（2021）》编委会

主　　任　李元元　魏炳波　谢建新

委　　员　（以姓氏笔画为序）
　　　　　　丁文江　王迎军　冯　强　朱美芳　李元元　李光宪
　　　　　　李树索　杨　锐　张平祥　张增志　武　英　欧阳世翕
　　　　　　周少雄　周科朝　姚　燕　聂祚仁　翁　端　唐　清
　　　　　　韩高荣　韩雅芳　谢建新　潘复生　魏炳波

主　　编　李元元　谢建新　魏炳波

副 主 编　周少雄　韩高荣　武　英　张增志　唐见茂

编　　委　（以姓氏笔画为序）
　　　　　　于俊荣　王春旭　巨安奇　邓中山　石　锋　叶家元
　　　　　　邢卫红　朱纪磊　朱美芳　刘　彤　刘　爽　刘　静
　　　　　　刘公平　齐建起　江　雷　汤慧萍　安晓鹏　孙　晔
　　　　　　李会霞　李储鑫　杨治华　肖程波　吴晓东　辛社伟
　　　　　　张　继　张　瑛　张立群　张永政　张鼎昊　陈人杰
　　　　　　武　英　郅　晓　尚勋忠　金万勤　周　迪　赵永庆
　　　　　　赵新青　段爱军　姚　燕　贺高红　翁　端　高　芳
　　　　　　唐　清　唐见茂　黄学杰　梁剑雄　董智超　谢　曼
　　　　　　雷　文　褚祥诚　瞿志学

总序

新材料作为科技强国建设的重要物质保障，是具有战略性、基础性和先导性的产业。新材料领域的健康发展，需要紧紧围绕国家重大需求，不断开展宏观战略研究，及时面向社会发布行业发展趋势、存在的问题和行业指导性建议，以期助力推动我国新材料与高新技术、高端制造和重大工程的深度融合。

《中国新材料研究前沿报告》《中国新材料产业发展报告》《中国新材料技术应用报告》《走近前沿新材料》系列新材料品牌战略咨询报告与技术普及性图书立足新材料产业发展链条，涉及研究前沿、产业发展、技术应用和科学普及四个维度，每年面向社会公开出版。其中，《中国新材料研究前沿报告》主要任务是关注对行业发展可能产生重大影响的原创技术、关键战略材料领域基础研究进展和新材料创新能力建设，梳理出发展过程中面临的问题并提出应对策略和指导性发展建议；《中国新材料产业发展报告》主要任务是关注先进基础材料、关键战略材料和前沿新材料的产业化问题与对行业支撑保障能力的建设问题，提出发展思路和解决方案；《中国新材料技术应用报告》主要任务是关注新材料在基础工业领域、关键战略产业领域和新兴产业领域中应用化、集成化问题以及新材料应用体系建设问题，提出解决方案和政策建议；《走近前沿新材料》主要任务是将新材料领域不断涌现的新概念、新技术、新知识、新理论以科普的方式向广大科技工作者、青年学生、机关干部进行推送，使新材料更快、更好地服务于经济建设。以上四部著作以国家重大需求为导向，以重点领域为着眼点开展工作，对涉及的具体行业原则上每隔2~4年进行循环发布，这期间的动态调研与研究会持续密切关注行业新动向、新态势，及时向广大读者报告新进展、新趋势、新问题和新建议。

  以上系列新材料品牌战略咨询报告与技术普及性图书由中国工程院化工、冶金与材料工程学部和中国材料研究学会共同组织编写，由中国材料研究学会新材料发展战略研究院组织实施。2022年公开出版的四部咨询报告分别是《中国新材料研究前沿报告（2021）》《中国新材料产业发展报告（2021）》《中国新材料技术应用报告（2021）》和《走近前沿新材料3》，这四部著作得到了中国工程院重大咨询项目《新材料发展战略研究》《新材料前沿技术及科普发展战略研究》《新材料研发与产业强国战略研究》及《先进材料工程科技未来20年发展战略研究》等课题支持。在此，我们对今年参与这项工作的专家们的辛苦工作致以诚挚的谢意！希望我们不断总结经验，不断提升智库水平，更加有力地为中国新材料的发展做好战略保障和支持。

  以上四部著作可以服务于我国广大材料科技工作者、工程技术人员、青年学生、政府相关部门人员，对于图书中存在的不足之处，望社会各界人士不吝批评指正，我们期望每年为读者提供内容更加充实、新颖的高质量、高水平的图书。

二○二一年十二月

前言

《中国新材料产业发展报告（2021）》（以下简称《报告》）是由中国材料研究学会组编和出版发行的年度系列报告第17部，是中国工程院重大咨询项目《新材料研发与产业强国战略研究》四部系列出版物之一。

今年的《报告》总体内容框架是在研究疫情持续蔓延、中美高层战略对话、我国"双碳"战略、我国航天重大事件等给中国经济发展带来影响的基础上，综合研讨了在新形势下国家高质量发展的实施、产业结构的调整、制造业的转型升级等战略目标和规划后设计出来的，《报告》分为综述篇、先进基础材料篇、关键战略材料、前沿新材料四个部分：综述篇，深入思考并系统论述了当前国际形势下，我国新材料的现状、发展趋势、存在的问题、并针对以上情况梳理出了今后我国新材料产业的发展思路；先进基础材料篇，关键战略材料，前沿新材料三个篇章从产业发展角度对包括先进陶瓷材料、高温合金材料、高性能纤维材料、稀土新材料、高温合金、工业催化材料、锂离子电池材料、增材制造金属材料、智能仿生材料、液态金属材料、气凝胶材料等领域涉及的新材料进行了研究，得出了深入的研究结论。

2021年是我国"十四五"规划的开局之年，也是推动我国科技、经济、工业深化改革，实现转型升级、绿色健康高质量发展的关键之年，处在当前国际格局和国际体系深刻调整、我国实现"双碳"战略这一历史时期的新材料技术和产业，将会遇到新的发展机遇，也会面临前所未有的重大考验。因此，新材料产业发展必须顺应这一新的历史潮流和时代特征，加大技术创新投入力度，持续提高产业技术水平和发展潜力。

今年《报告》的编写邀请到多名院士、资深专家学者、产业精英的热情认真参与，他们提供了高质量、高时效性的专题研究报告和专家观点，这些推动新材料产业发展的对策和建议，既具有指导性，也有较强的可操作性。我们对为《报告》的研究、撰写和出版提供全面指导与支持的单位表示感谢！

特别感谢参与本书编写的所有作者和组织：

第 1 章　国家新材料产业发展专家咨询委员会秘书处
　　　　　钢铁研究总院战略研究中心

第 2 章　叶家元　郅　晓　安晓鹏

第 3 章　杨治华　瞿志学　齐建起

第 4 章　赵永庆　辛社伟

第 5 章　巨安奇　于俊荣　朱美芳　等

第 6 章　刘　爽　吴晓东　翁　端

第 7 章　王春旭　梁剑雄

第 8 章　张　继　肖程波

第 9 章　张　瑛　段爱军

第 10 章　刘公平　金万勤　邢卫红

第 11 章　黄学杰

第 12 章　石　锋　尚勋忠　褚祥诚　周　迪　雷　文

第 13 章　汤慧萍　朱纪磊　李会霞

第 14 章　江　雷　董智超　李储鑫

第 15 章　邓中山　刘　静

第 16 章　孙　晔　张鼎昊

希望本书的出版能够为有关部门的管理人员、从事新材料研发的科技人员、新材料产业界人员以及其他相关人员提供有益的参考。

谢建新

二〇二一年十二月

目录

第一篇 综　述 / 001

第 1 章 新材料产业发展思考 / 002
1.1　新材料产业发展面临的形势 / 002
1.2　全球新材料产业发展现状及趋势 / 003
1.3　我国新材料产业取得的成绩 / 005
1.4　我国新材料产业发展存在的问题及分析 / 007
1.5　发展思路 / 008
1.6　对策建议 / 010

第二篇 先进基础材料 / 013

第 2 章 先进低碳水泥基材料 / 014
2.1　先进低碳水泥基材料发展的背景需求及战略意义 / 014
2.2　先进低碳水泥基材料的国际发展现状及趋势 / 015
2.3　先进低碳水泥基材料的国内发展现状及趋势 / 021
2.4　发展我国先进低碳水泥基材料的主要任务 / 026
2.5　推动我国先进低碳水泥基材料发展的对策和建议 / 031

第 3 章 先进陶瓷材料 / 034
3.1　先进陶瓷产业发展的背景需求及战略意义 / 034
3.2　先进陶瓷产业的国际发展现状及趋势 / 035
3.3　先进陶瓷产业的国内发展现状 / 041
3.4　发展我国先进陶瓷产业存在的主要问题 / 045
3.5　推动我国陶瓷材料产业发展的对策和建议 / 048
3.6　面向国家 2035 年重大战略需求先进陶瓷产业技术预判和战略布局 / 049

第 4 章　钛合金材料 / 054

    4.1　钛合金材料产业发展的背景需求及战略意义 / 054

    4.2　钛合金材料产业的国际发展现状及趋势 / 055

    4.3　钛合金材料产业的国内发展现状 / 059

    4.4　发展我国钛合金材料产业的主要任务及存在主要问题 / 073

    4.5　推动我国钛合金材料产业发展的对策和建议 / 074

    4.6　面向国家 2035 年重大战略需求钛合金材料产业技术预判和战略布局 / 075

第 5 章　高性能纤维材料 / 077

    5.1　高性能纤维产业发展的背景需求及战略意义 / 077

    5.2　高性能纤维产业的国际发展现状及趋势 / 081

    5.3　高性能纤维产业的国内发展现状　/ 088

    5.4　发展我国高性能纤维产业的主要任务及存在主要问题 / 096

    5.5　推动我国高性能纤维产业发展的对策和建议 / 098

    5.6　面向国家 2035 年重大战略需求高性能纤维产业技术预判和战略布局 / 099

第 6 章　稀土新材料 / 102

    6.1　稀土新材料产业发展的背景需求及战略意义 / 102

    6.2　稀土新材料产业的国内外发展现状及趋势 / 105

    6.3　发展国内稀土新材料产业的主要问题及对策 / 118

    6.4　面向国家 2035 年重大战略需求稀土新材料产业建议 / 121

第 7 章　超高强度钢 / 125

    7.1　超高强度钢产业发展的背景需求及战略意义 / 125

    7.2　超高强度钢产业的国际发展现状及趋势 / 129

    7.3　超高强度钢产业的国内发展现状 / 145

    7.4　发展我国超高强度钢产业的主要任务及存在主要问题 / 158

    7.5　推动我国超高强度钢产业发展的对策和建议 / 160

    7.6　面向国家 2035 年重大战略需求超高强度钢产业技术预判和战略布局 / 161

第三篇　关键战略材料　/ 163

第 8 章　高温合金 / 164

8.1　高温合金产业发展的背景需求及战略意义 / 164

8.2　高温合金产业的国际发展现状及趋势 / 172

8.3　高温合金产业的国内发展现状 / 176

8.4　发展我国高温合金产业的主要任务及存在主要问题 / 181

8.5　推动我国高温合金产业发展的对策和建议 / 183

8.6　面向国家 2035 年重大战略需求高温合金产业技术预判和战略布局 / 184

第 9 章　高效石油工业催化材料 / 186

9.1　高效石油工业催化材料产业发展的背景需求及战略意义 / 186

9.2　高效石油工业催化材料产业的国际发展现状及趋势 / 190

9.3　高效石油工业催化材料产业的国内发展现状及趋势 / 195

9.4　发展我国石油工业催化材料产业的主要任务及存在主要问题 / 200

9.5　推动我国石油工业催化材料产业发展的对策和建议 / 202

第 10 章　高性能二维材料膜 / 208

10.1　高性能二维材料膜产业发展的背景需求及战略意义 / 208

10.2　高性能二维材料膜的国际发展现状及趋势 / 209

10.3　高性能二维材料膜的国内发展现状及趋势 / 218

10.4　发展我国高性能二维材料膜产业的主要任务及存在主要问题 / 230

10.5　推动我国高性能二维材料膜产业发展的对策和建议 / 231

10.6　面向国家 2035 年重大战略需求高性能二维材料膜产业技术预判和战略布局 / 231

第 11 章　锂离子电池材料 / 237

11.1　产业发展现状 / 238

11.2　技术现状和发展趋势 / 240

第 12 章　压电陶瓷和微波介质陶瓷材料与元器件 / 244

12.1　压电陶瓷材料与元器件的现状和发展建议 / 244

12.2　微波介质陶瓷材料及其元器件发展建议 / 251

第四篇　前沿新材料　/ 259

第 13 章　增材制造金属材料 / 260

13.1　增材制造金属材料产业发展的背景需求及战略意义 / 260

13.2　增材制造金属材料产业的国际发展现状及趋势 / 266

  13.3 增材制造金属材料产业的国内发展现状 / 269

  13.4 发展我国增材制造金属材料产业的主要任务及存在主要问题 / 274

  13.5 推动我国增材制造材料产业发展的对策和建议 / 276

  13.6 面向国家 2035 年重大战略需求增材制造金属材料产业技术预判和战略布局 / 277

第 14 章 智能仿生材料 / 280

  14.1 智能仿生材料产业发展的背景需求及战略意义 / 280

  14.2 智能仿生材料产业的国际发展现状及趋势 / 286

  14.3 智能仿生材料产业的国内发展现状 / 288

  14.4 发展我国智能仿生材料产业的主要任务及存在主要问题 / 293

  14.5 推动我国智能仿生材料产业发展的对策和建议 / 295

  14.6 面向国家 2035 年重大战略需求智能仿生材料产业技术预判和战略布局 / 296

第 15 章 液态金属材料 / 298

  15.1 液态金属产业发展的背景需求及战略意义 / 298

  15.2 液态金属产业的国际发展现状及趋势 / 299

  15.3 液态金属产业的国内发展现状 / 307

  15.4 发展我国液态金属产业的主要任务及存在主要问题 / 313

  15.5 推动我国液态金属产业发展的对策和建议 / 317

第 16 章 气凝胶材料 / 320

  16.1 气凝胶材料产业发展的背景需求及战略意义 / 320

  16.2 气凝胶产业的国际发展现状及趋势 / 326

  16.3 气凝胶产业的国内发展现状 / 332

  16.4 发展我国气凝胶产业的主要任务及存在主要问题 / 345

  16.5 推动我国气凝胶产业发展的对策和建议 / 348

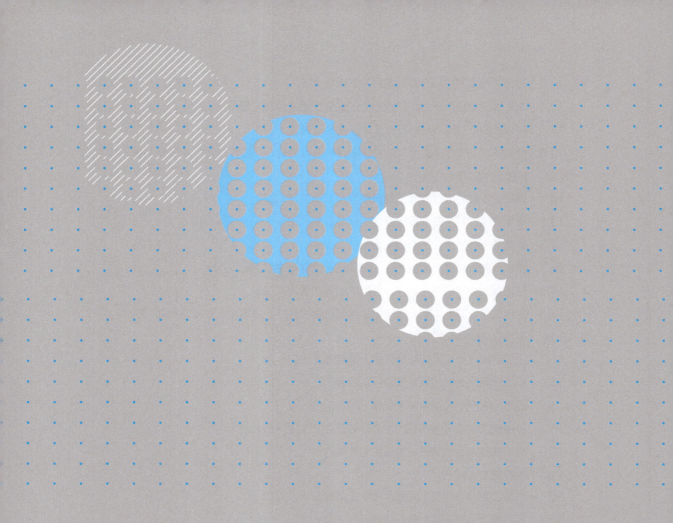

第一篇 综述

第 1 章 新材料产业发展思考
    1.1 新材料产业发展面临的形势
    1.2 全球新材料产业发展现状及趋势
    1.3 我国新材料产业取得的成绩
    1.4 我国新材料产业发展存在的问题及分析
    1.5 发展思路
    1.6 对策建议

第 1 章

新材料产业发展思考

国家新材料产业发展专家咨询委员会秘书处

钢铁研究总院战略研究中心

当前新一轮科技革命和产业革命不断深入，全球竞争格局正在发生深刻变革。科技创新成为推动全球经济和社会发展的新引擎，制造业成为各国新一轮竞争的焦点。新一代信息技术与新材料是制造业的两大"底盘技术"。新一代信息技术是第四次工业革命的驱动力，而新材料是支撑战略性新兴产业和重大工程不可或缺的物质基础。信息技术与新材料深度融合，共同推动制造业向高端化发展。加快先进材料产业发展，是党中央、国务院着眼建设制造强国、科技强国做出的重要战略部署。加快新材料产业发展，有利于推动传统产业转型升级和战略性新兴产业发展，实现社会生产力和经济发展质量的跃升，对实施创新驱动发展战略、加快供给侧结构性改革、增强产业核心竞争力具有重要战略意义。

1.1 新材料产业发展面临的形势

（1）新一轮科技革命和产业革命，为关键材料的大发展提供了历史机遇

当前，国际正在经历一场更大范围、更深层次的新工业革命，信息技术、制造技术、能源技术、材料技术交叉融合、深度渗透、群体性突破、协同应用，新技术、新业态、新产业层出不穷；一批标志性通用技术（数字化制造、5G、大数据等）涌现并向各产业领域渗透。新工业革命的本质是技术进步和模式创新驱动下的产业范式变迁，主要特点可以概括为"一主多翼"。"一主"是指在当前产业革命的大背景下，数字化、信息化、网络化、智能化的智能创新和深度应用是主要的潮流和趋势；"多翼"是指能源技术、材料技术、生物技术等领域的创新发展、融合交叉、广泛使用。科技与产业发展日新月异，新材料与5G、人工智能、智慧城市、新能源、生命健康等新兴产业的发展高度融合，创新步伐持续加快，推动了新材料

产品的不断推陈出新和产业化进程,这为材料的大发展提供了难得的历史机遇。

(2) 发达国家在关键材料领域加速布局,抢占发展先机

由于新材料的重要性,世界各国都不失时机地调整产业政策,加速布局材料前沿技术和颠覆性技术。例如在第三代半导体领域,富士通、英飞凌、三菱等跨国公司都已初步完成产业布局,并陆续开发出新一代产品,在高速列车、智能电网、5G通信等领域实现了应用。与之比较,我国尚处于发展初期,仅在照明领域具备一定优势。石墨烯也是如此,目前欧、美、日、韩等对石墨烯在信息、生物、光电等战略高技术领域的应用投入较大,已诞生了不少颠覆性产品原型,如射频电路等;而我国还在进行初级开发和低端应用,产业主要集中在提升传统产业方面(作为添加剂,添加到各种材料改善其性能),未形成在信息、生物、光电战略高技术领域的布局,高端研发明显滞后。

1.2 全球新材料产业发展现状及趋势

1.2.1 全球新材料产业发展现状

(1) 全球各国新材料产业政策持续推出,纷纷抢占制高点

进入21世纪,世界各国特别是发达国家都高度重视新材料产业的发展,均制订了相应的新材料发展战略和研究计划。2008年金融危机以来,发达国家纷纷启动"再工业化"战略,将制造业作为回归实体经济、抢占新一轮国际科技经济竞争制高点的重要抓手。材料作为制造业的基石,其战略地位日益提升。此外,主要发达国家针对新材料重点领域,如高温合金、碳纤维及复合材料、新型显示材料、新型能源材料、第三代半导体材料、稀土新材料、石墨烯等,还出台了专项政策。

(2) 产业规模不断扩大,地区差异日益明显

随着全球高新技术产业的快速发展和制造业的不断升级,以及可持续发展的持续推进,新材料的产品、技术、模式不断更新,应用领域不断拓展,市场前景更加广阔,对新材料的需求十分旺盛,产业规模持续增长。据统计,2010年全球新材料市场规模超过4000亿美元,到2017年2.3万亿美元,2019年2.82万亿美元,每年以10%以上的速度增长。

世界上新材料龙头企业主要集中在美国、欧洲和日本,拥有全球绝大部分大型跨国公司,在经济实力、核心技术、研发能力、市场占有率等方面占据绝对优势,形成全球市场的垄断。中国、韩国、俄罗斯紧随其后,属于第二梯队。其中,中国在半导体照明、稀土永磁、人工晶体材料领域具有较强竞争力。除巴西、印度等少数国家之外,大多数发展中国家的新材料产业比较落后。

(3) 市场竞争日趋剧烈,关键材料成为焦点

信息技术是当前世界经济复苏和推动未来产业革命的重要引擎。信息化的发展水平主要取决于光电信息功能材料，其主流仍然是半导体材料。另外，砷化镓、碳化硅和氮化镓等宽禁带半导体材料也将对光纤通信、互联网做出重要贡献。美国等发达国家在电子信息等关键材料领域占据主导地位。近两年，美国特朗普政府为巩固其全球霸主地位，蓄意挑起中美贸易争端，联手其他国家对我国材料产业实施打压。对钢铁、铝等优势基础材料产品实施高关税；对芯片、光刻胶等核心高端材料实施出口禁运，压制我国高技术产业发展。

（4）集约化集群化发展，高端材料垄断加剧

随着全球经济一体化进程加快，集约化、集群化和高效化成为新材料产业发展的突出特点。新材料产业呈现横向、纵向扩展，上下游产业联系也越来越紧密，产业链日趋完善，多学科、多部门联合进一步加强，形成新的产业联盟，有利于产品的开发与应用，但是也容易形成市场垄断。大型跨国公司凭借技术研发、资金、人才等优势，以技术、专利等作为壁垒，已在大多数高技术含量、高附加值的新材料产品中占据了主导地位。国际新材料企业呈现集团化、寡头化、国际化发展趋势。例如，日本、德国的 5 家企业占据了 80% 以上的半导体硅材料国际市场销售额。

全球新材料产业发展趋势

（1）新技术与新材料交叉融合、加速创新

21 世纪以来，全球新材料产业竞争格局发生重大调整，新材料、信息、能源、生物等学科间交叉融合不断深化，大数据、数字仿真等技术在新材料研发设计中作用不断突出，"互联网+"、材料基因组计划、增材制造等新技术、新模式蓬勃兴起，新材料创新步伐持续加快，新技术更新迭代日益加速，新思路、新创意、新产品层出不穷，国际市场竞争日趋激烈。

基础学科突破、多学科交叉、多技术融合快速推进新材料的创制、新功能的发现和传统材料性能的提升，新材料研发日益依赖多专业合作。例如：固体物理的重大突破催生了系列拓扑材料的出现；材料与物理深度融合诞生了高温超导材料；高密度、低功耗、非挥发性存储器技术开发更是多专业合作的典范；物理学家提出阻变、相变、磁隧道结和电荷俘获四种新的存储概念，材料学家找出合适的材料来实现相应功能，微电子专家设计相应的电路保证存储信号的写入、读取和擦除。

以材料基因工程为代表的一系列材料设计新方法的出现，不断突破现有思路、方法的局限性，以高通量计算、高通量制备、高通量表征、数据库与大数据等技术为支撑，立足把握材料成分-原子排列-相-显微组织-材料性能-环境参数-使用寿命之间的关系，推动新材料的研发、设计、制造和应用模式发生重大变革，大幅缩减新材料研发周期和研发成本，加速新材料的创新过程。

（2）绿色化、低碳化、智能化成为新材料发展的新趋势

进入 21 世纪以来，面对日益严重的资源枯竭、不断恶化的生态环境和大幅提升的人均需求等发展困境，绿色发展和可持续发展等理念已经成为人类共识。资源、能源、环境对材料

生产、应用、失效的承载能力，战略性元素的绿色化高效获取、利用、回收再利用以及替代等受到空前重视。

以新能源为代表的新兴产业崛起将引起电力、IT、建筑业、汽车业、通信行业等多个产业的重大变革和深度裂变，拉动上游产业（如风机制造、光伏组件、多晶硅深加工等一系列加工制造业和资源加工业）的发展，促进智能电网、电动汽车等输送与终端产品的开发和发展，促进节能建筑和光伏发电建筑的发展。欧美等发达国家已经通过立法要求必须或鼓励使用低辐射（Low-e）等节能玻璃，目前欧洲80%的中空玻璃为Low-e玻璃，美国Low-e中空玻璃普及率达82%。短流程、少污染、低能耗、绿色化生产制造，节约资源以及材料回收循环再利用，是新材料产业满足经济社会可持续发展的必然选择。

随着物联网、人工智能、云计算等新一代信息技术和互联网技术的飞速发展，以及新型感知技术和自动化技术的应用，先进制造技术正在向智能化的方向发展，智能制造装备在数控装备的基础上集成了若干智能控制软件和模块，使制造工艺能适应制造环境和制造过程的变化以达到优化，从而实现工艺的自动优化。具有感知、分析、推理、决策、控制功能，实现高效、高品质、节能环保和安全可靠生产的下一代制造装备的支撑材料是未来材料产业发展的急需。

（3）新材料技术日益提升人类生活质量

伴随着新材料研究技术的不断延展，产生了诸多与人类生活水平提升息息相关的新兴产业。如氮化镓等化合物半导体材料的发展，催生了半导体照明技术；质子膜燃料电池（PEMFC）已用于交通示范运行，促进了新能源汽车产业的发展。生物医用材料的应用显著降低了心脑血管、癌症等疾病和重大创伤的病死率，极大地提高了人类的健康水平和生命质量，是保障全民医疗保健基本需求和发展健康服务的重要物质基础。基于分子和基因等临床诊断材料和器械的发展，使肝癌等重大疾病得以早日发现和治疗；血管支架等介入器械的研发催生了微创和介入治疗技术；生物活性物质（如药物、蛋白质、基因等）的靶向/智能型控释系统及其载体材料的发展，不仅导致传统给药方式发生革命性变革，而且为先天性基因缺陷、老年病、肿瘤等难治愈疾病的治疗开辟了新的途径。

1.3 我国新材料产业取得的成绩

与发达国家相比，我国新材料技术与产业起步较晚、基础薄弱。新中国成立以来，特别是改革开放以来，我国出台多项政策，在材料领域全面部署，对标发达国家奋起直追。经过40多年的不懈努力，我国在体系建设、产业规模、技术进步、集群效应等方面取得了较大进步，取得了举世瞩目的巨大成绩，为国民经济和国防建设做出了重要贡献。

（1）国家及地方高度重视，产业政策密集出台

近些年，国家高度重视新材料产业发展，相关部委陆续推出了一系列政策，如《增强制造业核心竞争力三年行动计划（2018—2020年）》《"十三五"先进制造技术领域科技创新专项规划》《"十三五"材料领域科技创新专项规划》《国家新材料生产应用示范平台建设方案》

《国家新材料测试评价平台建设方案》《新材料标准领航行动计划（2018—2020年）》《重点新材料首批次应用示范指导目录（2018年版）》，这些政策加强对产业发展的统筹规划和顶层设计，引领新材料产业快速健康发展。2010—2018年国家出台了相关新材料产业相关政策。同时，各地方政府和主管部门对新材料产业也十分关注，北京、内蒙古、安徽、河北、广东等多个省（自治区、直辖市）及部分计划单列市也先后出台了新材料产业指导意见、发展规划、行动计划、实施方案，突出地方特色，推动新材料产业快速发展。

（2）加强新材料产业发展顶层设计

2016年12月国务院批准成立国家新材料产业发展领导小组（以下简称领导小组）。2017年2月，作为领导小组的咨询机构，国家新材料产业发展专家咨询委员会（以下简称专家咨询委）成立，干勇院士任主任，张涛、徐惠彬、谢建新、李仲平、俞建勇等院士任副主任。专家咨询委自成立以来，对"新材料2030重大项目实施方案"进行论证；组织重点新材料首批次保险补偿系列政策论证、项目评审及目录修订；对新材料生产应用示范平台、测试评价平台、新材料资源共享平台等国家重点平台进行方案论证和实施效果评估；制订重点产品、重点企业、重点集聚区"三个目录"；组织重点领域产业调研；开展新材料"十四五"规划思路研究；编撰新材料产业发展年度报告等。49位委员群策群力，履行国家智库职责，为新材料产业发展发挥了积极的作用。

2017—2020年，中国工程院先后依托专家咨询委开展"新材料强国2035年战略研究""新材料产业发展战略研究""提升新材料产业基础能力战略研究"重大咨询项目研究，旨在对我国新材料产业发展进行顶层设计，为国家加快提升新材料自主创新能力和产业核心竞争力提供咨询建议。

（3）产业规模不断壮大，部分材料进入世界前列

经过多年发展，新材料在国民经济各领域的应用不断扩大，基本涵盖金属、高分子、陶瓷等结构与功能材料的研发、设计、生产和应用各个环节。先进基础材料，目前能满足国民经济和社会发展基本需求。关键战略材料，为我国高速铁路、大飞机、载人航天、探月工程、风力发电、超高压电力输送、深海油气开发、资源节约及环境治理等重大工程的顺利实施做出了巨大贡献。前沿新材料当前以基础研究为主，产业尚处于发展初期，正经历从实验室向商业应用的过渡时期，我国前沿材料许多领域处于与国际并跑阶段，但产业规模与体量较小，大规模应用尚未到来。

"十三五"以来，在国家的大力支持下，通过新材料业界协同攻关，关键材料突破了一批关键核心共性技术，研发了一批关键核心材料及产品，支撑了一批重大工程和关键型号建设，基本形成了完善的技术创新和产业发展体系，为我国经济社会及国防安全的发展做出了重要贡献。据统计，我国新材料产业市场规模快速扩张，从2011年的0.8万亿元增长到2020年的5万亿元。

部分新材料重点领域产业规模已位居世界前列。例如，我国碳纤维产能和实际用量两项指标均跨入世界前三位，多种电子陶瓷产品的产量在世界占首位，我国新型显示材料产值全球第一。

（4）创新能力不断提升，一系列核心技术取得重大突破

新材料产业发展始终坚持"需求牵引、创新发展"的原则，我国新材料产业研发能力在不断积累中逐步增强，自主创新能力不断提升，新材料品种不断增加。在一些涉及"受制于人"的重点、关键新材料从制备、工艺流程到新产品开发及节能、环保和资源综合利用等方面取得重大突破。在碳纤维及其复合材料方面，我国已经突破了 T300 级和 T700 级军用高性能碳纤维研制与应用系列关键技术，基本解决了国防安全等的迫切需求问题，在碳纤维工程化及产业化关键技术、装备等方面取得较好进展。在高温合金方面，我国已形成研发应用体系，研制出 200 多个牌号的合金及其零部件。近年来，国家高度重视，高温合金技术进步加快，授权专利年均增长 30%，研发单位和生产企业的装备水平已进入国际先进行列。先进半导体材料方面，直径 200mm 以下硅材料已具备产业规模；掌握了满足 65～90nm 线宽集成电路用 300mm 硅片制备技术和无位错 450mm 硅单晶实验室制备技术。

（5）产业集聚效应明显，区域特色产业集群初步形成

近年来，我国新材料产业正呈现出快速集聚并形成特色产业集群的趋势，各地根据自身资源、人才、区位和产业基础，充分发挥比较优势，出台专项规划和行动方案，支持新材料产业特色发展，逐步形成了特色鲜明、各具优势的区域分布格局，产业集聚效应不断增强。京津冀、长三角、珠三角等沿海发达地区依托人才、市场优势，形成新材料研发与应用为主的新材料产业集群。

1.4 我国新材料产业发展存在的问题及分析

虽然我国新材料取得了有目共睹的成绩，但依然存在诸多问题。

（1）新材料对外依赖度高，产业基础能力薄弱

从中国工程院开展的产业链安全性评估结果可看出，我国新材料对外依赖度高，产业基础能力薄弱。我国高端材料大量依赖进口，如我国虽然集成电路和显示产业规模居世界前列，但集成电路材料和显示材料 70% 以上尚需进口。部分领域材料研发与生产脱节，材料、工艺与装备多学科交叉融合研究不足，流程和装备问题未受到重视，导致企业生产被迫陷入"依靠市场换技术"和"成套引进—加工生产—再成套引进—再加工生产"的怪圈，导致"天价的技术及装备"和"低端产品低价竞争"。部分关键原辅材料依赖国外进口，已成为制约我国新材料高性能化和高端元器件及零部件制造的重大瓶颈。

（2）引领发展能力不足，难以抢占战略制高点

新材料的发明和应用引领着全球的技术革新，不仅推动了已有产业的升级，而且催生了诸多新兴产业。无论是 20 世纪 50 年代崛起的半导体产业，还是 90 年代崛起的网络信息技术产业乃至现在的信息通信技术（Information Communication Technology，ICT）产业，无一不是由单晶硅、光纤等革命性新材料的发明、应用和不断更新换代促成的。现代航空业的繁荣兴旺离不开以高温合金为代表的先进高温结构材料在航空发动机上的应用，高铁、飞机、汽车等现代交通工具的绿色化、轻量化发展也迫切需要以碳纤维增强树脂基复合材料为代表的一系列新型复合材料的支撑。例如，波音787梦想客机的复合材料用量达50%，可实现整机减重超过20t和油耗降低超过20%。然而，在上述发挥引领作用的重大材料突破中，中国人的贡献乏善可陈。事实上，从19世纪70年代开始的第二次工业革命以来的近150年间，中国人在新材料引领产业发展方面基本上没有做出实质性贡献；我国在新材料领域的引领发展能力严重不足，更遑谈抢占战略制高点。

目前，国际产业巨头不仅在多数高端领域占据垄断地位，还在不少前沿领域再次实现率先发展，未来我国可能处于更加不利的位置。比如对于第三代半导体，富士通、英飞凌、三菱等跨国公司都已初步完成产业布局，并陆续开发出新一代产品，在高速列车、智能电网、5G通信等领域实现了应用。与之比较，我国尚处于发展初期，仅在照明领域具备一定优势。

（3）投资分散，初创期融资能力弱，缺少统筹

我国部分新材料领域的产业结构不够合理，新材料产业的投资和支持只看到一些"点"，尚未形成以点带线、以线带面的联动效应。国家更愿意把扶持资金发放到国有企业和科研院所，对民营企业设置的条件太多。以新型显示材料为例，近几年有20多家生产有机发光二极管（OLED）材料的公司成立，主要来自私人投资或风投，但缺乏统一部署，研发力量薄弱，资金投入小而分散，没有长远规划，市场追逐短平快项目。

（4）管理支撑体系不健全，未形成良好生态

材料测试、表征、评价、标准等材料支撑体系贯穿材料研发、生产、应用全过程，是材料产业提质升级的基础。完善的材料综合性能测试和应用技术评价体系是持续支撑技术及行业发展的基石，统一、科学、规范的标准体系是产业上下游交互的基础，是实现降低产品成本、提升研发效率的关键。

我国虽然拥有众多的材料测试评价机构，但材料测试评价机构普遍规模较小，部分测试评价方法落后，高性能测试仪器设备未能完全自主掌握，长期依赖进口，部分高端仪器设备长期闲置，高水平测试评价人才不足，市场化服务能力弱。新材料测试评价数据积累不足、缺乏共享，应用企业对新材料生产企业的测试评价结果缺乏信任，导致产业链上下游良性互动通道受阻。大部分测试评价机构的国际话语权不足，难以提升产品的国际竞争力。

1.5 发展思路

根据中国工程院重大咨询项目"新材料强国2035战略研究"成果，以及国家新材料产业发展专家咨询委员会编制的新材料产业"十四五"规划思路，我国下一阶段新材料发展总体思路为：面向在世界材料强国行列中占有一席之地的战略目标，围绕保障国家安全、产业安全、科技安全的重大需求，着力破解核心系统、补强重大工程和应用系统中器件的核心问题。以新材料产业高质量发展为目标，建立高效协同的常态化管理机制，进行合理分工协作，通过产业链、创新链、资金链三链合一，相互对接，相互融合，提升新材料产业治理体系能力、产业基础能力水平和现代产业体系发展水平。新材料产业总体水平与世界新材料强国差距大幅缩小，重点新材料领域总体技术和应用与国际先进水平同步，部分达到国际领先水平。

1.5.1 目标

① 先进基础材料。到 2035 年，基础材料中中高端产品占比达到 50%，基础材料进入全球产业价值链的中高端，二氧化碳等温室气体排放减少 20%，绿色制造达到国际一流水平，基础材料的设计、生产、服务全过程基本实现智能化。

② 关键战略材料。国民经济和国防建设重点领域所需战略材料制约问题全面解决，关键战略材料实现全面自主保障。关键战略材料产业体系全面建成，实现资源平衡利用、供给保障有力，关键战略材料领域军民深度融合发展，绿色、创新、可持续产业体系全面建成，整体水平达到国际领先水平。

③ 前沿新材料。到 2035 年，前沿新材料领域拥有一批具有全球影响力的跨学科研究团队，形成一批具有国际领先水平的原创性研究成果；在 3D 打印（又称三维打印、增材制造）材料、智能仿生与超材料、液态金属、气凝胶材料等方向实现引领发展；形成完善的材料研发和产业化体系，形成若干条完整的前沿新材料产业链，培育若干个基于前沿新材料的颠覆性技术产业集群，部分关键零部件获得长期稳定的应用。

1.5.2 重点任务

（1）实施重点领域短板材料产业化攻关

推动"重点新材料研发及应用重大项目"启动。发挥举国体制优势，在新一代信息技术、国防军工等重点领域启动实施"短板材料产业化攻关行动"，集中突破一批关键短板材料。以 50 种有望在五年内实现规模化应用的新材料为突破口，组织重点新材料研制、生产和应用单位联合攻关，提升新材料产业基础保障能力。推动实施产业基础再造工程，提升产业基础能力。

（2）加强新材料成果转化能力

夯实新材料创新体系薄弱环节，补齐新材料创新链条中科技成果转化成功率低的短板，构建 20 个以上规模逐级放大的新材料中试中心，加快整合各地创新资源，在此基础上成立 6 家以上"国家新材料工程转化中心"。继续优化首批次保险补偿机制，完善新材料生产及应用领域国有资本考核机制，加速新材料推广应用。

（3）完善创新能力体系建设

建立起以企业为主体、市场为导向、产学研用紧密结合的自主创新体系，加快新材料创新平台布局。在应用端继续推动国家新材料生产应用示范平台，在材料开发端布局部分关键材料领域和前沿材料领域一批创新平台，推动数字研发中心建设。加强新材料人才培养，促进国际人才交流合作。鼓励新材料学科发展，注重培养基础扎实、视野开阔的研究型人才，培养有工匠精神、实践操作能力强的应用型人才。有序开展国际交流，提高交流实效。

（4）推进新材料产业协同发展

加速推动新材料产业集聚区培育，支持建立产业集聚区培育平台，加强新材料产业链相关产业、科研机构、成果转化机构、高等院校、服务贸易机构、金融机构等各类业态与产业集聚区的融合协同，推动形成高效协同融合发展集聚区试点示范（现代产业体系试点示范）。

（5）开展新材料领军能力建设

针对我国具有优势或潜在优势的新材料品种，实施"新材料长项技术和产品提升专项行动"，支持重点企业面向国内外市场需求，巩固和强化竞争优势，形成一批国际知名品牌和新材料行业巨头，以期在国际竞争中形成战略反制能力。

（6）攻克一批新材料生产用核心装备及核心原辅料

实施"材料装备一体化行动"，组织新材料生产单位、装备研制单位、高校、科研院所等开展联合攻关，加快专业核心装备的研发和应用示范，解决新材料研发、生产、测试所需的核心设备、仪器、控制系统等不能自主生产，甚至高端装备面临国际禁运的问题。对新材料生产原辅料相关的国际、国内矿产资源和加工生产技术，实施"新材料专用原辅料保障行动"，提升保障能力。

1.6 对策建议

（1）加快完善宏观管理体系

统筹协调各部委资源，协同推进新材料产业发展。加快推动数字政务建设，建立国家、地方、企业、社会等协同联动统一的新材料数字化管理政务服务平台。积极引入区块链技术，推动在政务建设形成认证审核试点示范。推动 5G 技术及新一代信息技术在政务工作的融合发展。开展新材料产业链发展动态评估机制，摸清我国新材料产业发展的痛点、难点、热点。根据新材料产业发展规律，建立新材料技术成熟度评价管理体系，动态跟踪重点新材料发展水平。基本形成以"材料质量评价"为目的的材料产品质量评价体系和材料生产流程质量控制评价体系，能够以准确的材料性能质量评价体系和技术成熟度评价体系促进材料产业的高质量发展。定期梳理重点新材料产品目录、重点新材料企业目录、集聚区目录、颠覆性技术目录，加强政策评估，为政府对新材料发展精准决策提供依据，为社会和企业发展提供指引。

（2）统筹协调财政金融支持

加强政、银、企信息对接，充分发挥财政资金的激励和引导作用，积极吸引社会资本投入，进一步加大对新材料产业发展的支持力度。通过中央财政、制造业转型升级基金，统筹支持符合条件的新材料相关产业创新及发展工作。利用多层次的资本市场，加大对新材料产业发展的融资支持，支持优势新材料企业开展创新成果产业化及推广。鼓励金融机构按照风险可控和商业可持续原则，创新知识产权质押贷款等金融产品和服务。鼓励引导并支持天使投资人、创业投资基金、私募股权投资基金等促进新材料产业发展。支持符合条件的新材料企业在境内外上市、在全国中小企业股份转让系统挂牌、发行债券和并购重组。研究通过保险补偿等机制支持新材料首批次应用。

（3）加强资源共享能力建设

以国家战略和新材料产业发展需求为导向，建立和完善新材料领域资源开放共享机制，联合龙头企业、用户单位、科研院所、互联网机构等各方面力量，整合政府、行业、企业和社会资源，同时紧密结合政务信息系统平台建设工作，充分利用国家数据共享交换平台体系和现有基础设施资源，加强与各部门现有政务信息服务平台及商业化平台的对接和协同，结合互联网、大数据、人工智能、云计算等技术建立垂直化、专业化资源共享平台，采用线上线下相结合的方式，开展政务信息、产业信息、科技成果、技术装备、研发设计、生产制造、经营管理、采购销售、测试评价、金融、法律、人才等方面资源的共享服务。

（4）营造产业发展良好环境

加快布局一批新材料重点领域标准体系组织，建立完善的标准体系，根据新材料发展阶段积极推进团体标准、行业标准、国际标准工作，加快推进新材料标准国际化，积极参与国际标准制定、修订工作。推进重点新材料专利布局工作，制订高价值专利目录，制订新材料专利指引。加快新材料统计工作，完善新材料统计工作开展机制，解决新材料统计困局。完善进出口政策体系，维护公平贸易环境。支持新材料企业运用贸易救济、反垄断等方式维护公平竞争秩序，引导并支持新材料企业做好贸易摩擦应对。支持新材料企业"走出去"。

（5）协力推进国际开放合作

支持企业在境外设立新材料企业和研发机构，通过海外并购实现技术产品升级和国际化经营，加快融入全球新材料市场与创新网络。充分利用现有双边、多边合作机制，拓宽新材料国际合作渠道，结合"一带一路"建设，促进新材料产业人才团队、技术资本、标准专利、管理经验等交流合作。支持国内企业、高等院校和科研院所参与大型国际新材料科技合作计划，鼓励国外企业和科研机构在我国设立新材料研发中心和生产基地，定期举办中国国际新材料产业博览会。

第二篇 先进基础材料

第 2 章　先进低碳水泥基材料
第 3 章　先进陶瓷材料
第 4 章　钛合金材料
第 5 章　高性能纤维材料
第 6 章　稀土新材料
第 7 章　超高强度钢

第 2 章

先进低碳水泥基材料

叶家元　郅　晓　安晓鹏

2.1　先进低碳水泥基材料发展的背景需求及战略意义

水泥基材料是国民经济发展不可或缺的支柱性基础原材料。然而，水泥工业由于其工艺特性，CO_2 排放一直处于高位。据统计，2020 年水泥工业的 CO_2 直接排放总量约 14 亿吨，约占我国工业排放总量的 13%。因此，在"双碳"（碳达峰、碳中和）背景下我国水泥基材料工业面临着极其严峻的节能降碳形势，开展减碳工作刻不容缓、势在必行。采取切实有力措施，全力推进碳达峰与碳中和工作，是水泥基材料研究、生产与应用领域必须履行的社会责任和应尽的义务。

为了完整、准确、全面贯彻新发展理念，做好碳达峰、碳中和工作，中共中央、国务院发布了《关于完整准确全面贯彻新发展理念做好碳达峰碳中和工作的意见》（以下简称《意见》）。在《意见》中，明确要求"推动产业结构优化升级，制定建材等行业和领域碳达峰实施方案""大力发展节能低碳建筑，全面推广绿色低碳建材，推动建筑材料循环利用"。根据《意见》精神，科技创新是碳达峰与碳中和的重要驱动力，水泥基材料的低碳化与绿色化将成为必然。因此，水泥基材料行业一定要在低碳制备与应用技术等领域取得重大突破，争取获得一批低碳、零碳、负碳重大成果并全面推广，支撑行业如期达成碳达峰并如期实现碳中和目标。

为深入贯彻落实党中央、国务院关于碳达峰、碳中和的重大战略决策，扎实推进碳达峰行动，国务院发布了《2030 年前碳达峰行动方案》（以下称为《方案》）。该《方案》以"有力有序有效做好碳达峰工作"为宗旨，强调"总体部署、全国一盘棋、顶层设计以及稳妥有序、安全降碳"，要求"实施重点行业节能降碳工程，推动建材等行业开展节能降碳改造，提升能源资源利用效率""推动建材行业碳达峰，引导建材行业向轻型化、集约化、制品化转型""建材行业因地制宜利用风能、太阳能等可再生能源,逐步提高电力、天然气应用比重""鼓励建材企业使用粉煤灰、工业废渣、尾矿渣等作为原料或水泥混合材""加强新型胶凝材料、低碳混凝土、木竹建材等低碳建材产品研发应用"。根据《方案》的重点任务与要求,水泥基材料工业在"十四五"与"十五五"期间,应着力推广风、光等绿电技术,并尽力采用生物质等替代燃料技术,降低化石燃料消耗,进而降低燃料碳的排放。除采用低碳制备技术实现低碳生产外,开发诸如大掺量废渣水泥及新型胶凝材料等低碳新品种也必然要发挥更大支撑作用,才能实现水泥基材料的低碳发展目标,才能足够支撑行业及国家如期实现"双碳"目标。

由此可见,我国作为世界最大的水泥基材料生产和消费国,加快推进以碳减排为重要抓手的生态文明建设,如期实现碳达峰已成为行业不可推卸的历史使命,也是推进水泥基材料产业安全发展、高质量发展,加快形成"双循环"发展新格局的迫切需要。全力推进碳达峰与碳中和,是水泥基材料行业坚决贯彻落实国家生态文明重要思想的重大举措,是水泥基材料进入绿色低碳新发展阶段、贯彻"宜业尚品、造福人类"新发展理念、构建可持续健康新发展格局的重要保障。全行业必须坚定信心,面向低碳技术国际前沿、面向我国低碳发展的重大需求、面向人民群众对美好生活的追求,在低碳技术领域攻坚克难、自立自强,使行业转向绿色资源能源、生态友好、高质量发展的新模式,走上"开拓、创新、绿色、共享、开放、人文"的可持续发展的低碳之路。

2.2 先进低碳水泥基材料的国际发展现状及趋势

全球水泥产量与需求量近20年均保持双增长。水泥产量自21世纪初突破20亿吨后,一直保持快速增长,至2013年突破40亿吨。此后数年,全球水泥产量一直维持在40亿吨的高位,如图2-1所示。根据德国Karlsruhe技术研究院计算,水泥行业产生的CO_2约占全球人为排放总量的6%;2017年全世界人为排放CO_2达366亿吨,其中水泥工业约占6.7%,折合单位水泥CO_2排放为590$kgCO_2$/t水泥。

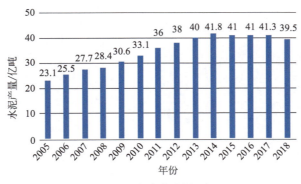

图2-1 近年来全球水泥产量

据国际能源署(IEA)预测,从当前至2030年、2035年甚至今后更长一段时间,全球水泥产量与需求量仍将是一个持续增长的过程。由于大量发展中国家国民经济发展的需求,

2050年全球水泥产量预计将由当前约42亿吨逐渐增长至约47亿吨，如图2-2所示。因此，从全球来看未来水泥工业从减少产量的角度来控制碳排放的路径实施起来困难重重，要想大幅度降低水泥基材料工业的碳排放必须实施技术减排。

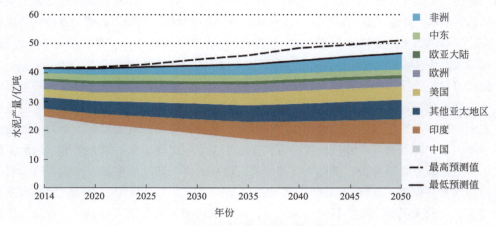

图2-2　世界主要区域、国家水泥产量预测

2.2.1　国际机构推荐的低碳技术路线

根据《巴黎协定》精神，国际能源署和欧洲水泥协会等机构均着眼于水泥工业低碳发展，相继发布了低碳技术路线图并推荐了相应技术。

国际能源署（IEA）根据水泥工业流程特点，于2018年发布了《2050年水泥工业低碳转型技术路线图》，其推荐的减排技术及其减排潜力如图2-3所示，推荐的低碳技术路线包括：

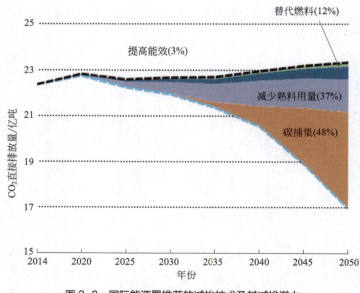

图2-3　国际能源署推荐的减排技术及其减排潜力

① 提高水泥生产效率，降低水泥单位能耗，单位水泥减碳潜力约为3%；

② 发展协同处置技术，将各种可燃废弃物用作水泥窑的替代燃料，单位水泥减碳潜力约为12%；

③ 降低水泥的熟料系数，研发混合材深加工技术以部分替代熟料，单位水泥减碳潜力约为37%；

④ 应用碳捕集与利用（CCU）技术，预计2030年欧洲水泥工业碳捕集回收量将达到其总排放量的13%，2050年则达到48%以上。

IEA只聚焦于水泥生产的各个环节，还没有延伸至应用端。纵观其减排方案，在技术上无论如何提高能效、降低化石燃料用量、减少熟料用量，因水泥生产需要使用石灰石这一特殊性而使得原料碳的排放无法避免，总会有约40%的CO_2需要采取诸如碳捕集与利用等技术才能实现碳中和。因此，IEA认为碳捕集与利用是水泥工业实现碳中和的重要选择，甚至认为其是"兜底"技术。

欧洲水泥协会意识到碳减排和碳中和不是水泥行业一个行业的事情，其涉及混凝土、建筑、化工（碳捕集与利用，碳化）等多个领域，因此其更愿意将水泥工业的碳减排与碳中和与其他行业协同考虑。根据其设想，首先应该在政策层面上为水泥工业实现碳中和营造或建设恰当的环境，比如从全生命周期审视水泥的碳足迹、进行相适应的技能培训、开发碳金融工具等。在政策框架条件下，从水泥生产到应用的整个产业链中，以1990年单位水泥CO_2排放783kgCO_2/t水泥作为基数，在2017年已经实现减排116kgCO_2/t水泥的基础上，采取诸如替代原料等技术措施，分阶段实现碳中和：

① 2030年单位水泥CO_2排放降低40%，降低至472kgCO_2/t水泥，如图2-4所示。其中，熟料生产段减排62kgCO_2/t水泥，包括采用无钙原料部分替代石灰石减排14kgCO_2/t水泥，替代燃料减排30kgCO_2/t水泥，降低能耗减排9kgCO_2/t水泥，低碳熟料等新型熟料减排8kgCO_2/t水泥；水泥生产段减排35kgCO_2/t水泥，包括水泥中少使用熟料减排24kgCO_2/t水泥，降低电耗（包括余热发电）减排11kgCO_2/t水泥；混凝土段减排28kgCO_2/t水泥；建筑节能及建筑服役过程中碳化减排71kgCO_2/t水泥。

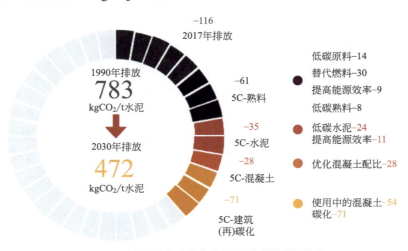

图2-4　欧洲水泥协会推荐的2030年低碳发展路线

② 2050年水泥工业实现零碳排放，如图2-5所示。其中，熟料生产段减排160kgCO_2/t水泥，包括采用无钙原料替代石灰石减排27kgCO_2/t水泥，替代燃料（主要为生物质燃料）减排71kgCO_2/t水泥，降低能耗减排26kgCO_2/t水泥，低碳熟料等新型熟料减排17kgCO_2/t水泥，采用电能与氢能源等零碳能源减排19kgCO_2/t水泥；水泥生产段减排117kgCO_2/t水泥，包括水泥中少使用熟料减排72kgCO_2/t水泥，降低电耗（包括余热发电）减排35kgCO_2/t水泥，零碳运输减排10kgCO_2/t水泥；混凝土段减排59kgCO_2/t水泥，包括低碳拌合减排52kgCO_2/t水泥，零碳运输减排7kgCO_2/t水泥；建筑节能及建筑服役过程中碳化减排51kgCO_2/t水泥。

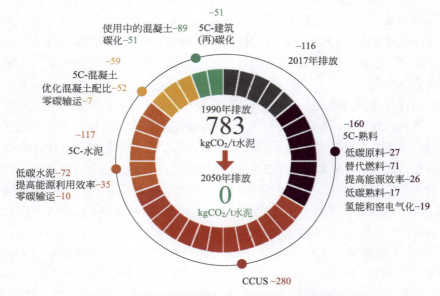

图2-5 欧洲水泥协会推荐的2050年零碳排放发展路线

比较上述两个阶段的目标，可发现如下技术特征或趋势：石灰石作为水泥生产的最大碳排放源，其碳减排的潜力有限；替代燃料是碳减排的可行技术，且零碳的生物质燃料将逐渐占较大份额，且氢能与电能等零碳能源在2030年后将得到较大规模推广和应用；水泥中少使用熟料是最为直接的减碳技术，且减碳效应显著；因使用零碳能源作为运输动力，因此水泥与混凝土运输及建筑施工过程中的碳减排量也较可观。

欧洲水泥协会推荐的上述碳中和路径涵盖了水泥生产与应用的整个生命周期，如果仅仅只截止到熟料生产段，即使到了2050年单位熟料的CO_2排放量仍高达507kgCO_2/t，因此碳捕集与利用将发挥重要作用。根据其技术路径，2050年欧洲水泥工业因采用碳捕集与利用而实现的CO_2减排量约为280kgCO_2/t。然而，采用上述技术措施后，单位熟料还有高达227kgCO_2/t排放。由此可见，如不考虑整个生命周期内的碳足迹，要实现水泥工业自身的碳中和是不可能的。

2.2.2 国际大型水泥集团的低碳技术路线

世界各大型水泥集团碳减排技术路线及其减排目标如表2-1所示。

表 2-1 各大型水泥集团碳减排技术路线和减排目标

企业名称	碳减排技术	现排放量/(kgCO$_2$/t 水泥)	2025 年排放量/(kgCO$_2$/t 水泥)	2030 年排放量/(kgCO$_2$/t 水泥)
海德堡集团	提高原燃料替代率 降低单位水泥中熟料占比 提高能源利用效率 提高低碳混凝土制品比例	590	525	< 500
拉法基豪瑞集团	提高原燃料替代率 降低单位水泥中熟料占比 提高能源利用效率 碳捕集利用与封存（CCUS）技术	561	555	475
Cemex 集团	提高原燃料替代率 降低单位水泥中熟料占比 提高能源利用效率 开发新型低碳水泥 碳捕集利用与封存技术	622	—	520

海德堡集团作为全球最大的水泥生产商之一，可持续发展是海德堡集团的战略核心。据海德堡集团《可持续发展承诺 2030》显示，以单位水泥 CO_2 排放量作为计算基准，与 1990 年相比，2019 年的 CO_2 排放量减少 22%。在 2019 年基础上，海德堡拟定的低碳目标为：2025 年，单位水泥 CO_2 排放量减少 30%（折算为 525kgCO$_2$/t 水泥，原定于 2030 年实现）；2030 年，单位水泥 CO_2 直接排放量小于 500kgCO$_2$/t 水泥；2050 年，实现碳中和。在上述减排目标的指引下，海德堡集团拟定了近 10 年将要采取的技术减排措施：

① 提高原、燃料替代率（燃料替代率由 2019 年的 24% 提升至 2030 年的 43%，生物质燃料利用率由 2019 年的 9% 提升至 2030 年的 19%）；

② 降低单位水泥中熟料用量（从 2019 年的 75% 降低至 2030 年的 70%）；

③ 提高能源利用效率；

④ 提高低碳混凝土制品比例。

对 2050 年实现水泥工业碳中和，海德堡集团也有明确的战略规划：

① 再生材料（如再生骨料）；

② 替代胶凝材料（如煅烧黏土、碳酸再生混凝土浆）；

③ 低碳熟料（如 Ternocem 和 CSA）；

④ 低碳水泥（如多组分水泥）。

需要说明的是，其提出的"CCUS 和窑电气化"减排技术主要指：CO_2 合成高蛋白动物饲料、烷类及醇类燃料及其他化工产品，实现 CCU；采用化学吸收法、全氧燃烧技术和间接换热技术等支撑 CCS；采用氢能和窑电气化等技术最大程度实现零碳能源制备水泥。具体碳减排和碳中和战略规划如图 2-6 和图 2-7 所示。

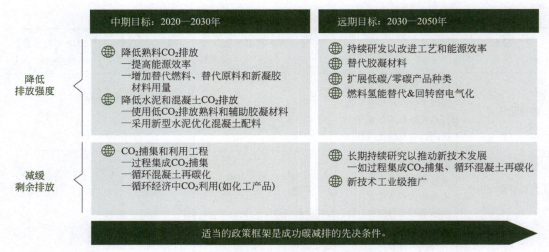

图2-6 海德堡集团中长期碳减排战略规划

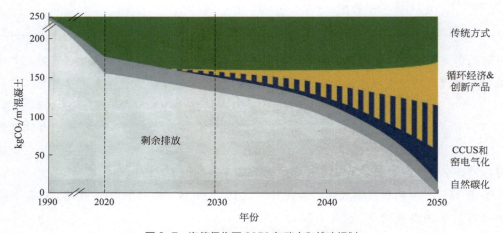

图2-7 海德堡集团2050年碳中和战略规划

拉法基豪瑞集团发布了《基于科学目标的净零排放承诺》，其目标为：以单位水泥CO_2排放量作为计算基准，与1990年相比，2019年的CO_2排放量减少接近30%；力争于2030年实现40%CO_2减排量（折算为475kgCO_2/t水泥）；计划于2050年前后实现碳中和。根据既定的碳减排战略目标，拉法基豪瑞集团推荐的低碳技术包括：

① 单位水泥中熟料占比降低至65%（目前常规水泥中熟料占比约为75%，拟采用的手段为扩大煅烧黏土的使用，同时开发新型低碳水泥，预计煅烧黏土将逐渐取代传统的矿物成分，例如矿渣或粉煤灰）；

② 燃料替代率增至37%（考虑到欧洲地区，预计2030年欧洲等地区的燃料替代率增至70%）；

③ 加大替代原料的使用（相关行业的废料和副产品可用来代替部分石灰石原料，约采用1亿吨）；

④ 碳捕集利用与封存（CCUS）技术（目前正在欧洲和北美同步试点20多个碳捕集利用

与封存项目,每年可减少约 400 万吨 CO_2 排放)。其碳减排战略目标如图 2-8 所示。

图 2-8　拉法基豪瑞集团水泥工业碳减排战略目标

Cemex 集团为有效降低水泥工业 CO_2 排放量,制订了详细的碳减排战略规划。未来 10 年内,Cemex 集团拟重点实施如下低碳技术:提高能源利用效率技术;替代原燃料技术 (2019 年 Cemex 集团原料替代率为 9.6%,燃料替代率为 28%);降低单位水泥中熟料用量;开发新型低碳水泥;碳捕集、利用和封存技术。根据 Cemex 集团公布数据,与 1990 年相比,2019 年 Cemex 集团水泥工业 CO_2 直接排放量净减少了 22% 以上。在 2019 年,Cemex 集团宣布到 2030 年减少 35% 的 CO_2 排放量。根据 Cemex 集团制订的低碳发展路径,2025 年单位水泥的 CO_2 排放量降低至 $560kgCO_2/t$ 水泥,2030 年进一步降低至 $520kgCO_2/t$ 水泥。Cemex 集团认为混凝土在向低碳经济过渡中将发挥关键作用,其宣称到 2050 年向全球所有客户交付净零 CO_2 混凝土。截至 2019 年底,Cemex 集团共计参与 6 个旨在降低 CO_2 排放量的欧盟研究项目。据报道,2020 年 9 月,Cemex 集团创新投资公司(Cemex Venture)与伦敦 Carbon Clean Solution 签署了合作项目,计划在 2021 年初启动碳捕集工程。两家公司将合作在水泥行业捕集 10 万吨 CO_2,计划把成本降至 30 美元 $/tCO_2$ 以下。

2.3　先进低碳水泥基材料的国内发展现状及趋势

自 1985 年以来,我国就成为世界上最大的水泥生产国。2020 年全国水泥产量达到 23.8 亿吨,占同期世界水泥产量的 56% 以上(排第二位的印度其产量只占 6%)。我国人均水泥消费量约 1700kg,远高于发达国家人均 600～700kg 的水泥消费峰值。

2.3.1　我国水泥基材料工业产业现状与发展趋势

我国水泥熟料产能从 2013 年起持续增长,至 2016 年达到 20.22 亿吨的峰值。2017 年首次由升转降，随后几年水泥熟料产能维持在 18 亿～20 亿吨，如图 2-9 所示。我国水泥行业经过产能高速发展期后，新型干法水泥工艺比重已经达到 99%。除上海市外，全国 31 个省（自治区、直辖市）均有新型干法线企业，东部地区企业分布密集度高。据统计，全国新型干法水泥生产线累计 1681 条，全国生产线单线规模结构逐年上升，水泥熟料生产线平均规模从 2013 年的 3205t/d 提升至 2019 年的 3491t/d。水泥行业通过加快推进企业（集团）兼并重组，开展供给侧结构性改革，在总产能继续降低的同时，产能利用率逐渐趋向合理，水泥产业组织结构得到了进一步优化。2018 年，前 10 家水泥企业（集团）熟料产能集中度已达 64%，比 2015 年提高 12%，比 2010 年增加了 39%，大企业在产业集中度提升中发挥了重要的作用。

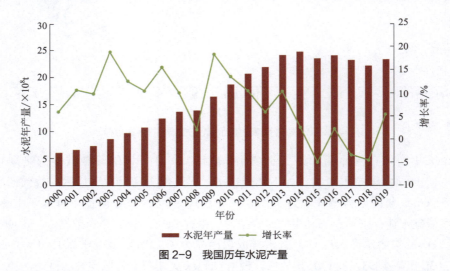

图 2-9 我国历年水泥产量

水泥生产的排放主要来源于石灰石分解与煤粉燃烧。据统计，我国单位熟料石灰石消耗量平均值为 1.17t/tcl，最大值为 1.472t/tcl，最小值仅为 0.21t/tcl。按照石灰石消耗量平均值折算单位熟料由于石灰石分解而排放的 CO_2 约为 530kg/tcl。我国水泥工业技术及管理不断进步，能耗水平逐渐下降。据统计，水泥工业煤炭消耗占建材全行业的 63.9%，占全国煤炭总需求量的 10% 以上。随着高效燃烧技术的应用和推广，我国单位熟料综合能耗由 2013 年的 123.5kgce/tcl 降低到 2018 年的 116.0kgce/tcl。根据此煤耗量计算，单位熟料由于煤粉燃烧而排放的 CO_2 约为 $320kgCO_2$/tcl。根据即将实施的《水泥单位产品能源消耗限额》（GB 16780—2021）规定，单位熟料产品综合能耗 1 级 100kgce/tcl，相当于 2.9GJ/t；2 级 107kgce/tcl，相当于 3.1GJ/t；3 级 117kgce/tcl，相当于 3.4GJ/t。国际能源署（IEA）发布的《2050 年水泥工业低碳转型技术路线图》中单位熟料产品综合能耗目标：2030 年 3.3GJ/t，2040 年 3.2GJ/t，2050 年 3.1GJ/t。对比表明，我国水泥工业的能源效率已处于世界领先水平。

据研究表明，我国未来水泥产量、消费量将双双下降，将由当前的 23.8 亿吨逐渐回落到 20 亿吨以下。熟料的生产与消费量与未来水泥工业的 CO_2 排放水平有直接关系。采用多因素拟合分析模型，预测我国水泥熟料消费量。我国水泥熟料消费峰值将在 2020—2025 年期间出现，预计约为 16.5 亿～17.0 亿吨，相应地行业年 CO_2 排放达到约 14.5 亿吨的峰值后将逐步下降。随后，熟料消费量将逐步下降。预计 2030 年、2035 年我国熟料消费量分别下降至约

14.3亿吨、13.0亿吨，2060年则可进一步下降至10.0亿吨以下。采用模型推演，2060年我国水泥的产量应控制在7.5亿吨以下，才可能实现碳中和。然而，根据我国社会经济发展需求，2060年我国水泥产量应维持在10亿吨以上的高位，远远高于模型预测值。因此，为了实现我国水泥工业按时"碳达峰"与"碳中和"，必须尽早大范围推广低碳技术，从技术上切实降低碳排放。

2.3.2 我国水泥基材料工业低碳发展路径

水泥熟料的CO_2排放可分为直接排放和间接排放，具体排放构成如图2-10所示。直接排放包括：碳酸盐分解533$kgCO_2$/tcl，约占58%；燃料燃烧320$kgCO_2$/tcl，约占35%。二者合计853$kgCO_2$/tcl，占93%。间接排放为电力产生的排放，约60$kgCO_2$/tcl，约占7%。因此，水泥基胶凝材料工业低碳发展的重点在于发展和推广低碳熟料技术，而实施低碳熟料技术的重点又在于降低包括减少石灰石和燃煤消耗在内的直接排放，即实施源头减碳技术。

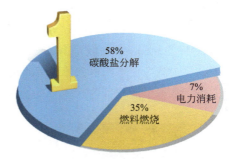

图2-10　水泥熟料的碳排放构成

根据水泥工业流程特点及碳排放节点，我国碳减排与碳中和的技术路径在技术类别与属性上与欧美并无本质差异，同为"提高能源效率、替代原燃料、降低熟料用量、碳捕集与利用"的路线。具体而言，结合实际情况我国水泥工业未来碳达峰与碳中和技术途径主要有：

（1）低钙熟料与水泥（相当于欧洲水泥协会推荐的低碳熟料）

通过增加或引入低钙组分，降低水泥生产石灰石的用量，从而减少CO_2排放；开发新型熟料体系，降低烧成能耗，甚至利用碳酸化养护实现生命周期内碳中和；开发不以硅酸盐水泥熟料为主要基材的无熟料/少熟料胶凝材料。目前低钙水泥主要包括以硅酸二钙（C_2S）为主导矿物的低钙硅酸盐水泥；以硅酸二钙（C_2S）、铁铝酸钙（C_4AF）、无水硫铝酸钙（C_4A_3S）为主要矿物的硫铝酸盐和铁铝酸盐水泥等，相比普通硅酸盐水泥熟料，石灰石用量少、烧成温度低（1250～1350℃）、熟料烧成能耗降低10%以上。低钙硅酸盐水泥CO_2减排5%～10%；硫铝酸盐和铁铝酸盐水泥CO_2减排20%～35%。新型熟料体系包括引入硫硅酸钙（C_5A_3S）等低温烧成矿物的硅酸二钙（C_2S）、无水硫铝酸钙（C_4A_3S）复合矿物体系，以及以二硅酸三钙（C_3S_2）为主导矿相的"碳负性"熟料体系。相比普通硅酸盐水泥熟料，新型复合矿物体系的烧成温度可降低100℃，石灰石少用20%，CO_2减排约30%；"碳负性"熟料体系在碳化氛围中凝结硬化，可吸收烧成时排放的全部CO_2，从而自身实现碳中和。无熟料/少熟料胶凝材料主要以钢渣、粉煤灰、脱硫石膏等固体废弃物为主，熟料用量少于5%，较普通硅酸盐水泥熟料其CO_2减排高达90%以上。

（2）替代燃料

通过提高替代燃料的使用比例来实现水泥生产的碳减排，依托国内垃圾分类政策的推行，研发替代燃料预处理技术与装备以及多源型替代燃料的综合处理与应用技术，最大程度发挥替代燃料的功效，可使我国替代燃料的使用比例达到 70% 以上（2060 年）。

（3）碳捕集技术及利用

在过去几年，燃烧后吸收技术和全氧燃烧技术这两种不同技术是否适用于水泥工业的 CO_2 捕集一直处于评估阶段。全氧燃烧技术通过 O_2/CO_2 替代常规空气燃烧，在燃烧过程中实现烟气 CO_2 的自富集，将预热器出口烟气 CO_2 浓度提升到 75% 以上。经初步评估，高 CO_2 浓度的烟气，无论是直接封存利用，还是进一步捕集提纯，其投资、运行成本都是最经济的方案。高 CO_2 浓度烟气直接用于碳化建材制品制备也将是 CO_2 利用技术的重要补充，这些制品的原材料可以是水泥及钢渣等固体废弃物。

海螺集团在其白马厂建成了世界首条水泥行业 CO_2 捕集示范线，规模为 5 万吨/年，并具备年产 3 万吨食品级 CO_2 的生产能力，其捕集提纯的工业级 CO_2 纯度已达 99.99%。该示范线将 CCUS 技术同水泥传统产业相结合，将水泥厂烟气中的 CO_2 转化为新产品，变废为宝，突破了水泥行业 CCUS 技术"零"应用（图 2-11）。

图 2-11　世界首条水泥行业成规模 CO_2 捕集与利用示范线

（4）清洁能源利用

采用氢能、利用 CO_2 生产的合成气以及用太阳能直接转变为热能等清洁能源煅烧熟料等颠覆性技术，可能促进水泥生产工艺的大变革，进而显著降低整个流程的 CO_2 排放。

2.3.3　我国与欧美水泥基材料工业低碳路径差异

对我国而言，提高能源效率和降低熟料系数的减排潜力已接近"极值"，替代燃料、CO_2 捕集、清洁能源利用等技术创新将成为我国水泥工业未来的主要减排技术。总体而言，我国水泥工艺技术处于世界前列,且水泥生产线大都为近年新建,底子较好,故相对而言实施以碳减排和碳中和为目标的各种技术更具备条件,但与欧美等相比我国在某些方面存在明显差异或存在明显不足:

(1) 我国降低熟料用量技术的减排潜力已接近"极值"

我国水泥工业混合材替代部分熟料比例平均已大于 30%,进一步降低的空间有限,因此国际能源署推荐的四项减排技术中其他三项将成为我国水泥工业未来的主要减排技术。据预测,2030 年和 2060 年,我国水泥工业单位熟料热耗将分别降至 3360kJ/kg 和 3110kJ/kg,水泥综合电耗分别降至 80kW·h/t 和 75kW·h/t,原料与燃料替代率将分别提高至 25% 和 70%,上述指标均达到世界先进水平;我国水泥工业 CO_2 捕集总量分别达到 0.5 亿吨和 1.5 亿吨(占世界总捕集量的 21.4%),占我国水泥工业总排放量的比例分别达到 7% 和 43%。在上述减碳技术的共同作用下,我国单位水泥 CO_2 排放量于 2030 年可控制在 440kgCO_2/t 水泥以下;到 2050 年可进一步降低到 270kgCO_2/t 水泥以下(较当前水平降低约 50%);至 2060 年由于碳捕集与利用技术的全面实施,我国水泥工业基本可实现碳中和。

(2) 我国在替代燃料等领域与当前国际水平具有明显差距

目前,替代燃料使用率世界平均水平为 4%,欧美等达到 23%,尤其是荷兰甚至达到了 85%。相比之下,我国替代燃料使用率不足 2%。通过加大该技术的推广力度、培育替代燃料市场、建立与完善垃圾分类政策,我国力争在 2030 年水泥行业的替代燃料使用率达到 15%,相应地减少化石燃料使用所减排 CO_2 的比例可达 5% 以上;力争 2040 年替代化石燃料比例达 40%,可减排 14%CO_2;力争 2060 年使用替代燃料+清洁能源(如氢能等)实现 100% 替代化石燃料,可减排 35%CO_2(图 2-12)。

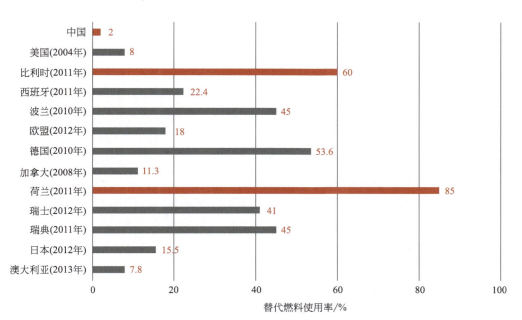

图 2-12 我国替代燃料水平与欧美等国的对比

（3）我国在全氧燃烧等颠覆性技术领域与当前国际水平有差距

ECRA 正在规划全氧燃烧示范工程，包括意大利的 Heidelberg cement 以及奥地利的 LafargeHolcim；丹麦 Dania 的史密斯水泥厂开展了全氧燃烧的应用试验研究；法国 Le Havre 的拉法基工厂（3500t/d）进行了部分全氧燃烧技术改造投资与运行成本的测算。德国海德堡水泥设计、建造并运行了世界上第一台工业环境中氧燃料熟料冷却原型机样机。我国在北京水泥厂和章丘华明水泥厂开展富氧燃烧示范工程，研究了 O_2 浓度对窑炉工况和烟气成分的影响。

德国海德堡于 2020 年 12 月 15 日发布消息，将在挪威 Brevik 水泥厂建设全球水泥行业第一条全尺寸（Full-scale）碳捕集与封存（CCUS）项目，预计每年可以捕集 40 万吨 CO_2，这些 CO_2 预计将被永久封存。该项目预计马上就会开工，预期在 2024 年前实现 CO_2 从烟气中的分离，最终其可以减少该厂 CO_2 排放总量的 50%。挪威布雷维克 Norcem 公司建立了一项中试规模碳捕集技术示范项目，在 2013—2016 年期间利用胺基吸收剂进行了捕集试验；美国得克萨斯州 Skyonic 公司于 2015 年开始运作，从水泥厂化学捕获 75ktCO_2/年并将其转化为碳酸氢钠、漂白剂和盐酸。我国预计水泥窑全氧燃烧技术于 2025 年完成中试试验，2030 年完成工程示范，随后开始推广应用。

2.4 发展我国先进低碳水泥基材料的主要任务

根据水泥工业流程特点，并结合我国水泥产量庞大的事实，围绕减少石灰石用量和燃煤消耗的源头减碳技术，并协同采用富/氧煅烧与 CO_2 捕集与利用等前沿技术，重点降低熟料生产的 CO_2 排放，为水泥工业实现碳中和奠定基础。

2.4.1 低钙低碳熟料开发与低碳水泥制造

针对水泥行业碳达峰碳中和迫切需求，以降低水泥生产石灰石消耗、减少 CO_2 排放为目标，研究 CaO-SiO_2-Al_2O_3-Fe_2O_3-SO_3 五元体系低钙高胶凝性熟料物相的基因设计，揭示新物相共存的热动力学机制与条件，建立物相形成热动力学模型，形成 C_3S - C_2S - $C_4A_3\$$ - $C_5S_2\$$ 新型熟料制备关键技术，开发多元胶凝组分反应活性及颗粒堆积的化学 - 物理效应耦合技术，形成低碳水泥生产及应用技术体系，实现规模化示范应用；研究大掺量典型富钙固废替代石灰石的高温热化学反应，揭示替代原料在气流场中的物质梯度释放规律，建立水泥工艺流程与替代原料物化特性的双向反馈机制，形成熟料高温亚稳晶型常温稳定及熟料矿相掺杂调控等关键技术，构建全流程低排放、低环境负荷的替代原料高效利用与评价技术体系。

采用低钙熟料技术进行矿物组成调整，减低高钙的硅酸三钙含量，提升低钙的硅酸二钙含量，将硅酸二钙的含量由约 20% 提升至 40%，可少使用石灰石约 100kg/tcl，可减排 CO_2 约 40kgCO_2/tcl；在该熟料体系中引入无水硫铝酸钙及硫硅酸钙等更为低钙的矿物，可再少使用石灰石约300kg/tcl，且可降低烧成温度约100℃，可减排CO_2约200$kgCO_2$/tcl；采用富钙组分替代石灰石，单位熟料的石灰石替代率可达到30%以上，则CO_2排放减少150$kgCO_2$/tcl以上；以低碳熟料为胶凝组分，进行大掺量混合材设计，水泥的熟料系数可降低至0.5以下，单位水泥减排CO_2约300$kgCO_2$/t水泥。

世界水泥生产商和重点研发机构都在力争研发新型低碳熟料技术。拉法基豪瑞公司和海德堡公司相继推出了以低钙矿物硅酸二钙和硫铝酸钙为主导矿物的Aether熟料（组成与高贝利特硫铝酸盐水泥熟料类似）和BCT熟料（硅酸二钙－硫铝酸钙－硫硅酸钙）技术，并成功实现了工业化生产示范。欧洲水泥协会规划，通过低钙熟料等技术的推广，至2030年贡献61$kgCO_2$/tcl的减排量，至2050年贡献160$kgCO_2$/tcl的减排量。

我国以中国建筑材料科学研究总院有限公司为首的相关研究单位，也积极布局探索了低碳水泥熟料相关技术。其中，我国以硅酸二钙（C_2S）为主导矿物的高贝利特硅酸盐水泥熟料技术处于国际领先水平，已在我国水工大坝、石油固井、公路交通、高铁、海洋开发、抢修加固等工程领域有较大规模应用；我国高贝利特硫铝酸盐水泥熟料技术处于国际领跑水平，已经实现了工业化生产和应用。此外，我国还提出了硫铝酸钙、硅酸二钙或硫硅酸钙等低钙矿物为主的低碳熟料新体系。该熟料的烧成温度比硅酸盐水泥熟料的降低100℃以上，CO_2排放和能耗分别降低20%和8%以上；其配制的水泥既有硅酸盐水泥长期稳定性能优异的特点，又具有硫铝酸盐水泥早期强度高的优点。

2.4.2 替代燃料关键技术与推广

针对燃料燃烧排放CO_2是水泥熟料生产过程中碳排放重要来源的问题，以生活垃圾、农作物秸秆等农林废弃物等高热值固废作为燃料部分替代煤炭等化石燃料，从而达到减少单位产品煤炭消耗量，降低水泥熟料生产过程中的CO_2排放的目的。以替代燃料高温过程的物理－能量耦合模型为理论指导，进行替代燃料预处理、熟料设计、窑炉工艺调控及环境安全控制的研究。根据水泥工艺流程与替代原燃料物化性质的双向反馈，建立替代原燃料的品质指标体系，并形成性能稳定与供给可靠的替代燃料预处理技术。根据替代燃料在气流场中的物质与能量梯度释放规律，利用重金属及硫、磷等微量组分的掺杂效应，设计并调控熟料矿物晶型及其胶凝性能。综合考虑窑炉工况、烟气排放及重金属在高温过程及水泥应用过程中的赋存及迁移等多因素，提出替代燃料高效且安全利用的综合应用技术方案。

采用替代燃料技术，农林废弃物等替代燃料替代率可达到50%以上，熟料烧成热耗降低5kgce/tcl，CO_2排放减少50kg/tcl以上。以南方水泥为例来说明替代料燃料生产低碳水泥熟料关键技术的减排效果。该企业计划至2025年前，将替代燃料技术运用于10条水泥生产线，预计年处置生活垃圾、农林废弃物达到150万吨/年，可节约煤炭约20万吨/年，减排CO_2约60万吨/年。

国际能源署（IEA）于2018年发布的《2050年水泥工业低碳转型技术路线图》预测，替代燃料的减碳潜力为12%。替代燃料是通过提高替代燃料的使用比例来实现水泥生产的碳减排，一些欧洲国家的平均燃料替代率已超过50%，单个水泥厂的年平均燃料替代率高达95%

以上，可实现 30% 的碳减排。

我国替代燃料技术起步较迟，与发达国家差距巨大。在"双碳"背景下，替代燃料技术将是我国在相当长一段时间内最为切实可行且能够大规模推广的低碳技术，必将为我国水泥工业的碳减排工作带来深刻影响。

2.4.3 低碳水泥高效应用关键技术与推广

如何利用低碳水泥高效制备混凝土材料并实现其长耐久、高安全服役则关系到低碳水泥技术的成败。为此，应重点研究以低碳熟料及大掺量辅助胶凝材料（如活化煤矸石等）为主要组分的低碳水泥对混凝土材料流变、力学、耐久性能的影响规律，揭示大掺量辅助胶凝组分与化学功能材料的交互作用机制，明晰混凝土材料微观结构形成与演变机制；攻克辅助胶凝材料活性提升及表面形态控制及混凝土材料工作性能与力学性能、耐久性能协同调控技术难题，建立低碳水泥高效、安全应用与评价技术体系。

力争形成低碳水泥高效制备混凝土材料及其应用与评价成套技术，在以低碳熟料为胶材、其辅助胶凝组分用量不低于 50% 的条件下，单方混凝土较硅酸盐混凝土 CO_2 减排 30%以上，构筑物服役寿命由 50 年提高到 100 年以上。预计 2035 年低碳水泥基混凝土的应用量可达到 1 亿立方米，可用于道路等市政工程、水渠等农业设施及板材等维护结构用预制构件。

2.4.4 既有生产线超低能耗的综合减碳技术与推广应用

为了实施成熟度较高且近期能够带来显著节能降碳效应的低碳技术，应重点开发低能耗生料制备、高效预热分解、富氧燃烧、高效熟料冷却、高效余热发电、新型隔热材料、高效料床粉磨和智能专家控制系统的超低能耗集成利用工艺与技术，开发产区内太阳能入网及电力补偿技术，建立区域内超低能耗水泥生产软硬件系统，提升水泥生产线整体能效。

到 2018 年底，我国 1681 条熟料生产线中 69.84% 为 2500t/d 以上熟料产能生产线，提高单条熟料生产线产能可有效促进单位熟料能耗，降低熟料生产碳排放。近年来，开发的低能耗烧成和新型粉磨技术，对水泥生产能效提升起到积极的作用，如六级组合重构预热预分解系统和生料辊压机终粉磨技术，对供风系统和篦板结构进行了优化，实现了熟料煤耗小于等于 93kg/t。水泥熟料生产过程中的余热再回收利用是降低水泥生产综合能耗的有效手段，如智能控制的水泥窑余热发电系统可使单位水泥产品发电达 28.11kW·h/t 水泥，降低了碳排放量。水泥生产能源效率正在逐步提升，如某 7500t/d 熟料新型干法水泥生产线，单位熟料综合电耗小于 42kW·h/tcl；在单位熟料余热发电量为 29kW·h 的情况下，实现生产统计单位熟料标准煤耗为 95kgce/tcl。在风能、太阳能利用方面，国内太阳能年利用小时数为 1000～1600h，按 1300h 计算，每 1MW（占地约 15 亩）的太阳能光伏发电组件每年可以发电 1300MW·h，如年产 200 万吨水泥厂内建设分布式光伏发电项目，利用厂房办公楼屋顶、空闲地面、废弃矿山安装 5 组（约 75 亩）该太阳能光伏板，按照 2020 年电网排放因子 0.53kg

CO_2/kW·h 计算，年减少间接排放 3445t，单位水泥 CO_2 排放减少 17.22kgCO_2/t 水泥。

根据国际和国内水泥产业技术的发展现状，目前可行的提高能效的 30 多种技术，其中主要的节能技术和减排潜力如表 2-2 所示。

表 2-2 水泥生产主要节能技术及其减排潜力

序号	技术名称	减排潜力	技术应用分析
1	辊压机生料终粉磨技术	3.40～5.62kgCO_2/tcl	根据调研集团生料制备粉磨平均电耗约 15.74kW·h/t，辊压机及外循环立磨粉磨技术电耗可达到 13kW·h/t，集团水泥企业生料粉磨平均节能潜力 2.74kW·h/t，生料粉磨节能产生的熟料降碳潜力为 2.54kgCO_2/tcl
2	外循环生料立磨粉磨技术	2.22kgCO_2/tcl	
3	高能效自适应烧成技术	15～21.6kgCO_2/tcl	适应与老线升级改造，熟料标准煤耗可降到 100kgce/tcl
4	新型水泥熟料冷却技术及装备	4.60～6.90kgCO_2/tcl	适用于水泥企业节能技术改造，熟料标准煤耗降低 2～4kgce/tcl
5	钢渣立磨终粉磨技术	单位钢渣终粉磨 CO_2 排放量降低 24kgCO_2/t 钢渣	降低钢渣粉磨电耗，提高钢渣使用比例
6	水泥行业能源管理和控制系统	3.51～7.99kgCO_2/tcl	少量水泥企业应用，单位熟料煤耗可降低 1～3kgce/tcl

2.4.5 全/富氧耦合碳捕集与利用关键技术研究与示范

为提升烟气中 CO_2 浓度并避免空气助燃时 N_2 带走过多热量的不足，重点研究典型建材工业窑炉全/富氧、高非化石燃料工况下矿相反应热动力学机理与气-固能质耦合作用机制，提出基于非空气助燃的绿色制造工程理论与技术；研究全/富氧燃烧条件下 CO_2 时空分布特征及循环富集规律，构建窑炉系统多场仿真模型，开发窑炉烟气 CO_2 捕集纯化技术；研究全/富氧燃烧条件下大气污染物形成释放机制，构建原燃料、窑炉气氛与大气污染物削减的关联模型，开发污染物过程减排和全/富氧燃烧节能耦合技术；发展气-液-固多相多质传输的 CO_2 矿化与胶凝固结理论，研发具有高效固碳能力的碳固化物相与高性能材料新体系。

采用全氧燃烧技术，烟气中 CO_2 浓度可由当前的 20%～30% 提高至 85% 以上。预计 2060 年 50% 以上的生产线采用全氧燃烧技术，预计为约 2 亿吨 CO_2（烟气中 CO_2 浓度可达到 95%）的捕集与利用创造条件。烟气经捕集和纯化后，可获得工业级 CO_2（纯度为 99.9%），食品级 CO_2（纯度为 99.99%）。

目前工业窑炉烟气 CO_2 捕集主要有三种：燃烧前捕集、全氧燃烧和燃烧后捕集。燃烧前捕集并不适用于水泥产业，因为其工艺过程中碳酸盐分解是其 CO_2 排放的主要来源。燃烧后捕集不需对原有生产工艺改进，利用吸收法、吸附法、膜分离法等对 CO_2 进行捕集，各种捕集方法对比如表 2-3 所示。

表 2-3　CO_2 燃烧后捕集的不同碳分离和提纯方法对比

方法	概述	优点	待解决问题
吸收法	吸收法分为物理吸收和化学吸收。物理吸收法通过物理溶解的作用，在加压或降温条件下实现 CO_2 的捕捉，再通过降压或升温实现 CO_2 的释放。化学吸收法则是利用 CO_2 酸性气体的特征，使用碱性溶液对其进行吸收，后续再通过加热等方法实现 CO_2 的释放	高 CO_2 回收率（>90%）；高反应率；处理费用适中；最成熟	高能耗；装备腐蚀；吸收剂再生能耗高；低浓度 CO_2 吸收效率低；CO_2 运输和储存过程附加压力设备；吸收剂逃逸污染环境
吸附法	吸附法是利用吸附剂在不同条件下与气体相互作用的不同，来实现气体的捕集和释放。根据操作条件的不同，可以分为变温吸附（TSA）和变压吸附（PSA），工业中常使用变压吸附	高 CO_2 回收率（>90%）；能耗低；低运行成本；适用于低浓度含 CO_2 气体；吸附过程可逆	流程设置复杂；特定烟气条件下吸附能力低；CO_2 选择性相对低；烟气条件下压力降低；吸附剂需定期更换
低温分离	低温分离是在超低温环境下将 CO_2 从工业烟气中或空气中分离，该过程中也可将其他气体同时分离	产生液态 CO_2；无溶剂需求；易进行工业利用；已成熟技术；工业界 CO_2 捕集已应用十余年	制冷过程能耗高；仅适用于高浓度 CO_2（>90%）；仅可在极低温度下进行；热交换设备表面固态 CO_2 沉积；烟气中水分去除
膜分离法	膜分离法 CO_2 捕集是利用膜两侧压力差作为推动力，根据各组分在膜中渗透速率的不同而实现气体分离的过程	较高 CO_2 回收率（>80%）；能耗低；过程清洁、简单；工艺连续稳定；无废气产生	膜寿命；高压运行；高生产成本；高运行成本；CO_2 捕集过程高能耗；膜堵塞；低通量；高压设备；低压、低浓度 CO_2 选择率；高流速工业烟气分离膜高比表面积需求；湿度对分离膜效率的影响；温度、压力对运行参数的影响
化学回路捕集	化学回路捕集需提前将空气中氧气分离，用于工业生产中燃烧，从而产生浓度较高的 CO_2 气体	高 CO_2 回收效率（80%）；无有害气体排放；运行成本低；低能耗	无大型示范应用；高耗损；建安成本高；需提前对空气中氧气分离和提纯
水合分离	水合分离为较新的 CO_2 分离技术，是将含有 CO_2 的工业尾气在高压状态下通入水中，与水发生反应生成水合物	能耗低；CO_2 吸收能力强；清洁、环境友好；适用于 H_2S 和 CO_2 混合气体捕集	研究基础弱；低浓度 CO_2 气体吸收设备成本高

2.4.6　低碳零碳前沿基础理论研究与技术原型开发

创新突破传统，开发零碳负碳胶凝材料及零碳能源利用等前沿颠覆性技术，重点开展新型无钙负碳水泥等低碳前沿新材料的水化硬化、碳排放与固化机制及微结构演化规律，探索复杂环境因素条件下其服役性能发展规律并开发性能优化调控技术，研发该类材料规模化制备与应用关键技术与装备，进行示范生产与工程应用；研究氢能、绿电等零碳能源高温煅烧过程中的热质传递、热化学反应动力学规律，揭示窑炉内物质场、能量场分布和交互机制，构建适用于典型窑炉的多源燃料共混模型，阐明多源燃料煅烧条件下窑炉内多相化学反应机理，开发适用于零碳能源的关键装备及工艺技术，开展试验验证，创立技术原型。

2.4.7 碳排放、碳核查和碳交易评价体系建设

为了培育有力有序的碳管理与碳交易市场，应重点建设水泥工业全流程碳足迹分析多维模型及指标体系，包括：基于过程分析法和成本分析法，综合考虑水泥工艺基础、生产规模、节能减排技术等因素，全面分析水泥生产流程中原材料及能源消耗，解决环保、节能及碳减排等协同关键问题，形成碳减排技术的环保、节能、减碳和成本等多维分析模型和指标体系。应重点建设水泥企业碳减排量审定核证和技术审核认证体系，包括：研究碳交易市场设计政策、技术和管理现状，采用情景分析法，分析不同情境下水泥行业碳排放核算、碳排放核查、碳排放配额分配方法等给水泥企业带来的外部性，结合减排技术研究成果，形成一整套水泥企业碳减排技术的经济技术评价、减排量审定核证和技术审核认证体系，建立减排技术评价数据库并开展试点示范并推广。

相关技术为水泥企业碳减排工程提供技术支持，为碳金融和碳汇市场提供分析工具，预计 2025 年实现示范应用，2035 年覆盖全行业，形成低碳技术验证与评价、碳排放核算与交易产业。

2.5 推动我国先进低碳水泥基材料发展的对策和建议

（1）发挥政府部门的引导与决策作用

水泥是中间材料，不是最终产品，要把新产品用上去，涉及的领域很多，包括建筑、交通、铁道、水电等众多领域的标准规范都要因此改变，如果衔接不好则会影响国家工程建设。另外碳捕集工作水泥行业自身难以全链条完成，在捕集、运输、储存、利用四个环节上，捕集和利用可由水泥行业主导实施，但水泥排放的 CO_2 实在太多，一条水泥生产线的 CO_2，够两个行业用，如果没有运输和储存的衔接，则难以实现预期效果。因此，这些创新技术不是水泥行业自身就能全链条无缝实施的，需要由政府决策引领和主导、推动，需要政府部门统筹考虑其他行业并进行"一盘棋"布局。

（2）结合实际开展共性关键技术突破

结合我国水泥工业当前实际，根据自身特点与需求，凝聚行业及各部门共识，重点攻克支撑我国水泥工业节能减碳实际需求的重大共性关键技术。燃料和电力节能减排技术这些年研究和应用较多，再减的空间相对较小，而水泥原料石灰石的使用是最大的碳排放来源，应该是重点，要开展深入和创新的研究。原料替代包括烧成和复合两部分，国际上可借鉴的不多；燃料的替代方面，我国与发达国家相比，差距较大，要加强研究和技术推广；可以探索新型燃料的研究和使用，包括氢能、风能光伏等可再生能源的使用，这些能源的研究不是水泥行业的优势，但是使用后对水泥工艺和产品性能的影响是巨大的，还需要加大研究力度。CCUS 技术海螺水泥已开了先河，但离大规模工业化还有很大差距，还需很大的投入和综合性研究。CO_2 应用问题也要开展，用于养护混凝土制品、房建材料等。

(3) 着力推进产业结构调整与升级

"十四五"时期是建材工业转换发展动能、转变发展方式,全面实现高质量发展的重要时期。深入贯彻习近平总书记重要指示和十九届五中全会、中央经济工作会议精神,深入落实碳达峰、碳中和的重大战略部署和相关工作要求,推进兼并重组,坚持减量发展,加强节能降碳力度,加大绿色技术投入,实现"两个转换、两个替代",即产品低碳化、工艺绿色化转换,生产上提高原料替代和能源替代比例,进而高质量实现碳达峰,高效率实现碳中和。

(4) 持续完善法制、法规、标准并培育市场体系

持续制定、修订低碳领域的法律、法令条文,为低碳技术的实施提供法律保障与支持。完善低碳水泥基材料的产品、方法与应用规程的标准体系,为高质量推进低碳技术提供保障。开展碳管理能力建设,建立碳排放管理体系。树立"碳是资产"的理念,提高碳资产管理能力。积极参与碳交易,探索开发碳汇项目,挖掘碳减排资产(CCER),实现碳资产保值增值。充分利用国家气候投融资与绿色金融政策,探索开展绿色融资,利用市场化手段高效推进碳减排工作。

(5) 加强财税政策与金融政策支持

在先进低碳水泥基材料产业发展的各阶段尤其是起步发展阶段,政府资金支持是技术创新向产业培育转变的重要动力。支持手段应当是多元化的,既包括直接的财政投入,也包括税收减免、资本市场、金融市场等间接投入。进一步研究完善鼓励创新、引导投资和消费的税收支持政策。积极发挥多层次资本市场的融资功能,进一步拓宽融资渠道,引导各类企业在加强规范管理的基础上从资本市场和债券市场融资,开展低碳技术创新活动。采取引进战略投资者、联合地方投资平台甚至上市募集资金等方式,缓解先进低碳水泥基材料产业示范压力。

(6) 坚持创新驱动低碳技术发展与应用

发挥企业的创新主体作用,积极引导企业对低碳技术进行"先行先试",带动行业低碳技术进步。创建国家碳达峰碳中和平台,开展 CO_2 捕集、利用与封存等前沿技术的基础研究、关键共性技术攻关。推进行业工艺过程脱碳与工艺变革,评价并推广先进适用低碳工艺技术、工艺和装备,加强低碳服务能力提升。提升低碳改造创新服务能力,培育一批绿色低碳技术研发、工程承包、评价咨询的服务团队,为行业提供绿色低碳一体化解决方案。

(7) 构建上下游及各行各业协同的新局面

我国的能源资源禀赋和国情现状决定未来不可能发展单一能源,需要进行多能互补,实现各类能源融合发展,提高全社会能源整体利用效率;实现碳中和不仅是能源一个行业部门的事,还是包含其他众多行业在内的事,不仅是行业生产领域的事,也是行业消费领域的事;立足全局,统一谋划,统筹处理好局部与全局利益关系,突破区域壁垒,形成"全国一盘棋",让要素、资源在更大范围内自由流动,发挥市场主体作用;碳中和涉及政府、企业、个人等不同主体,每个主体在其中具有至关重要而又各有侧重的作用。所以,碳中和目标的实现离不开不同主体的相互配合和社会的良性互动,这需要全民族的共识和全社会的行动,任何主体都不能缺席。

(8) 加强创新人才培养和开发、培养领军人才

制订促进先进低碳水泥基材料产业发展的人才政策。继续实施引进海外高层次人才计划，并向先进低碳水泥基材料产业的相关企业适当倾斜。从行业层面组织实施"创新人才推进计划"，加大领军人才引进和培养力度，创新人才业绩考核机制，为先进低碳水泥基材料产业的发展提供丰富的人才储备。加快建立多层次的适合产业技术创新实际需要的人才培养体系。加快培育一批具有创造性的中青年科技人才，特别要培养重大技术研发和系统设计的领军带头人才。支持建立企业技术研发中心与博士后科研流动站。注重从国家科技重大专项的实施过程中培养一批创新型科技人才，加强研究团队建设。

(9) 积极参与国际科技合作

在全球化的背景下，先进低碳水泥基材料产业的发展离不开对国际市场的开发和国际资源的吸纳。应积极吸引大型跨国公司在中国建立技术研究开发机构，同时鼓励内资企业以获取国外产业核心关键技术为目的的海外并购，鼓励到海外设立研发机构，组建研发联盟，积极利用当地人才、技术和信息，参与国际标准制定，提高企业国际竞争力。

作者简介

叶家元，中国建筑材料科学研究总院有限公司水泥新材院副院长，正高级工程师。兼任中国硅酸盐学会水泥分会理事兼副秘书长、中国材料研究学会青年工作委员会理事、中国建筑学会建筑材料分会理事等。主要从事固废资源化利用及低碳胶凝材料的基础理论研究及推广应用工作，承担完成了14项国家科研项目，发表学术论文70余篇，申请国家发明专利30余项（授权17项），获得省部级科技奖励3项，制修订标准6部。

郅晓，教授，博士生导师。国家新材料产业发展专家咨询委员会成员，国家智库专家，国家"十三五"和"十四五"国家重点研发计划专家组成员。参与制定了国家资源环境、新材料、智能制造"十三五"规划和国家"十二五""十三五""十四五"城镇化与城市发展领域规划和实施方案。出版了《海洋工程材料》《中国新材料产业发展报告》等专著。

安晓鹏，中国建材集团有限公司，高级工程师。兼任英文学术期刊 Journal of Sustainable Cement-based Materials 助理编辑，主要从事工业固废资源化利用和新拌混凝土性能基础理论和应用技术研究，承担完成国家自然科学基金委和科技部项目5项，发表学术论文30余篇，申请国家发明专利11项。

第 3 章

先进陶瓷材料

杨治华　瞿志学　齐建起

3.1　先进陶瓷产业发展的背景需求及战略意义

先进陶瓷材料是指在原料、工艺方面有别于传统陶瓷，通常采用高纯、超细原料，通过组成和结构的设计并采用精确的化学计量和新型制备技术制成的性能优异的陶瓷材料。这种具有特殊性能的新一代陶瓷材料高速发展，已经成为现代科学技术不断进步的基石。先进陶瓷材料根据用途和性能可以分为结构陶瓷和功能陶瓷两大类，其中结构陶瓷是指具有强度高、硬度高、耐腐蚀、耐磨损、耐高温等优异的力学、热学、化学性质，并用于各种结构部件的陶瓷材料。功能陶瓷是对电、磁、声、光、热、力、化学或生物等信息具有检测、转换、存储、耦合和传输等功能的介质材料。先进陶瓷材料的功能和用途广泛，主要包括高温防热、透波、高韧性、铁电、压电、介电、热释电、半导体、电光和磁性等功能，并应用于电子信息、集成电路、计算机、自动控制、国防军工、航空航天、生物医疗、海洋超声、通信技术、汽车和能源等现代高新技术领域。所以先进陶瓷材料早已成为国家某些重大工程和尖端技术中不可或缺的关键材料，在未来发展中有重要的科学价值和国家战略意义。例如，电子功能陶瓷材料以其高性能和应用的广泛性，已经成为现代信息技术发展的重要基石，是许多新型电子元器件的关键基础材料，在国民经济和国防建设中占有十分重要的战略地位。

近年来，国外主要发达国家针对新材料重点领域出台了相关专项政策，对先进陶瓷等重点新材料领域实行长期精准扶持和提前战略布局，促进本国新材料快速发展。与此同时，国外也积极实施保护本国利益的贸易政策。截至 2020 年 8 月，美国已对约 5500 亿美元中国输美商品加征关税，并对关键技术和产品的出口不断设置壁垒，这间接或直接影响到先进陶瓷新材料研发企业。

近年来，我国也出台了一系列战略政策，不断加大研发资金、研发力度的投入，提升自身产业创新能力，实施创新驱动发展战略，强化现代化经济体系的战略支撑，推动科技创新和经济社会发展深度融合。这也促使我国在某些高温隔热材料、透波材料等军事应用领域处于世界领先水平，但是就整体而言，我国先进陶瓷产业的发展还不平衡，产业高质量发展所需关键核心技术还是受制于人，与西方发达国家还存在一定差距。除了具有独立技术特色的国防先进陶瓷材料以外，民用先进陶瓷领域的大多数产品还是以价格为优势，技术附加价值还是有待进一步提高。例如，2020年全球新车市场及汽车后市场的蜂窝陶瓷载体规模约为5亿升，约400亿元的市场规模，美国康宁（Corning）公司和日本碍子（NGK）集团凭借其先进技术和专利壁垒垄断了蜂窝陶瓷全球市场，约占90%的份额[1]。而目前世界最先进的高附加值先进陶瓷产品，特别是手机中使用的片式压电子陶瓷滤波器、风力发电机陶瓷绝缘轴承和高端超细纳米粉体、高端装备中大量的先进陶瓷元件我国仍需进口。但近年来，我国制造业也得到了快速发展，我国制造业占国民生产总值的1/3、占整个工业生产的4/5、为国家财政提供1/3以上的收入、贡献出口总额的90%，我国制造业的规模和总量已经进入世界前列，成为全球制造大国。对于陶瓷产业来说，以汽车发动机陶瓷元件为契机，我国成功研制出一系列的高端产品，提升了产品和企业在航天、国防、环保、医疗、高端装备等领域的竞争力。所以从长远发展来看，我国的先进陶瓷产业有着巨大的发展潜力和提升空间。

3.2　先进陶瓷产业的国际发展现状及趋势

从全球先进陶瓷材料产业发展来看，欧洲的主要先进陶瓷生产国包括德国、法国、英国、瑞典和意大利，其中德国生产和消费了欧洲先进陶瓷市场的37%。法国和英国的市场合起来占39%。以近几年的数据来看，在欧美市场有超过150多家的先进陶瓷制造商，但超过65%的先进陶瓷是由七个跨国公司生产的。欧洲比较大的生产先进陶瓷的公司有法国圣戈班（Saint-Gobain）公司、德国赛琅泰克（Ceram Tec）公司、英国摩根（Morgan）公司，此外德国还有一批专业的中小型陶瓷原料公司（如Starck公司）、烧结设备公司（如FCT公司）。Saint-Gobain公司是世界百强企业之一，是全球工业工程材料的先驱者，名列财富500强企业第188位，年销售收入达到300多亿美元，其中高性能陶瓷材料占15%。不久前圣戈班收购了美国著名的Carborundum和Norton陶瓷公司。赛琅泰克（Ceram Tec）公司是德国最大的技术陶瓷公司，它生产各类先进陶瓷材料，应用于现代工业和生物医疗各个领域。英国Morgan公司是一家以碳材料和先进陶瓷为主要产品的企业，在60多个国家设立了160多个生产厂。美国拥有一些知名的陶瓷公司，如美国CoorsTec公司、康宁（Corning）公司、赛瑞丹（Ceradyne）公司，还有一些国防军工用先进陶瓷的专业制造商，如Raythen公司和Surmet公司。美国既是先进陶瓷生产大国，也是先进陶瓷最大的消费国，其生产少于消费，因此有许多产品从日本和欧洲以及中国进口，美国较大的生产先进陶瓷的公司包括CoorsTec公司和康宁公司。CoorsTec公司是美国技术陶瓷市场最大的供应商，生产各种精密陶瓷部件、电真空陶瓷、半导体工业用陶瓷基板和半导体设备用陶瓷部件。

高质量粉体作为陶瓷应用的基础，其市场继续呈现增长势头，基本被日本、德国、法国的少数厂商所垄断。最大的碳化硅粉体生产厂家为屋久岛电工,产量约100t/年,其次为H.C-STARCK,产量约50t/年、圣戈班产量约30t/年[2]。由欧美陶瓷跨国公司生产的先进陶瓷材料主要包括多孔陶瓷、透明陶瓷、核用陶瓷、热防护陶瓷、陶瓷基板、电子陶瓷和生物陶瓷等。

3.2.1 多孔陶瓷

多孔陶瓷是一种具有大量彼此相通或者闭合气孔的陶瓷材料,具有耐高温、耐腐蚀、抗热震、结构设计多样性等优点,被广泛应用于环保、化工、能源、冶金、建筑、电子等领域。多孔陶瓷首先在美国和日本大规模利用,其制备与应用技术发展迅速并已趋成熟。多孔陶瓷种类繁多,当前主要应用的有蜂窝陶瓷、发泡陶瓷、陶瓷膜、泡沫陶瓷等(图3-1)。其中,在国际市场中蜂窝陶瓷和发泡陶瓷在多孔陶瓷中占有非常大的份额。

(a) 蜂窝陶瓷

(b) 陶瓷膜

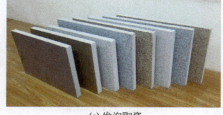
(c) 发泡陶瓷

图3-1 主要的多孔陶瓷

对于蜂窝陶瓷领域,20世纪70年代初康宁公司推出蜂窝陶瓷载体并应用于汽车尾气净化。日本NGK集团于1972年攻克蜂窝陶瓷载体成型技术,1976年经过原料改良后,得到福特公司认可。随着环保政策日渐趋严,NGK集团和康宁公司充分受益,凭借其先进的技术垄断蜂窝陶瓷全球市场。2020年,NGK集团和康宁公司在蜂窝陶瓷的销售额分别达到了114亿元和89亿元。而我国率先实现发泡陶瓷的批量生产,并在建筑行业得到推广。

陶瓷膜最初用于铀的分离,后发展为过程分离、污水处理、大气处理等固液或气液分离膜。美国Pall公司是全球陶瓷膜及膜分离应用的"领头羊"(2015年为Danaher公司收购),旗下拥有法国PallExekia和德国PallStrumacher两家陶瓷膜制造企业,专注于管式陶瓷膜的开发与应用。Pall公司的高精度管式陶瓷膜技术全球领先,过滤精度可到10kD,垄断了分离精度要求高的过程分离行业[3]。日本明电舍也率先实现了平板陶瓷膜在污水处理中的应用和推广。

3.2.2 透明陶瓷

普通陶瓷是不透明的,但是光学陶瓷像玻璃一样透明,故称透明陶瓷。因其兼具陶瓷材料的高强度、耐腐蚀、耐高温等性质,又拥有优异的光学性质,所以近些年来,透明陶瓷材料产业发展迅速,产业规模不断扩大。据统计,全球透明陶瓷的价值达100亿美元。透明陶瓷材料产业已形成多级梯队竞争格局,各国产业发展各有所长。第一梯队是美国、日本等发达国家和地区,在经济实力、核心技术、研发能力、市场占有率等方面占据绝对优势。第二梯队是以中国、俄罗斯等为代表的国家,透明陶瓷材料产业正处在快速发展时期。从全球看,透明陶瓷材料产业垄断加剧，高端技术壁垒日趋显现。如日本的 Word-Lab 公司、日本日立公司、美国通用电气公司（GE）、美国 Surmet 公司、美国陶氏化学、萨米特陶瓷有限公司、德国西门子公司等凭借技术研发、资金、人才等优势，以技术、专利等作为壁垒，已在大多数透明陶瓷材料的高技术含量、高附加值的产品中占据了主导地位。

激光透明陶瓷方面，有报道显示，美国 Textron 公司采用 Nd:YAG 板条的高功率激光系统，已经实现了平均功率超过 100kW、波长 1μm 的输出[4]。此外，在 AlON 军用透明陶瓷方面，美国在 AlON 透明陶瓷研究方面的巨大投入使其一直处于世界领先水平，其被美国军方评为"21 世纪最重要的国防材料之一"，目前美国 Surmet 公司已经可以生产很大的窗口罩以及包括超半球型和半球形圆顶在内的各种形状的 AlON 陶瓷，也有报道指出仅仅 AlON 陶瓷的目前市场价值达 10 亿美元。

3.2.3 核用陶瓷

经过近 80 年的发展，核工业已成为世界范围内关注的焦点行业，在国防安全、能源发展领域占据不可或缺的位置。核用材料在应用需求的推动下不断优化发展，成为核技术迭代进步的重要保障和动力。先进核用陶瓷材料因其具有高强度、良好的耐高温、耐辐照和耐化学腐蚀性能以及独特的中子吸收特性而被广泛应用于核工业领域，成为核反应堆、国防军工等方面的关键基础材料。目前，整个核材料产业处于起步阶段，部分研究成果尚未商品化，市场潜力巨大。高品质核级亚微米粉体、高性能纤维、复合材料以及相应成型、致密化等关键技术是核用陶瓷材料产业发展的重要领域。

特种陶瓷纤维和陶瓷基复合材料在核能领域的应用一直吸引着技术发达国家投入巨资进行研究。近年开发了最高使用温度 1400℃的 SCS 系列和 Nicalon 系列碳化硅纤维（SiC_f）。全球连续碳化硅纤维的总产量达 300t（直接经济规模达 240 亿元人民币，间接市场规模达 1200 亿元），产量最大的是日本碳公司和宇部公司，均达到 120t/年[5]。目前国际上只有日本和美国等极少数国家掌握该技术，由于其涉及敏感的军事应用，日美等国长期以来一直对我国实行严格的技术封锁和产品出口限制。欧美、日本等已经开展 SiC_f/SiC 用于与核反应直接接触的第一壁结构，以及核燃料棒包壳的研究工作。美国商用燃料棒供应商（CTP）、电力研究院（EPRI）、圣戈班结构陶瓷研究所、橡树岭国家实验室（ORNL）、麻省理工学院（MIT）等 5 家研发机构提出了三层碳化硅包壳概念：最内层为采用化学气相沉积法制备的厚度为 300～500μm 的高致密度纯 SiC；次外层为采用化学气相渗透制备的 SiC_f/SiC 复合材料，厚度为 300～500μm；最外层为采用 CVD 工艺制备的 SiC 阻隔层，厚度约 100μm[6]。

核电池也是未来核用陶瓷的重点发展方向之一，同位素热光伏系统在深空探索方面有独特的优势，但目前研究与发展尚处于实验室原型机阶段。美国、日本、瑞士等国的研究所与高校已开展一系列陶瓷基选择性发射体材料的研发并取得不错的成果但仍未达到实用水平。

3.2.4 热防护陶瓷

热防护陶瓷材料是热防护系统的主体材料，应用于再入飞行器、高超声速飞行器头锥、翼前缘、迎风面、背风面或火箭发动机喷管等内外防热部位。研发出更加高效、可靠的热防护材料是高超声速飞行器实现长时间高速飞行的前提。例如"哥伦比亚"号航天飞机的失事与热防护系统失效直接相关，暴露了陶瓷防热瓦（毡）脆性较大，抗损伤能力差的弱点。美国航天飞机上有 24300 多块陶瓷防热瓦，覆盖整个轨道运载器外表面的 70％ 以上，但这些材料或热防护系统制备成本和维护成本高、周期长、可靠性低，且没有达到可重复使用目的。热防护陶瓷材料和系统发展滞后与航空航天及军工体系迫切需求矛盾逐渐凸显，大力开发新型防热系统提上日程，热防护陶瓷材料的产业发展进入了快车道（图 3-2）。

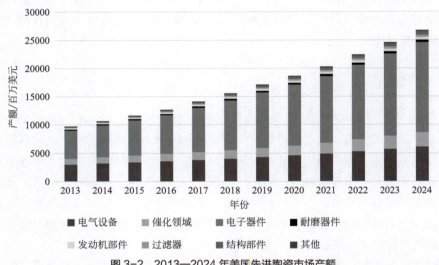

图 3-2　2013—2024 年美国先进陶瓷市场产额

现阶段的高超声速飞行器仍处于核心技术攻坚与模型机的实验阶段，是各科技和军事强国争相角逐的主要竞技场，对未来航空航天、国防军事革命式发展具有里程碑意义。而飞行器以极高的马赫数（5～10）再入大气层时，其鼻锥和机翼前缘等关键热端部件局部温度可达 2000℃ 以上，甚至出现烧蚀行为。因此防热材料及其制备技术是可重复使用运载体以及高超声速飞行器所需的关键技术与核心材料，具有极其重要的战略意义。一般而言，飞行器的头锥、翼前缘和火箭发动机喷管等受强热的部位目前多采用先进防热陶瓷材料对结构进行热保护，主要材料有碳/碳（C_f/C）复合材料和超高温陶瓷等。

3.2.5　陶瓷基板

陶瓷基板主要包括氧化铝基板、氮化铝基板、氮化硅基板和氧化铍基板几种，主要应用于集成电路和大功率半导体器件，相对于金属基板和印制电路板（PCB）而言，陶瓷基板具有高热导率、高绝缘性和耐高温等特点，热导率是金属基板和 PCB 的几倍到几十倍，耐压强度为金属基板的 3～5 倍，使用温度可达几百到上千摄氏度，因此做成的器件具有更高的集成度、更大的功率、更小的封装体积和更宽的使用温区。随着电子电路器件和功率半导体对体积和导热等特性的要求越来越高，陶瓷基板的占比将越来越多。陶瓷基板属于多领域的关键基础材料，与其相关的器件和产品已经广泛应用于电力传输、医疗器材、微波通信、水陆交通和航天航空领域，属于各个相关领域不可或缺的关键材料。

陶瓷基板的主要供应厂家为日本和欧美的企业，例如日本 Kyocera、日本 Toshiba、日本 Maruwa、日本 Denka、德国 Ceramtec 和美国 Coorstek 等，其相关产品均已经成熟应用于各个相关领域，占据市场的主要份额。陶瓷基板主流制备技术是流延法结合热处理，在相关企业中均属于核心技术。目前的市场规模已经超过 500 亿元人民币，随着器件的高功率、小型化和集成化方向的发展，预计每年增长速率可达 8%，由于其不断增长的市场需求，领域的头部企业均在进行扩产，且不断有新的企业进入该领域。

3.2.6 电子陶瓷

电子陶瓷的种类丰富，用途广泛。具有光学、电学和光电子学性能的铁电压电材料在存储器、检测、传感器、通信和军事上得到了广泛应用；半导体陶瓷材料是传感器技术及敏感元器件的关键，与通信和计算机技术密切相关。世界各国元器件生产企业都在电子陶瓷及其元器件的新产品、新技术、新工艺、新材料、新设备方面投入巨资用于研究开发，其中美国和日本一直处于领先地位。日本依靠其超大规模的生产和先进的制备技术在电子陶瓷市场占有主导地位，约占世界电子陶瓷市场的 60% 以上的份额；美国的基础研究和新材料开发方面具有相对较大的优势，其制备的产品主要侧重于高技术和军事方面，在水声、电光、光电子、红外技术和半导体封装等领域有很大的优势。而近几年，韩国在电子陶瓷领域的发展迅速，归因于韩国电子和相关工业的发展。欧盟各国的研究重点为发电设备中应用的新型材料技术，部分国家在功能陶瓷领域有很明显的优势。俄罗斯和乌克兰两个国家在功能陶瓷的研究开发和生产方面，基础扎实，设备也比较齐全。

半导体陶瓷有一个十分显著的特点，就是其导电性质对压力、温度、湿度、气氛等外界条件十分敏感，可以将外界环境的物理量变化转变为电信号。半导体陶瓷包括热敏陶瓷、光敏陶瓷、气敏陶瓷、压敏陶瓷和湿敏陶瓷等。因此，半导体陶瓷是敏感元器件及传感器技术的关键材料，在现代工业技术，特别是计算机、人工智能、机器人模式识别技术中起着非常重要的作用。半导体陶瓷的研究开发乃至生产，涉及物理、化学、材料科学与工程等多种学科，因此半导体陶瓷属技术密集和知识密集型产业。日本产品在世界市场上占绝对优势地位，美国、欧洲也占有部分市场。

日本在微波介质陶瓷领域处于明显优势，将其产业化的优势致力于推进微波介质陶瓷的标准化与高品质化，美国将重点放在非线性微波介质陶瓷与高介电常数微波陶瓷方面，欧洲重点关注固定频率谐振器材料，韩国在这一领域发展也十分迅速。

而对于陶瓷电容器来说，片状多层陶瓷电容器（MLCC）成为陶瓷电容器的主流，MLCC 主要应用于各类军用、民用电子整机中的振荡、耦合、滤波旁路电路中，应用领域拓展到自动仪表、计算机、手机、数字家电、汽车电器等行业。MLCC 在国际电子制造业中地位越来越重要，全球的 MLCC 市场需求量迅速增长，日本是 MLCC 的生产大国，相关企业有日本的村田、TDK、京瓷等。图 3-3 所示是 2010—2020 年间国际期刊上公开发表的关于能量存储陶瓷材料的论文数量,可以看到发表论文的数量以指数形式逐年增加,这说明电容器能量存储陶瓷受到各国家的广泛关注和研究[7]。

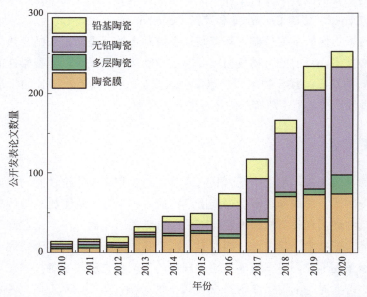

图 3-3 2010—2020 年间国际期刊上公开发表的关于能量存储陶瓷材料的论文数量[7]

3.2.7 生物陶瓷

生物陶瓷是近些年来新兴的材料领域,受到世界各国广泛重视,生物陶瓷是指用作特定的生物或生理功能的一类陶瓷材料,直接用于人体或与人体直接相关的生物、医用、生物化学等陶瓷材料,不仅需要具有较高的强度、韧性,还要具有生物相容性、力学相容性、抗菌性等特性。目前,生物陶瓷企业以跨国制造商为主,大约占全球生物陶瓷市场的 2/3,其余部分主要被数百个较小的竞争对手分割。全球牙移植体市场竞争激烈,市场上只有几个主要公司,即 Zimmer、Dentsply、Straumann 和 Nobel Biocare。世界老龄人口增加,较低的牙移植率和寿命延长是主要的市场驱动因素,增加的城镇人口和消费水平是另一个市场驱动因素。

《全球生物材料与应用 2020 预测》报告预测全球生物材料市场将以复合年增长率 16% 的速度增长,计划从 2015 年的 620.6 亿美元达到 2020 年的 1305.7 亿美元[8]。Nanomarkets 公司的《世界医用陶瓷市场:2013》报道世界医用陶瓷市场计划从 2013 年的 11 亿美元增加到 2018 年的 23 亿美元[9]。生物陶瓷的最大应用市场是移植用生物陶瓷和具有分析及科学仪器的医疗设备。移植用生物陶瓷包括牙齿、人工关节、骨骼、感应器等手术中所必需的骨材料,为了保证生物陶瓷在人体中能够长期共存,不产生二次危害,这就必须要保证材料与人体骨骼的力学性能、稳定性、弹性模量等相差不大。例如,氧化锆和氧化铝陶瓷能承受人体的不友好环境,氮化硅具有良好的生物相容性、抗菌性,这些都是骨材料的主要研究领域。

纳米陶瓷复合材料是在骨材料领域中具有重要的发展潜力,体外实验已经证明成骨细胞可在纳米陶瓷颗粒和涂层组成的基质上增殖。但是，有一些研究表明此类复合材料有一定的生物毒性，可能会引起炎症或免疫反应导致移植体排斥，所以暂时没有得到实际的应用，在未来还需要进行更多的实验研究来解决这一问题。

3.2.8 其他

先进陶瓷材料具有高比强度、高韧性、高化学稳定性，与金属材料相比又具有低密度、高硬度等优点，在装甲材料展现出巨大的应用潜力，成为很多防弹衣、防弹车、战斗机等军用设备的保护材料。在第二次世界大战时期，装备的防护材料主要是以金属材料为主，但随着武器杀伤力以及材料发展水平的提高，传统材料早已不能满足现代军事化发展的需求，装甲材料应尽可能地满足高硬度、高强度、高韧性以及低密度，即"三高一低"的要求。

早在20世纪中期，B_4C材料就被应用于防弹衣领域，后续又陆续应用在战斗机座椅上，20世纪70年代，欧美等军事强国又将陶瓷基复合材料应用在运兵车、坦克、军机中。例如英国"挑战者"坦克、EE-T1奥索里约主战坦克等。目前，国外已经在舰船上应用了大量的装甲陶瓷。美国在舰船的天线、炮台上都已使用了陶瓷复合装甲，并预计其在研的AAAV级两栖攻击舰艇也会使用陶瓷复合装甲；此外，资料显示，国外的水陆两栖战车、海军登陆艇等都不同程度地利用陶瓷基复合装甲的优秀抗弹性能提高其抵御来自岸防武器威胁的能力。据悉，美国在研制作战机动灵活的小型巡逻艇、微型潜艇等新式轻型舰船，在其结构设计中，装甲陶瓷作为防御系统的主体得到了充分的肯定。

新时代的装甲材料主要朝着抗多发击打能力、提高保护能力和机动能力以及减轻自重的方向发展。单一的陶瓷材料密度小、抗压能力好、耐磨、耐化学稳定性都不错，但是易破碎、比较脆，这些缺点也在一定程度上限制其应用。故轻型复合装甲为多层结构，以陶瓷板为主体，配合其他复合材料。突破传统重型复合装甲结构设计，以高硬度陶瓷面板取代装甲钢面板，充分发挥陶瓷的高硬度和高抗压强度，可提高陶瓷复合装甲的抗弹性能。

3.3 先进陶瓷产业的国内发展现状

我国近些年先进陶瓷产业得到了快速发展，取得了一些成就，总体来说，我国先进陶瓷产业的未来是光明的，但还是存在一些技术上难以突破的难题。目前我国先进功能陶瓷产业主要集中在多孔陶瓷、高温防热陶瓷、核用陶瓷、陶瓷基板、电子陶瓷、透明陶瓷、生物陶瓷和装甲陶瓷等方面。

3.3.1 多孔陶瓷

国内多孔陶瓷近年来发展迅速，在蜂窝陶瓷、发泡陶瓷和陶瓷膜领域已形成了一批代表性的龙头企业，支撑我国多孔陶瓷技术的发展。作为国内专业从事大气污染治理产品研发与产业化的自主品牌企业，奥福环保从蜂窝陶瓷的配方、模具到烧成等关键环节均具有先进的技术，形成了较完备的技术体系，蜂窝陶瓷配方技术体系的构建和布局为其迎接国家第六阶段机动车污染物排放标准的全面实施所带来的产业机会奠定了坚实的基础。奥福环保重点研发并产业化柴油车尾气处理核心部件大尺寸蜂窝陶瓷载体，打破多年来国外厂商对大尺寸蜂窝陶瓷载体制造技术的垄断，填补了国内空白。国内陶瓷膜行业管式陶瓷膜和平板陶瓷膜发展较快，管式膜以久吾和三达为代表，平板式陶瓷膜以中材高新、博鑫、科一等为代表，其中久吾和三达是以陶瓷膜及膜应用为核心技术的上市公司。国内发展了以 99 氧化铝陶瓷为支撑体，以氧化铝、氧化锆、氧化钛等为分离层的管式陶瓷膜，通过错流过滤在过程工业（如氯碱化工盐水精制、氨基酸/有机酸分离纯化、中药提取、醋/料酒/酱油提标生产等）、油水分离、废水处理等领域广泛应用。我国发泡陶瓷近两年发展迅速，尤其是应用到建筑隔墙材料上，因其大型轻质、保温、高强、隔声、无渗透的性能，代替传统墙体材料，是装配式建筑的极佳选择，未来有过千亿的市场空间，并且可以极大消纳工业废渣尾矿及江河湖泥，是陶瓷领域消纳固废的一大突破。在制造技术上，行业企业已经完成不同原料制备工艺、配方、烧成、加工工艺的研究，配套的整线设备在广西、广东、辽宁、江苏、河北、内蒙古等完成建设。

3.3.2 高温防热陶瓷

我国于 20 世纪 70 年代开始进行高温防热陶瓷技术研究，在国家政策的支持下，相关研究机构不断增多，研究成果日益丰富。在国内市场中，高温防热陶瓷研究机构主要有中国科学技术大学、北京航空航天大学、哈尔滨工业大学、西北工业大学、航天科技集团、中国科学院（中科院）金属研究所、清华大学、武汉理工大学、湖南大学等，产业季度主要分布在京津、山东、长三角、江西、广东等地。我国高温防热陶瓷研究发展至今，取得了一系列创新性成果。从 20 世纪 80 年代开始，以高效发动机和汽轮机中高温陶瓷关键零部件开发为导向的陶瓷材料的组成设计、晶界工程、净尺寸成型、烧结技术研发，为高温结构陶瓷的研究与发展培育了人才队伍、奠定了基础。进入 21 世纪，高温防热陶瓷的研究得到了国家和各科研院所的高度重视。但现阶段，超高温陶瓷仍存在技术瓶颈，脆性大等缺陷限制了其应用范围，未来，在原材料选择以及烧结工艺等方面，超高温陶瓷行业还有较大进步空间。另外，国内高温防热结构陶瓷产业分布与区域特色已经形成。伴随着我国先进结构陶瓷材料制备技术的进步和市场的强劲需求，高温防热结构陶瓷产业呈现出良好的发展态势，产品应用涵盖各个领域，在国民经济和工业现代化进程中发挥重要的作用。目前，我国在某些尖端陶瓷的理论研究和实验水平已经达到国际先进水平。通过对材料组成结构和性能的研究，开发出一系列具有我国自己特色的新材料，主要性能处于国内领先水平，许多方面接近或超过国际先进水平。

3.3.3 核用陶瓷

我国先进核用陶瓷材料的生产体系基本完整，产业规模逐步扩大。我国是世界碳化硅原材料的最大生产国，总产量 60 万吨，占世界产量的 50% 以上，从粉体到烧结体的产业技术

链较为完善。已有一批相关企业与高校、科研院所长期从事相关领域生产与研发，掌握部分核心技术，但对于碳化硅材料在核能技术中的应用这一新领域涉足较浅，尚处于对国际先进水平的跟跑阶段。碳化硅纤维是未来核工业的战略性新材料之一，我国早期主要在高校实验室进行跟踪研发，产业化起步较晚。虽然近年来我国碳化硅纤维研制单位逐步增加，技术发展速度逐步加快，但是碳化硅纤维总体与国际先进水平仍然存在差距，尤其是第三代碳化硅纤维工程化关键技术还没有完全突破，产业化能力稍弱。氮化硅作为重要的工程陶瓷，国内产业化发展迅速，已有中材高新、山东国瓷等龙头企业。国内碳化硼陶瓷产业主要集中在工业磨料、军事装甲等应用领域，核工业领域的核级粉体及块体的研发和产业化规模相对较小，特别是高丰度、高品质碳化硼粉体和块体陶瓷材料的国产化亟待完善和提高。核电池用陶瓷基选择发射体材料，尚未有明确的市场化前景，国内外均处于实验室研发阶段，在工作机理、体系设计、制备技术、结构优化等方面还有较多基础性与工程性问题需要解决，国内研究主要集中在少数高校与科研院所。

3.3.4 陶瓷基板

氧化铝基板经过40多年的发展，已经有较为完善的产业链条，也是目前我国的主要陶瓷基板产品之一，产业地域分布较广，主要的生产企业包括潮州三环、九豪精密陶瓷、福建华清、郑州中瓷、珠海粤科等，但受限于原料粉体和配套工艺，高端产品（如纯度高于99.6%的氧化铝基板）仍然依赖进口；氧化铍基板方面，经过几十年的发展，也是较为成熟的产品，但由于其成本和综合性能的问题，适用的场合较高端，市场容量相对有限，且存在毒性问题，生产厂家较少，主要是宜宾红星、中鸣（宁德）和五矿铍业；氮化铝基板方面也经历了接近20年的发展，相应的技术也较为成熟，在国内市场中占有一定的份额，产业主要分布在台湾、沿海区域和北方地区，主要的生产企业包括潮州三环、福建华清、无锡海古德和宁夏艾森达等，近几年，随着资本的进入，国内有较多的企业开始进入该行业，呈现多地开花的局面，产业链也逐渐完善，但受限于核心技术，高端装备领域所采用的氮化铝陶瓷基板仍然主要是进口产品；对于氮化硅基板而言，属于近10年内开发的技术，成熟度较低，目前，国内市场采用的主要是进口产品，近几年少数国内企业也进行技术引进和自主研发，并且有一定的成效，但总体而言，与国际主流厂商尚有明显的差距。

3.3.5 电子陶瓷

20世纪70年代，国内的许多高校和研究院开始着手研究先进电子陶瓷材料，我国已经成功研制出了一大批具有自主知识产权的新型电子陶瓷和元器件，在制备技术方面也有所突破，例如制备高纯度高活性纳米粉体，纳米/亚微米晶陶瓷和微观结构的研究及控制，成功研制出具有高性能的多层陶瓷电容器（MLCC）陶瓷材料，已经开发出性能指标达到国际先进水平的新型高性能多层陶瓷电容器。

对于电子陶瓷来说，其发展的整体趋势是小型化、高频化、频率系列化、集成化、多功能化，此外还需要具有较高的稳定性，以确保陶瓷材料在不同的外场环境下都能稳定地工作。

对于铁电压电陶瓷材料来说,压电器件逐渐会向小型化、薄膜化和集成化方面发展,研究出能在太空等较为严格的环境中工作的器件。随着技术的进步,电子陶瓷材料的研究成果和新产品不断涌现,拥有良好的产业化应用前景,在新兴产业中也发挥着越来越重要的作用,其应用范围也在不断地扩大。

3.3.6 透明陶瓷

当前,国内透明陶瓷相关企业较少,与国外相比,我国在此方面的研究起步较晚,一些透明陶瓷企业尚处于初级阶段。目前对透明陶瓷有一定深入研究的单位有上海硅酸盐研究所、北京人工晶体研究院、四川大学、上海大学、大连海事大学、武汉理工大学等。在我国,已经初步形成了门类齐全的透明陶瓷体系,广泛开展研究的包括氧化铝透明陶瓷、AlON 透明陶瓷、氧化钇透明陶瓷、尖晶石体系透明陶瓷、石榴石体系透明陶瓷、钙钛矿体系透明陶瓷以及烧绿石体系透明陶瓷,其研究成果也得到了国际同行的高度认可。已经培养了一批具有较高水平的专家团队,对透明陶瓷技术的攻关以及产业化发展具有重要的指导意义。透明陶瓷材料的大尺寸、低光学散射损耗研究具有很强的前瞻性、关键性与基础性,不仅对材料科学发展意义重大,也为我国国防军事、航空航天、能源交通、工程建设等领域一系列国家重大工程的实施提供了不可或缺的物质基础和保障。

3.3.7 生物陶瓷

我国近几年对生物陶瓷的研究主要集中在激光熔覆生物陶瓷涂层,以及抗菌生物陶瓷功能方面、稀土在生物陶瓷领域的应用。2014 年度的生物陶瓷大会关注研究热点如组织再生的生物陶瓷及复合材料、用于疾病诊断/治疗的纳米无机材料、生物陶瓷涂层材料、用于药物释放的纳米无机材料等。中国涉及生物陶瓷的国家重点实验室有:新型陶瓷与精细工艺国家重点实验室(清华大学)、高性能陶瓷和超微结构国家重点实验室(中国科学院上海硅酸盐研究所)、无机合成与制备化学国家重点实验室(吉林大学)、材料复合新技术国家重点实验室(武汉理工大学)、有机无机复合材料国家重点实验室(北京化工大学)等。这些高校和研究机构对生物陶瓷一直在进行相关的研究。例如:中国科学院上海硅酸盐研究所研究员吴成铁与常江带领的研究小组首次提出将骨组织工程与光热治疗相结合的思想,在制备用于治疗与修复骨肿瘤缺损的光热功能化的生物活性陶瓷支架的研究中取得了新进展[10]。该研究通过 3D 打印技术制备出生物陶瓷与氧化石墨烯复合支架,在超低功率近红外光下可使支架温度迅速升高,且其光热性能可控。中国科学院宁波材料研究所李华团队近期开发了一种新型的羟基磷灰石-石墨烯纳米复合生物块材,解决了长期以来存在的陶瓷生物材料的增韧问题[11]。材料表面改性,例如纳米结构以及石墨烯新材料的添加,极大地提高了羟基磷灰石生物陶瓷的生物特性,该材料具备的优化的力学性能以及生物特性意味着该复合生物材料有望在生物医学领域得到应用。

3.3.8 装甲陶瓷

装甲陶瓷主要应用于装甲车辆,在实际应用中常以复合装甲的形式出现,如英国"挑战者"坦克、EE-T1奥索里约主战坦克等。陶瓷作为装甲防护材料的主要优势是强度和硬度高、耐磨、密度小等,而易破碎、抗多发打击性能弱的劣势在一定程度上限制了其应用。目前,防弹陶瓷主要朝着提高抗多发打击性能、减轻质量及降低成本这3个方面进行。国内外现阶段主要使用的特种防弹陶瓷有 B_4C、Al_2O_3、SiC、TiB_2、AlN、Si_3N_4、Sialon 等[12]。相对于国外直升机而言,国内对于直升机用轻质装甲材料的研究起步较晚,针对我国军用直升机用防弹装甲与发达国家差距较大这一情况,我国曾专门开展包括"轻质高效防弹复合装甲材料""轻质陶瓷/混杂复合材料防弹装甲技术"等预研项目,对 B_4C 陶瓷复合装甲材料的制备技术进行了系统研究,并对复合装甲材料的性能进行了大量的测试分析。目前国内型号上普遍采用 B_4C 防弹复合材料装甲板作为直升机驾驶员座椅防护设计,具有防12.7mm穿甲燃烧弹的能力,面密度为 $45kg/m^2$ 左右,可抵御1次打击,后续的直升机驾驶员座椅采用的装甲基本沿袭这一技术[13]。

我国从事先进陶瓷研究的单位有300多家,技术积累日益丰厚,以中材高新材料股份有限公司、中国科学院上海硅酸盐研究所、清华大学等为代表的单位在新体系研究设计、产业化转化方面对我国先进陶瓷发展发挥了重要推动作用。当今先进陶瓷材料的发展不再局限于传统技术,而更多的是与现代信息、自动化技术、不同材料的结合而形成新的技术科学(计算材料科学、功能-结构一体化等),先进陶瓷发展的新时代即将到来。

3.4 发展我国先进陶瓷产业存在的主要问题

近年来,随着经济全球化步伐加快,我国陶瓷产业积极进入国际市场,发展快速,但比起欧美等地,中国陶瓷产业(包括多孔陶瓷、高温防热陶瓷、装甲陶瓷、核用陶瓷、生物陶瓷、电子陶瓷、陶瓷基板和透明陶瓷等)还存在不足,都面临着亟待解决的突出问题。

3.4.1 多孔陶瓷

我国多孔陶瓷产业还处于起步阶段,部分重点关键产品上与国外差距仍然较大,某些产品当前的制造与应用成本较高,推广存在一定困难。并且多孔陶瓷的孔结构、微观结构和力学性能的研究仍然不够,强度与孔隙率、比表面积与孔径等性能间的矛盾仍是其研究的重点。此外,目前的加工工艺难以规模化连续生产多孔陶瓷,而且制备的多孔陶瓷在高尖端领域的应用还受到一定限制。

3.4.2 高温防热陶瓷

虽然我国在高温防热陶瓷的研发上面取得了一些成就,但也要认清我国与世界发达国家之间的差距，目前还存在大致以下几个问题：

① 尽管目前国内先进陶瓷粉体原料生产企业很多，但陶瓷粉体性能通常存在较大的离散性和不稳定性，因此直接影响后续批量化制备的陶瓷产品的性能和可靠性。我国在陶瓷粉体方面还达不到国际先进水平，许多高端陶瓷产品还依赖从国外的一些公司进口。国内厂家在粉体的杂质含量控制、烧结活性，特别是烧结成瓷后的显微结构均匀性和材料性能上还具有差距。尤其是高性能非氧化物陶瓷粉体，如氮化硅、氮化铝、碳化硅、碳化硼、超高温陶瓷等陶瓷粉体，国内尚缺乏世界一流的生产商。

② 虽然我国高性能陶瓷生产工艺技术已有很大提升，但在关键工艺技术和装备上仍然有较大差距，国产装备的性能和可靠性还难以达到国际先进水平。由于先进陶瓷生产的工艺装备，包括粉体处理装置、各种成型设备、不同类型高温烧结炉、精密研磨加工设备，大多不是市场上通用机械装备，开发这些专用设备的性能和可靠性与进口的设备相比均有差距，体现在设备的精度、可靠性和稳定性以及寿命方面。例如像陶瓷粉体喷雾造粒装置、注射成型机、气氛压力烧结炉、热等静压烧结炉、陶瓷精加工的研磨设备、计算机数字控制（CNC）等。

3.4.3 装甲陶瓷

近年来，我国使用陶瓷材料作为防护装甲逐渐增多，已经成为装甲材料的主要选择，但总体来看还有一些缺陷，归纳如下：

① 尽管单相陶瓷具有一定的防弹能力，但共性问题是断裂韧性低、脆性大。因此，装甲陶瓷的强韧化成为重点研究方向。

② 陶瓷作为装甲防护材料的主要优势是强度和硬度高、耐磨、密度小等，而易破碎、抗多发打击性能弱的劣势则在一定程度上限制了其应用。

③ 因陶瓷材料具有极高的硬度和脆性，二次成型加工十分困难，特别是成型孔的加工尤其困难，因而制备成本高，使用局限性较大。

3.4.4 核用陶瓷

除了装甲陶瓷对一个国家的军事实力起到重要作用外，核用陶瓷材料对一个国家的发展也起到了举足轻重的作用。我国核用陶瓷材料产业链较为完整，研发—转化—生产均有一定的基础，部分核心技术已能满足行业发展需求，但总体来看还存在以下问题：

① 发展引领能力不足，创新链不通畅，原始创新能力弱。各类材料多以低端和初级产品为主，对于高附加值的成品和深加工产品与国外仍存在很大差距。尤其是高性能工程陶瓷、核心技术大多仍由国外掌握，如核级碳化硅、氮化硅粉体，高质量碳化硅纤维等，难以满足国内市场需求，关键高端材料和高端装备自主研发水平和自主保障能力不足。

② 材料的研发与应用结合不够紧密，导致面向材料实际服役环境有针对性的研究缺失。需要进一步解决陶瓷材料在核工程应用中的适配问题，如陶瓷复合材料难以满足核燃料包壳管严格的公差尺寸要求等。

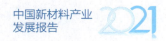

③ 工程应用研究不足、数据积累严重缺乏。陶瓷材料在核服役环境下的安全性、耐久性等需要建立完整的评价体系，相关数据有待完善，如核反应堆内辐照应用数据、热工数据，材料在高温、高水压、腐蚀性环境下的老化行为等。

④ 国家对新材料基础研究缺乏长期稳定的支持，在科技项目中财政资金投入的集中度较低。新材料企业自主投入不足，过于重视眼前利益，难以抢占战略制高点。

3.4.5 生物陶瓷

目前全球的生物医用材料产业高度集中或垄断，产品多样化、生产和销售国际化研发的全球化等都是生物材料产业发展的趋势。我国生物陶瓷产业主要存在问题如下：

① 生物陶瓷在技术方面还存在着生物相容性和结构的稳定性、自定义结构的生产和加工的产业化、原料材料性能改进及生物陶瓷制品的后处理工艺以及制造成本高等技术问题。

② 目前我国有关生物陶瓷的研发还是主要集中在科研机构和高校的学术机构，科研转化相对较少。

3.4.6 电子陶瓷

与发达国家相比，我国在电子陶瓷材料研究方面起步较晚，还有一定的差距，主要表现在以下方面：

① 在材料研发链条中存在短板，我国的研究工作主要局限于材料体系和制备工艺等，忽视了相关技术和生产装备的基础研究，在一定程度上延误了较好研究成果的产业化及应用。

② 在实验室的研究阶段，关注研究方面较多，忽略了关于工程化和产业化技术的研究，使得研究成果没有转化为现实生产力。从理论基础研究的实验室阶段，到将研究成果转化为工程化阶段，最终产业化。这三个阶段中，我国的工程化阶段投入较少，虽然研究工作形成了很多技术成果，但大多数的成果都处于实验室阶段，实验室的研究成果距离产业化的目标还有较大的差距，这可能会影响技术成果的转化。

③ 虽然国内已经有一定数量的企业，但普遍来说，企业的规模较小，中小型企业的关键技术和核心技术基本上依赖于引进，生产的产品较为单一，制备成本也相对较高，缺乏企业自主创新能力和市场竞争力。

④ 重复性的研究工作较多，盲目和粗放的发展方式导致了产品产能的过剩。

3.4.7 陶瓷基板

陶瓷基板作为集成电路和功率器件的关键基础零部件，是相关产业链的重要环节，我国的高端陶瓷基板大部分仍然采用进口产品，提升陶瓷基板的竞争力，将能提升相关产业链的国际竞争力。对于国内陶瓷基板而言，存在以下问题：

① 从短板角度而言，原料、设备、技术和从业人员几个方面均有待提高，原料近几年已经有相应的企业部分产品可以取代进口产品，但仍然有待市场的考验。设备方面，部分关键

设备、关键零部件和基础耗材仍然需要进口。

② 从基板技术角度而言，陶瓷基板涉及的工艺链条长，关键工艺节点多，在关键工艺节点的细化方面，科研与产业的结合方面未能形成足够有效的配合，部分关键节点仍然由人工控制，自动化水平较低。

③ 对于从业人员方面，陶瓷基板产业对技术从业人员的要求较高，又由于产品的低端化导致人才吸引力不足，难以形成良性循环。

3.4.8 透明陶瓷

与国外相比，我国透明陶瓷行业企业化形势仍然不明朗，产品定位不明确，竞争优势不明显，主要存在以下问题：

① 部分关键核心技术"受制于人"的现象未能得到根本性消除。基础原材料、核心装备等对外技术依存度较高，保障能力不强，受制于人和其他国家地区问题突出，产业链自主可控性较差，价值链的高端有所缺位，"卡脖子"问题依然存在。

② 透明陶瓷产业发展的顶层设计和统筹协调有待完善。产业区域布局没有体现出差异化分工，区域特色和比较优势不足。创新链不通畅，产、学、研、用有效结合的产业创新机制未能形成，技术创新成果的转化效率不高，难以抢占战略制高点。具有自主知识产权的产品较少，产业趋同现象明显，产业链的协调配套不齐备。

3.5 推动我国陶瓷材料产业发展的对策和建议

基于以上陶瓷工业方面存在的突出问题，针对集中典型陶瓷材料在产业优化等方面提出相应的对策建议，以期能够为我国陶瓷产业的进一步壮大提供一定程度的借鉴，下面提出4点建议。

3.5.1 大力发展关键战略材料产业链

根据国家战略要求、市场需求及研发程度，进行初步分类，优先解决具有重大需求且技术相对成熟的材料产业化，然后解决研发周期长或者起步较晚的材料，并制订短期和长期目标。根据研发程度不同，研发主体也应该不同，处于研发初期的以高校科研院所为主体，以解决相关技术难题及产业化难题为目标；处于产业化初期的以实力雄厚的新材料企业为主体，以提高材料成品率及稳定性为目标；处于产业化成熟阶段的企业和行业协会应该制定相关标准，完善新材料的产业链，最终实现关键材料的产业化应用。

3.5.2 优化陶瓷材料产业结构

加快完善相关产业的政策和法律法规体系，制定相关的技术标准体系，完善产业链、创新链、资金链。通过政府对先进陶瓷材料发展的规划引导，使企业聚焦到国家重点发展的材料产业，防止出现投资碎片化、分散化、内卷化。培育重点龙头企业，使其掌握核心技术和核心产品。鼓励企业与科研院所合作，提高资源利用率。

3.5.3 加大扶持政策

设立扶持先进陶瓷材料产业发展专项资金，安排一定数量的资金对重点领域进行技术创新和技术改造，对已获得核心技术专利、成果实现产业化或者市场前景良好的重点产业加大资金支持力度，对在研发领域作出重大贡献的单位和个人进行奖励；对相关研发企业实施低税收政策，尤其是中小型企业，可根据实际情况实行低税收甚至免税，使其先立足再发展。

3.5.4 加强人才队伍建设

鼓励高校、研究所、企业联合设立先进陶瓷材料产业人才培训基地，培养制造业急需的科研人员、技术骨干与复合型人才。吸收国外高水平技术人才，建立完善的技术创新激励机制。鼓励国际交流与合作，引进国外先进技术，提升自身技术水平。

3.6 面向国家2035年重大战略需求先进陶瓷产业技术预判和战略布局

《中华人民共和国国民经济和社会发展第十四个五年规划和2035年远景目标纲要》中表示，展望2035年，我国将基本实现社会主义现代化。关键核心技术实现重大突破，进入创新型国家前列。对此，智能化、复合化、产业化、绿色化成为先进陶瓷材料的发展趋势。

3.6.1 技术预判

（1）电子陶瓷和陶瓷基板

对于电子陶瓷，由于电子产品有向轻、薄、小发展的趋势，这就要求材料尺寸、损耗必须越来越小，当材料尺寸达到纳米级时，表面和量子效应等会显著增加，会产生独特的光、热、电等特性，从而使材料产生一些新的功能。实现小型化、微型化的根本在于提高陶瓷材料的性能和发展陶瓷纳米晶技术和相关工艺。因此，发展高性能电子陶瓷材料及其先进制备技术是先进陶瓷的重要研究课题。面向信息技术等领域的迫切需求，应进一步加大电子陶瓷技术的研究开发。力争2035年成为全球高端陶瓷基板材料和元器件的主要来源地，主要陶瓷基板产品的材料的国产化率达到85%以上，产品占国际市场份额45%以上。随着科技的发展，对材料的功能要求也越来越高，单一材料往往难以满足需求，可以通过离子掺杂、材料复合等手段开发出综合的功能材料。智能材料是功能陶瓷发展的更高阶段，是人类社会和现代科学技术发展的需求。

(2) 生物陶瓷

生物陶瓷在技术方面应提高生物相容性和结构的稳定性、自定义结构的生产和加工的产业化、原料材料性能改进及生物陶瓷制品的后处理工艺。结合应用 3D 打印技术等先进的生产技术以及一些如纳米技术、复合新材料等新兴的材料，降低生物陶瓷的制备成本，扩大生物陶瓷的应用。生物陶瓷在医学、生物学以及日常生活和工业生产中都会有广泛的发展空间。前瞻未来 20～30 年的世界生物材料科学与产业，提高创新能力，使我国生物材料科学与产业和世界先进水平接轨。教育、科研学术机构科研转化能力大大提高，能将未来研发内容向企业进行成果转化，破除外商垄断，加大对生物陶瓷市场的占有率。

(3) 核用陶瓷

我国正处于战略转型期，急需开辟新经济增长点，提高环境承载能力，这为我国材料产业的发展提供了难得的历史机遇。在转型升级和新型工业化发展的交汇时期，对新材料的战略需求特别突出，以煤炭为主和油气资源紧缺的能源结构，决定了我国国家能源战略发展重点在于发展新一代高效清洁能源，新型陶瓷材料改进相对应核电领域重大项目包括以下几方面：

① 核级碳化硅、氮化硅、碳化硼粉体产业。核级陶瓷粉体属于关键战略材料，基于现有产业链与技术基础，以企业为主体，针对核工业需求，通过升级改造，实现高质量粉体规模化制备，坚持自主创新，坚持军民融合，坚持研用结合。

② 高性能碳化硅纤维产业。坚定不移地推进关键战略材料碳化硅纤维的国产化，以企业为主体，依托相关高校，实现数个碳化硅纤维产业集群。加速第二代、第三代碳化硅纤维的产业化进程，降低制造成本，推动碳化硅纤维在核能领域的应用规模。围绕特殊应用领域开发专用碳化硅纤维，基于组成、尺寸、形态研制具有特殊功能的碳化硅纤维产品。

③ 核废处理用陶瓷固化体。实施政策导向，明确核素源项和种类等关键信息，针对核素类型制订材料选型、配方优化和固化技术等方案，考察陶瓷固化体抗辐照和抗浸出性能等长期稳定性机理研究和服役寿命预测，做好固化相关设备的技术储备和布局，开展实际应用和小规模示范性工程，培育孵化 1～2 家专业领域企业。

④ 陶瓷基选择性发射体。作为前沿材料，以科研院所为主体，基于材料基因工程，加快材料研发与制备方法创新，满足同位素热光伏电池在深空、深海探索领域的应用需求，落实基础研究，突破技术难点，开发系列原型系统，完成相应材料与技术储备。

(4) 多孔陶瓷

对于多孔材料，挖掘多孔陶瓷的环境友好、可再生且成本低的制备过程。把握绿色化学理念，通过特殊工艺达到完全消除毒副产品产生的目的。通过工艺的优化和规模化降低多孔陶瓷生产成本。通过改进工艺和原料尺寸更精确地控制基体的微观结构，做到精准控制孔径大小和分布，提高多孔陶瓷的应用范围。提高结构可靠性，增强其在未来工业中的适用性。

(5) 装甲陶瓷

对于装甲防护陶瓷，推进高韧性低成本的装甲防护陶瓷工艺进程。在提高韧性方面，可发展性能优异的纤维增强陶瓷、梯度功能材料和塑料陶瓷。与传统材料相比，超构材料提出了一类全新的颠覆性思路。以深度梯度复合为核心，针对具体防护要求，开展梯度微结构创新设计与效应模拟，借助有限元、演化计算、神经网络、支持向量机等机器学习技术，实现研发由"经验指导实验"的传统模式向"理论预测、实验验证"的新模式转变。

战略布局

在确立未来发展目标后，按照全面建设社会主义现代化国家的战略安排，实现 2035 年远景目标和"十四五"时期经济社会发展主要目标，根据现阶段先进陶瓷产业的政策环境，结合实际情况，制订战略实施路径。确保先进陶瓷材料在未来持续、稳定发展。

（1）**完善基础研究顶层设计与布局**

强大的基础科学研究是建设世界科技强国的基石。强化基础研究系统部署，完善学科布局，推动基础学科与应用学科均衡协调发展，鼓励开展跨学科研究，促进自然科学、人文社会科学等不同学科之间的交叉融合。聚焦未来可能产生变革性技术的基础科学领域，强化重大原创性研究和前沿交叉研究。聚焦国家重大战略任务，加强基础研究前瞻部署，从基础前沿、重大关键共性技术到应用示范进行全链条创新设计、一体化组织实施。引导地方、企业和社会力量加大对基础研究的支持。加快基础研究创新基地建设和能力提升，促进科技资源开放共享。

（2）**加强基础研究创新基地建设**

聚焦国家目标和战略需求，在前沿、新兴、交叉、边缘等学科以及布局薄弱学科，在有望引领未来发展的战略制高点，统筹部署和建设突破型、引领型、平台型一体的国家实验室，给任务、给机制、给条件、给支持，激发其创新活力。选择最优秀的团队和最有优势的创新单元，整合全国创新资源，聚集国内外一流人才，探索建立符合大科学时代科研规律的科学研究组织形式。建立国家实验室稳定支持机制，开展具有重大引领作用的跨学科、大协同的创新攻关，打造体现国家意志、具有世界一流水平、引领发展的重要战略科技力量。加强企业国家重点实验室建设，支持企业与高校、科研院所等共建研发机构和联合实验室，加强面向行业共性问题的应用基础研究。

（3）**推进国家重大科技基础设施建设**

聚焦能源、生命、地球系统与环境、材料、粒子物理和核物理、空间天文、工程技术等领域，依托高校、科研院所等布局建设一批国家重大科技基础设施。鼓励和引导地方、社会力量投资建设重大科技基础设施，加快缓解设施供给不足问题。支持各类创新主体依托重大科技基础设施开展科学前沿问题研究，加快提升科学发现和原始创新能力，支撑重大科技突破。

（4）**发挥市场资源配置作用，建设良好科研生态环境**

在注重政府战略引导作用的基础上，加强建立企业自主研究，公平竞争的发展环境，以企业为投资主体和成果应用主体，加强产学研相结合，充分发挥市场配置资源的基础性作用，提高资源配置效率和公平性。营造学术自由、以人为本的人文环境，学术开放、设施完善的研发环境，追求创新、重视质量的科研环境。

（5）设立专家系统，发挥智库作用

实施创新人才发展全球战略，鼓励采取核心人才引进和团队引进等多种方式引进海外人才，同时充分发挥行业协会、科研单位和大学的作用，共同建立专家系统，加强基础研究的设计，布局与实施的直接沟通和交流。专家系统定期对国内外基础研究的进展进行调研和评估，发挥智库作用，就基础研究的顶层设计、战略部署、实施方案、发展趋势、政策建议和需要关注的重点问题提供咨询意见。

（6）推动绿色发展，促进人与自然和谐共生

陶瓷行业要始终坚持落实国家环保政策要求，推动行业结构优化和产业升级，降低工业污染物排放总量，严格执行陶瓷工业排放标准，在环保治理方面取得明显成效。以能源资源配置更加合理、利用效率大幅提高、主要污染物排放总量持续减少、生态环境持续改善作为"十四五"时期经济社会发展的主要目标。深入实施可持续发展战略，完善生态文明领域统筹协调机制，构建生态文明体系，促进经济社会发展全面绿色转型。

参考文献

[1] 郝立苗，黄妃慧，王勇伟，等. 蜂窝陶瓷的研究现状及应用 [J]. 佛山陶瓷，2021, 31(06): 32-39.

[2] 焦梦瑶. 中国碳化硅行业国际竞争力状况研究 [D]. 开封：河南大学，2013.

[3] 安海洋. 管式陶瓷膜产业化关键技术研究 [D]. 景德镇：景德镇陶瓷大学，2021.

[4] Global Security. Joint high power solid-state laser (JHPSSL)[EB/OL].[2020-06-15].http://www.globalsecurity.org/military/systems/ground/jhpssl.htm.

[5] 陈明伟，谢巍杰，邱海鹏. 连续碳化硅纤维增强碳化硅陶瓷基复合材料研究进展 [J]. 现代技术陶瓷，2016, 37(06): 393-402.

[6] Riccardi B,Fenici P,Rebelo A F,et al.Status of the European R&D activities on SiC_f/SiC compoosites for fusion reactors[J].Fusion Engineering & Design,2000,51-52:11-22.

[7] Wang G, Lu Z, Li Y, et al. Electroceramics for High-Energy Density Capacitors: Current Status and Future Perspectives [J]. Chem Rev, 2021, 121(10): 6124-6172.

[8] Biomaterials. Market Worth 130.57 Billion USD by 2020[EB/OL]. http://www.marketsandmarkets.com/Press Releases/global-biomaterials.asp.

[9] Worldwide Medical Ceramics Markets:2013[EB/OL]. http://www.prnewswire.com/news-releases/worldwide-medicalceramics-markets-2013-240452651.html.

[10] Wang X, Lv F, Li T, et al. Electrospun Micropatterned Nanocomposites Incorporated with Cu2S Nanoflowers for Skin Tumor Therapy and Wound Healing[J]. ACS Nano, 2017, 11(11): 11337-11349.

[11] Liu Y, Huang J, Li H. Synthesis of hydroxyapatite-reduced graphite oxide nanocomposites for biomedical applications: oriented nucleation and epitaxial growth of hydroxyapatite[J]. J Mater Chem B, 2013, 1(13): 1826-1834.

[12] 李维锴，韩保红，赵忠民. 装甲防护陶瓷材料的研究进展 [J]. 特种铸造及有色合金，2018, 38(03): 259-262.

[13] 沈志伟，李伟萍，黄献聪，等. SiC、B_4C 及层状 SiC/BN 复合结构与防弹性能关系 [J]. 硅酸盐学报，2020, 38(06): 841-848.

作者简介

杨治华，哈尔滨工业大学研究员、博士生导师，主要从事先进陶瓷及其复合材料的基础、应用基础及其在航天、高端装备、通信等领域关键部件上的应用研究。主要研究方向包括结构功能一体化陶瓷及其在极端服役条件下损伤行为及机理研究。作为项目负责人承担了国家自然科学基金、国防科工局军品配套/基础科研项目、军科委创新特区项目等项目30余项。获省部级及全国学会技术发明一等奖3项。出版专著1部，参编专著2部，发表SCI论文150余篇，授权国家发明专利40余项。

瞿志学，北京工业大学副教授，中国硅酸盐学会特种陶瓷分会副秘书长，*Journal of Advanced Ceramics* 等期刊编委。目前主要从事先进陶瓷材料的制备与性能研究。主持、参与国家自然科学基金、北京市自然科学基金、国家科技支撑计划等项目；获得北京市属高校高水平教师队伍建设支持计划青年拔尖人才项目及北京工业大学"日新人才"培养计划资助。迄今为止，发表SCI论文40余篇，其中多篇发表在 *Acta Mater.*、*Chem. Mater.*、*Phys. Rev. Lett.*、*MRS Bull.* 等刊物上，申请国家专利16项。荣获中国建筑材料联合会·中国硅酸盐学会建筑材料科学技术奖基础研究类一等奖。

齐建起，教授，博士生导师，辐射物理及技术教育部重点实验室副主任，物理系副主任。2004年于四川大学物理学院物理学专业获学士学位，2009年6月于四川大学获凝聚态物理专业博士学位后留校工作，其中2012—2013年在加州大学戴维斯分校Navrotsky院士课题组访问学习，先后任讲师、副教授、教授。主要从事极端物理条件服役的透明陶瓷和其他先进结构陶瓷材料的设计、制备和服役等研究，先后承担国家自然科学基金等项目20余项，在 *Journal of the American Society, Journal of the European Ceramic Society* 等期刊发表论文140余篇，参与申请专利多项，曾获得四川省科技进步二等奖等奖励。

第 4 章

钛合金材料

赵永庆　辛社伟

4.1 钛合金材料产业发展的背景需求及战略意义

钛及钛合金具有密度小、高比强度、耐高温、耐低温、耐腐蚀、可焊、无磁、生物相容性好等综合优点，是三大轻金属（Al、Mg、Ti）中强度最高、耐热性最好、耐腐蚀最好的材料，被广泛应用于航空、航天、舰船、兵器、化工等领域。

飞机越先进，使用钛量越高。美国第四代战机（四代机）F-22 用钛量占结构重量的 41%，其 F-119 发动机用钛量为 39%。F-22 是世界上用钛量最高的战机；大型客机 B-787、A-380 用钛量分别占结构重量的 15%、10%。钛是航空、航天等高技术领域的支撑性关键材料，对国民经济建设、社会发展和国家安全有重大影响。钛产业水平是国家综合国力的体现。

钛材的熔炼、加工需要一些特殊装备和技术，钛产业属于高技术产业。尽管中国海绵钛产量和钛加工材产量已达到世界第一，但同居世界首位的钢、铝工业相比，钛产业发展相对滞后，有待大力发展，更好地满足国家工程建设需求。大力发展钛产业还有许多关键性技术需要突破。

除航空、航天等大量需求钛合金材料之外，民用领域也大量需要钛合金材料。因钛合金具有优异的耐腐蚀性，我国化工领域用钛一直占加工材总量的 50% 左右。体育休闲、医疗器械、人体植入件、眼镜架、工艺品、建筑、生活用品等也大量用钛。

现代社会发展日新月异，日益追求装备的长寿、安全、高效、节能、环保，追求交通工具的轻量化、高速化、远程化，这些要求成本尚高，但性能优良的钛合金材料提供了巨大的市场机遇和发展空间。2020 年我国钛加工产量历史性地超过 9 万吨，达到 9.7029 万吨，同比增长了 28.9%，连续 6 年增长，同时 2020 年钛加工材还进口了 6139 吨。预计到"十四五"

末的 2025 年我国钛加工材的需求量将达到 15 万～20 万吨。我国钛产业需要大力发展，才能更好地满足国家航空、航天、舰船、海洋、兵器、石油化工等领域的需求。

钛合金材料产业的国际发展现状及趋势

目前世界上具有完备钛合金体系的国家仅有美国、俄罗斯、日本和中国 4 个国家。国外经历长期的发展，已经形成门类齐全、体系完整的钛合金产业，在每一个应用领域，都有 1～2 个可供选择的成熟主干钛合金。根据钛合金设计功能的不同，形成了高温钛合金、高强韧钛合金、耐腐蚀钛合金、低成本钛合金等体系。根据应用领域的不同，形成了航空航天用钛合金、舰船用钛合金、兵器用钛合金等体系。其设计功能和应用领域对应关系大致为航空航天发动机用高温钛合金、航空航天结构件用高强韧钛合金、舰船用耐腐蚀钛合金和装甲兵器用低成本钛合金。在每一个功能或领域，都有不同牌号的多种钛合金可供选择。

在航空航天领域，钛合金的应用已成为飞机先进性的标志，美国四代机 F-22 用钛量达到 41%。对于发动机用高温钛合金，英国发展得最为成熟，有完整的 IMI 体系，其 400～600℃ 系列钛合金 Ti-6Al-4V、Ti-6242S、IMI834 已普遍用于罗－罗公司等的系列航空发动机以及普惠公司的 PW350 发动机压气机盘及机匣，其性能稳定可靠。俄罗斯航空发动机使用的高温钛合金发展非常完善和成熟，形成了一套完整的钛合金体系，如 500℃ 下使用的合金有 BT8、BT9 和 BT8-1，550℃ 使用的合金有 BT25 和 BT25y，600℃ 使用的合金有 BT18y 和 BT36。当使用温度超过 600℃ 时，英国的罗－罗公司、美国的 GE 和普惠公司等先进研究主要集中在 Ti-Al 基金属间化合物合金及钛基复合材料，研制的 TiAl 合金、纤维增强钛基复合材料制成的叶环及矢量嘴部件已用于推重比 15～20 的普惠航空发动机的 XTC-65 IHPTET 验证机上。在机体使用的高强高韧钛合金方面，国外的研究起步较早。目前的研究主要集中在对苏联研制的 BT22 合金的改进型 Ti-5553 及 VST-55531 上，其中 VST-55531 合金成功应用于 A-380 飞机的发动机吊挂的销接结构，Ti-5553 合金成功用于 B-787 的起落架等重要结构件。在航天用低温钛合金领域，俄罗斯的研究居世界领先水平，其研制的系列 α 低温钛合金 OT4、OT4-1、BT5-1$_{KT}$ 和 ΠT-3B$_{KT}$ 等已在航天火箭技术装备中获得大量应用。在船用耐腐蚀钛合金方面俄罗斯处于世界领先水平。1968 年，苏联就建成了世界上第一艘钛合金多功能核动力潜艇（Papa），是钛合金应用于大型海装结构的革命性一步。此后苏联相继建造了一系列钛壳体核动力潜艇，包括"阿尔法"级核潜艇、"台风"级核潜艇和"北风之神"级核潜艇等。研制成功以 ΠT-3B、ΠT-7M 为代表的不同强度级别的系列钛合金，广泛用于船体外壳、声呐导流罩骨架、热交换器和管路等。在钛合金制备低成本化方面，美国钛金属（Timet）公司开发了 Ti-LCB、Ti62S 合金，该合金具有良好的热加工性能，其生产成本较 Ti-6Al-4V 合金降低了 15%～20%，实现了装甲车、榴弹炮及迫击炮轻量化。

对于新合金的开发，和国内热衷于新牌号合金开发不同，国外重点在于对已有合金潜力的开发和扩大合金的应用。比如航空发动机用 600℃ 高温钛合金 IMI834、Ti-1100，从使用到现在 40 余年，没有明确新型耐热钛合金的报道，而国内目前 650℃耐热钛合金已有 Ti-65 和 Ti-650 两个牌号，而且都有验证考核报道。高强钛合金，国外从 BT22 发展到现在 1200MPa 级的 Ti5553 和 Ti55531，没有 1300MPa 级超高强韧钛合金的报道，而国内目前 1300MPa 级合金明确报道的就有 Ti-1300、TB15、TB17 和 TB18 4 个牌号。对于实验室研究的新型钛合金，近年来也只有法国相关研究所针对高强钛合金，引入大量共析 β 稳定元素，开发出添加多种共析元素的多元高强钛合金，如 Ti66Nb13Cu8Ni6.8Al6.2、Ti56Cu16.8Ni14.4Sn4.8Ta8、(Ti65Fe35)97.5Sn2.5，其强度可以达到 2000MPa，但由于制备工艺的特殊性以及不可避免的脆性，无法实现工程应用。在合金设计理论上，国外首先提出了金属材料的基因工程，试图探索材料成分设计的本源。在钛合金中，国外报道最多的是基于第一原理的 d-电子合金设计理论，由于在相稳定和模量预测方面的优势，d-电子合金设计理论在指导生物钛合金设计方面成果显著，在结构钛合金设计中，没有成功应用的报道。因此，可以看出，相对于国内，国外对于新材料的开发着重于挖掘现有材料的潜力和扩大现有材料的应用范围，对于新型钛合金，其设计具有相对明确的理论指导和较为明确的应用目标，合金研制更侧重于工程化应用研究，而非设计新牌号。

在钛合金加工领域，世界先进钛合金加工技术是以美国的 Timet、ATI、RTI 和俄罗斯 VSMPO 等四大公司为代表。在熔炼技术方面主要体现在电子束冷床炉及等离子冷床炉熔炼的进步和发展上，可通过电子束及等离子冷床炉熔炼，结合元素 B 等晶粒细化剂、超声波电磁搅拌系统直接生产出组织细小、成分均匀的钛合金圆锭、扁锭及空心铸锭，直接用于后续的棒材、板材、管材制备，减少了加工流程，缩减了加工周期，降低了成本。此外，国外更侧重于应用现有装备进行相关制备技术的完善和优化，使得整个制备过程更为智能化、规范化。比如钛合金丝材，国外可以直接从铸锭轧制成棒材、细棒并直接连续拉成丝材，整个过程控制规范，智能化程度高，使得制备的丝材无论是尺寸精度，还是组织均匀性和一致性都显著优于国内。对于大型锻件，国外立足于现有装备，开发了局部变形技术，应用较小的设备，实现了超大投影面积锻件的制备。

除传统压延加工方法外，近年来，3D 打印增材制造技术已经成为新的零件制备方法蓬勃发展。增材制造为设计具有高度复杂性的组件提供了可能性，并能够显著提高材料的利用率。Norsk Titanium 公司近期开始供应世界上第一个获得美国联邦航空管理局（FAA）批准的航空级结构 3D 打印钛合金零件。波音公司已经在 B-787-9 的乘客区厨房地板对角线配件中采用了这些 Ti-6Al-4V 零件，这些零件是通过快速等离子沉积（RPD）送丝工艺生产的。特意选取这种非关键零件作为 RPD 制备技术的最初应用，通过对材料和零件的测试，确认打印的零件符合 FAA 和波音公司的规范。Arconic 公司将新技术融入高度复杂的金属产品和工艺方法中，在多个工艺过程中推进增材制造集成，以提供整体解决方案。除了直接制造零件外，其开发的 Ampliforge 工艺还将增材制造与锻造工艺相结合，制备出满足严格规范和完整性要求的零件，同时降低近净成型的成本。电子束直接能量沉积（EB-DED）工艺能够生产具有高构建率的大型航空航天零件。该工序后通常会进行热等静压以修复和闭合潜在的内部缺陷。洛克希德-马丁公司对 EB-DED 零件的研究表明，其拉伸性能的离散度显著降低。近期美国国防部高级研究计划局（DARPA）计划通过考虑成分和微观结构的演变来解析和模拟电子束增

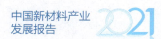

材制造过程与由此产生的静态特征之间的相互关系。研究结果和性能模型用于预测 TC4 零件屈服强度误差能够保持在 1% 左右。在这项研究中，同步开发一种用于表征钛及其合金在平方分米尺度上晶体取向的技术，该技术随后推动了空间分辨声学光谱（SRAS）系统的研究。

针对加工成型的低成本化研究，犹他大学开发了一种在氢气气氛中使用 Mg 直接还原 TiO_2 粉末的新型制备技术。目前由于 Ti-O 固溶体与 MgO 溶液具有更强的热力学稳定性，因此 Mg 通常被用于在惰性气氛中与氧化钛反应，制备氧含量大于 1%（质量分数）的 Ti 粉末。犹他大学团队报告显示 H_2 可以破坏 Ti-O 固溶体的稳定性，从而使得 Mg 从 Ti-O 系统中取得更多氧气，从而制备出含氧量非常低（质量分数小于 0.1%）的 Ti 粉末。氢烧结和相变（HSPT）是一种用于制造高性能近净钛合金零件的烧结工艺。HSPT 是在氢气气氛中烧结钛粉末块体，而不是像传统工艺在真空下进行。烧结过程中 H_2 的存在会产生超细的微结构，而传统真空烧结会产生较粗的层状结构。随后通过加热 HSPT 的超细微观结构，可以产生球状微观结构，使得烧结件具有等同于锻态 Ti-6Al-4V 标准的力学性能。研究结果表明，HSPT 工艺生产的 TC4 疲劳极限远优于传统粉末冶金制备的钛合金，与锻态 Ti-6Al-4V 材料相当。

此外，超塑成型和扩散结合（SPF/DB）是国外制造复杂形状、内部加强、内部中空等航空航天结构的经济性方法，包括风扇叶片、机翼、喷嘴、隔热罩等零部件。目前超塑钛合金板材生产厂家主要为 Timet 和 RTI 两家公司，已全面掌握了 Ti-6Al-4V 薄板（厚度为 0.4～0.5mm）的生产技术，其产品已在波音和空客公司得到大量应用。Timet 公司主要面向波音公司、罗-罗公司、联合技术公司（UTC，普惠）和 Snecma 等公司提供钛合金细晶板材产品，其中 60% 以上的产品供应给了民用航空部门。RTI 公司除生产钛合金板材外，还生产超塑成型后的加工产品，其在轧制、超塑成型和扩散焊接领域具备很高的水平。为获得细晶组织和控制板材的各向异性，国外研究者开发出 Ti-6Al-4V 合金超塑板的等温轧制技术，实现了大的热塑性变形和交叉轧制。目前俄罗斯的 VSMPO、美国的 Timet 和 RMI 三家钛业巨头均掌握了该技术，并实现了批量稳定生产，加工的 Ti-6Al-4V 合金板材的晶粒尺寸可达到 5μm 左右，降低了板材的流变应力，使成型温度从 900℃ 降低到 775℃。由于成型温度降低，减少了 α 层的污染，延长了设备寿命。

国外发达国家钛合金在航空航天等先进装备上得到广泛应用。在航空发动机上，英国、美国均形成完整的材料体系，400～600℃ 系列钛合金已普遍用于罗-罗、普惠公司的系列航空发动机上，形成了完整的材料质量控制和材料应用考核体系。在机体用高强韧钛合金方面，目前工程化应用研究主要集中在对苏联研制的 BT22 合金的改进型 Ti-5553 及 Ti-55531 上，其中 Ti-55531 合金成功应用于 A-380 飞机的发动机吊架结构，Ti-5553 成功用于 B-787 的起落架等重要结构上，均形成完备的材料应用评价和考核体系。也正是由于工程化应用研究充分，国外钛合金在航空航天等高端应用领域一直占主导地位，国际上最先进的四代机 F-22 用钛量达到 41%，其配备的发动机 F-119 用钛达 39%，并且 F-119 发动机也使用了 Alloy C 阻燃钛合金，其用钛量远高于国内先进战机。而且，据 FAA 对 2019—2039 年度的航空预测，到 2039 年时空中交通流量（即起降次数）将从 2018 年的 5180 万人次增长到 6200 万人次。此外，美国国内市场首次出现了连续 8 年的客运量增长。未来 20 年预计将减少 43000 架商用飞机，其中 73% 将是单通道飞机。美国的钛产量一直在稳步增长，以满足对新型机身和航空发动机不断增长的需求。B-787、B-777 X、B-737 MAX、A-320 NEO、A-350 XWB 等使用下一代发动机和轻质复合材料的新型节油飞机的大订单正在陆续签订。钛与碳纤维复合材料良好的相容性使得其在含有大量复合材料的新型机身结构中得到了越来越多的使用。在航空市场继续扩张的同时，在航天和其他市场也存在大量使用钛的机会。其中包括开发新的制造工艺以降低成本、提高钛合金的性能以满足新的应用需求，以及开发计算材料模型以减少新合金开发的时间周期和工艺认证速度。

国外发达国家在大力开发军用钛合金的同时，也在不断开发高附加值的民用钛合金制品。美国 Timet 公司于 1998 年投资 500 万美元成立 Titanium X 公司，生产计算机用钛硬盘，年产量约 4.5 亿张。美国实行的 PNGV 十年计划（家用汽车减重 40%），将 Ti 与 Al、Mg 一起推广到汽车，用于汽车的连杆、气门弹簧、消音器、排气管等小部件，而且用于汽车底盘等重负部件。美国用低成本钛合金制成的汽车弹簧已开始批量生产。美国的医用钛制品也是非常先进的，钛心脏起搏器和钛血管支架等产品早已进入我国，一直是医院的畅销产品。自 2012 年以来 Perryman 公司一直在基础建设市场中应用钛合金材料。钛合金近表面支架（NSM）已被证实可以增加桥梁中钢筋混凝土的剪切和弯曲强度。最初的研究是在俄亥俄州立大学进行的，通过全尺寸光束测试来验证这项技术。钛具有高强度、良好的延展性和耐腐蚀性能，能够在几乎没有混凝土覆盖的恶劣环境中使用。在这种应用中钛合金较其他材料更具成本优势。俄亥俄州已在许多桥梁上应用此项技术，并发布了相应的设计指南和 ASTM 规范用于协助设计工程师。俄罗斯也在大力发展钛的民用技术，特别是低成本的钛应用技术，采用的技术主要包括大量回收残钛熔炼技术、大变形量加工技术、近净成型加工技术等。日本钛及钛合金民用技术一直走在世界的前列，钛产品已遍及化工、石化、建筑、医疗（人体植入件、轮椅）、交通（汽车、摩托车）、体育（高尔夫球杆、网球、渔具、钓鱼船等）、日用电子产品（照相机、手表、复印机、打字机、手机）、炊具（刀、叉、锅、铲）等各个领域。可以想象，在未来数十年，欧美国家在保持军用领域巨大需求的同时，将着力开发钛合金的民用市场。最终在国际上形成一种军民齐头并进的局面，极大促进钛产业的发展。

总体来看，国外钛合金产品技术的发展总趋势是：

① 大型优质钛合金坯料制备技术，包括电子束和等离子冷床炉熔炼技术。

② 近净成型技术重要性越来越高，包括精密铸造、精密模锻、超塑成型/扩散连接、粉末冶金、激光辅助成型等。

③ 钛的低成本化制备、加工技术，包括海绵钛生产、钛合金高效、短流程钛合金加工技术，单次冷床炉熔炼生产直接轧制技术以及钛带连续加工技术等。

④ 基于合金成分设计、组织调控基础研究的新型钛合金研制，进一步丰富钛合金体系，如高强韧损伤容限型钛合金的研制和应用、低成本钛合金研究开发等。

⑤ 大力发展大规格钛合金产品的制备技术，包括大型钛合金部件的锻造成型、铸造成型、高效可靠焊接成型及大规格钛合金板材及管材的加工生产技术等。

4.3 钛合金材料产业的国内发展现状

4.3.1 钛产业发展概述

(1) 产能

到 2020 年底，我国海绵钛的产能比 2019 年增长了 12.0%，达到 17.7 万吨，这主要是由于国内大型海绵钛生产企业看好后市需求增长，不断兼并、重组和扩产。我国产量最大的前三家海绵钛生产企业，2020 年的产能均有不同程度的扩张，尤其是洛阳双瑞万基钛业有限公司，其产能新增 1 万吨。2020 年我国海绵钛行业的整体开工率达到 70%。表 4-1 所示为我国 2015—2020 年海绵钛产能的变化情况，可以看出，2018 年海绵钛产能首次突破 10 万吨；2018 年后，海绵钛产能有了明显的增加，2019 年比 2018 年增长了 47.7%；2020 年比 2018 年增长了 65.4%，比 2015 年增长了 101.1%。这说明我国对海绵钛的需求大幅增加。

表 4-1　近 6 年我国海绵钛产能

年份	2015	2016	2017	2018	2019	2020
产能/万吨	8.8	8.8	9.3	10.7	15.8	17.7

2020 年我国钛锭的产能比 2019 年增长了 11.8%，达到 19.9 万吨，这主要是由于新疆湘晟和云南钛业两家企业新上钛熔炼设备所形成的产能。表 4-2 所示为近 6 年我国钛锭产能的变化。可以看出，钛锭的产能稳步增长，2020 年即将突破 20 万吨。2020 年产能比 2015 年增长了 47.4%，说明我国钛加工材料对钛锭的需求明显增加。

表 4-2　近 6 年我国钛锭产能

年份	2015	2016	2017	2018	2019	2020
产能/万吨	13.5	13.5	14.6	15.8	17.7	19.9

(2) 产量

2020 年，我国共生产海绵钛 122958t（表 4-3），比 2019 年增长了 44.9%，实现连续 6 年增长（表 4-4 和图 4-1）。从表 4-3 看出，2020 年海绵钛产量超过 2 万吨的是攀钢钛业有限责任公司，超过 1 万吨的有朝阳金达钛业股份有限公司、洛阳双瑞万基钛业有限公司、新疆湘晟新材料科技有限公司、朝阳百盛钛业股份有限公司、贵州遵钛（集团）有限责任公司。6 家超过万吨企业的产量占全国的 78.4%。尽管我国海绵钛产量已超过了 12 万吨，但仍然不能满足国内需求，仅 2020 年就进口了海绵钛 4723t，占国内产量的 3.9%。

表 4-3　2020 年我国海绵钛的产量

企业名称	产量/t
攀钢钛业有限责任公司	22768

续表

企业名称	产量/t
朝阳金达钛业股份有限公司	16118
洛阳双瑞万基钛业有限公司	16000
新疆湘晟新材料科技有限公司	15430
朝阳百盛钛业股份有限公司	13560
贵州遵钛（集团）有限责任公司	12500
龙蟒佰利联新立钛业公司	8870
宝钛华神钛业有限公司	8212
盛丰钛业有限公司	3600
鞍山海量有色金属有限公司	2900
中信锦州铁合金股份有限公司	1700
宝鸡力兴钛业集团	1300
合计	122958

表 4-4　近 6 年我国海绵钛产量

年份	2015	2016	2017	2018	2019	2020
产量/t	62035	67077	72922	74953	84884	122958

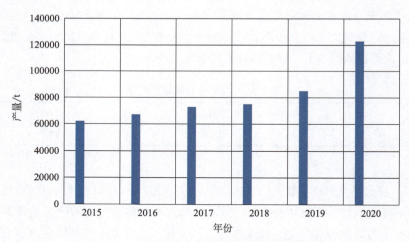

图 4-1　2015—2020 年我国海绵钛产量的变化

2020 年我国共生产钛锭 119937t，比 2019 年增长了 35.2%，比 2015 年增长了 100.8%。实现了连续 6 年增长，如表 4-5 和图 4-2 所示。

表 4-5　近 6 年我国钛锭产量

年份	2015	2016	2017	2018	2019	2020
产量/t	59736	66479	71022	75049	88704	119937

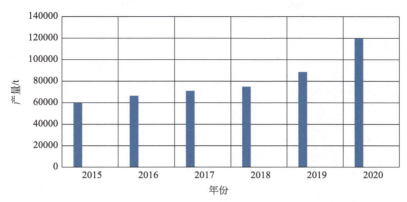

图 4-2　2015—2020 年我国钛锭产量的变化

2020 年我国共生产钛加工材 97029t，比 2019 年增长了 28.9%，比 2015 年增长了 99.5%，已连续 6 年增长，产量见表 4-6 和图 4-3。尽管如此，2020 年我国仍然进口了钛加工材 6139t，占产量的 6.3%。

表 4-6　近 6 年我国钛加工材产量

年份	2015	2016	2017	2018	2019	2020
产量 /t	48646	49483	55404	63396	75265	97029

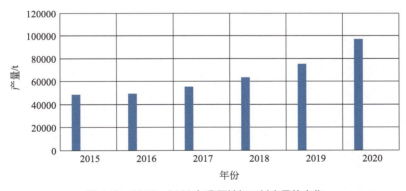

图 4-3　2015—2020 年我国钛加工材产量的变化

（3）产业结构

近 6 年来，各类钛加工材所占的比例及产量的变化如表 4-7 所示。可以看出，钛板材占比为 50% 以上，2020 年钛板材的产量比 2019 年增加了 47.5%，占到当年钛材总产量的 59.4%，其中钛带卷的产量占到了一半以上。板材产量 2015 年为 22746t，2020 年达到 57609t，2020 年比 2015 年增长了 153.3%。棒材的产量 2020 年比 2019 年增长了 16.9%，约占全年钛材产量的 16.0%；2020 年管材的产量比 2019 年减少了 6.5%，占全年钛材产量的 9.8%；2020 年管材产量比 2015 年增长了 48.3%。锻件的产量 2020 年比 2019 年增长了 7.3%，占全年钛材产量的 5.8%，比 2015 年增长了 33.2%。钛丝的产量 2020 年比 2019 年增长了 55.0%，比 2015 年增长了 169.8%。其他钛产品 2020 年产量比 2019 年增长了 11.2%，比 2015

年增长了 182.9%。从表 4-7 还可以看出,板材、棒材、管材 3 个品种的产量占加工材材料的 85% 以上,也就是说生产的半成品居多。

表 4-7　近 6 年我国各类钛加工材产量及所占比例

年份		板材	棒材	管材	锻件	丝材	铸件	其他
2015	产量 /t	22746	10847	6399	4248	444	1632	2330
	占比 /%	46.8	22.3	13.2	8.7	0.9	3.3	4.8
2016	产量 /t	26914	11128	6856	2999	234	699	653
	占比 /%	54.4	22.5	13.8	6.1	0.5	1.4	1.3
2017	产量 /t	30531	9838	8604	4083	720	417	1221
	占比 /%	55.1	17.8	15.5	7.4	1.3	0.7	2.2
2018	产量 /t	35725	10322	7483	4477	863	708	3818
	占比 /%	56.3	16.3	11.8	7.1	1.4	1.1	6.0
2019	产量 /t	39060	13297	10150	5277	773	782	5926
	占比 /%	51.9	17.7	13.5	7.0	1.0	1.0	7.9
2020	产量 /t	57609	15547	9488	5660	1198	936	6591
	占比 /%	59.4	16.0	9.8	5.8	1.2	1.0	6.8

在产业分布方面,海绵钛生产主要分布在辽宁地区,2020 年 5 家企业的产量占到全国的三分之一以上(34.6%),同比有所下降;钛及钛合金锭生产主要集中在陕西,2020 年 14 家主要生产企业的产量占中国产量的四成以上(46.5%),同比有所增长;钛及钛合金棒材生产也主要集中在陕西,2020 年产量在 500t 以上的主要 7 家生产企业的产量占总量的 74.6%;陕西 4 家主要钛板材生产企业 2020 年产量占到全国的 22.7%,同比有所减少;钛管的生产主要集中在长三角地区,主要 4 家生产企业 2020 年产量占全年总量的 34.4%,同比有所增长。

（4）市场

销售量:2020 年,我国海绵钛的总销售量为 122958t,净出口为负 4175t,国内销售量为 127133t,同比大幅增长了 39.7%。2020 年,我国钛材的总销售量 93596t,净出口量为 9107t,国内销售量为 84489t,同比增长了 50.7%。

需求分配:近 6 年我国钛及钛合金在不同领域的应用量及所占比例如表 4-8 所示。我国钛合金材料仍然是以民用为主。2020 年与 2015 年相比,航空航天用钛由 6862t 增加到 17228t,增加了 10396t,增长了 151.5%;化工用钛由 19486t 增加到 47513t,增加了 28027t,增长了 143.8%;船舶和海洋工程用钛由 1820t 增加到 9983t,增长了 548.5%。冶金、电力、制盐领域钛量逐步降低,如冶金行业由 2015 年的 2168t 降到 2020 年的 1324t、电力行业由 2015 年的 5537t 降到 2020 年的 4638t、制盐行业由 2015 年的 1715t 降到 2020 年的 1231t。这一发展趋势表明,海洋工程和船舶用钛将大幅增长,航空航天和化工用钛将稳步增长。

表 4-8　近 6 年我国钛加工材在不同领域的应用量对比

年份		化工	航空航天	船舶	冶金	电力	医药	制盐	海洋工程	体育休闲	其他	总量
2015	产量/t	19486	6862	1279	2168	5537	884	1715	541	2031	3214	43717
	占比/%	44.6	15.7	2.9	5.0	12.7	2.0	3.9	1.2	4.6	7.4	—
2016	产量/t	18553	8519	1296	1604	5590	1834	1175	1512	2090	1983	44156
	占比/%	42.0	19.3	2.9	3.6	12.7	4.2	2.7	3.4	4.7	4.5	—
2017	产量/t	23948	8986	2452	1393	6692	2125	1342	2145	2772	3275	55130
	占比/%	43.4	16.3	4.4	2.5	12.1	3.9	2.4	4.0	5.0	6.0	—
2018	产量/t	26052	10295	1481	1297	6166	2352	1738	2253	1982	3825	57441
	占比/%	45.3	17.9	2.6	2.3	10.7	4.1	3.0	3.9	3.5	6.7	—
2019	产量/t	35290	12600	1755	1024	4113	2562	1176	3162	1986	5182	68850
	占比/%	51.3	18.3	2.5	1.5	6.0	3.7	1.7	4.6	2.9	7.5	—
2020	产量/t	47513	17228	2743	1324	4638	2517	1231	7240	3262	5900	93596
	占比/%	50.8	18.4	2.9	1.4	5.0	2.7	1.3	7.7	3.5	6.3	—

4.3.2　中国钛工业经济运行状况

以 2020 年为例进行分析。百年一遇的新冠肺炎疫情重创全球经济。各国封锁措施一度使经济大面积停摆。我国经济随着国家对疫情的严控，逐步走出低谷。中国钛工业也随着经济的复苏，触底反弹，无论是产能、产量，还是经济效益，均创近 10 年来最高水平。2020 年，我国钛工业呈现出近 10 年来少有的喜人局面，我国钛工业正步入新一轮发展的快车道，整体钛产业正向着诸多利好的方向发展。

（1）产业结构调整情况

2020 年，我国海绵钛行业经过近 10 年的结构调整、优化整合，迎来了高速发展。主要海绵钛生产企业通过多年的技术优化、升级和设备更新，已逐步向全流程、大型化和精细化方向发展。2020 年，受国外钛矿产资源供应紧缺，以及国内钛白和金属钛需求增长的双重驱动，海绵钛产品量价齐升，国内主要海绵钛生产企业均新建、扩建和复产，产能同比增长了 12.0%，达到创纪录的 17.7 万吨。

我国钛加工行业通过近 10 年的结构调整和转型升级，2020 年已形成以宝钛集团有限公司、西部超导材料科技股份有限公司、湖南湘投金天钛金属股份有限公司和西部材料科技股份有限公司（含西部钛业有责任公司）等国有大型企业为代表的一线龙头企业，他们以各自的多年行业技术积累为依托，无论在产量还是在利润水平方面，均取得了近 10 年来的最高水平。宝钛、西部超导、西部材料 3 家龙头企业均在陕西宝鸡和西安，说明陕西是我国钛加工行业的优势省份和基地；以新疆湘晟新材料科技有限公司、重庆金世利航空材料有限公司和陕西天成航空材料有限公司等为代表的民营企业，由于持续看好未来国防、医疗等高端领域市场需求，利用各自的资金、专用设备和灵活的经营机制，在各自细分领域取得了突出的业绩。例如新疆湘晟新材料科技有限公司新上两台 4m×10m 真空蠕变炉生产线；重庆金世利航空材料有限公司新上 12t 真空自耗电弧炉（最大钛锭 17t）；陕西天成航空材料有限公司从乌克兰引进了 3150kW 真空冷枪电子束冷床炉，并自主研发、设计了中国首条航空级钛合金棒线材全流程控温控轧生产线，已在 2021 年上半年投产；宝鸡拓普达钛业公司新上奥地利产 GFM450 精锻机；宝鸡大力神航空新材料科技股份有限公司新上兰石 6000t 快锻机和奥地利产 GFM500 精锻机；西安赛特金属材料有限公司通过掌握国际先进钛合金连续轧制装备的原理及关键控制点，采用自主设计—模拟试验—调整参数—设备定型的技术路线，研制了国产化控温控速小规格棒丝材自动化连轧装备，解决了钛合金大单重盘圆棒丝材关键的"卡脖子"技术，打通了工艺，首次成功开发国产单重大于等于 170kg 的钛合金盘圆丝材，丝材尺寸、性能、组织的一致性、稳定性均达到了国内领先水平，解决了航空紧固件用大单重盘圆丝材"卡脖子"技术难题，实现了关键设备、核心技术与生产工艺的自主可控，填补国内紧固件用大单重丝材领域空白，确保紧固件原料持续可控的自主保供等。钛行业经过近几年的产业结构调整，加工设备已逐步专业化，自动化程度提高。钛合金材料逐步向高端航空航天、海洋船舶、医疗、兵器等领域迈进。

2020 年我国钛行业结构性调整已初见成效，已由过去的中低端化工、冶金和制盐等行业需求，正快速转向中高端的军工、PTA 和海洋工程等行业发展，行业利润由上述中低端领域正逐步快速向以军工为主要需求的高端领域转移，尤其是高端领域的下游紧固件、3D 打印以及高端装备制造等产品精加工领域。

（2）经营形势分析

2020 年，在航空航天、海洋工程、化工（PTA 高端装备）、船舶和体育休闲等行业需求的拉动下，我国海绵钛的产量同比增长了 44.9%，首次突破 10 万吨；钛加工材的产量同比增长了 28.9%，达到历史最高水平，产量接近 10 万吨。海绵钛和钛材的产量均连续 6 年增长。国内前 10 家主要钛材生产企业的钛材销量占总量的 79.9%，比上一年略有提高，产业聚集度进一步提高。

2020 年，虽然受突如其来的全球疫情影响，我国钛工业在外贸和内贸方面承受了一定的压力，但在国家的严控措施下，我国钛工业无论在产量、产能还是在经济效益上都取得了突飞猛进的发展，其中，高端化工、航空航天、海洋工程、船舶和体育休闲等领域的钛材需求量呈加速增长势头，平均增长幅度在 20% 以上，医疗行业受疫情影响需求有所回落，电力和制盐等行业也有一定的增长，但增幅不大，行业整体盈利能力进一步增强。

2020 年，我国钛行业在以军工为龙头的高端行业需求拉动下，产量和价格齐升，连续 6 年稳步增长，其中海绵钛（1 级）的价格自 2020 年 6 月触底反弹后，到 2021 年初，已上涨 47%。钛加工材尤其是航空钛合金材料的价格也同步有所上涨。

在进出口贸易方面，受国际疫情的影响，2020 年我国海绵钛的进口量减少了 33.8%，出口量则减少了47.6%；我国钛加工材的进口量减少了24.4%，出口量同比减少了27.1%；在进口方面，只有航空航天等高端领域用钛合金丝材和钛合金粉末继续保持稳定增长，其他品种的进口量均有所回落，这也反映出国产钛材在高端紧固件和3D打印等领域还难以满足国内需求，而钛合金薄板和厚板的进口量虽略有减少，但基本稳定，这也反映出我国在高端领域的钛合金薄板和厚板对国外仍有一定的依赖；在出口方面，几乎所有品种的出口量均同比有所减少，这也反映出国际钛市场受疫情影响，钛材需求减少了近三成。

综上所述，目前我国高端需求用航空级海绵钛、3D打印用钛粉、航空紧固件用钛合金棒丝材、船舶用钛合金宽厚板坯等产品由于在批次稳定性上还与国外有一定的差距，仍需进口，但通过宝钛股份、西部超导、西部材料等龙头企业的装备进步和技术创新，差距正逐步缩减，产品质量不断提高。

（3）市场供需及消费情况

2020年，我国钛行业受新冠疫情影响，市场表现出先抑后扬的走势。2020年，国外主要钛矿面临枯竭，其他国家出口我国的钛矿供应不稳定，中国钛白粉需求量稳定增长。我国钛原料市场供需两旺，钛矿价格涨至高位，矿山企业利润大增，而氯化法钛原料企业仍处于盈亏边缘。其中硫酸法及氯化法钛矿价格已接近8年价格高点，酸溶性钛渣价格接近3年来的高点，而氯化法钛原料氯化渣市场因供应有所过剩，市场价格创3年新低，自2020年四季度价格有所回升，在2020年末价格较2020年初仍有300元/t的跌幅。

2020年，在国外钛原料价格上涨以及国内钛需求旺盛的双重驱动下，国内海绵钛和钛材价格也从下半年开始持续上涨。到2020年底，国内1级海绵钛的价格同比上涨了47%，并一直保持在高位运行。

2020年，我国海绵钛产量达到12.3万吨，国内需求量达到12.7万吨，同比大幅增长了39.7%，我国钛材的产量达到93596t，国内需求量为84489t，同比大幅增长了50.7%。

由于我国高端钛市场需求旺盛以及国外钛原料价格持续上涨，国内海绵钛主要生产企业扩建、复产和新建的产能扩张了12.0%，达到历史高位的17.7万吨，在市场需求拉动下，预计产能扩张还将继续。

在当前国家鼓励科技创新和内循环的大背景下，2020年比2019年国内钛材需求量同比大幅增长了50.7%，我国钛材消费领域呈现出不同的增长势头。除医疗行业用钛量受疫情影响略有下降外，其他行业均同比有一定的增长，尤其是海洋工程、体育休闲、船舶、航空航天和高端化工（PTA）行业，同比消费增长幅度高于三成。其中，主要是军工行业涉及的海洋工程、航空航天和船舶领域的用钛量增长幅度最大，上述三个领域的用钛量占总销量的29%，预计未来还将持续增长。体育休闲用钛量的增长，主要是受国外疫情影响，国外盛行高尔夫球运动，导致钛制高尔夫球杆用钛量激增，需求量创近10年最高纪录；在国内消费需求拉动下，高端化工装备（PTA）用钛量持续三年保持高速增长态势，2020年增幅达34.6%；传统行业制盐和电力的钛材需求增长幅度最小。

从总量上来看，由于化工（PTA）领域新扩建项目的需求拉动，钛材需求增长幅度最大（12223t），其次是航空航天（4628t）、海洋工程（4078t）、船舶（988t）和电力（525t），从此也反映出国家在"十三五"期间的产业重点发展方向，以及我国钛加工材在高端领域的发展趋势。

2020年，我国在高端化工（PTA）、航空航天、船舶和海洋工程等中高端领域的钛加工材需求同比大幅增长，钛材需求总量同比增长了28439t，是近6年来增长幅度最大的一年，同比增长了50.7%，预计未来3～5年内，上述高端领域的需求还将呈现出快速增长的趋势。

4.3.3 钛合金材料研发和技术的提升

近6年，经过相关科技人员的努力，取得了众多的工程技术成就。

① 开发的多种钛合金材料成功应用于我国重要工程。如我国创新研制的高强高韧损伤容限钛合金TC21和具有我国特色的中强高韧损伤容限钛合金TC4-DT实现大规格棒材批量化生产，已成功应用于我国新型战机等（图4-4为某飞机用TC21合金的锻件），成为我国航空领域的主干钛合金牌号；创新研制的CT20低温钛合金管（图4-5）、板材、丝材及管件等成功应用于我国新一代航天器中。研制的特殊耐腐蚀钛合金Ti35在核乏燃料后处理设备中已经获得应用（图4-6），是我国200t后处理示范工程设备用核心材料之一。

图4-4　TC21合金的锻件

图4-5　CT20管材和应用部位

图4-6　Ti35合金溶解器

② 钛合金的熔炼技术得到提升。工业化钛合金铸锭成分的均匀性、一致性能够得到保证。国内相关企业等实现了SP700、Ti-1023等易偏析钛合金的3～5t级高均质铸锭的工业化制备，掌握了TC4（图4-7）、Ti80、TA15等常用钛合金10t级超大规格高均质铸锭的制备技术。电子束冷床（EB）炉熔炼的多组元钛合金扁锭的成分均匀性有明显提升（图4-8）。

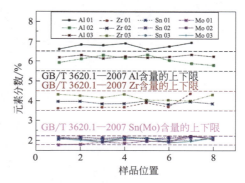

图 4-7　西部钛业公司制备的 TC4 合金 12.8t 铸锭及不同部位的合金化学成分

图 4-8　青海聚能钛业公司电子束冷床炉熔炼的 TA19 合金圆锭及不同部位化学成分

③ 钛合金的锻造技术水平迈上了新台阶。国内主要钛合金生产企业掌握了 TC4（图 4-9）、TC21（图 4-10）、TC18、TC4-DT、TA15 等常用钛合金高品质大规格锻坯及棒材的稳定化制备技术，成材率、探伤水平、组织均匀性都获得了显著提升。

图 4-9　西部钛业公司制备的重 10t 的 TC4 合金板坯
（规格：390mm×1970mm×3100mm；探伤结果：ϕ1.2，-3dB）

④ 钛合金板材制备技术得到提升。生产的 TC4、TC4 ELI、Ti70、TA5 等钛合金板材已在我国重要工程上获得成功应用。西部钛业公司开发出航空用高品质 TC4 钛合金厚板生产新工艺（图 4-11），使产品质量稳定性（合格率 95% 以上）、成材率（原有水平的 1.5 倍）、生产效率（提高 2 倍）大幅度提升，使国内高品质钛合金厚板制备技术得到了跨越式提高，满

足了重大型号急需。开发出超大规格钛合金厚板制备工艺，制备出国内最大规格及单重的 TC4 钛合金厚板（图 4-12），为深海空间站、舰船等装备对超大规格钛合金构件的需求提供支撑。西北有色金属研究院、西部钛业公司、宝钛股份公司制备的细晶 TC4 和 TA15 等钛合金超塑板材获得批量应用（图 4-13）。

(a) TC21

(b) TC4 ELI

图 4-10　西部超导公司制备的直径为 350mm 的 TC21 合金棒材及直径为 650mm 的 TC4 ELI 棒材

图 4-11　西部钛业公司制备的组织、性能合格的 TC4 钛合金厚板

图 4-12 西部钛业公司制备的 42mm × 3660mm × 11500mm 性能组织合格的 TC4 钛合金厚板

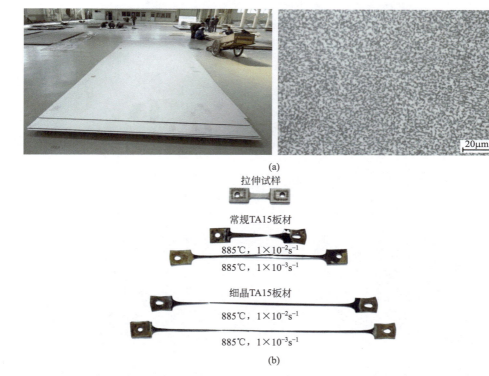

(a)

(b)

图 4-13 西北有色金属研究院和西部钛业公司制备的（0.5 ~ 4.0）mm ×（≥1200）mm ×（≥2400）mm 的宽幅细晶（平均晶粒尺寸 ≤ 5μm）超塑性 TA15、TC4 合金板材和组织照片（a），以及 TA15 细晶超塑性板材超塑性拉伸试验试样照片（b）

西部钛业公司开发出装甲用低成本高强度 Ti-5322 钛合金板材制备技术（图 4-14），形成可稳定化生产的工艺技术文件，可制备系列规格的装甲板材，其抗弹性能显著优于 Ti-6Al-4V 钛合金，达到国际先进水平，成为陆军四代装备的选材之一；开发出装甲用 TC4 钛合金板材制备工艺，抗弹性能优于同牌号航空用钛合金板材及进口材料，满足了新型号的研制需求。并将其拓展用于高尔夫球头，寿命相比 TC4 合金提高 2 倍以上。

⑤ 大口径钛及钛合金无缝管材及弯管制备技术得以提升。制备出合格的大口径无缝管材及弯管，如 TA2 大口径超薄壁无缝管，大口径薄壁、超薄壁管材，Ti-75 和 Ti-80 大口径管材（图 4-15）。

图 4-14　西部钛业公司制备的低成本高强度钛合金板材

(a) TA2大口径超薄壁无缝管
(ϕ180mm×0.75mm×1200mm)

(b) TC4大口径薄壁管材
(ϕ408mm×4.3mm×3500mm)

(c) TC4大口径高精度超薄壁管材
(ϕ500mm×2mm×1312mm)

(d) Ti-80厚壁大口径管材
(ϕ335mm×24mm×2500mm)

(e) Ti75大口径管材
[ϕ(219～325mm)×(4.5～8.5mm)×3000mm]

(f) Ti-75 弯管(ϕ 638mm×19-R638)

图 4-15　西部钛业公司和西北有色院研制的部分钛合金大口径无缝管及 Ti-75、Ti-80 大口径无缝弯管（外径≥630mm）

⑥ 钛合金型材及深加工制品制备技术得到明显提升。我国研制的厚壁钛合金型材的挤压制备技术逐步稳定，制备的钛隔膜、钛毛细管、环形气瓶、球形储箱、药型罩、丝材、各种

管件等制品的尺寸、性能稳定性得到提升（图4-16），并获得实际应用。成功制备的深潜器的载人球体，实现了国产化。开发出攻坚战斗部用钛合金材料及其制备技术，产品已在多个型号导弹中批量化装备，大幅度提升了战斗部的毁伤威力，是国内首个使攻坚药型罩性能得到跨越式提升的实用化轻合金材料，是聚能装药战斗部材料的重大突破。

(a) 不同尺寸的钛隔膜

(b) 钛毛细管

(c) 钛合金环形气瓶

(d) 钛合金球形储箱

(e) 钛合金药型罩

(f) 钛合金各种管路件

图4-16　西北有色金属研究院制备的钛合金药型罩、钛隔膜、球形储箱、小气瓶等

⑦ 钛合金材料低成本化制备技术受到高度重视。随着海洋工程、兵器及民用的需求推动，钛合金材料的低成本化制备技术得到发展。在板材制备方面，普遍采用电子束冷床炉回收残料，熔炼出钛及钛合金扁锭，经表面处理后，直接热轧板坯、轧制成成品板材，省去了铸锭的多火次锻造，使板材的成本明显降低，性能达到使用要求；在管材制备方面，西北有色金属研究院在国家项目支持下，首次直接采用 TC4 合金铸锭、斜轧穿孔、热连轧、定径轧制制备性能合格的 $\phi108mm \times 14.5m$ 的 TC4 合金管材。在棒材制备方面，陕西天成航空材料有限公司采用"以轧代锻"的制备工艺、全连轧线采用大变形量、控温、控速、自动化、高精度轧制，以大单重坯锭为原料，最大进料直径 $\phi1000mm$，15min 从锭到棒一气呵成，可生产最大长度 24m，或最大直径 $\phi350mm$ 的高性能钛合金棒材，性能能够满足使用要求。

4.3.4　主要的新合金研制和应用进展

① 结合国家海洋战略，创新研制海洋环境应用的钛合金受到高度重视。在国家相关项目的支持下，西北有色金属研究院、中船重工材料研究所等单位已成功研制出强度 800MPa、900MPa 和 1100MPa 级的钛合金，以及放射性快速衰减的钛合金，性能达到指标要求，有的已达到中试规模，制备出合金棒材、板材、管材等，这些合金均已获得授权的发明专利。

② 在航空发动机用高温钛合金方面，由中国科学院金属研究所研制的 Ti-60 合金已经在我国新型航空发动机中进行应用考核，合金也进入工程化阶段。此外，在现有高温钛合金的基础上，国内相关研究单位研制出耐 650℃ 的多元固溶强化合金 Ti-65 和 Ti-650，其中 Ti-65 合金已在航天超高速飞行器中进行了试用。

③ 航空、航天用高强韧钛合金方面，主要研制了 3 类：超高强韧钛合金、超高强中韧和高强损伤容限钛合金。超高强韧钛合金的核心指标为：抗拉强度大于等于 1300MPa、延伸率大于等于 6%、断裂韧性大于等于 $55MPa \cdot m^{1/2}$，典型的合金有 Ti-1300、TB15、TB17、TB18、Ti-7333 等，这些合金大都进行过中试验证和相应的应用研究；超高强中韧钛合金的核心指标为：抗拉强度大于等于 1500MPa、延伸率大于等于 5%、断裂韧性大于等于 $45MPa \cdot m^{1/2}$，西北有色金属研究院和北京航空材料研究院分别进行了研发，性能指标基本达到；高强损伤容限钛合金方面，西北有色金属研究院联合北京航空航天大学、南京工业大学在 TC21 合金的基础上，研制出 Ti-5321 合金，其在 1200MPa 级强度水平下断裂韧性可以达到 $70MPa \cdot m^{1/2}$ 以上，经合金成分设计、实验室研究、500kg 铸锭中试扩大研究，制备的合金棒材性能为：抗拉强度大于等于 1200MPa、延伸率大于等于 8%、断裂韧性大于等于 $80MPa \cdot m^{1/2}$。另外哈尔滨工业大学采用粉末冶金结合原位反应自生技术制备了准连续网状结构钛基复合材料，增强相准连续网状结构分布，可以有效提高"晶界"室温强化效果、抑制"晶界"高温弱化效果，并有效抑制"晶粒长大"与提高整体协调变形能力，与传统增强相均匀分布钛基复合材料相比塑性提高约 5 倍，服役温度较钛合金提高约 200℃。进一步在相界处引入纳米增强相制备的两级网状结构钛基复合材料表现出更高的综合性能，蠕变持久断裂时间较钛合金明显提高。研制出了高硬度与高强韧一体化、高弹性模量、超抗氧化、超高强韧等系列钛基复合材料。

④ 在兵器领域，围绕高性能和低成本问题，在 Ti-12LC、Ti-8LC 和 Ti-0.8Al-1.2Fe 等低成本钛合金的基础上，西部超导公司依托"装发预研"项目，开发出 M36 合金，已经用于多功能战斗部的制备。西北有色金属研究院围绕返回料的回收利用问题，开发出 Ti-6432、RT154 等低成本钛合金，目前正在进行相关应用性能考核。

⑤ 设计开发出可冷轧中高强钛合金，基于该合金西部钛业公司开发出直径 200～300mm 的大规格薄壁管及达到欧盟标准要求的高疲劳寿命自行车车架，其中大规格管材已用于某导弹壳体。

⑥ 创新性研制的钛合金已完成性能优化、工程化和批量化生产。主要合金有高温钛合金 Ti-60、Ti-65、Ti-650，高强高韧损伤容限钛合金 TC21，具有我国特色的中强高韧损伤容限钛合金 TC4-DT，阻燃钛合金 Ti-40，低温钛合金 CT20，超高强韧钛合金 Ti-1300，高强钛合金 Ti-26，低成本钛合金 Ti-12LC，乏燃料后处理工程用特种耐腐蚀钛合金 Ti-35，船用钛合金 Ti-70 等，其中 TC21、TC4-DT 已工业化大批量生产，Ti-70、CT20 已工业化生产。

⑦ 深化了钛合金的应用基础研究，涵盖钛合金的设计方法、集成计算、强韧化机理、相变行为、工艺-组织-性能间关系、损伤容限机理、疲劳行为、腐蚀行为等，取得较好的进展，发表了大量的学术论文，为合金性能优化、工艺改进提供了基础。

4.4 发展我国钛合金材料产业的主要任务及存在主要问题

4.4.1 存在的主要问题

2015—2020 年，我国钛行业存在同质化、中低端钛产品产能过剩，行业推广应用有待加强，钛及钛合金产品的稳定性与国外还有很大的差距等问题，在航空航天、舰船、核电等重要应用领域还存在瓶颈需要突破。

① 钛原料的稳定供应和高端市场需求问题。我国钛工业经过几十年的发展，已从 20 世纪的以传统化工（氯碱、纯碱和制盐等）为主要需求的领域，逐渐转向以航空航天、船舶、海洋工程和高端化工装备为主要需求的领域，钛原料的需求也从原来的以工业级海绵钛（2 级）为主转向以航空级海绵钛（0 级）为主，对钛原料的批次稳定性和质量要求更高。目前国内海绵钛生产原料主要依赖进口，随着航空级海绵钛需求的快速增长，军工行业对原料的稳定供应和品质提出了更高的要求。由于行业海绵钛生产企业绝大多数没有钛矿砂资源，这也对高端钛产品长期稳定供应、产品质量和成本造成了很大的影响，难以满足未来我国高端领域用钛合金原料的长期稳定需求。

② 采选冶工艺有待改进。以化工应用为基础的我国采选冶原料生产工艺，长期存在高品质原料海绵钛 0 级品率低、批次质量不稳定等因素，造成了钛合金在高端的航空航天等领域批次质量不稳定的问题，为国家"大飞机计划""空间站计划""嫦娥计划""舰船建造计划"和"核电规划"等项目的实施埋下了隐患。

③ 钛加工材品质有待提高。如钛合金挤压型材、模锻件、大型钛合金宽厚板、大型钛合金铸件、航空紧固件用钛合金棒丝材等，上述高端领域用钛合金产品的品质与国外还有很大的差距，急需我国钛行业提高产品品质，充分满足国防军工对钛合金的发展需要。

④ 生产工艺落后。美国、俄罗斯等国在设计许用应力、安全系数选取、合金系研究、腐蚀、抗爆冲击、断裂及疲劳、加工工艺特别是焊接工艺等技术方面仍领先于我国，目前，我国能少量生产几种发动机用钛合金牌号和规格，占发动机用量 30% 左右的钛合金部分还需要进口，或进口发动机。

⑤ 技术壁垒高。钛合金因为牌号复杂、品种多、规格多、批量小，生产工艺特殊，世界上仅有如俄罗斯、美国等少数几个国家具有原创和较深的技术积累，我国钛合金材料原创性研究偏弱，高端人才队伍不足。我国目前在用的钛合金都是仿制的，很多钛合金的加工工艺掌握不充分，因此，现有牌号的钛合金性能与国外相比还有一定的差距。比如，对质量稳定性和可靠性要求高的民用飞机钛合金材料，90% 以上依靠进口。尽管近 10 年我国也创新研制了不少的钛合金，但成熟度、工程化程度等普遍偏低，设计部门需要的性能数据缺项，尚不能满足要求。

⑥ 目前国内从事钛合金材料研制、产业化的单位多、科技人员多，但国家层面项目少、经费少；钛产业存在无序发展。

⑦ 钛合金材料成本居高不下，限制了钛合金的扩大应用，尤其是在民用、海洋工程、兵器工业等领域的应用。

⑧ 存在设计－材料研制－应用研究－应用考核方面环节脱节，存在行业限制；产学研用结合不紧密，科技成果转化慢。

4.4.2 主要任务

针对钛合金材料产业存在的主要问题，钛行业的主要任务是：

① 提升原材料冶金的技术水平，稳定钛原料的质量，满足高端市场的需求。

② 强化原创性研究和钛加工材工艺－组织－性能关系研究，掌握其规律，攻克相关的关键技术，提升钛合金加工材品质，满足国防的发展需求。

③ 强化钛合金材料的工程化研究，提升钛合金材料的成熟度，满足设计需求。

④ 在国家相关部门的统一规划下，使钛合金产业能够有序发展。

⑤ 大力发展钛合金材料的低成本制备技术，制造出价格适宜的钛合金材料，满足海洋工程、兵器工业、民用等领域的应用需求。

⑥ 强化钛合金材料的政产学研用有机结合，推动钛合金材料的科技成果快速转化。

4.5 推动我国钛合金材料产业发展的对策和建议

① 为了满足我国航空航天等高端领域的长期需求，建议国家制定国家战略，从钛砂矿入手，整合中国钛产业链，在政局稳定的国家收购高品质的钛砂矿资源，满足国内长期高端领域的高品质原料稳定供应。

② 通过引进国外钛行业的先进技术和工艺装备，改造目前的钛渣及海绵钛生产技术和设备，提高海绵钛的 0 级品率和批次稳定性；另外，整合目前的国内钛加工企业，从熔炼、开坯、锻造、轧制、挤压等每个环节完善钛合金加工生产工艺，形成批次稳定的高品质钛加工材批量供应渠道，形成高端航空航天钛合金加工材供应体系。

③ 设立钛合金材料研发的创新联合体，协同攻坚。在"十四五"的开局之年，把握创新驱动发展、军民融合发展和科技兴军战略的交汇点，设立"钛合金材料研发的创新联合体"，集中国内钛合金材料研发的优势团队、人才，协同攻关，突破行业发展的瓶颈技术。同时，建立钛材料的表征评价中心；建立应用技术基础数据库，整体规划并积极推进钛合金材料在军工装备中的应用。

④ 钛合金材料的低成本化技术是现在和未来的重要课题。需要通过工艺流程再造、工艺技术变革、高效短流程工艺、残废料大量回收使用、低成本的新工艺和新技术的应用、全流程设计、低成本钛合金研发等多个环节，降低钛合金材料的成本，扩大钛合金材料应用范围和领域。开发出能够满足兵器工业、海洋工程和民用领域需求的钛合金材料，建立相应的工艺规范、标准。

⑤ 面向国家重大需求和国际前沿技术及满足国防新要求，开展新合金、新技术、新材

料、新产品研发，强化原创性理论研究及应用基础研究。

⑥ 对现有钛合金通过新工艺、新技术开发，挖掘合金性能，改善、优化合金性能，降低成本，扩大应用。

⑦ 高度重视中试/工程化的作用，稳定钛合金的批量化生产，攻克科研－中试－产业各环节的关键技术，推动科技成果转化，形成国家级钛合金成果转化平台。

⑧ 大力发展高精尖产品和深加工制品的制备技术，攻克高端产品，满足应用需求。主要产品应该有：高强度管材、薄壁型材、箔材、高质量超长管、超大规格棒材、宽幅厚板/薄板、高质量丝材、隔膜、各类型管件、球形储箱、环形气瓶、药型罩、紧固件等。解决"卡脖子"材料和技术，实现完全自主可控。

⑨ 智能钛合金材料的研发，如形状记忆合金管接头、储氢钛合金等。

⑩ 严格控制钛合金材料的质量以及质量的批次一致性、稳定性，确保以航空领域为代表的国防稳定应用。

⑪ 钛合金材料制造过程的智能化是钛产业的发展方向；钛合金材料的绿色制造，实现钛产业持续健康发展。

⑫ 建立钛合金材料数据库及合金设计的专家系统，通过集成计算，指导新合金设计。

4.6 面向国家 2035 年重大战略需求钛合金材料产业技术预判和战略布局

4.6.1 产业技术预判

① 钛合金材料的低成本化制备技术将获得突破，海绵钛和钛加工材的成本将降低 40% 以上，钛合金材料的应用领域更加广泛。

② 对钛合金的成分－工艺－组织－性能之间的关系理解更加深入，钛合金材料产品的质量一致性、稳定性大幅提高，能够国家工程的 80% 以上需求。

③ 高精尖产品和深加工制品的制备技术日趋成熟，其品种、规格更加齐全，突破"卡脖子"材料和技术，满足国家工程需要。

④ 钛合金材料工业化批量生产的企业自动化程度明显提升，产业聚集度明显，产业链完整，具备关键设备自我制造的能力。

⑤ 钛合金材料产业的产学研用更加有机合作，科学研究－实验室验证－中试验证－工程化－产业化－应用各环节更加畅通。

⑥ 高端人才聚集，技术工人聚集，钛的科技、产业发展更加健康。

4.6.2 战略布局

① 海绵钛批量化生产更加向辽宁地区聚集，产量应占全国的 60% 以上；

② 钛锭、钛棒、钛丝材、钛板、钛型材和其他各类制品的批量化生产更加向陕西聚集，产量应占全国的 75% 以上；

③ 钛管材批量生产更加向长三角地区聚集，产量应占全国的 50% 以上；

④ 在陕西形成钛加工材制造中心，使钛合金材料研发、工业化批量生产的高端人才、高级技师聚集于此，发挥更好的协同创新作用。

作者简介

赵永庆，西北有色金属研究院副总工程师，教授级高级工程师，国家万人计划科技创新领军人才，全国劳模，国家钛合金研制创新团队带头人，全国优秀科技工作者等，长期从事钛合金材料研发。获国家科技进步二、三等奖各 1 项，省部级一等奖 8 项，出版钛合金专著 5 部，授权发明专利 88 项，发表 SCI 论文近 400 篇。

辛社伟，博士，教授级高级工程师，西北有色金属研究院钛合金研究所副所长。长期致力于钛合金设计、制备和应用的工艺研究和技术基础研究，开发了多种新型钛合金及钛合金特种加工技术。主持和参与了 30 余项国家和省部级项目。

第 5 章

高性能纤维材料

巨安奇　于俊荣　朱美芳等

5.1 高性能纤维产业发展的背景需求及战略意义

高性能纤维是指对外界的物理和化学作用具有特殊耐受能力的一类特种纤维，是近年来化学纤维工业的主要发展方向之一，按照化学组成可分为有机高性能纤维和无机高性能纤维。高性能纤维不但是发展航空航天和国防工业迫切需要的重要战略物资，而且在推进各类战略性新兴产业和低碳经济、节能减排中起着不可替代的作用，是体现一个国家综合实力和技术创新的标志之一。日本、美国和欧洲发达国家高度重视并长期垄断着全球高性能纤维的研发、生产和市场。2006 年以来，在国家政策和财政的重点支持下，我国高性能纤维产业发展迅速，建立了较为完整的国产高性能纤维制备技术研发、工程实践和产业体系，大幅缩短了与发达国家的差距，有效缓解了国民经济和国防建设对高性能纤维的迫切需求。以下对常见高性能纤维进行介绍。

（1）碳纤维

碳纤维是一种含碳量在 90% 以上的纤维材料，具有质量轻、强度高、耐腐蚀、模量高、密度低、无蠕变、导电导热性能良好、非氧化环境下耐超高温、抗疲劳性好等特性，是发展航空航天、新能源、高端装备制造等高科技产业的重要基础材料，是制造火箭、导弹、战斗机、海军舰艇及多种尖端军事武器的必备关键材料，在国防军工领域有着不可替代的战略地位。相关资料显示，目前碳纤维复合材料在军用飞机中的用量占比为 30%～40%，大型客机用量占比为 15%～50%。如美国 F-22 和 F-35 战斗机的碳纤维复合材料用量分别达到 24% 和 36%，B-2 隐身战略轰炸机的用量占比超过 50%，美国"全球鹰"无人侦察机的用量达 65%，"雷神"无人机用量甚至超过 90%。同时在民用航空领域，B-787、A-350 等大型客机的复合材料用量均已超过 50%。我国军机、国产大飞机、卫星、航天飞船等也开始使用碳纤维复合材料，但应用比例和水平远低于国外，其中三代战斗机碳纤维和材料用量占比不足5%，四代战斗机用量虽有所增高，但仍未达到20%，国产大飞机的碳纤维复合材料用量不足15%，且均为进口。2020年全球碳纤维需求量为10.6kt，中国大陆地区碳纤维正在运行的产能约为3.6kt，实际产量约为1.8kt，居世界第二位。

（2）对位芳纶

对位芳纶具有轻质、高强、高韧、耐高温、透波、抗冲击和耐磨等优异的性能，在光缆增强、防弹装甲、石棉替代、个体防护等领域有着广泛的应用。全球对位芳纶市场属于典型的寡头垄断局面，北美和欧洲属于成熟市场，中国是新兴市场，作为潜在的芳纶用量大国，近年来我国对位芳纶的市场需求量增长率保持10%左右，远超全球平均水平。随着电子通信、国防军工、轻量化材料、5G产业等对芳纶个性化需求的不断增多，带动了对位芳纶行业的高速发展，待开拓市场空间巨大。2020年全球对位芳纶产能为83.7kt，至2022年预计总产能94.6kt，主要集中在杜邦、帝人和可隆三家企业，占全球对位芳纶产能的90%左右，而国产企业占比较低。

（3）间位芳纶

间位芳纶具有优异的耐热性（分解温度大于400℃，长期使用温度大于200℃）、耐焰性（极限氧指数大于29%）、出色的耐高温酸碱性、电绝缘性和良好的加工性能，广泛应用于高温防护服、高温滤料、电器工业和复合材料领域。2017年间位芳纶全球用量35kt，2018年增至43.2kt，其中50%产自杜邦公司，预计2025年将达到66kt，主要用于绝缘纸和安全防护领域，对纤维性能要求高，技术门槛高。2020年，全球间位芳纶市场规模达到63亿元，预计2026年将达到103亿元，年复合增长率为7.3%。目前国内间位芳纶供应质量已接近国外产品，市场容量逐步递增，并且具有较强的价格优势，由此迫使美国杜邦和日本帝人已基本退出国内间位芳纶市场。但我国间位芳纶产品的60%以上用在相对低端的高温过滤材料领域，技术门槛相对较低，其次才是用于安全防护和绝缘纸领域。与国际市场相比，我国制造的间位芳纶特别是绝缘纸性能仍有很大的提升空间。

（4）芳纶Ⅲ

芳纶Ⅲ具有比对位芳纶更高的强度、模量，更好的抗冲击性、阻燃性和抗热氧老化性，同时具有更低的介电常数、介电损耗和更好的复合性能等，在缠绕、抗冲击和结构透波复合材料方面及光纤/缆增强方面具有重要的高端应用，已批量用于洲际导弹发动机壳体、直升机蒙皮、单兵头盔、军警防弹衣等领域。目前俄罗斯的芳纶Ⅲ仍处于世界领先水平，是唯一可批量生产芳纶Ⅲ的国家。与国外相比，我国芳纶Ⅲ系列产品种类较为单一，主要为高强型和高模型，缺少根据不同用途适当调整性能的差别化品种。

（5）超高分子量聚乙烯（UHMWPE）纤维

UHMWPE纤维具有优异的力学性能、耐化学腐蚀性、耐候性、高能量吸收性、低导电性及防水性等特性，是密度最低的高性能纤维，广泛应用于军事防弹、航空航天、海洋工程、安全防护、交通运输、体育器材、生物医疗和家纺用品等领域。迄今40多年的发展过程中，UHMWPE纤维的生产技术不断改进，纤维性能、产量均有长足进步，带动了从UHMWPE

原料到纤维制品的全产业链的全面高速发展。特别是在防弹制品领域，鉴于 UHMWPE 纤维的密度仅为对位芳纶的 2/3，在轻质防弹制品方面表现出明显优势，且其防弹效果优于芳纶，现已成为美国防弹市场的主要纤维。目前 UHMWPE 纤维总量的 45% 用于生产防弹制品，世界范围内不断发生局部战争以及恐怖事件，对 UHMWPE 纤维的需求将进一步扩大。随着在工业及民用领域应用的进一步拓展，国内外各公司不断开发 UHMWPE 纤维新品牌，纤维产能也逐步增大。2011 年全球 UHMWPE 纤维的总产能约 30kt，2019 年纤维产能达到 64.6kt，而需求量则达 86kt，2020 年纤维产能突增到 80kt 左右，其中国内 UHMWPE 纤维企业的快速发展对全球产能的突增做出了较大贡献。

（6）聚酰亚胺纤维

聚酰亚胺纤维不仅具有较高的强度和模量，而且耐化学腐蚀性、热氧化稳定性和耐辐照性能十分优越，在航空航天、国防建设、新型建筑、高速交通工具、海洋开发、体育器械、新能源、环境产业及防护用具等领域得到广泛应用，此外还可以作为性能更加优越的防弹服织物、高比强度系列绳索、宇航服、高温防护服等。目前，我国冶金行业每年需隔热、透气、柔软的阻燃工作服约 10 万套，水电、核工业、地矿、石化、油田等领域每年需 30 万套防护用服，需耐高温阻燃特种防护服用聚酰亚胺纤维 500t 左右，而消防救援防护服在 20 万套/年以上，这为聚酰亚胺纤维在高温特种防护领域的应用提供了广阔空间。聚酰亚胺是一大类材料的总称，化学结构非常丰富，对应于性能和功能不同的纤维品种，具有更大的应用范围。这些品种在聚合物制备、纤维成型等方面有很多共性问题，有利于实现多品种的开发，从而可满足空天极端环境对高性能纤维的需求，将在我国空天探测活动中发挥重要作用。

（7）聚苯硫醚（PPS）纤维

PPS 是一种分子主链由苯环与硫原子对位相互交替排列、结构规整性好的高分子材料。具有良好的力学强度、耐热性和耐化学腐蚀性等综合性能。PPS 纤维是目前少数可熔纺加工的商品化高性能纤维，是火力发电厂、垃圾焚烧厂等高温、腐蚀尾气袋式除尘核心部件的基础材料，具有过滤精度高（PM10.0、PM2.5）、服役时间长（4 年）的特点。日本东丽、日本东洋纺等深入研究并掌握了高品质 PPS 短纤维生产技术，垄断了 PPS 短纤维的全球市场，产量占全球 80% 以上。近年来，我国采用纳米复合改性技术，进一步提高了 PPS 纤维的综合性能，打破国外对高品质 PPS 纤维的垄断，为我国高温过滤产业提供性价比最具优势的 PPS 系列产品，为该产业提升市场竞争力、保持国内领先、开拓国际市场提供了重要保障。PPS 纳米复合纤维作为热防护装备的新型基础材料，其发展可打破国外材料对特种防护装备的垄断，并降低高端防护装备成本，提高热防护装备在我国石油化工、金属冶炼、应急救援等苛刻环境下的普及性，市场需求显著，对推动我国个体防护装备研发和提高应急救援水平具有重要意义。

（8）聚芳酯纤维

聚芳酯是一种通过酯键连接芳环而成、一般具有热致液晶特性的特种高分子。在聚芳酯熔融纺丝过程中，其高分子链高度取向，从而赋予聚芳酯纤维高耐热、高强度、高模量、低吸水、抗蠕变、介电常数低等优异特性，广泛应用于航空航天、产业资材等领域，具有重大的军事和工业价值。1977年聚芳酯纤维被美国国家宇航局（NASA）选用作"火星探险者"号登陆车的安全气袋，实施软着陆；2004年，又一次用在"勇气"号和"机遇"号火星探测车上；2003年起日本平流层飞艇也开始使用该纤维。平流层飞艇是工作在临近空间的新型平台，具有驻空时间长、成本低和分辨率高等优点，有广阔的商业应用前景和重要的国防价值，被美国、日本、英国等发达国家列为重要发展技术。平流层飞艇囊体蒙皮材料的制备技术是飞艇发展的关键，主要使用聚芳酯纤维作为高比强度织物，结合高阻隔性材料、黏合剂复合构建增强复合材料。目前，全球仅日本可乐丽有年产2000t的纤维产品VECTRAN，美国塞拉尼斯、日本住友都准备开发该纤维。由于聚芳酯纤维的综合性能优异，该纤维对我国实行限购，且价格极高，严重制约了我国在上述领域的发展。东华大学聚芳酯纤维的研究课题已于2019年5月18日通过中国纺织工业联合会组织的鉴定，该技术的工业化生产和实施将有力地打破国外对我国的封锁和垄断，满足我国在上述重要领域的迫切需求，解决"卡脖子"的关键纤维及其复合材料问题。

（9）聚对苯撑苯并双噁唑（PBO）纤维

PBO纤维是目前强度最高、综合性能最好的高性能有机纤维，是继芳纶纤维、碳纤维之后的新一代高性能纤维。其突出性能优势主要表现在以下几方面：

① 力学性能优异，PBO纤维强度达到5.8GPa（芳纶为2.9~3.4GPa），模量达到280GPa（芳纶为64~144GPa），为有机纤维中最高，同时也高于碳纤维等无机高性能纤维；

② 耐热性能好，PBO纤维热分解温度达到650℃，同样为有机纤维中最高，耐热工作温度比芳纶高100℃左右；

③ 阻燃性能优异，PBO纤维极限氧指数达到68%（芳纶为29%），在有机纤维中仅次于聚四氟乙烯纤维；

④ 化学稳定性极好，除溶解于100%的浓硫酸、甲基磺酸、多聚磷酸等强酸外，在其他所有的有机溶剂和碱中都是稳定的，强度几乎不变。

因此，PBO纤维被认为是下一代装甲防护用基础材料及航天结构部件、航空结构/隐身领域的关键原材料，同时在光缆、车辆防护、人体防护、建筑增强和体育用品等民用领域也有着广阔的应用前景，是一种军民两用的高端纤维材料，对支撑传统复合材料产业实现性能跨越式提升、推动升级换代具有重要意义。

（10）碳化硅（SiC）纤维

SiC纤维具有高强度、高模量、耐高温、抗氧化、抗蠕变、耐腐蚀、与陶瓷基体相容性好等一系列优异性能，是一种非常理想的增强纤维，在航空、航天、兵器、船舶和核工业等一些高技术领域具有广泛的应用前景，是发展高技术武器装备以及航空航天事业的战略原材料。由连续SiC纤维增强的SiC陶瓷基复合材料（SiC_f/SiC）强度高、密度低、使用温度高，在高推重比发动机上的应用具有显著的减重效果，是替代现有超高温耐热合金的最佳选择。SiC_f/SiC复合材料在航空航天发动机的耐热部件、高超音速运输推进系统、原子核反应堆材料等领域具有广阔的应用前景。日本、美国等发达国家针对高性能连续SiC纤维开展了大量的基础和应用研究，并已实现了连续SiC纤维的工业化生产。由于连续SiC纤维在军事领域的重要应用前景及其在航空、航天等高技术领域的战略地位，长期以来，西方发达国家对该产品实行垄断政策，并对我国进行严密的产品和技术封锁。

（11）玄武岩纤维

玄武岩纤维是以基性火山岩为主要原料，经高温熔融后拉丝制备的连续无机非晶态纤维。由于火山岩具有较高的二氧化硅、三氧化二铝和铁氧化物等组分，因此赋予玄武岩纤维较高强度、高模量、低导热、耐磨、耐低温高温和良好化学稳定性等特性，目前被广泛应用于混凝土、高温过滤、建筑保温、车辆工程、风电、石油化工和体育休闲等行业。玄武岩材料作为宇宙天然产物，不仅在地球上广泛分布，在月球、火星以及浩瀚的宇宙中都广泛存在，开发深化玄武岩纤维的制备技术，对人类未来利用太空原位资源具有深远的意义。

此外，还有部分高性能纤维如氧化铝连续纤维、氮化硼纤维、硅硼氮纤维等，仍处于研发待量产阶段，需进一步提升前驱体热处理技术，突破产业化生产和应用关键技术，提高纤维性能的稳定性。其中上海榕融新材料科技有限公司计划2021年年底在上海临港建成连续氧化铝纤维生产线，并预计3年内产量达5kt；山东东珩国纤新材料有限公司于2020年7月在东营投建年产100t连续氧化铝纤维生产线。

5.2 高性能纤维产业的国际发展现状及趋势

作为主要的技术发源地，并得益于强大的工业基础和长期积累，美国、日本和欧洲等国家与地区在高性能纤维及其复合材料领域已形成先发优势。美国的优势集中在黏胶基碳纤维、沥青基碳纤维、氧化铝纤维、芳纶纤维等方面，复合材料应用技术也遥遥领先；日本在聚丙烯腈基碳纤维、沥青基碳纤维和陶瓷纤维等方面具有明显优势；欧洲在纺丝装备方面基础好、水平高。他们在高性能纤维材料方面具有很高的相互依存度，技术与资本交叉融合，形成产业生态圈。俄罗斯及东欧国家继承了苏联自主发展的纤维材料技术，其中有机高性能纤维、黏胶基碳纤维技术平较高，各种热加工设备实用可靠，可基本满足其国防工业需求。以下分别对各高性能纤维的国外发展现状和趋势进行介绍。

（1）碳纤维

聚丙烯腈基碳纤维最早是由日本大阪工业试验所的进藤昭南在1959年研制开发成功。在其工作基础之上，日本碳公司在1962年以聚丙烯腈纤维为原料，通过预氧化处理、碳化处理最终制备得到了通用级碳纤维。英国皇家航空研究所（RAE）的W. Watt等人1963年发现在预氧化处理的过程中对聚丙烯腈纤维施加一定的张力，抑制聚丙烯腈原丝在预氧化热处理过程中的收缩，可以明显提高最终碳纤维的力学性能，这一技术的使用为现代聚丙烯腈基碳纤维的生产奠定了工艺基础。在此之后，英国的Courtaulds公司和日本碳公司都分别在1969年建成了高性能聚丙烯腈碳纤维的工业生产装置。日本东丽工业株式会社与东邦人造丝株式会社在1971年之后也相继加入了聚丙烯腈基碳纤维的生产大潮之中。聚丙烯腈基碳纤维自20世纪60年代末研制开发成功以后，经过1970—1980年的稳定发展以及20世纪90年代的快速发展，其生产制备技术已成熟。目前，聚丙烯腈基碳纤维产量占全球90%以上，已经分化为大丝束纤维（以美国为代表）和小丝束纤维（以日本为代表）两大类。大丝束适用于普通的工业、民用和体育休闲领域；而小丝束纤维代表世界聚丙烯腈基碳纤维发展的最先进水平，追求高性能，其中日本东丽生产的聚丙烯腈基碳纤维 T1100 的拉伸强度已经达到了 7.0GPa，是目前为止世界上力学强度最高的聚丙烯腈基碳纤维。世界上最主要的碳纤维生产国是日本，其中东丽、东邦人造丝及三菱人造丝依靠其先进的原丝制备和碳化技术等优势，在质量上处于全球领先地位，已发展了高强、高模及高强高模三大系列。高强度碳纤维已从 T-300（力学强度为 3.53GPa，模量为 230GPa），上升到 T-1100（力学强度 7.0GPa，模量约 324GPa）；高强高模并重的"M60J"抗拉伸强度为 3.82GPa，最高模量可达 588GPa。美国卓尔泰克（Zoltek）公司（已被日本东丽全资收购）和德国 SGL 集团是大丝束碳纤维的主要生产商，其中美国是大丝束碳纤维的主要生产国。2020 年国外主要碳纤维生产企业信息如表 5-1 所示。

表 5-1　2020 年国外主要碳纤维生产企业信息

生产企业	运行产能 /kt	扩产计划 / kt
日本东丽 + 卓尔泰克	29.1	25.4
德国 SGL 集团	15.0	—
日本三菱	14.3	—
日本东邦	10.2	5.4
美国 Hexcel（赫氏）	10.2	5.0
Cytec/Solvay	7.0	—
DowAksa	3.6	10
韩国晓星	4.0	20
俄罗斯 UMATEX	2.0	

注：本表数据来自市场调研。

（2）对位芳纶

对位芳纶最早由美国杜邦公司于 20 世纪 60 年代开发成功，1972 年开始工业化生产，随后荷兰、日本、韩国及俄罗斯等国家也开始了各自的研究工作。作为主要技术发源地，并得益于强大的工业基础和长期积累，美国杜邦和日本帝人在对位芳纶领域拥有绝对的技术优势。杜邦在美国、日本和爱尔兰等多国建立对位芳纶生产基地，2016 年时产能为 34kt，但自 2017 年关停美国 Cooper River 5kt/a 装置后，直至 2020 年其对位芳纶产能一直维持在 29kt/a。帝人的对位芳纶生产基地主要建在日本和荷兰，2020 年产能达到 32kt，并计划到 2022 年扩产增加约 25% 的产能，预计产能达到 39kt/a。其中，帝人在日本松山的对位芳纶为三元共聚对位芳纶，是采用聚合 - 湿法纺丝一步法而成的，商品名为 Technora®，产能一直维持在 3kt/a。2019 年杜邦和帝人对位芳纶产能占全球总产能的 83%，2020 年由于国内对位芳纶企业的扩产，这两家公司的产能下降至 72%。除美国、日本之外，韩国可隆也是较早的对位芳纶生产企业，2020 年其产能扩至 7.5kt/a；韩国晓星和泰光也有对位芳纶产品供应，产能分别为 1.7kt/a 和 1.5kt/a。2015—2020 年国外各企业对位芳纶产能如表 5-2 所示。

表 5-2　2015—2020 年国外各企业对位芳纶产能　　　　　　　　　　　单位：kt

生产企业	2015 年	2016 年	2017 年	2018 年	2019 年	2020 年
美国杜邦	34.0	34.0	29.0	29.0	29.0	29.0
日本帝人	29.4	29.4	29.7	29.7	32.0	32.0
韩国可隆	5.0	5.0	5.0	5.6	5.6	7.5
韩国晓星	1.5	1.5	1.7	1.7	1.7	1.7
韩国泰光	1.0	1.0	1.0	1.0	1.0	1.5

注：本表数据来自市场调研。

在对位芳纶应用方面，安全防护、防弹材料用纤维占 30%，车用摩擦材料用纤维占 30%，光学纤维保护增强用纤维占 15%，轮胎用纤维占 10%，橡胶增强用纤维占 10%，其他用纤维占 5%。发达国家在高性能纤维及复合材料方面相互依存度高，技术和资本交叉融合，产业规模逐年扩大，积极重组联合，对大工业应用提前布局。随着高性能对位芳纶全球市场的急速发展和需求增长，对位芳纶及其复合材料新一轮技术突破正在加速推进，同时，全球行业垄断格局也在不断加剧，优势企业主导地位难以撼动。国外主要对位芳纶生产企业产品布局如表 5-3 所示。

表 5-3　国外主要对位芳纶生产企业产品布局

生产企业	产品牌号	产品布局
美国杜邦	Kevlar®	质轻、耐用而且强度极高，可用于各种服饰、配件和装备，更安全、更耐磨和耐切割
日本帝人	Technora®/Twaron®	芳纶纤维及复合材料主要被用于制动器摩擦材料、防护/防弹/防割产品、光纤增强材料、橡胶增强材料及消防服领域
韩国科隆	Heracron®	主要用于对高强、轻质材料有迫切需求的行业
韩国晓星	Alkex®	用于防弹/防刺产品，工业橡胶和光缆材料等

（3）间位芳纶

杜邦公司占据了全球间位芳纶一半以上的市场份额，其产能一直维持在 25kt/a，近年来大幅扩大 Nomex 芳纶纸产能，拟关停部分间位芳纶产能。杜邦公司参与供应链的每一个环节，从多方面控制着全球间位芳纶市场，在短纤维方面，Nomex 纤维用于服装和纺纱，在其他终端领域，杜邦只授权特定纺纱厂，并不向所有终端开放。日本帝人也是间位芳纶老牌供应商，多年来其间位芳纶产能也一直维持在 4.5kt/a 左右。此外，韩国也有少量间位芳纶供应，分别是韩国 Woongjin 公司和 HUVIS 公司，产能分别为 1.2kt/a 和 50t/a。国外主要间位芳纶生产企业产品布局如表 5-4 所示。

表 5-4　国外主要间位芳纶生产企业产品布局

生产企业	产品牌号	产品布局
美国杜邦	Nomex®	具有本质阻燃性，而且具有同类产品三倍的强度和两倍的热性能，可用于防护服、汽车零部件、复合材料和过滤使用，以及变压器、马达和发电机中电气绝缘纸等领域
日本帝人	Conex®	兼具出色耐热性、阻燃性和耐化学腐蚀性，非常适合用于防护织物制造及其他工业应用，包括软管、过滤器和复印机清洁布

（4）芳纶Ⅲ

芳纶Ⅲ主要由全苏合成纤维科学研究院和全俄聚合物纤维科学研究院进行研发，生产集中在特威尔和卡门斯克两家公司，产品品种主要包括 SVM、Armos 和 Rusar 系列，总产能估计约 2000t/a。其中 SVM 和 Armos 是苏联时期实现产业化的，而 Rusar 是俄罗斯于 1990 年代采用干喷湿纺工艺开发的新型杂环芳纶，此后其高强高模型 Rusar-S（强度 5.5～6.4GPa，模量 160GPa）和耐热阻燃型 Rusar-O［极限氧气指数（LOI）高达 40～45］也相继开发成功，尤其是 Rusar-S 在下游需求驱动下，生产技术不断更新。近几年，俄罗斯多家研究单位联合开发出一种四元共聚型的 Rusar-NT 纤维，这种纤维是在 Armos 的三元结构中引入了更经济的含氯第四单体，其强度预计可达到 7GPa，弹性模量可达 180～200GPa，LOI 达 40 以上，代表了杂环芳纶研发的最高水平。目前 Armos 已装备俄罗斯多种高性能武器系统，如用于俄罗斯的 SS-24、SS-25 及当前技术最先进的"白杨 -M"（即 SS-27）等洲际导弹Ⅰ、Ⅱ、Ⅲ级发动机壳体上，发动机质量比达到 0.92 以上。俄罗斯最新的布拉瓦潜射导弹也采用了 Armos 纤维用于发动机壳体，此外，俄罗斯还采用 Armos 制备了 BOLIT 系列芳纶头盔，并装备了部队，其最新型号的芳纶头盔防弹 V50 达到 600～650m/s，超过了美军 PASGT 头盔（609m/s）和德军现役头盔（620m/s），且质量仅约 1.25kg，大大降低了士兵的负重，提高机动性。俄罗斯芳纶Ⅲ除用于树脂基复合材料增强纤维之外，还用于橡胶增强、消防服、绳缆、缝纫线、降落伞等。

（5）UHMWPE 纤维

UHMWPE 纤维是由荷兰 DSM 公司于 1978 年发明的，美国霍尼韦尔公司购买荷兰 DSM 公司专利技术并于 1984 年首先实现了该纤维的产业化，之后荷兰 DSM 公司与日本东洋纺合作于 1986 年实现产业化。DSM 公司是 UHMWPE 纤维的发明者，在 UHMWPE 纤维生产技术和应用开发方面也一直保持世界领先地位。该公司拥有 UHMWPE 聚合工厂，生产纤维级 UHMWPE 树脂专门供应本公司纤维生产，除了荷兰本土之外，还在美国和日本建有多条 UHMWPE 纤维生产线。2009 年 DSM 公司 UHMWPE 纤维总产能就已超过 10kt/a，2012 年纤维产能扩至 13.2kt/a。除了 UHMWPE 纤维产能一直领先之外，他们一直研发新产品，开发了强度最高的 SK99 纤维（强度 >40cN/dtex）、高强抗蠕变的 DM20 纤维、高抗切割的 3G12 纤维以及医疗用 Purity 纤维，并开发了专用于 UHMWPE 纤维的耐磨涂层技术。针对不同应用需求，DSM 还基于 UHMWPE 纤维开发了高防弹防护性能的防弹板、防刺防护背心、雷达罩以及与碳纤维复合材料等。2020 年 3 月，DSM 宣布开发生物基 UHMWPE 纤维，以致力于减少碳排放，并宣称到 2030 年至少 60% 的 UHMWPE 纤维采用生物基原料制成。美国霍尼韦尔公司虽然最早实现了 UHMWPE 纤维的产业化，但由于其使用的萃取剂对大气层有破坏作用而面临禁用的问题，使其 UHMWPE 纤维的扩产受到限制，产能上不及 DSM 在美国投产的 UHMWPE 纤维生产线，纤维强度也比不上 DSM 的同类产品，但霍尼韦尔公司是 UHMWPE 防弹无纬布的发明者，开创了 UHMWPE 纤维在防弹领域的应用。霍尼韦尔公司的 UHMWPE 纤维产能一直伴随美国军方对防弹防护的需求在增长，2009 年纤维产能为 1kt，2012 年提高到 2kt，最近一次的扩能计划是在 2019 年，纤维产能扩大到 3kt/a 并维持至今。霍尼韦尔公司基于其 UHMWPE 纤维开发了多种规格的 Spectra Shield 系列防弹防护基材，用于制备软式及硬质防弹制品，包括军用和警用防弹衣、防弹板、防弹装甲等，还将 UHMWPE 纤维与对位芳纶复合成功解决了 UHMWPE 纤维基防弹头盔凹陷度大的问题，大大提高了 UHMWPE 纤维在军用防弹头盔领域的应用，并进一步提高了防弹装甲的防弹性能，其在 UHMWPE 纤维防弹应用方面的研究一直居于世界领先地位。

（6）聚酰亚胺纤维

20 世纪 60 年代，美国杜邦公司的纺织前沿实验室和苏联相关研究机构就开始了聚酰亚胺纤维的研究工作，但限于当时聚酰亚胺树脂的合成与纤维成型方面整体技术不成熟，纤维制备成本较高，聚酰亚胺纤维没有得到迅速推广和应用。至 20 世纪 70 年代，苏联报道了聚酰亚胺纤维的相关研究，生产规模小，产品仅限应用于军工装备、航空航天中的轻质电缆护套等领域。后来，法国罗纳布朗克公司开发了 m-芳香族聚酰胺类型的聚酰亚胺纤维，由法国 Kermel 公司进行商品化开发。如今，为迎合高温气体过滤市场不断增加的温度及化学反应等特殊要求 Kermel 又开发了 Kermel-Tech 聚酰胺-酰亚胺纤维。该纤维持续工作温度达到 220℃，玻璃化转变温度高达 340℃，在极高工作温度下仍可保留其优异的力学性能，目前已被广泛用于能源生产、高温过滤、法国空军作战服、南极科考、极限攀登等严酷环境。20 世纪 80 年代中期，奥地利 Lenzing AG 公司（目前技术为德国赢创公司独有）以甲苯二异氰酸酯（TDI）、二苯甲烷二异氰酸酯（MDI）和二苯酮四酸二酐（BTDA）为反应单体，推出了商品名为 P84® 的聚酰亚胺纤维，这也是目前最主要的聚酰亚胺纤维产品之一。P84® 纤维可在 260℃ 以下连续使用，瞬时温度可达 280℃。该纤维具有不规则的叶片状截面，比一般圆形截面增加了 80% 的表面积，使其在高温过滤领域得到广泛应用。2009 年赢创公司扩大了 P84 纤维的生产规模，于 2010 年 7 月宣布装置投产。经过近 10 年的发展，赢创公司相继推出了综合性能更优异的 P84®HT、P84Premium 等创新型纤维产品。以 P84Premium 产品为例，纤维细度为 1.3dtex，比表面积高达约 $435m^2/kg$，比常规 2.2dtex 的产品又提高了近 12%。卓越的除尘效率可带来更低的压降，节约引风机电耗，延长滤料使用寿命，大大降低企业的运行成本，经济效益显著。

（7）PPS 纤维

全球 PPS 树脂主要生产企业有美国 Ticona 公司，产能占比 9.6%；日本东丽株式会社，产能占比 17.6%；日本 DIC 株式会社，产能占比 21.7%；比利时索尔维集团，产能占比 12.8%；日本吴羽化学株式会社，产能占比 6.8% 等，年产能均高达 150kt 吨以上。其中，Ticona 和东丽掌握了多等级多品种的 PPS 纤维级切片的生产技术，是 PPS 纤维级切片的主要供应商。目前，也仅有 Ticona 和东丽具有长丝级 PPS 树脂的生产能力。21 世纪以来，东丽首先采用市场兼并策略，收购了美国飞利浦公司和兰精公司的 PPS 短纤维技术，成为目前全球 PPS 短纤维的最大生产商。其次，东丽和东洋纺等日资企业深入研究并掌握高品质 PPS 短纤维生产技术，垄断了 PPS 短纤维的全球市场，产量占全球总产量的 80% 以上。为提高 PPS 短纤维在高温过滤领域的市场竞争力，东丽和东洋纺等国外 PPS 短纤维生产企业，通过整合上下游产业链，实现了细旦、异形化 PPS 纤维制备技术及应用开发，显著提高了滤袋的过滤精度，实现了 5mg/m³ 的超净排放标准；另外，东丽针对除尘滤袋使用寿命短的难题，系统开展了高强 PPS 纤维的研究，制备了断裂强度高达 5.5cN/dtex 的短纤维，大幅度提升了高温滤袋的使用寿命，在高端 PPS 纤维应用领域具有显著的全球影响力。在其他应用领域的拓展方面，帝斯曼公司基于 PPS 的综合性能，制备了高可靠性和耐久性 PPS 质子交换膜；东丽将 PPS 纤维制备成微孔直径大于 1.0μm 的网眼织物，并与高分子电解质进行复合制备复合电解质膜，应用于电池隔膜领域。未来 PPS 纤维的发展趋势主要概括为两点：

① PPS 纤维的应用技术研究，拓展其应用领域，目前国内外 PPS 纤维集中应用于燃煤电厂、垃圾焚烧、化工厂等苛刻环境的滤袋产品，市场规模小，且无法发挥 PPS 纤维优异的综合性能。

② PPS 纤维的高性能化研究，提高 PPS 纤维的力学强度、抗氧化性、细旦化和异形化，加强 PPS 纤维产品在国际市场的竞争力。

（8）聚芳酯纤维

聚芳酯纤维由美国伊斯曼柯达（该业务后被杜邦和塞拉尼斯收购）、CBO 公司（Carborundum）、塞拉尼斯公司（Celanese）的科学家们首先进行开发。1976 年，伊斯曼柯达的 Jackson 报道了热致液晶聚芳酯（商品名 X7G®）可由 PET 和乙酰化后的对羟基苯甲酸共聚制得，但由 X7G® 纺成的纤维强度、模量较低，实用价值较小；随后，CBO 公司与日本住友化学公司合作开发 Ekonol® 纤维，其强度为 4.1GPa，模量为 134GPa，达到高性能纤维的水平，但是都处于实验室研究阶段，并未见工业化报道。由于聚合原料、配方设计、聚合设备、纺丝设备、热处理设备等各方面的制约，真正实现工业化的则是塞拉尼斯和日本可乐丽合作开发的 Vectran® 纤维。1990 年可乐丽西条工厂开始生产 Vectran® 纤维产品，2005 年 4 月，可乐丽公司并购了塞拉尼斯先进材料公司的高性能纤维业务，成为 Vectran® 纤维的世界唯一生产商。2007 年随着市场需求的快速增长，可乐丽公司对其在西条市的生产装置进行扩能，产能从 600t 增加到了 1000t。2008 年可乐丽在北美无纺布及非织造展览会（Techtextil North America）上推出了溶液染色的 Vectran® HT 新品种，有蓝、绿、橘红等色泽，其抗紫外光性、色牢度和强度均较好，同时还引入了细旦丝产品。为满足日益增长的市场需求，可乐丽在 2017—2018 年间将产能由 1000t 拓展至 2000t 规模，并计划进一步扩产，预计在 2022 年将增至年产 3000t 的规模。

（9）PBO 纤维

基于宇宙开发和军事装备等尖端科技领域的需要，20 世纪六七十年代，美国空军 Wright-Patterson 实验室开始了对芳杂环聚合物的基础研究，寻求高强度、高耐热的高性能聚合物的加工制备方法。同一时期，斯坦福大学研究所（SRI）的 Wolf 等在该领域开展科研攻关，设计了 PBO 聚合物。但受限于单体制备技术的限制，合成的聚合物分子量较低，PBO 的优异性能未能表现出来。20 世纪 80 年代中期，美国陶氏（Dow）化学公司获得了该专利技术，继续开展研究，探求新的单体合成路线和技术路线。1991 年陶氏和日本东洋纺开始合作开发 PBO 纤维。1994 年东洋纺出资 30 亿日元建成了 400t/a 的 PBO 单体和 180t/a 的纺丝生产线。1995 年春，东洋纺获得陶氏的授权，开始 PBO 中试及生产研究，并且取得了小批量 PBO 纤维产品，1998 年 10 月 200t/a 的装置正式投产，并确定 PBO 纤维的商品名为 ZYLON。其后 2000 年左右 PBO 纤维的生产能力达到 380t，2003 年达到 500t，2008 年达到 1000t，近年来达到 2000t/a。目前世界上的 PBO 纤维的生产被东洋纺垄断，大部分的文献和专利都是东洋纺公司所有。其纤维产品主要供美国武器装备、航空航天事业、太空资源的开发以及其他尖端科技领域，纤维生产工艺严格保密，相关产品对我国实施禁售。

（10）碳化硅纤维

采用先驱体转化法进行连续 SiC 纤维的研发可以分为三代：

① 第一代的典型代表是日本碳公司（Nippon Carbon）的 Nicalon NL202 纤维和日本宇部兴产公司（Ube Industries）的 Tyranno LoxM 纤维，在空气中 1000℃时仍然保持稳定，但由于纤维中含有较多的氧和游离碳，在空气中 1000℃以上或者惰性气氛中 1200℃以上将发生显著的分解反应并伴随结晶的迅速生长，导致纤维的强度急剧降低，严重限制了其在陶瓷基复合材料上的应用。

② 针对第一代连续 SiC 纤维的问题，日本、美国等国采用不同的技术路线，研制了低氧含量的第二代 SiC 纤维，典型代表是日本碳公司采用电子束辐照方法替代原有的空气不熔化处理后制得的 Hi-Nicalon 纤维和日本宇部兴产公司的 Tyranno ZE 纤维，这种低氧含量的纤维在 1300℃的空气中或者 1600℃的惰性气氛中能够保持稳定。

③ 随后，在此基础上使纤维中的杂质氧、游离碳含量进一步降低，碳硅比接近化学计量比，结构上也由原来的 β-SiC 微晶状态、中等程度结晶变为高结晶状态，从而研发出能耐更高温度的第三代连续 SiC 纤维。其典型代表是日本碳公司的 Hi-Nicalon S 纤维、日本宇部兴产公司的 Tyranno SA 纤维以及美国 COI Ceramics 的 Sylramic 纤维。

虽然同为第三代 SiC 纤维，但彼此的制备方法和性能各不相同。Hi-Nicalon S 纤维是日本碳公司在电子束辐照交联的基础上，通过在纤维烧成过程中加氢脱碳，进一步将 Hi-Nicalon 纤维的富余碳去除，从而实现了近化学计量比的组成。Tyranno SA 纤维是宇部兴产公司将聚碳硅烷与乙酰丙酮铝反应得到聚铝碳硅烷，从而在先驱体中引入铝元素作为烧结助剂，利用碳热还原反应同时脱去多余的碳和氧，最后经过高温烧结致密化达到高结晶近化学计量比的组成与结构。Sylramic 纤维是将钛元素引入聚碳硅烷得到聚钛碳硅烷，随后在纤维烧成过程中引入烧结助剂 B 元素，经过高温烧结致密化也实现了高结晶近化学计量比。这种纤维现在由 ATK-COI 陶瓷公司生产，该公司通过在氮气中进一步加热纤维制备了表面富含 BN 层的 Sylramic-iBN 纤维。与 Sylramic SiC 纤维相比，Sylramic-iBN SiC 纤维具有更大的晶粒，更好的抗蠕变性和更高的抗氧化性。第三代 SiC 纤维，尤其是高结晶近化学计量比的 SiC 纤维，由于制备温度较高，晶粒尺寸较大，在组成、结构和耐温性能上更加接近纯 SiC 块体材料。连续 SiC 纤维由第一代、第二代到第三代的发展过程中，有以下基本特征：

① 纤维的元素组成逐渐接近 SiC 的化学计量比，杂质氧、自由碳的含量明显降低；

② 纤维的微观结构由无定形态、微晶态逐渐形成完善的 β-SiC 结晶甚至高结晶状态；

③ 纤维的耐温性能显著提高，而且，随着组成与结构的不断优化，纤维的密度和模量都有逐渐提高的趋势。

(11) 玄武岩纤维

目前全球玄武岩纤维的产量为 30～40kt，国外的年产量不足 10kt，主要由乌克兰和俄罗斯等国生产，其中以俄罗斯的 Kamenny VEK 公司较为成熟，目前已经能实现 1200 孔漏板稳定成纤，此外俄罗斯还有 Sudaglass 公司、Ivotsteklo 公司等生产玄武岩纤维，工艺技术较成熟。另外乌克兰的 Technobasalt 公司、乌日（Toyota）公司，奥地利 Asamer 公司也依托苏联的工艺技术，在乌克兰建立了生产线。受性价比等因素制约，每个公司的产能均不高，根据实际情况在 300～2000t 不等。美洲和非洲地区也有生产玄武岩纤维的报道，如 2016 年俄罗斯 Sudaglass 公司在美国俄亥俄建立分公司，2019 年美国 Mafic 公司在北卡罗来纳州的谢尔比市开始生产玄武岩纤维，但是考虑到当地技术成熟度等因素，产能不稳定，该地区的玄武岩纤维仍然以从亚欧买入后加工为主。乌克兰和俄罗斯地区都是依托于苏联的玄武岩纤维熔化成纤技术。该技术主要以顶部燃烧浅层熔化为主，熔化效率较低，采用铂金导流管技术，该技术获得的玻璃液品质高，但是设备维护比较复杂。由于国外复合材料研究起步早、应用广、技术先进，目前玄武岩纤维的功能化和差异化品种也一直由国外引领，我国处于跟跑阶段，如汽车保温、隔声方面、风电叶片增强等方面。国外玄武岩纤维生产企业产能情况如表 5-5 所示。

表 5-5　2020 年国外玄武岩纤维生产企业产能情况

生产企业	2020 年产能 /t	主要产品
俄罗斯 Kamenny VEK 公司	1000	混凝土及复材
俄罗斯 Sudaglass 公司	1000	建筑混凝土及复材
俄罗斯 Ivotsteklo 公司	500	建筑混凝土及复材
乌日（Toyota）公司	2000	汽车保温、消音
乌克兰 Technobasalt 公司	800	建筑混凝土及复材
奥地利 Asamer 公司	300	复合材料
美国 Mafic 公司	300	复合材料
其他	1500	
合计	7400	

注：本表数据来自市场调研。

5.3　高性能纤维产业的国内发展现状

在国家政策扶持和相关部委的大力支持下，通过各类科技项目的实施，专项能力建设和国家级创新研究机构设立等，我国高性能纤维经过数十年的发展，基础研究、技术和产业都取得很大进步，已经建立起完整的高性能纤维制备、研发、工程实践和产业化体系，不断取得突破性进展，大幅缩短了与发达国家的差距，目前已成为全球范围内高性能纤维生产品种覆盖面最广的国家。以下对主要高性能纤维的国内发展现状分别进行介绍。

（1）碳纤维

我国聚丙烯腈基碳纤维的研制开发工作已有60多年历史。在20世纪60年代初，吉林应用化学研究所最早开始研究聚丙烯腈基碳纤维的生产技术和工艺，并在70年代初完成了碳纤维生产的连续化中试装置。在此之后，东华大学、上海合成纤维研究所、中国科学院山西煤化研究所等科研单位和院校也相继开展了聚丙烯腈基碳纤维的研制及开发工作。经过"十一五"至"十四五"期间的集中技术攻关，国产T300级碳纤维性能基本达到国际水平，航空航天领域应用渐趋成熟；干喷湿法T700级碳纤维实现了千吨化生产，但主要以民用领域为主，航空领域应用处于初级阶段。目前，中国仍处在以T300和T700为主要增强体的第1代先进复合材料的扩大应用阶段，T800级碳纤维的工程化应用尚处研制阶段，而国外航空航天等领域已经大规模应用以T800级碳纤维为主要增强体的第2代先进复合材料。在碳纤维领域，我国处于跟跑地位。国产碳纤维原丝形成了二甲基亚砜（DMSO）、二甲基乙酰胺（DMAc）、硫氰酸钠（NaSCN）三种生产工艺体系，干喷湿纺和湿法纺丝工艺技术逐渐完善，生产效率进一步提升；碳纤维核心技术不断突破，在实现T300级碳纤维产业化的基础上，又相继实现了T700级、T800级，以及24K以上工业用大丝束碳纤维产业化生产，同时，M40J、M55J等高强高模碳纤维也突破关键技术，处于工程化阶段。但与日本东丽相比，我国二甲基亚砜系列产品尚未覆盖日本东丽同系列碳纤维品种。T1000级及以上更高性能碳纤维产业化生产技术尚未完全突破，不能有效满足航空航天、国防军工等领域需求。我国碳纤维生产企业有中复神鹰、光威集团、恒神股份、吉林精功、上海石化、中简科技等企业，但因缺乏对基础科学问题与规律、核心技术与关键装备的系统深入研发，产品性能与生产稳定性与国际龙头企业有差距。高精度计量泵、耐腐蚀喷丝板、超高温石墨化炉等设备仍依赖进口。2020年国内碳纤维生产企业产能信息如表5-6所示。

表5-6　2020年国内碳纤维生产企业产能信息

生产企业	运行产能/kt	扩产计划/kt
中复神鹰碳纤维有限公司	8.5	20.0
吉林碳谷碳纤维有限公司	8.5	150.0
江苏恒神纤维材料有限公司	5.5	—
威海拓展纤维有限公司	5.1	10.0
蓝星集团	1.8	
上海石化	1.5	12
中简科技	1.25	—
山西钢科	1.25	—

注：本表数据来自市场调研。

（2）对位芳纶

国内对位芳纶的年消耗量在1.1kt左右，其中光纤领域用量近6000t，防护材料用量约1000t，汽车领域（胶管、刹车片等）用量约2500t，其他工业用约1500t，但80%的产品仍需依赖进口。随着我国交通运输、光纤通信、高速铁路、航空补强、轻量汽车子午胎用帘子布及刹车片等领域和防护领域应用的快速发展，对位芳纶的需求将呈现更加旺盛的局面，预计 2025 年国内对位芳纶的需求量达到 30kt。2019 年国内对位芳纶产业发展稳中向好，产量实现小幅增长，但国内市场仍呈供不应求态势，总体市场缺口较大，产品价格较 2018 年上涨了约 20%。我国早期对位芳纶生产企业主要有中蓝晨光、苏州兆达、烟台泰和以及仪征化纤。2017 年起中化国际集团开始投入对位芳纶生产，在东华大学的技术支持下，将苏州兆达对位芳纶生产线搬迁至扬州，并与其合资成立中化高性能纤维材料有限公司，2019 年开始其二期工程 5kt/a 生产线的建设，于 2020 年底建设成功，总产能达 5.5kt/a。烟台泰和新材股份有限公司 2020 年在宁夏地区扩建 3kt/a 的对位芳纶生产线，叠加烟台 1.5kt/a，目前共有 4.5kt/a 的对位芳纶产能，此外，泰和新材正在进行技改项目，预计将进一步提升产能 1.5kt/a。泰和新材在 2020 年收购民士达，募资建设年产 3kt 的高性能芳纶纸基材料产业化项目。国内主要对位芳纶生产企业近年来产能情况如表 5-7 所示。

表 5-7　国内主要对位芳纶生产企业产能情况　　　　　　　　　　　　　　　　　　单位：kt

生产企业	2015 年	2016 年	2017 年	2018 年	2019 年	2020 年
烟台泰和新材料股份有限公司	1.0	1.0	1.5	1.5	1.5	4.5
中蓝晨光化工有限公司	1.0	1.0	1.0	1.0	1.5	1.5
中化高性能纤维材料有限公司	1.0	—	—	0.5	0.5	5.5
中芳特纤股份有限公司	—	—	1.0	1.0	1.0	1.0
中国石化仪征化纤有限公司	0.1	0.1	0.1	0.5	0.5	0.5

注：本表数据来自市场调研。

（3）间位芳纶

2017 年国内间位芳纶产量约为 8.5kt，净进口量约 1.1kt，表观消费量超过 9.6kt。由于间位芳纶下游市场整体不景气，并且过滤材料领域竞争激烈，产品价格走低，此外，间位芳纶原料价格大幅上涨，双重因素导致企业经营压力较大。在此市场环境下，部分公司（包括广东彩艳和杭州九隆）相继关停其间位芳纶生产线，导致国内间位芳纶产业集中度提高。目前国内间位芳纶的生产企业主要为烟台泰和新材料股份有限公司和超美斯新材料股份有限公司（原圣欧芳纶），产能分别为 7kt/a 和 5kt/a。2018 年，由于美国军队换装导致杜邦纤维供应紧张以及芳纶原料供应紧张，引起间位芳纶市场供不应求，纤维价格有所提升。2019 年，国内间位芳纶产量实现较大增长，产品仍以过滤材料和防护材料为主，高端产品国产比例仍较低。行业整体运行平稳，产品逐步向差异化、功能化、时尚化发展，扩大了高端领域应用。目前，国内间位芳纶生产厂商和军方展开合作生产作战套服，军队与武警的大人员基数及高频率战损打开间位芳纶产量消化渠道，也为其提供庞大的市场空间。在市场需求的推动下，泰和新材宣布新增 4kt/a 的间位芳纶生产线，并于 2021 年 8 月投产，公司间位芳纶的产能达到万吨级。

(4) 芳纶Ⅲ

芳纶Ⅲ生产线最早由中蓝晨光化工研究院有限公司在 2009 年建成，开始 Staramid F-368 和 F-358 系列产品的生产，性能与俄罗斯 Armos 相当，产能为 50t/a，解决了我国杂环芳纶国产化"有无"问题，填补了国内空白。2013 年以后，中蓝晨光开始致力于研发制造第二代芳纶Ⅲ的生产技术，并于 2015 年初获得了公斤级纤维样品，力学性能优异。之后进一步优化纺丝组件设计，实现了单纺位 200～300tex 丝束的纺制，性能水平与 75～100tex 丝束一致，即股丝束密度提高了 3 倍。在目前，国产芳纶Ⅲ拉伸强度达到 5.0GPa，弹性模量达 130～160GPa，性能居国内批产有机纤维之首，达到俄罗斯 Rusar 批产产品水平，已批量稳定生产并用于军工领域，解决了国防急需，具有重要意义。除中蓝晨光外，国内还有广东彩艳股份有限公司、四川辉腾科技股份有限公司以及中国航天科工六院 46 所等先后开展了杂环芳纶的研究开发工作。2008 年，由广东彩艳承担的国家"九五"重点科技攻关杂环芳纶专题项目和杂环芳纶的核心原料 M-3 单体研制专题项目通过了科技部的验收。2010 年，四川辉腾自主研发生产的商品名为"芙丝特"的杂环芳纶通过国家权威机构检测，并进一步开发杂环芳纶复合板型材和成型构件产品，现已具备 50t/a 芳纶Ⅲ及 100t/a 芳纶Ⅲ先进复合材料生产能力。中国航天科工六院 46 所于 1990 年代开始研究 F-12 杂环芳纶，通过对聚合-纺丝-后处理纤维工艺不断优化和完善，1999 年研究成功，之后依次进行了 3t/a 中试、5t/a 放大和 20t/a 产业化及产品应用技术，在国内率先设计研制出多种规格的 F12 纤维及其织物，其性能达到国际先进水平，产能达 50t/a，最近正准备将 F-12 产能扩至 100t/a，以满足我国航空航天及高端战略武器的需求。

(5) UHMWPE 纤维

随着 UHMWPE 纤维在军品、民品特别是量大面广的各类缆绳和家纺等领域的应用开发，国内 UHMWPE 纤维需求量稳步递增，纤维产能逐步扩大。2010 年我国 UHMWPE 纤维生产企业 20 余家，总产能 17kt/a，至 2015 年发展至 30 余家，总产能达 26.6kt/a。然而，30 余家 UHMWPE 纤维生产企业中年产千吨级的企业仅 8 家，大多数企业产能仅为 300t/a 左右，产品单一，生产成本也居高不下。2016 年，江苏九九久购买了东华大学专利开始建设 UHMWPE 纤维生产线，成为国内首个 UHMWPE 纤维生产规模达万吨的企业，其纤维产品投入市场后引发了国内 UHMWPE 纤维的价格战。之后，部分工艺、技术落后的企业逐渐退出 UHMWPE 纤维市场，部分企业则通过重组或吸收资金重建纤维生产线，同时也有一批新的企业投资 UHMWPE 纤维产业。目前，九九久公司 UHMWPE 纤维产能已达 16kt/a。此外，山东如意集团于 2018 年宣布投资建设 UHMWPE 纤维生产线，产能为 10kt/a；浙江毅聚、江苏领誉也于 2018 年后开始投入 UHMWPE 纤维行业，预计产能在 3kt/a 以上。这些企业生产线全部建成之后，我国 UHMWPE 纤维的产能将超过 60kt/a，占全球生产能力的 3/4。国产 UHMWPE 纤维及制品国际市场竞争力也不断提高，外贸出口量也由 50% 逐步增大到超过 70%。目前，国内 UHMWPE 纤维生产企业有 20 余家，其中产能过千吨的生产企业如表 5-8 所示。

表 5-8　国内 UHMWPE 纤维主要生产企业产能汇总

企业名称	产能 (kt/a)	备注
江苏九九久科技股份有限公司	16.0	2017 年成立
山东如意科技集团	10.0	2018 年成立
山东爱地高分子材料有限公司	5.0	2005 年成立，2011 年由荷兰 DSM 公司控股
北京同益中新材料科技股份有限公司	4.0	1999 年成立
湖南中泰特种纤维股份有限公司	3.0	2001 年成立
浙江毅聚（新合成）新材料有限公司	3.0	2019 年成立
江苏领誉纤维科技有限公司	3.0	2018 年成立
浙江千禧龙纤特种纤维股份有限公司	2.5	2015 年成立
浙江金昊新材料有限公司	2.4	2018 年成立，原浙江金昊特种纤维有限公司
中国石化仪征化纤股份有限公司	2.0	2009 年开始 300t/a 生产
连云港神特新材料有限公司	2.0	2008 年 12 月成立
长青藤高性能纤维有限公司	2.0	2015 年成立
青海聚纤新材料科技有限公司	1.2	2017 年成立
安庆（北京）威亚高性能纤维有限公司	1.0	2017 年成立，原北京威亚
江苏锵尼玛新材料有限公司	1.0	2011 年成立
湖州高盛高分子新材料有限公司	1.0	2007 年成立
其他	4.0	

注：本表数据来自市场调研。

（6）聚酰亚胺纤维

　　近年来，我国聚酰亚胺纤维产业得到迅猛发展，相关科研机构也开始重视聚酰亚胺及其纤维的研究与开发。我国在 20 世纪 60 年代由上海合成纤维研究所率先试行过小批量聚酰亚胺纤维生产，主要用于电缆的防辐射包覆、抗辐射的绳带等，最终没有实现聚酰亚胺纤维的规模化开发。20 世纪 70 年代，基于聚酰亚胺纤维独特的综合性能和特殊领域发展的需要，相关单位又恢复了聚酰亚胺纤维的研究工作。目前，国内聚酰亚胺纤维生产企业主要包括长春高崎聚酰亚胺材料有限公司、江苏奥神新材料股份有限公司和江苏先诺新材料科技有限公司。他们采用不同的生产工艺，形成了耐高温型、高强高模型聚酰亚胺纤维的商品化生产，在环境保护、航空航天、尖端武器装备及个人防护等领域发挥重要作用，也使得我国高性能聚酰亚胺纤维生产技术位居世界前列。中国科学院长春应用化学研究所是较早从事聚酰亚胺研究的单位之一，开发出一条独具我国特色的聚酰亚胺合成路线，取得了包括美国及欧洲专利在内的数十项专利。2008 年在吉林省科技厅的支持下，该所开展了吉林省科技发展计划重大项目"耐热型聚酰亚胺纤维"的研究工作，先后突破了聚酰胺酸纺丝溶液的制备和聚酰胺酸初生纤维的酰亚胺化技术等关键工艺技术瓶颈。开发的聚酰亚胺连续化纺丝技术拥有自主知识产权，工艺成熟，具备了产业化技术基础，生产的聚酰亚胺纤维技术指标达到或超过合同规定的技术指标，综合性能优于商品化的 P84 纤维。2011 年江苏奥神联合东华大学自主开发聚酰亚胺纤维。他们在全球范围内首次提出并建立了"反应纺丝"的新原理和新方法，并围绕干法纺丝成型过程中"反应纺丝"这一创新性思路，攻克了纺丝浆液的合成、纤维干法成型与后处理以及设备的成套等一系列关键技术，建成了国际上首条干法纺耐热型聚酰亚胺纤维 1kt/a 生产线，生产了甲纶 Suplon™ 短纤、长丝及短切纤维等系列产品。相关成果荣获纺织工业联合会科学技术进步一等奖，国家科技进步二等奖，经专家鉴定，一致认为整体达到国际先进水平，其中"反应纺丝"技术处于国际领先水平。经过近十年的发展，目前江苏奥神已形成了 3kt/a 聚酰亚胺纤维生产能力，产品广泛应用于高温过滤、特种防护、国防军工、信息通信等领域。江苏先诺成立于 2013 年，是一家专注于高性能聚酰亚胺纤维及其下游产品研发、生产和销售的高新技术企业，建有全球首套年产 30t 和 100t 规模的高强高模聚酰亚胺纤维生产线，其技术来源于北京化工大学。该公司提出的一体化连续反应纺丝工艺，可从聚酰胺酸纺丝溶液经凝固、牵伸、热亚胺化连续反应，获得高强高模聚酰亚胺纤维。该技术突破了高强高模聚酰亚胺纤维制备的瓶颈，具有完全自主知识产权，其中 3 项核心专利获得美国授权，达到国际领先水平。

（7）PPS 纤维

国内聚苯硫醚树脂生产企业主要有浙江新和成、重庆聚狮、内蒙古磐迅和珠海长先。2020 年 10 月，国家商务部出台政策，对美国、日本、韩国以及马来西亚四国进口的 PPS，实施保证金形式的反倾销措施，显著提高进口产品价格，促使国内企业产品性价比提升，为我国 PPS 树脂产业的快速发展提供基础。浙江新和成、重庆聚狮产量分别占全球产量的 9.6% 和 6.4%，未来有望扩产成为全球 PPS 产能前五的企业。但由于 PPS 纤维产业应用领域未完全开发，需求量远低于 PPS 树脂在电子电气领域的应用。因此，重庆聚狮公司主要集中于 PPS 注塑原料的研究，纤维级切片产品研究较少，产品单一。目前，仅有浙江新和成建有 5kt/a 产能的纤维级树脂生产线，生产多种批号的熔喷级、短纤级切片，但其缺乏长丝级和改性级纺丝切片，纤维产品质量低于国际水平。国内也仅有浙江新和成和四川安费尔高分子材料科技有限公司能实现 PPS 短纤维的连续生产，产能分别为 5kt/a 和 3kt/a；江苏瑞泰科技有限公司、四川德阳科技股份有限公司等短纤维生产企业因各种原因相继停产停业。2016 年，苏州金泉新材料股份有限公司与东华大学联合承担了江苏省科技成果转化项目，实现了 PPS 短纤维的改性研究，并建成 3kt/a 的柔性生产线，显著提高 PPS 纤维的阻燃性、服役温度和寿命，提高 PPS 短纤维在国际市场的竞争力，但因纤维级树脂原料短缺，无法持续生产。综上所述，国内 PPS 树脂的聚合生产技术已经具有一定的积累，在国家政策和市场需求双重支持下，产业规模逐渐扩大，市场占有率大幅提高，但仍存在生产技术水平较低、产品品类较少、缺乏长丝级和熔喷级产品、高端产品低于国际先进水平等问题；在纤维产业方面，高端纤维级切片产能不足，市场应用领域狭窄，中低端产品市场竞争环境恶劣，高端应用市场严重缺乏。高温烟尘滤袋领域虽然仍存在 50% 以上的市场空缺，但随着静电除尘技术的优化升级和新型高性能纤维的市场冲击，PPS 纤维市场饱和，急需拓展应用领域。产业集群方面，基于市场竞争激烈化和纤维生产工艺难度大，常规产品价格竞争激烈，利润低，准入门槛高，多数中小企业被迫转型发展，难以实现产业集群效应，国内 PPS 高质量发展提速缓慢。

（8）聚芳酯纤维

国内聚芳酯纤维规模化生产企业仅有宁波海格拉新材料科技有限公司，通过与东华大学合作，引入聚芳酯纤维纺丝技术，目前已经实现高性能聚芳酯纤维年产 50～100t 产量规模，所生产的聚芳酯纤维强度大于 22cN/dtex，模量大于 500cN/dtex，极限氧气指数为 28%，干湿强度比为 100%，长期使用温度大于 150℃，主要供应给下游高性能织物织造等领域的企业。公司计划在"十四五"期间进一步扩大产能至 100～200t/a，以满足国内市场在高强线缆、飞艇蒙皮等领域对于聚芳酯纤维日益提升的需求。

（9）PBO 纤维

国内对 PBO 纤维的研究起步较晚，20 世纪 80 年代，华东理工大学率先开始了对 PBO 单体及聚合物的研究，所制备纤维的拉伸强度仅为 1.20GPa，模量为 10GPa，性能远未达到 Kevlar 纤维水平。由于合成 PBO 的单体 4,6- 二氨基间苯二酚盐酸盐（DAR）完全依赖进口，价格昂贵，制约了 PBO 相关的研究，对 PBO 纤维的研究也几度被中断。为填补这一空白，国家将 PBO 高性能纤维作为重点材料列入 863 国家计划给予支持。在此背景之下，华东理工大学、上海交通大学、哈尔滨工业大学等对 DAR 单体的合成进行专门研究；哈尔滨工业大学、华东理工大学、东华大学等单位则对 PBO 聚合及纤维制备开展了研究，另有多家研究机构对 PBO 的应用及增强材料进行了研究。经过二三十年的发展，国内高校及研究所在 PBO 聚合物的合成和纺丝方面取得了一定的进展。东华大学联合上海交通大学自 1999 年起开始进行 PBO 聚合、纤维成形的研究，先后攻克了单体合成及纯化技术，设计制造了适用于高黏度聚合体系的特殊搅拌器，发明了 PBO 的反应挤出 - 液晶纺丝一体化工艺，在国内首次成功建成了吨级规模的 PBO 纤维试验线，2005 年完成了项目鉴定，制得的 PBO 聚合物特性黏数达 25dL/g 以上，强度达 4.16GPa，模量达 139GPa；之后，继续进行扩大试验，在原有规模上完善和扩产，建成了 5t 规模 PBO 聚合、纺丝中试线，于 2008 年完成项目鉴定，制得的 PBO 纤维强度稳定在 4.95GPa 以上，接近日本东洋纺纤维产品水平。2016 年左右哈尔滨工业大学以三氯苯为原料合成的 DAR 单体纯度达到 99.5% 以上，采用该单体进行 PBO 的聚合及纺丝，所纺制的 PBO 纤维拉伸强度达到 5.0GPa、模量达 240GPa。

在 PBO 纤维产业化方面，国内近几年也取得了重要进展，数家 PBO 纤维生产企业陆续投产。中蓝晨光化工有限公司"十二五"期间建成一条 2t/a 产能的 PBO 纤维军工小试线，其纤维强度稳定达到 5.2GPa 以上，并正在将其扩建到 20t/a 的产能。2018 年 1 月，成都新晨新材料科技有限公司投资约 5 亿元建设产量达 380t/a 的高性能 PBO 纤维生产线，是目前国内产能最大的生产线；2018 年 8 月，江苏中汇特纤新材料公司高性能 PBO 特种纤维项目试产成功，项目一期具备 50t/a 的产能；同年，中科金绮新材料科技有限公司投资 1.45 亿，建成 150t/a 的 PBO 生产线。近年来，山东非金属材料研究所因军工需求与东华大学联合推进 PBO 纤维的产业化建设，2021 年在山东济南建成了百吨规模的 PBO 纤维生产线。综合来看，国内尚处于 PBO 纤维产业化的初期阶段，市场上产品较少，尚待进一步发展。

（10）碳化硅纤维

为打破美国、日本等发达国家对 SiC 纤维技术和产品的严密封锁，国防科技大学从 1980

年开始在国内率先开展了制备连续 SiC 纤维的研究，独立研发并建立了国内第一条连续 SiC 纤维的生产试验线，在先驱体合成、纺丝、不熔化和烧成等方面均取得了具有自主知识产权的产品和技术。所制备的 KD 型第一代和第二代连续 SiC 纤维的性能均处于国内领先、国际先进水平，已被国内航空、航天等领域多个研究单位和应用部门所使用，先后获得军队科技进步一等奖（2014 年）、湖南省技术发明一等奖（2014 年）、国家科技进步二等奖（2015 年）。针对第三代 SiC 纤维的研制，通过加氢脱碳预烧，制备出近化学计量比的 KD-S 型第三代连续 SiC 纤维，性能与同样采用加氢脱碳工艺的日本 Hi-Nicalon S 纤维水平相当；2016 年攻克了 SiC 纤维高温烧结致密化技术，在国内首次成功制备出高结晶近化学计量比的连续 SiC 纤维，即 KD-SA 型第三代 SiC 纤维，该纤维在组成与结构、耐高温和抗蠕变等性能方面与国外的第三代 SiC 纤维 Tyranno SA 水平相当。目前该纤维已经实现了小批量生产并提供给应用部门使用，填补了国内空白，使我国成为世界上第三个能够制备出高结晶近化学计量比连续 SiC 纤维的国家。

厦门大学从 2002 年开始进入了制备连续 SiC 纤维的研究领域，采用电子束辐照交联的方法获得了低氧含量的第二代连续 SiC 纤维，并采用电子束辐照后再加氢脱碳的方法制备了类似于日本 Hi-Nicalon S 纤维的第三代连续 SiC 纤维，纤维的组成、结构与性能都与日本相应的第二代、第三代连续 SiC 纤维水平相当。自 2015 年以来，中科院宁波材料所针对核工业领域的应用需求，开展类似于日本 Hi-Nicalon S 纤维的第三代 SiC 纤维的研制。另外，中科院过程所对含锆的复相 SiC 纤维、中南大学对含铍 SiC 纤维也都进行了相关研究。

在产业化方面，2005 年，苏州赛菲集团有限公司与国防科技大学对接成果转化，并于 2010 年在国内首次实现连续 SiC 纤维的产业化。2016 年，宁波众兴新材料有限公司与国防科技大学签署合作协议，开展第二代连续 SiC 纤维的产业化，目前已建成产能 40t/a 的聚碳硅烷先驱体生产线以及 10t/a 的第二代连续 SiC 纤维生产线（Shincolon-Ⅱ）。2019 年该公司与中科院过程所签署合作协议，转化第二代连续复相 SiC 纤维（Sericafila Z）以及第三代连续复相 SiC 纤维（Sericafila ZB）。福建立亚新材有限公司自 2015 年成立以来与厦门大学合作，建成了产能 10t/a 的第二代 SiC 纤维、第三代 SiC 纤维产业化生产线。2018 年，湖南博翔新材料有限公司碳化硅纤维事业部（现湖南泽睿新材料有限公司）通过中南大学的科技成果转化建成具有自主知识产权的产能 10t/a 的含铍碳化硅纤维生产线。

（11）玄武岩纤维

2002 年，科技部将"玄武岩连续纤维及其复合材料"列入"863 计划"，加强对具有自主知识产权的气电混熔和全电熔炉生产技术的发展及推广，使得玄武岩纤维得到快速发展。但目前我国的玄武岩纤维总体走的是低端路线，集中在混凝土用短切玄武岩纤维的增强材料。2006 年，我国第一条玄武岩纤维生产线由上海俄金玄武岩纤维有限公司开发。目前，我国约有十多家企业从事玄武岩纤维的生产，总产能达到 100kt 以上，多家企业具有万吨级生产线，包括吉林通鑫、河南登封电厂集团、四川玻纤集团、四川谦宜、贵州石鑫等，但是多数企业的实际产量在数百到数千吨。我国玄武岩纤维的实际总产量为 20～30kt，规格多在 10～20μm 之间，每吨价格在 1.2 万～2 万元，主要应用在水泥混凝土、沥青混凝土、车辆交通、高温滤袋及保温毡等方面。国内玄武岩纤维生产企业目前仍然处于低价同质化竞争阶段，对如何提高玄武岩纤维性能，仍需要进一步探索。1200孔及以上大丝束拉丝技术仍不稳定，需要从原料、熔化及成纤工艺等多方面出发攻克技术难题。只有解决了大丝束拉丝技术，才能提高玄武岩纤维的质量稳定性，真正发挥玄武岩纤维高强度、高模量等特点，拓宽其应用范围，突破玄武岩纤维发展的瓶颈。表5-9总结了我国玄武岩纤维主要的生产企业的生产情况及特点。

表 5-9 我国玄武岩纤维主要生产企业的生产情况及特点

公司名称	产量/t	产值规模/亿元	窑炉技术	特点
浙江石金玄武岩纤维股份有限公司	3000	0.4	全电	起步最早，产品种类多，研发深入
四川航天拓鑫玄武岩实业有限公司	1000	0.3	气电混合	起步早，依托航天申报少量军用产品，开发的气电混合熔化技术输出多次
江苏天龙玄武岩连续纤维股份有限公司	2000	0.3	全电	深耕混凝土增强材料，参与多个建筑交通用玄武岩标准制定
山西晋投玄武岩开发有限公司	1200	0.2	气电混合	国企背景，经营压力大
郑州登电玄武石纤有限公司	1500	0.3	全电	国企背景，经营压力大
吉林通鑫玄武岩科技股份有限公司	1000	0.3	气电混合	国企背景，经营压力大
四川省玻纤集团有限公司	2000	0.3	气电混合	依托玻纤，通过改性剂和匀料来实现稳定生产，2019年刚进入市场，处于发展期
四川谦宜复合材料有限公司	1000	0.2	气电混合	依托改性剂和匀料实现稳定生产，2020年进入，目前处于调试阶段
贵州石鑫玄武岩科技有限公司	1000	0.2	气电混合	前期投入高，经营压力大
其他	3000	0.5		
合计	18500	3.0		

注：本表数据来自市场调研。

5.4 发展我国高性能纤维产业的主要任务及存在主要问题

我国高性能纤维研制起步并不晚，但由于经费投入、原材料、装备、人才等复杂的原因进展一直较缓慢，近10年来虽取得了很大的进步，但在产品性能稳定性、生产成本、规模及应用水平方面与日本、美国等发达国家仍有明显差距，其主要共性科学问题是高性能纤维近程、远程和宏观结构（即分子链分布、体系纯度、凝聚态结构、纤维表面结构）的不均匀性引起的产品可纺性、物化性能和批次稳定性不足。目前主要存在的主要问题总结如下：

① 高端纤维仍存在代差，自主保障能力亟待加强。国外航空航天领域已经大规模应用以T800级碳纤维为主要增强体的第二代先进复合材料，而我国总体上仍处在第一代先进复合材料的扩大应用、第二代先进复合材料的考核验证阶段。高强高模、超高模量碳纤维、差异化对位芳纶（超高强型、超高模型、中等模量型、高黏结型、抗疲劳型等）、高强和无蠕变UHMWPE纤维、高性能杂环芳纶Ⅲ生产技术尚未突破，不具备自主保障能力，在高性能无机纤维等领域，同样存在高端产品缺乏、质量一致性差等问题。

② 高性能纤维产业技术成熟度不够，大规模高端装备与成套工艺仍未完全突破。高性能纤维产业是一个生产工艺与装备高度耦合的长流程精细产业，国内尚未完全掌握大规模成套生产工艺技术。现阶段国产碳纤维生产仍以12K及以下小丝束产品为主，大丝束、低成本碳纤维工业化生产技术尚未全面突破，而国外已开始将大丝束低成本与小丝束高质量的生产技术融合，不断提升产品质量和降低生产成本。芳纶（对位芳纶、间位芳纶、杂环芳纶Ⅲ）在产品性能与稳定性、生产效率、产业规模、应用领域等方面还存在差距。UHMWPE纤维单线产能低，投资成本高、生产效率低、能耗高，规模化低成本生产还难以实现。PPS纤维和聚芳酯纤维缺乏千吨级产业化成套技术和装备。此外，高性能纤维的产业化成套装备设计与制造能力不足，缺乏设计/仿真模拟工程师，设计/模拟软件依赖进口，基础工业技术（如机械加工）、精密设备（如计量泵、喷丝板）、装备原材料质量（如高强度钢、耐腐蚀钢材料等）与国外存在明显差距，导致国内自主装备在精度、效率和使用寿命上不足，设备运行稳定性差、故障率高，制约我国高性能纤维产品性能稳定与提升以及生产成本控制。

③ 基础研究投入不足，部分关键科学问题尚未探明，缺乏前沿产品创新开发动力。在国家政策扶持和重大任务的牵引下，我国高性能纤维参照、仿制国外产品开展研究工作，以产品研制为主，着重解决国家重大需求和应用急需。高校与研究机构研发通常以型号产品为依托，高性能纤维材料成分－结构－工艺－性能之间的深层次关系规律尚未全面掌握，必要的基础科学机理与理论尚未揭示清楚，导致面临新的应用需求时缺乏理论支撑，自主创新能力不足。企业疲于盲目扩产，投入研发经费严重不足，如碳纤维目前国内可工业化的产品仅有几个牌号，而日本东丽有近20个产品型号。

④ 健全的产业体系尚未形成，仍存在低水平重复、无序竞争现象。目前我国高性能纤维产业体系尚不完整，关键装备与配套材料、重要原材料、产品标准和检测评价环节薄弱。在航空航天、国防军工等领域应用的总体规模较小，难以驱动高性能纤维及复合材料全产业链的发展与完善，在以汽车、压力容器、轨道交通等为代表的工业领域仍未实现大规模应用。在国家政策支持和高科技领域投资冲动等多重因素刺激下，目前仍存在低水平重复、脱离产业实际的投资乱象，项目水平参差不齐，不仅造成大量国家和社会资源占用与浪费，同时不利于行业竞争力和可持续产业生态的形成。

针对以上问题，我国高性能纤维产业发展和升级目前面临的主要任务列举如下：

（1）碳纤维

突破高强中模、高强高模、高强高模高延伸碳纤维工程化制备关键技术，实现高强中模碳纤维拉伸强度≥7GPa；高强高模碳纤维拉伸模量≥650GPa；高强高模高延伸碳纤维拉伸强度≥5.7GPa，拉伸模量≥370GPa，断裂延伸率≥1.5%，满足高端装备用碳纤维及其复合材料自主保障需求；研究生物基碳纤维氧化、碳化过程结构转化机制，突破生物质基碳纤维连续制备关键技术；突破碳纤维用纺丝油剂和上浆剂等配套材料，突破新型纺丝、预氧化碳化等颠覆性制备技术，实现国产碳纤维稳定化与低成本化，支撑国产碳纤维的规模应用。

（2）有机高性能纤维

突破芳纶、差别化聚酰亚胺和 UHMWPE、聚芳酯纤维、PPS 纤维等高性能有机纤维产业化制备关键技术，实现在国家重大装备上的稳定应用。开发系列化、功能性对位芳纶，满足差异化应用领域需求，集中提高产业链规模，形成规模效益，提升国际竞争力；突破提升间位芳纶生产效率的新工艺、新技术，进一步降低产品价格，拓宽应用领域，推进产品升级换代，积极开发间位芳纶差异化产品，满足高端领域应用要求；发展新一代高强高模、高复合性、低成本杂环芳纶；开发耐温、抗蠕变 UHMWPE 纤维，完善中高强度 UHMWPE 工程化制备技术，解决生产过程能耗大、成本高问题；优化聚芳酯纤维聚合纺丝工艺，实现稳定高品质产品千吨级生产及成套装备研发；开发高性能 PPS 纤维技术，提升 PPS 短纤级切片质量，突破 PPS 长丝级切片关键制备工艺与集成设备技术，拓展 PPS 纤维及其复合材料的应用领域；开展高纯度 DAR 单体制备技术研究，提升产品质量稳定性，提升 PBO 纤维生产规模，并针对性开发 PBO 专用成套装备，提升装备在酸性、高黏度、高压力状态下的运行稳定性，保障 PBO 生产全流程工艺稳定性。

（3）无机高性能纤维

突破高端玄武岩纤维、碳化硅、氧化铝、硅硼氮等纤维及其前驱体的工程化稳定制备技术，突破大丝束拉丝工艺技术，实现无机高性能纤维批量化应用；形成系列无机高性纤维及其复合材料产品库，实现无机高性能纤维基复合材料在航天发动机等重大装备上的工程应用。

5.5 推动我国高性能纤维产业发展的对策和建议

高性能纤维是全球化纤工业的主要发展方向，近 10 年间全球化纤产量以年均 3% 的速度增长，而高性能纤维则以接近 30% 的速度增长。同时高性能纤维生产国由少数发达国家扩展到包括中国、土耳其、韩国等在内的十多个国家和地区。但全球高性能纤维的生产仍高度集中在日本、美国、欧洲的少数企业，这些公司大都已处于高性能纤维的规模化发展阶段，他们一方面积极投资以扩大其产品的市场占有率，另一方面在主要产品已经较为成熟且完成系列化生产的前提下，将研发重点转向不断提高核心技术与产品质量和性能上，通过技术储备以进一步拉大与竞争对手的差距，保持其行业垄断地位。目前，高性能纤维正向着制造技术先进化、低成本化、材料高性能化、结构功能一体化和应用扩大化的方向发展。为推动我国高性能纤维产业进一步发展，提高其国际竞争力，建议：

① 加强顶层设计，强化政府主导作用。当前面临国际大环境的急速变化，应由国家相关部委和行业协会牵头，谋划我国高性能纤维行业发展新路径，保障行业的稳健发展，防止同质产能增长过快，避免走常规纤维发展的老路，影响行业未来可持续发展。支持科技研发和示范应用，坚持长期投入，鼓励迭代和稳定性发展，推动创新产品的研发和规模化应用，以

技术进步带动产业升级。

② 加强研发创新，深化产学研相结合。加大自主创新，注重协同创新，构建以企业为主体、市场为导向、产学研结合的技术创新体系，增强内生动力，推动产业高质量发展。加大力度解决制约行业高质量发展的共性难题，重点关注短板问题，加强高品质原辅料、关键装备和零部件等研发，增强产业链供应链的自主可控能力，掌握高性能纤维成分-结构-工艺-性能之间的深层次关系规律，全面提升自主创新能力。

③ 扩大生产规模，开发低成本工艺技术。在聚焦产品性能和研发高附加值产品的同时，重视开发各种成型工艺技术，进一步降低成本，强化收益能力。生产成本决定了市场容量和应用，加快低成本技术的开发，有利于扩大应用范围。扩大生产规模，提高单线生产能力，可进一步提高生产效率，降低生产成本，从而提升产品的市场竞争力。

④ 针对市场需求，加大应用技术开发。通过"下游"带动"上游"，形成具有自主知识产权的系列化产品，加强与配套产业的沟通合作，从制成品的设计端开始就积极融入下游客户的研发工作中，高效地将高性能纤维的优异性能最大化地体现在应用场景中，真正实现其性能与下游应用的精准匹配。

⑤ 建立监测体系，把握行业动态。健全高性能纤维产业统计，聚焦行业数据研究，加强行业管理和引导，规划发展，制定和完善行业准入条件，发布产品指导目录，避免盲目发展与低水平重复建设，鼓励推动各生产厂家之间协同联动、深入沟通，引导高性能纤维产业良性发展。

⑥ 加强标准建设，推动参与国际竞争。聚焦高性能纤维国家标准及行业标准建设，包括碳纤维、芳纶纤维、聚酰亚胺纤维、聚芳酯纤维、聚苯硫醚纤维、UHMWPE 纤维等及其各类下游制品的方法标准以及产品标准，以规范国内高性能纤维产品，推动产品进入国际市场、参与国际竞争。

面向国家 2035 年重大战略需求高性能纤维产业技术预判和战略布局

我国已建立起较为完整的国产高性能纤维制备技术研发、工程实践和产业体系，产品质量不断提高，产学研用格局初步形成，有效缓解了国民经济和国防建设对国产高性能纤维的迫切需求。但我国高性能纤维及其复合材料的基础理论研究仍相对薄弱，高端优质产品的产业化开发不足，一些关键科学技术问题尚未完全突破，行业自主创新能力不强，部分品种仍受制于发达国家。面向国家 2035 年重大战略需求，我国高性能纤维产业技术应进行以下布局：

① 加强高性能纤维的关键科学技术问题研究。高性能纤维是高度复杂性产品，具有对基础研究依赖性强、生产工艺前后关联度高的特点，高性能纤维的性能源于其独特的微观结构，要在生产中确保其微观结构得以实现，就需要对其形成过程有非常清楚的认识，对影响其形成的外部条件有精准的控制。因此，对相关共性基础科学问题的深入研究是解决发展过程遇

到的问题、建立具有自主知识产权的生产体系和实现工业化稳定生产的关键。但目前国内企业缺乏对相关基础科学问题的正确理解与清晰认识,需要加大力度凝练共性科学问题,布局前瞻研究,研发具有稳定性能的优质高性能纤维。

② 高性能纤维的产业化关键技术与成套装备开发的系统集成。高性能纤维产业技术难度高、专业跨度大,是复杂的系统工程和高度的集成创新,具有对设备质量和控制精度要求高、对生产管理要求严格等工程技术特性。需加强多学科、多专业的相互交融和前后衔接,加快高性能纤维及其复合材料高附加值、低成本关键工艺及装备工程化研究,包括有机高性能纤维级专用树脂的研发与产业化,新型溶剂、助剂、萃取剂等的开发,新型纺丝及后处理等连续化工程成套技术及关键设备开发等,提升高水平产业化的系统集成、项目管理和过程融合。

③ 高性能纤维性能、品质提升以及品种系列化、功能化研发。全球主要高性能纤维已经进入技术和工艺全面更新的阶段,生产效率不断提高,成本不断下降,新产品个性化明显,要完善和系列化生产各种型号规格的产品,重点拓展新品种和应用领域。一方面突破国外垄断高端产品的产业化,另一方面通过降低纤维制造成本,来提高产品的市场竞争力和扩大纤维的应用领域。加强高性能纤维产品多领域市场应用开发,携同下游复合材料企业大力发展协同设计、制造、服务,通过下游稳定应用支撑上游行业发展,拓展整体产业上下游产业链的宽度和深度。

④ 从原料到纤维的对应标准和评价体系。瞄准国际先进水平,立足自主技术,健全高性能纤维新材料标准体系、技术规范、检测方法和认证机制。加快制定产品全产业链标准,鼓励产学研用联合开发重要技术标准,积极参与国际标准制定,加快国外先进标准向国内标准的转化。

⑤ 加强高性能纤维配套的复合材料技术研究。高性能纤维及其复合材料不仅事关国家战略安全,与国防军工、航空航天建设紧密相关,更是践行国家"双碳"战略的重要基础性材料产业,是风电、光伏、交通工具轻量化、氢能源汽车等发展的重要支撑。需要加强高性能纤维配套的设备及复合材料技术研究,开发高效织造、复合材料高效成型等新技术,构筑三维纺织结构和复合材料表界面结构,牵引高性能纤维材料产业发展和升级。

 作者简介

巨安奇,东华大学材料科学与工程学院研究员,副院长,高分子化学与物理专业。主要从事高性能 / 耐烧蚀碳纤维制备及性能、功能纤维材料的结构设计与制备的研究工作,近 5 年在 Chemical Engineering Journal、Carbon 等国际期刊上共发表 SCI 论文 30 余篇,申请发明专利 10 余项,授权 6 项;主持并参与 863 子课题、国家重点研发计划、企业重大横向(1000 万)等科研项目 10 余项。

于俊荣,东华大学材料学院教授,博士生导师,研究方向:高性能纤维、纤维材料改性。主要从事芳纶、超高分子量聚乙烯纤维、PBO 纤维等高性能纤维研究开发和产业化工作,先后主持上海市青年科技启明星计划项目、国家 863 计划重点项目课题、荷兰 DSM 公司、SABIC 公司国际合作项目及国内企业高性能纤维产业化项目等,发表论文 200 余篇,获授权发明专利 40 余项,有多项专利实现了产

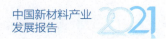

业化转移。研究成果先后获得国家科技进步二等奖 1 项、省部级科技进步或发明一等奖 6 项、二等奖 6 项。

朱美芳，教授，中国科学院院士，发展中国家科学院院士，现任东华大学材料科学与工程学院院长、纤维材料改性国家重点实验室主任。长期从事功能纤维、高性能纤维、有机/无机纳米杂化材料基础理论及应用产业化研究；发表 SCI 论文 420 余篇，编著专著（章节）10 部，授权国家发明专利 280 余项。获国家技术发明二等奖、国家科技进步二等奖、上海市自然科学一等奖、首届全国创新争先奖、上海市"四有"好教师等奖项和荣誉称号。

第 6 章

稀土新材料

刘 爽 吴晓东 翁 端

6.1 稀土新材料产业发展的背景需求及战略意义

6.1.1 中国稀土资源概述

稀土（RE）一共包括17种元素，其中镧、铈、镨、钕、钷、钐、铕被称为"轻稀土"元素，钆、铽、镝、钬、铒、铥、镱、镥以及钪和钇被称为"重稀土"元素。中国稀土矿产资源种类齐全，不仅有大量岩矿型轻稀土矿（集中于北方，如内蒙古白云鄂博矿），也有丰富的离子型重稀土矿（集中于南方，如南方七省稀土矿）。2020年，全球稀土储量和产量分别为1.2亿吨和24万吨，其中中国占比38%和58%，在稀土资源供应方面占据话语权。值得注意的是，近年来巴西、加拿大、俄罗斯、越南、印度、缅甸以及格陵兰等国家和地区陆续发现大量稀土资源并加以开发，可能导致未来世界稀土资源格局发生变化。

除了资源优势外，中国也具有完整的稀土工业体系，涵盖从上游的选矿，中游的冶炼分离、氧化物和稀土金属生产，到下游的稀土新材料以及应用的全部产业链，是全球稀土市场上最重要的生产者和消费者。2020年，中国稀土及其制品出口量为7.82万吨，出口金额为21.67亿美元（主要出口日本和美国），其中稀土金属和合金产品在全球市场份额达80%以上。如表6-1所示，近年来随着下游应用对各类稀土材料需求的不断增长，中国稀土的开采指标和产量也在不断增加。

表 6-1 中国 2016—2020 年稀土矿开采指标　　　　　单位：t REO

年份	2016	2017	2018	2019	2020
轻稀土	87100	87100	100850	112850	120850
中重稀土	17900	17900	19150	19150	19150
总计	105000	105000	120000	132000	140000

6.1.2 稀土新材料及相关产业

由于稀土元素的 4f 层电子被完全填满的外层（5s 和 5p）电子所屏蔽，导致 4f 层电子运动方式不同于其他元素，从而使稀土元素具有特殊的光、电、磁、催化等性能。作为"工业维生素"，稀土不仅在冶金、石油化工、玻璃陶瓷等传统领域应用广泛，更在永磁材料、抛光材料、储氢材料、催化材料等领域占据核心或重要地位。此外，稀土元素 4f 层电子还可与其他元素外层电子相互作用，形成性能优异的稀土新材料。目前，如图 6-1 所示的各类稀土新材料已在高档数控机床、机器人、航空航天装备、海洋工程装备及高技术船舶、节能与新能源汽车等《中国制造 2025》涉及的重点高科技领域中起到关键作用。

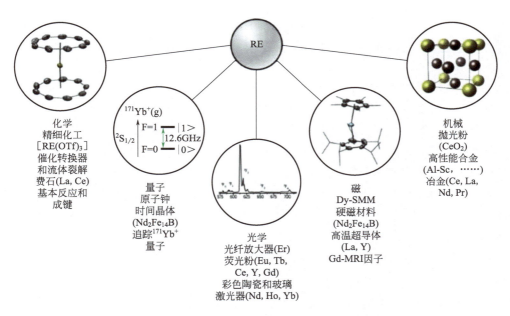

图 6-1　稀土（RE）材料的典型特征以及由此导向的不同应用领域举例[1]

2018 年，中国稀土产业链产值约为 900 亿元，其中稀土功能材料产值 500 亿元（56%），冶炼分离产值 250 亿元（27%）[2]。随着高新技术领域对新材料的需求不断增长，前者所占比例还在快速上升。如图 6-2 所示，在各类稀土功能材料中，稀土永磁材料受益于新能源汽车和电子工业等领域的高速发展，在产值（75%）和稀土消费量（>40%）方面都具有绝对优势；

产值其次（20%）的是稀土催化材料，其消费量约占稀土功能材料的14%。其余稀土消费量较大的行业和领域包括冶金和机械（12%）、玻璃陶瓷（8%）、光功能材料（7%）、储氢材料（7%）、抛光材料（5%）和农业轻纺（5%）等。部分上述重要领域的发展现状及趋势将在下一节详细介绍。

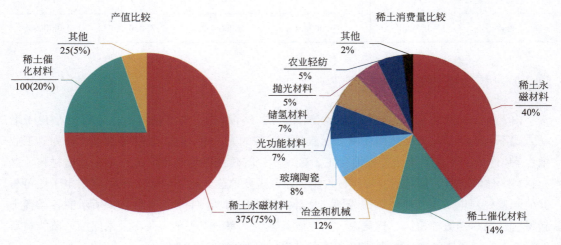

图6-2　各类稀土功能材料产值及稀土消费量比较

6.1.3　稀土新材料产业的战略意义

以稀土功能材料为代表的稀土新材料已成为全球竞争的焦点之一。例如，近年来全球新能源汽车即将进入智能化主导、多种能源和驱动方式并行的"2.0时代"，大幅度拉动了稀土作为磁性材料、储氢材料的消费；5G时代智能手机、物联网摄像头等电子设备的更新换代则推动了稀土在光功能材料、抛光材料等领域的消费。为了在未来占据稀土产业竞争的有利地位，欧美、日本等发达国家和地区均将稀土元素列入"21世纪的战略元素"，进行战略储备和重点研究。在美国能源部制订的"关键材料战略"、日本文部科学省制订的"元素战略计划"、欧盟制订的"欧盟危急原材料计划"等战略规划中均将稀土列为重点研究领域。

基于上述各因素，中国已将稀土列为国家重点管控和发展的战略资源，并在《中国制造2025》等国家中长期发展规划中将稀土功能材料列为关键战略材料予以重点发展。为落实"十四五"期间国家科技创新有关部署安排，国家重点研发计划启动实施了"稀土新材料"重点专项。根据该重点专项实施方案的部署，科技部发布了2021年度项目申报指南，预期通过该项目实施，实现"面向新一代信息技术、航空航天、先进轨道交通、节能与新能源汽车、高端医疗器械、先进制造等领域对稀土新材料的迫切需求，发展具有中国资源特色和技术急需的新材料，加强稀土材料前沿技术基础、工程化与应用技术创新，提升材料原始创新能力和高端应用水平"的总体目标。

6.2 稀土新材料产业的国内外发展现状及趋势

6.2.1 稀土磁性材料

稀土由于其独特的 4f 电子层结构，可以在一些与 3d 元素化合物组合成的晶体结构中形成单轴磁各向异性，从而具有超常的磁性能。稀土磁性材料在应用领域具有不可替代性，其中的稀土永磁材料、稀土超磁致伸缩材料和稀土磁制冷材料等稀土磁性材料已发展成为稀土行业的核心产业，带动整个稀土产业的持续发展。据中国稀土行业协会数据显示（表 6-2），近年来中国稀土磁性材料产量稳定增长，年复合增长率为 2.6%。

表 6-2 中国 2015—2019 年稀土磁性材料产量[3]

年份	2015	2016	2017	2018	2019
产量 /t	140000	141000	147000	155000	155124

（1）稀土永磁材料

稀土永磁材料不仅是整个稀土领域发展最快、产业规模最大最完整的发展方向，是国防工业领域不可替代和不可或缺的关键原材料，也是目前中国稀土消费量最大的应用领域和稀土磁性材料产业的绝对主体（产量占比超 96%）。钕铁硼永磁材料是当前世界应用范围最广、发展速度最快、综合性能最优的永磁材料。商品化的钕铁硼磁能积可达 53MGOe，在磁性材料市场上占有举足轻重的地位。钕铁硼材料产业具有高技术和资金密集的特点，较高的资金与技术门槛使得该行业的生产集中度较高。20 世纪末至 21 世纪初，全球稀土永磁产业格局发生了重大调整，欧美的钕铁硼材料产业出现剧烈震荡和萎缩，我国以浙江宁波、京津、山西、包头和赣州地区为主的产业集群崛起成为市场的主要供应者。根据中国稀土行业协会数据显示，2019 年全球钕铁硼永磁材料总产量为 17 万吨左右，其中中国占比 90%。日本是除我国之外最大的钕铁硼材料生产国家，主要相关厂商包括 TDK、信越化工和日立金属旗下的 Neoma 等。这三家公司均在中国建立了磁体加工产业基地。

材料生产方面，按照制造工艺不同钕铁硼永磁材料可分为烧结、黏结和热压三类。其中烧结钕铁硼磁材料是产量最大、应用范围最广的钕铁硼永磁材料。目前，中国已突破高性能稀土烧结钕铁硼磁体产业化关键技术，烧结钕铁硼磁体毛坯产量由"十二五"初期的 8 万吨 /年增加到目前的超过 18 万吨 / 年，增幅超过 1 倍。此外，中国在高性能稀土永磁材料、重稀土减量化技术、高丰度稀土永磁材料的平衡利用、磁体回收利用技术等领域都接近世界领先水平。近期，随着全球产能向中国进一步集中以及国内钕铁硼材料生产企业的资源整合，不仅国外钕铁硼材料订单向中国磁材企业转移，钕铁硼材料的深加工环节也在向国内转移，中国已经成为名副其实的全球钕铁硼材料生产中心。

下游应用方面，近年来随着新能源汽车、节能环保等产业的发展，世界范围内对钕铁硼永磁材料的需求快速增长（图 6-3）。汽车行业是稀土永磁材料的第一大消费领域，占钕铁硼永磁材料消费总量的50%（其中传统汽车38%、新能源汽车12%）。近年来，伴随新能源汽车产业的发展，汽车行业对磁性材料的需求量进一步攀升。例如，2017年Tesla公布其新车型Model 3技术路线由感应电机转为稀土永磁电机，并于当年年底实现20000台月产量。根据中国新能源汽车发展规划显示，2025年中国新能源汽车产能将达到600万辆，对应钕铁硼永磁材料需求2.2万吨。此外，受节能环保政策驱动，节能变频空调、节能电梯和风力发电在同类产品/技术中所占比例不断提高，致使节能环保行业成为钕铁硼永磁材料未来发展的第二大增长点（占钕铁硼消费总量27%）。比如，据国家统计局数据显示，在2020年中国发电量中，风力发电量占比5.6%，并在2021年实现风电平价上网。上述行业的快速发展为稀土永磁材料提供了可观的增长潜力[5,6]。

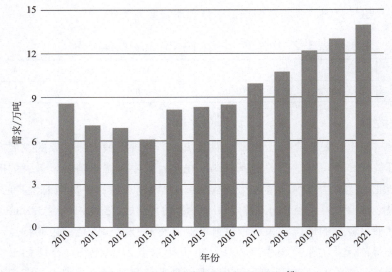

图6-3 世界钕铁硼永磁材料需求统计[4]

另外，近年来传统的动力系统有向电力系统发展的趋势。例如，汽车的动力系统正在经历着从纯内燃机系统到油/电混合系统，再到纯电力系统的转变。除了车辆以外，同样的发展趋势也体现在航空器和舰船上。电力系统的操作更为可靠和精确，维修和保养也变得更为容易。在电力驱动的系统中，设备的冷却可能要从传统的油冷改变为空冷，而后者的冷却效率要低得多，因此对各种元件的耐热性能提出了更高的要求。比如在航空器中，如果永磁元件可以承受400℃以上的高温，就可以使许多更先进的技术得以实现。

知识产权方面，从全球的专利申请数量来看，稀土永磁材料的专利申请主要分布在中国、日本、欧美、韩国等地域，其中中国（> 500项/年）和日本（> 200项/年）是烧结稀土永磁材料领域两个最重要的专利申请国。沈阳中北通磁科技股份有限公司、中国科学院宁波材料技术与工程研究所、北京中科三环高技术股份有限公司、安徽大地熊新材料股份有限公司等均跻身全球申请量排行榜前十。中国的其他企业和科研院所，包括京磁材料科技股份有限公司、钢铁研究总院、北京科技大学等企业和高校，也是烧结稀土永磁材料技术研究的主力军，在烧结稀土永磁材料方向研究显示出较强的实力。

（2）稀土超磁致伸缩材料

超磁致伸缩材料是一些稀土元素与铁形成的金属间化合物（如 $REFe_2$），是继传统磁致伸缩材料（Ni、Co 等）、压电陶瓷（PZT）之后，从 20 世纪 70 年代逐渐发展起来的一种新型功能材料。目前商用超磁致伸缩材料为 Terfenol-D（$Tb_xDy_{1-x}Fe_2$）和 Galfenol（Fe_xGa_{1-x}）两类合金，其室温磁致应变量为 500～2000mg/kg。值得注意的是，由于稀土超磁致伸缩材料能够有效地提高国防、航空、航天等领域的技术装备水平，从而长期被美国等西方国家列为对中国禁运的具有战略意义的功能材料。国内北京有色金属研究总院、钢铁研究总院、包头稀土研究院、北京航空航天大学、北京科技大学、武汉工业大学等单位在材料成分、性能和制备技术上经过十余年的研究，已开发出 Tb-Dy-Fe 三元及四元系、Sm-Fe 二元系及多元系单晶和多晶稀土超磁致伸缩材料，并实现产业化。例如甘肃天星公司已成为美国 RTREMA 公司、日本 TDK 公司之后的世界第三大供应商，建立了具有国际领先水平的 8t/年生产线和 5 万只应用器件生产线。

稀土超磁致伸缩材料最初应用于美军海军声呐系统，迄今已有 1000 多种相关器件问世，在军民两方面均有广泛应用。军用领域方面，稀土超磁致伸缩材料近期的重点应用方向为大功率、低频的声呐以及发射水声换能器。例如，哈尔滨工程大学水声技术重点实验室利用 Terfenol-D 设计制成Ⅳ型弯张换能器，其水中谐振频率为 370Hz，最大声源级为 196dB，能够实现低频、大功率发射；中国相关院所开展合作研究，利用 $Tb_{0.5}Dy_{0.5}(Fe_{0.9}Mn_{0.1})_{1.95}$ 稀土超磁致伸缩材料制备水声换能器，其具有优异的力学性能与磁致伸缩性能。

民用领域方面，北京交通大学设计了基于稀土超磁致伸缩材料的超声强化换能器，基于该超声换能器的振幅输出实验，得到在电源的激励信号为方波、频率为 15kHz 条件下，该换能器产生的输出振幅达到 11μm 以上；内蒙古科技大学开发出稀土超磁致伸缩驱动器激励线圈，其磁场分布均匀度达到 98.65%；甘肃天星公司利用其稀土超磁致伸缩材料资源，成功地开发出迷你音响、音乐壁音响、水下扬声器、智能振动时效装置、振动焊接装置和精密制动器等产品。

（3）稀土磁制冷材料

磁制冷是制冷效率高、能耗低、无污染的制冷方法之一。其工作原理是在居里温度材料的磁结构发生突变，此时磁热效应最显著，磁制冷的效率最高。一些稀土金属（金属钆和镧及其化合物）的居里温度是在室温附近，使室温磁制冷机成为可能。近年来随着研究不断深入，涌现出 Gd-Si-Ge、$LaCaMnO_3$、$La(Fe,Si)_{13}$ 基化合物等多种稀土磁制冷材料。其中被广泛接受、最有可能实现高温区磁制冷应用的是 $La(Fe,Si)_{13}$ 基化合物，其在室温附近的磁熵变接近 Gd 的两倍。目前，低温区（20K 以下）磁制冷的研究已比较成熟。众多龙头企业（韩国三星电子、日本东芝、美国通用、中国海尔、瑞士 CCS SA 等）正在激烈竞争研发高温区（乃至室温）磁制冷技术，有望在近期将其推入大规模产业化和商业化应用。作为商用产品的前驱体，国内室温磁制冷样件、样机的发展比较迅速，主要研究单位包括中国科学院理化技术研究所、包头稀土研究院与华南理工大学等。典型产品如中国科学院磁性材料与器件重点实验室开发的适用于电磁冰箱的 La-Fe-Si 薄板、中国科学院理化技术研究所报道的双层旋转式室温磁制冷样机等。

6.2.2 稀土催化材料

稀土元素具有未充满电子的 4f 轨道和镧系收缩等特征，因而表现出独特化学性能，作为（助）催化剂在许多重要的化学过程中得到应用。目前，稀土催化材料最主要的两个应用领域为石油化工（尤其是石油裂化）和大气污染物（尤其是汽车尾气）净化。由于稀土催化材料多利用镧、铈等元素的化合物，其发展可有效改善国内乃至全球"磁材稀土、中重稀土（尤其是钕、镨、铽和镝）供不应求，大丰度、高产量轻稀土（尤其是铈和镧）大量积压"这一稀土资源开采和应用不平衡的局面[4]。因此，近年来世界各国均非常重视稀土催化产业，如美国 22% 的稀土消费集中于催化剂领域，使之超过稀土磁性材料、成为其稀土消费结构中占比最大的板块。截至 2019 年 12 月，全球共有 61808 项关于稀土催化材料的专利申请，共涉及 85 个国家和地区（图6-4）[7]。可见，稀土催化材料的研发与应用涉及地域广泛，属于全球热点技术之一。

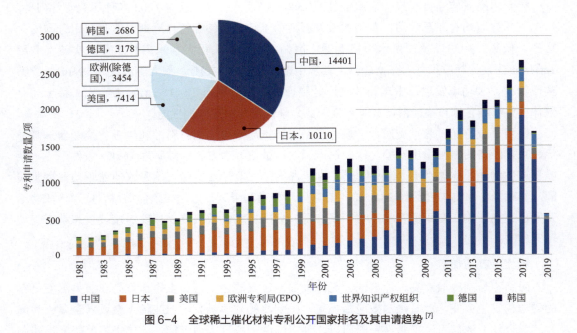

图6-4 全球稀土催化材料专利公开国家排名及其申请趋势[7]

（1）石油化工催化技术与材料

石油炼制的发展很大程度上依赖于催化剂的发展，催化技术在炼化生产中占有重要的地位。流化催化裂化（FCC）是石油炼制的核心工艺之一，是炼厂中最重要的重油轻质化和获取经济效益的主要手段。20 世纪 70 年代后，稀土（镧、铈）分子筛催化剂逐步取代无定型硅铝催化剂，是工业催化领域的一次革命。这种稀土基 FCC 催化剂是最早应用混合稀土的领域之一，也是中国生产的最大的石化催化剂品种。

从生产角度看，目前全球主要 FCC 催化剂供应商包括美国 Grace Davison 公司、中国石化催化剂有限公司、美国 Albemarle 公司、德国巴斯夫公司、中国石油兰州石化公司催化剂厂、日本 JGC C&C 公司、俄罗斯 KNT 公司和以山西腾茂、青岛惠诚等为代表的中国民营催化剂公司。这些公司总生产能力约为 110 万吨/年（其中中国产能占 41%，稀土总用量 2.8 万吨 REO 以上）；从需求角度看，目前 FCC 催化剂的全球需求约 92 万吨/年（其中中国需求约 20 万吨/年），总产能已显著大于总需求，FCC 催化剂正面对全球化激烈竞争。预计到 2025 年，全球石油加工能力将达到 53.5 亿吨左右，其中催化裂化能力将达到 10 亿吨/年。按照现有平均剂耗水平测算，则全球年需求 FCC 催化剂在 100 万吨左右，对应稀土用量 2.5 万吨 REO。

从国际市场看，美国 Grace Davison、Albemarle、德国巴斯夫三大催化剂巨头有近 80 年的生产经验，引领技术发展，具有完备的营销渠道，且与国际主要 FCC 工艺供应商 UOP、德新尼布（原石韦公司）、壳牌、埃克森美孚等建立了长期稳定的合作关系，在国际市场处于垄断地位。国产 FCC 催化剂在 20 世纪 90 年代就进入国际市场，经过多年的努力，全球（不包括中国大陆地区）已有 20 多个国家和地区的 26 家公司 30 多家炼油厂使用国产 FCC 催化剂，但市场占有率不高。从国内市场看，近年来由于 FCC 催化剂和分子筛部分专利保护过期及国有企业技术人才流失等原因，民营 FCC 催化剂快速发展，产品同质化日趋严重，产能严重过剩，产品价格逐步走低，进入微利时代。国外供应商已逐步退出中国市场，未来国内市场竞争主要在中石化催化剂有限公司、中石油兰州催化剂厂及民营催化剂企业之间展开[8]。

（2）大气污染物催化净化材料

在大气污染物治理领域，稀土催化材料主要用于汽车尾气催化净化。2020 年全国机动车保有量达 3.72 亿辆，其中汽车 2.81 亿辆（传统燃油汽车占比 98.3%），持续多年保持 8% 以上的年增长率。机动车保有量的增长带来更大的尾气减排压力，安装汽车尾气净化装置是各类减排措施中最为有效的一种。目前的汽车尾气净化装置中均含有大量稀土，主要是铈、镧、锆等轻稀土元素的氧化物，其存在能有效拓宽尾气空燃比，改善高比表面积涂层的热稳定性，提高贵金属组分的分散度、抗中毒和耐久性能等。三效催化净化技术是目前全世界普遍采用的汽油车排气后处理技术，也是汽车尾气净化系统中对稀土需求量最大的一环。2018—2020 年全球汽车年均产量为 8800 万辆，对应三效催化剂稀土用量为约 7900t REO/年。

三效催化剂中稀土材料主要用作储放氧组分，核心材料为具有高比表面积、高稳定性、高储放氧能力的铈锆固溶体（$Ce_xZr_{1-x}O_2$）。全球铈锆固溶体材料的技术和生产主要为比利时 Solvay、日本 DKKK、加拿大 AMR 三家公司掌握，其市场占比超过 70%。2019 年，北方稀土与天津工业大学进行联合攻关，于同年 9 月底产出性能达到国际先进水平的高比表面积铈锆固溶体产品；在整车催化剂领域，几家跨国公司（美国巴斯夫、英国庄信万丰、比利时优美科）占据 71% 的全球份额。国内尾气催化剂企业包括无锡威孚、昆明贵研、四川中自、安徽艾可蓝、无锡凯龙、重庆海特等。自主品牌三效催化剂 2018 年销售额超过 60 亿元，占国内市场份额 30% 以上，但其产品主打低端市场，对催化剂价格波动较为敏感。除汽油车三效催化剂外，稀土催化剂也可应用于柴油车尾气减排。具体而言，铈基复合氧化物在柴油车氨气选择催化 NO_x 还原（NH_3-SCR）和颗粒物催化过滤（CDPF）两种技术中都有着良好的研究与应用经验。

在工业烟气脱硝方面，目前中国所使用的脱硝催化剂主要为钒钛系材料，与之相比，稀土基 SCR 催化剂具有高效、无毒、无二次污染等优势（表 6-3）。2017 年之后国内火电行业原有的钒钛脱硝催化剂逐渐进入失效期、逐步开始换装，如能借此机会实现传统脱硝催化剂的稀土成分替代，则可带来 4 万～ 5 万吨 REO/ 年的稀土用量。2019 年，南京大学与新疆石河子大学、新疆天富集团有限责任公司合作研发的低温稀土铈基催化剂在新疆天富南热电有限公司的 125MW 发电机组的侧线装置上实现了 3000h 以上的稳定运行，脱硝效率达 55% 以上，填补了国内超低温（100℃）脱硝领域的空白。2020 年 11 月，包头稀土高新区企业希捷环保的研发团队在内蒙古自治区科技重大专项"稀土基中低温烟气脱硝催化剂的工业化生产及应用"中取得突破，完成了稀土基中低温 SCR 脱硝催化剂粉体实验室研发工作，技术已具备中试放大和中高温烟气脱硝（如余热锅炉等）产业化条件；2021 年 4 月，中国建筑材料联合会和中国水泥协会完成了"水泥窑炉中低温复杂烟气 SCR 脱硝技术及工程应用"项目成果鉴定。该项目以稀土耦合钒钛体系的中低温 SCR 脱硝催化剂系列产品，在长兴南方水泥有限公司 5000t/d 水泥熟料生产线实现了复杂烟气中低温 SCR 脱硝技术工程化应用和长期高效稳定运行。

表 6-3　传统钒钛系与稀土基 SCR 催化剂比较

特点	传统钒钛系脱硝材料	稀土脱硝催化材料
活性成分	V_2O_5	CeO_2 为主的轻稀土复合氧化物
毒性分析	活性成分有毒	活性成分无毒
温度范围	250 ～ 450℃	310 ～ 450℃
SO_2/SO_3 转化率	< 0.5%	< 1%
失活后处理	再生产生二次污染，含钒有毒废液无法处理	再生过程不产生二次污染
失活后处置	危废处理费 6000 ～ 10000 元 /m^3	无危废处理费、一般固废处置

在工业废气挥发性有机化合物（VOC）催化净化方面，催化燃烧法是目前公认治理 VOC 的最有效手段。近年来，国内外针对不同的应用场合开发了更为先进的蓄热式催化燃烧法和吸附 - 浓缩 - 催化燃烧法，这些都需要兼具高活性和高稳定性的稀土催化材料作支撑。国内许多单位在该领域开展了研发工作，例如华东理工大学工业催化研究所成功开发了用于芳香烃类挥发性有机化合物催化净化用催化剂和用于处理含甲苯废气的蓄热式催化燃烧技术；近期挥发性有机物污染治理技术与装备国家工程实验室获国家发展改革委立项建设，推动了蓄热催化燃烧装置、变温变压脱附 + 催化氧化装置等工艺技术设备的建设，广泛使用以铈为代表的稀土元素对分子筛等吸附剂进行改性，或直接制成稀土金属氧化物催化剂，在吸附催化联合技术中起到了重要作用[9]。到 2019 年为止，国内用于 VOC 处理的设备总市场已经超过 250 亿元，充分发挥我国稀土资源储量和稀土功能材料科研的优势，推广其在 VOC 末端治理领域应用具有战略意义。

6.2.3 稀土光功能材料

稀土光功能材料是指利用稀土元素独特的 4f 壳层电子结构及其发光特性制备而成的新型功能材料。其按照材料的状态可以分为以粉体材料为主的"稀土发光材料"和以单晶材料为主的"稀土晶体材料"。其应用范围涉及节能照明、液晶显示、光电器件、现代医疗电子设备、光存储、光转换等多个领域，是现代绿色照明产业的关键基础材料。中国是稀土光功能材料的生产和消费大国，产量占全球总产量 80% 以上。国内稀土光功能材料的快速发展带动下游产业的迅猛发展，以半导体照明（白光 LED 光源）为例，2019 年行业总产值 7548 亿元，在通用照明领域市场渗透率超过 50%，在显示领域渗透率超过 90%。硅酸钇镥（LYSO）、$LaBr_3$:Ce 等稀土光功能晶体制备技术相继取得突破，其中 LYSO 晶体产能 2019 年已达 15t。受医疗正电子发射断层扫描成像（PET）市场增长预期，国内 LYSO 晶体厂家仍在扩产，总产能有望大幅增长。

（1）稀土发光材料

稀土发光材料主要指三基色荧光粉和发光二极管（LED）荧光粉，也包括长余辉荧光粉等特种发光材料。其应用场景已经从普通的室内照明发展到道路照明、广场照明、景观照明、各种特殊照明等照明领域以及手机、电脑和电视等高端显示领域。长期以来，国产稀土三基色节能荧光灯出口总量占全世界 80% 以上，为中国和世界绿色照明做出巨大贡献。近年来由于 LED 固态光源的迅猛发展，三基色荧光粉产业明显萎缩，相关企业数量由高峰期的 50 余家减少至目前的 10 余家，国内总产量从 2010 年的 8000t 降至 2019 年的 1200t 左右，整个稀土发光材料的研究和产业焦点也由三基色荧光粉向 LED 荧光粉转移（图 6-5）。

图 6-5 近 10 年中国稀土 LED 及三基色荧光粉产量走势[10]

2010 年以来，白光 LED 光源因具有光效高、无污染、技术成熟度高等优点，迅速取代传统三基色荧光灯，逐渐占据通用照明和高品质显示等领域的绝大部分市场，2019 年功率型白光 LED 发光效率达到 200lm/W。近年来，LED 荧光粉产业结构在不断变化，铝酸盐黄绿粉占比越来越高，其中 $Y_3(Al,Ga)_5O_{12}$:Ce^{3+}（GaYAG）已取代了高成本的 LuAG:Ce 黄绿粉，成为市场主流；$(Ca,Sr)_2Si_5N_8$:Eu^{2+} 氮化物红粉已退出市场，稳定性更好、光效更高的 $(Ca,Sr)AlSiN_3$:Eu^{2+}（SCASN）氮化物红粉成为高显色照明的首选。在背光领域，LED 背光源迅速取代冷阴极荧光灯管成为液晶显示的主流背光技术。早期白光 LED 背光源分别采用 $Y_3Al_5O_{12}:Ce^{3+}$（YAG:Ce）荧光粉或者硅酸盐绿粉搭配氮化物红粉方案来实现普通色域和高色域液晶显示，近年来 β-塞隆绿粉和氟化物红粉组合方案出现，广色域（> 92% NTSC）液晶显示技术逐渐成为发展主流。

中国白光 LED 荧光粉的研究起步较晚，早期严重依赖高价进口日本三菱、美国英特美等公司的产品。目前，以三菱化学株式会社、电气化学株式会社、日亚化学工业株式会社为代表的日本企业在全球市场的生产量、销售量、资产总额等方面仍占优势。但我国在有研稀土、江苏博睿、江门科恒等企业的带动下，相关产品国产化率已超过 80%，部分高端产品销往日本、韩国和中国台湾等地区。铝酸盐、氮化物、氟化物和硅酸盐系列主流荧光粉的核心制备技术和产品均已取得重要突破。相关产业未来的发展方向包括：

① 全光谱 LED 照明：该技术目前在白光 LED 照明市场仅占 2%，预计 2025 年全光谱健康照明渗透率可达 20%，全光谱荧光粉用量达到 150～200t，带动下游产值数百亿元。

② 大功率 LED、激光照明：是照明领域重要发展趋势之一，急需开发与其配套的高稳定、耐热冲击新型稀土荧光粉和荧光玻璃/陶瓷等块体荧光材料。

③ 超高色域显示领域：开发满足更高显示色域需求的新型窄带发射的红粉和绿粉是该领域发展的重要方向，荧光粉和量子点相结合的新型显示技术也是该领域重要发展趋势[10]。

稀土长余辉材料是一种节能环保的光致蓄光型发光材料。它能在吸收太阳光和灯光的能量之后，将部分能量储存起来，然后慢慢地把储存的能量以可见光的形式释放出来。随着落后产能的淘汰和相关产业转型升级，国内稀土长余辉荧光粉已经形成完整的产业链，其产量从 2013 年的 400t 下降至 2016 年的 180～210t，转而增长至 2019 年（仅统计 1—10 月）的 485t，同比增长 94%。X 射线稀土发光材料发展较早，长时间以来应用量也较大，但随着计算机技术的应用，这类发光材料的市场已逐渐萎缩。而多种颜色的稀土长余辉荧光粉，用于探测、防伪、生物荧光探针，太阳能电池增效的发光材料，医疗保健荧光材料，促进动植物生长荧光材料等发展较为迅速，有可能成为量大面广的特种稀土发光材料。

（2）稀土晶体材料

稀土晶体材料主要包括激光晶体和闪烁晶体两大类。激光晶体主要包括 $Nd:Y_3Al_5O_{12}$（Nd:YAG）、$Yb:Y_3Al_5O_{12}$（Yb:YAG）、$Nd:YVO_4$、$Nd:YLiF_4$ 等。其中，Nd:YAG 是迄今为止应用最为广泛的激光晶体，50% 的固体激光器均采用 Nd:YAG 作为激光介质，在激光武器、先进制造和加工领域具有重大应用价值。基于 Nd:YAG 激光晶体的高功率固体激光器因具有脉宽窄、能量大、峰值功率高以及材料吸收好等特点，在精细微加工和特殊材料加工方面，与 CO_2 激光器和光纤激光器相比具有独特的优势，并且可与光纤高效耦合以实现柔性加工，应用越来越广泛。产业方面，目前国内主要有北京雷生强式、成都东骏激光、福建福晶科技和成都晶九科技等公司生产稀土激光晶体，近年来产业规模保持稳定。随着激光加工、激光通信、激光医疗和军事应用领域对激光晶体需求的不断增长，预计未来几年稀土激光晶体市场将继续保持增长态势。

近 20 年是稀土闪烁晶体研究开发的黄金期，先后有数十种新型稀土闪烁晶体相继被发现并实现应用，已形成稀土氧化物、稀土卤化物两大系列产品。目前国外已实现商用的稀土闪烁晶体包括：硅酸镥/硅酸钇镥（LSO/LYSO）、钆镓铝石榴石（GGAG）、溴化镧（LaBr$_3$:Ce）、溴化铈（CeBr$_3$）、碘化锶（SrI$_2$:Eu）、氯钇锂铈（CLYC）、溴镧锂铈（CLLB）等。国内 LYSO 和 LaBr$_3$:Ce 已实现商品化，国内上海新漫晶体材料、四川天乐信达光电、中电 26 所、北京玻璃研究院和河北华凯龙科技等公司在 2019 年 LYSO 晶体总产能已达 15t，但晶体质量、性能指标与国外仍存在明显差距。近年来，随着中国本土 PET 制造厂商的崛起，国内对 LYSO 晶体的需求将迎来强劲增长。同时，深海深空探测、国防安全等领域对 LaBr$_3$:Ce 等高能量分辨率闪烁晶体以及 CLYC、CLLB 等中子-伽马多模探测闪烁晶体具有许多新的需求。预计到 2025 年全球 LYSO 晶体需求有望达到 75t，国内 LYSO 晶体产量可达 50t 以上。

6.2.4 稀土储氢材料

储氢材料是可以在一定温度和压力下与氢气发生反应，并且能可逆吸放氢气的一种材料。稀土储氢材料主要以 Ni 和稀土金属为生产原料，通过真空感应熔炼炉进行规模化生产，使用的生产原料中 1/3 为轻稀土金属。此外，目前产业化生产的稀土储氢材料绝大部分都已经去镨、钕化，原料以储量最为丰富的镧、铈元素为主，所以稀土储氢材料的市场应用量对推动中国轻稀土资源的充分利用起到重要作用[11]。

目前中国已有多条自主知识产权稀土系储氢材料产线，国内总产能在 2 万吨/年左右，主要生产企业及产能情况如表 6-4 所示。按照此产能估算，每年可消耗的轻稀土总量大约为 7000t，用量已接近中国北方稀土 2019 年开采控制计划总量（34625t）的 1/5。虽然具有较为充足的产能规模，储氢合金的主要应用领域——镍氢电池市场却不容乐观。这主要是因为镍氢电池在民用市场的应用已经接近饱和，而且近几年又受到发展快速的锂离子电池的冲击，市场占有量逐年萎缩，这使镍氢电池成为制约整个轻稀土应用产业链的瓶颈。在此背景下，混合动力汽车及电动大巴市场的崛起为镍氢电池提供了难得的市场机遇，虽然在这些市场镍氢电池同样受到锂离子电池的挤压，但镍氢电池特有的环保、安全、低温动力性能好的优势使之更适合在混合动力汽车和北方地区的电动大巴车上应用[12]。

表 6-4 国内储氢材料的主要生产企业及产能情况[13]

企业名称	产量/（t/a）
厦门钨业	4500
四会市达博文实业有限公司	4000
鞍山鑫普新材料有限公司	3000
江西钨业集团有限公司	2000
内蒙古稀奥科贮氢合金有限公司	1500
微山钢研稀土材料有限公司	1500
包头三德电池材料有限公司	1200
甘肃稀土	1000
宁波申江科技股份有限公司	800
广东中山天骄稀土材料有限公司	500
合计	20000

稀土储氢材料在混合动力车上的应用始于 1997 年，当时丰田公司的第一辆混合动力汽车普锐斯在美国上市，采用的就是以稀土储氢材料为负极的镍氢电池作为辅助动力源。自混合动力车上市以来，一直在与传统汽车的激烈市场竞争中艰难前行。经过 20 多年的技术积累和不断改进，目前混合动力车的应用技术已日趋成熟，制造成本也大大降低，市场认可度越来越高。截至 2021 年 5 月，丰田混动车在全球累计销量突破 2200 万辆。第一个全球累计 100 万辆，丰田混动用了整整 10 年，而第 22 个全球 100 万辆只需要 4 个多月，这标志着混合动力汽车快速增长期已经到来。目前全球混合动力车使用的二次电源中，镍氢电池占比高达 73%，全球搭载镍氢电池的油电混合动力汽车已超过 800 万辆。

与混合动力车相比，基于镍氢电池的电动大巴市场占比较小，主要用于市内公共交通。目前，国内生产电动大巴车用稀土储氢材料的代表性企业包括淄博国利新电源科技、包头昊明稀土电源科技、保定长安客车、北方稀土等。基于淄博国利新电源科技有限公司镍氢动力电容电池技术的 136 路纯电动大巴已在山东省淄博市运行 8 年多，单车最大行驶里程超过 30 万千米，电池容量保持在 85% 以上；包头昊明稀土新电源科技有限公司年产 2 亿安时的稀土动力电池（镍氢电池）项目于 2018 年 11 月投产，搭载其产品的 5 辆纯电动大巴已在包头市 64 路公交线上正式运行 2 年以上，单车最大行驶里程超过 10 万千米。

6.2.5 稀土抛光材料

抛光材料主要用于对物体表面的处理，如对玻璃工件表面进行抛光使其更加光滑细润。工业上所使用的稀土抛光材料主要是氧化铈和镧铈复合氧化物，由于其优异的抛光效果，在相关领域具有"抛光粉之王"之称。2020 年中国稀土抛光粉总用量约为 3 万吨，其中手机盖板领域占 80% 以上。随着近年来手机盖板抛光产业的不断整合，大型企业（蓝思、伯恩、欧菲光等）的采购指标较大，催生了月产抛光粉千吨以上能力的抛光粉航母企业。后者多集中在内蒙古、山东、甘肃一带，包括北方稀土控股的天骄清美、甘肃稀土、淄博包钢灵芝等在内的龙头企业为市场提供稀土抛光粉约 3.2 万吨/年。近年来，受包头地区丰富的镧、铈原料供应、工业用电价格较低及招商引资政策优惠等因素影响，不断有中/小型企业由江苏等地搬迁而至，进一步加剧了稀土抛光材料市场的产能过剩现象[14]。

2020 年，新冠疫情严重影响了智能手机和显示面板市场，根据 Omdia《智能手机显示面板市场追踪报告》，2020 年智能手机显示面板的年出货量为 14 亿片，比 2019 年下降 10%。与此形成鲜明对比的是中国手机市场的快速恢复，其中最主要的增长点为 5G 手机销量的快速提升。据中国信通院统计，2020 年国内手机市场总体出货量累计 3.08 亿部，其中 5G 手机占 52.9%。由于 5G 手机的 3D 盖板曲面玻璃单机抛光粉消耗量为 4G 手机盖板 2.5D 玻璃的 2 倍，随着国内 5G 网络的快速推广，未来稀土抛光粉的需求量还将进一步增长。

6.2.6 高纯稀土金属

2020 年，全国稀土金属需求量已经超过 10 万吨。稀土金属的纯度是影响稀土功能材料性能的重要因素，比如蒸发溅射靶材必须使用 4N 以上的高纯稀土金属。如表 6-5 所示，目前高纯稀土金属及其化合物正广泛应用于光电显示材料、超磁致伸缩材料等领域。

表6-5　高纯稀土金属在不同领域的应用

应用	稀土材料举例
晶体材料	大于 5N 的 Pr_6O_{11}、Nd_2O_3、Er_2O_3、Tm_2O_3、Lu_2O_3、Y_2O_3
光纤材料	大于 5N 的 Er_2O_3，6～7N 的 LaF_3
光学玻璃	4～5N 的 La_2O_3、Nd_2O_3、Er_2O_3、Pr_6O_{11}
发光材料	大于 4N 的 Eu_2O_3、Tb_4O_7、Gd_2O_3
电子材料	大于 4N 的 Tb、Dy、Gd
超磁致伸缩材料	高纯的 Tb、Dy

目前具有规模生产能力且获得广泛应用的稀土金属提纯处理方法为真空蒸馏技术和真空重熔法，具有潜在应用价值的包括区域熔炼法、固态电迁移法和电解精炼法。到20世纪末期，日矿金属株式会社、东曹株式会社、霍尼韦尔国际公司等日本和欧美企业已经由高纯金属的制备转而进入产业化开发和新材料应用阶段，为 7nm 以下高阶制程集成电路、5G 通信器件、大功率器件及智能传感器件、固态存储器等先进电子信息产品提供配套关键材料。国内起步较晚，现已基本实现（超）高纯稀土金属制备技术的国产化，但距离全领域产业化、保障集成电路等电子信息产业发展的目标还有一定距离。

技术开发方面，近期研究重心在于多种提纯方法联用获得超高纯稀土金属材料。例如，成都理工大学研究人员联用真空蒸馏-区域熔炼的方法，采用真空蒸馏碲提纯炉，蒸馏温度为 600℃，真空度控制在 2Pa，蒸馏时间控制在 3h，可使蒸发率达到 96.63%，并将杂质含量降到 0.0001% 以下，最终将 4N 级碲单质通过真空蒸馏-区域熔融的方法制备出 6N 级高纯碲[15]。等离子体加热与区域熔炼相结合也可以有效降低金属中的杂质，北京大学研究人员用这种方法制备得到纯度高达 99.97% 以上的低杂质无氧高纯度的稀土金属钆，氧含量能够降至 15mg/kg[16]。此外，有研稀土新材料股份有限公司、包头稀土研究院和赣州晨光稀土新材料股份有限公司等公司对底置阴极稀土电解槽进行了研究，发现采用底置阴极电解制备稀土金属可大幅降低槽压、实现较高的电能效率，同时可以提高阳极利用率、降低石墨单耗，具有优异的节能减排潜力。产业应用方面，国内高纯稀土金属及靶材制造企业主要包括有研稀土新材料股份有限公司、湖南稀土金属材料研究院等。有研科技集团有限公司、有研稀土新材料股份有限公司联合开发的"高纯稀土金属、合金靶材及其制备技术"获得 2019 年中国有色金属工业科学技术奖一等奖。自主研发的电子信息用钇、铒、镧、钆、钪靶材及 OLED 用高纯镱蒸发料纯度超过 4N，60 种杂质元素总含量小于 100mg/kg，其中高纯镱蒸发料产品已在国内多个 OLED 厂家实现应用。开发的高钪含量（>20%）铝钪合金靶材产品纯度超过 3N5。建成国内最大、年产 6 万片高端磁体用铽、镝溅射靶材生产线，在国内外 20 余家知名企业稳定应用，市场占有率 90% 以上。

6.2.7　稀土新材料回收利用技术

如前所述，稀土是中国重要的战略矿产资源，其储量和产品年出口量均居世界第一位，稀土消费保持着年均 10% 以上的递增速度。然而，以江西离子型稀土为代表的中重稀土资源保障供应年限仅有 20 年左右，钕、铽、镝等稀土资源可能在未来长期处于供不应求的状态[4]。同时，稀土在生产及加工的过程中会产生大量的放射性废料及稀土固体废物，对生态环境和人们的身心健康带来重大隐患。为了缓解上述供应风险和环境负荷问题，强化稀土材料的回收利用是最有效的手段之一[17]。目前，世界范围内稀土回收量尚不足其总产量的 1%。在日本，有些研究稀土再生的工厂已经步入正轨，并存储了约 30 万吨电子产品，内含大量稀土元素；德国已经具备每年回收 100～500t 稀土的能力；在法国，罗地亚集团正分别在拉罗谢尔和圣丰建设两个工厂，每年将从废旧荧光灯、磁铁和电池中产出 200t 稀土金属；中国在稀土新材料回收各领域均有一定技术积累（表 6-6），并在稀土磁性材料回收领域形成了规模化产业。

表 6-6　部分近期与"从废弃物中回收稀土元素"技术相关的中国专利

领域	年份	专利名	专利号
稀土开采加工	2019	一种从氟碳铈矿浸出液中回收铈和氟的方法	CN111484064
	2021	稀土电解熔盐废渣综合回收稀土工艺	CN110453098
稀土磁性材料	2017	一种钕铁硼废料溶液电解再生方法	CN111154980
	2021	一种钕铁硼废旧磁钢全循环回收利用生产新永磁体的制备工艺	CN111370219
		再生烧结钕铁硼永磁体的制备方法	CN106971802
稀土催化材料	2016	一种废 FCC 催化剂综合利用方法	CN112919521
	2021	含钒废催化裂化平衡催化剂的回收利用方法	CN105251525
稀土光功能材料	2016	一种废弃荧光粉中稀土元素预富集的方法	CN113136495
	2021	一种从荧光粉废料中提取稀土氧化物的工艺方法	CN107513620
		利用废荧光粉生产红色荧光粉的方法	TW201638295
稀土储氢材料	2019	一种镍氢电池有价金属绿色综合回收方法	CN111763828
	2020	一种报废镍氢电池有价金属元素回收的方法	CN110042252

（1）工业废弃物稀土回收

从工业固、液废弃物中回收稀土的来源主要包括：赤泥、尾矿、冶金渣、热电厂和焚烧厂的灰渣、灰渣水溶液、污泥等。主要通过火法冶金（焙烧、煅烧）或湿法冶金（浸出、溶剂萃取、选择性沉淀）工艺进行回收。近期，北京有色金属研究院、有研稀土新材料股份有限公司成功研发出浸萃联合法，该方法可缩减 5 道工序，提高了稀土回收率，且不产生放射性废渣，是一种全新的绿色生产技术，目前已在实际生产中应用；江西理工大学研究人员近期通过萃取-沉淀新方法，添加合成的新型苯氧羧酸类萃取-沉淀剂，从含稀土浓度为 159mg/L 的稀土工业废水中收集稀土元素，稀土的沉淀率为 97.3%，萃余液中的稀土浓度小于 5mg/L[18]。

（2）稀土磁性材料回收

废磁性材料主要来源：工业生产废料（如磁铁制造过程产生的切屑）、终端报废产品中的小磁铁（如电脑中的硬盘驱动器）、终端报废产品中的大磁铁（如混合动力和电动汽车、风力涡轮机）。具体回收方案的选择取决于磁体的组分和杂质的含量水平。采用短循环，磁体的性能会有所降低，化学提纯的方法可得到高品质的磁体，但成本和周期会大大加长。对于高氧含量的废旧钕铁硼磁体，较为可行的回收办法是重新熔炼除氧。

日立金属公司 2015 年 7 月启动钕铁硼类烧结磁铁生产过程中产生的加工碎屑（废料）的回收再利用业务，其开发的碳热还原法是一种减少了酸及碱的使用量的回收再利用方法；2019 年 8 月，英国伯明翰大学宣布，作为欧盟资助的"地平线 2020"计划中的重点项目——"循环经济环境下的稀土磁性材料可持续回收、再加工和再利用"（SUSMAGPRO）的重要参研单位，获得超过 400 万欧元的经费支持，建立从废料中回收稀土金属的试点设施；国内目前有 20 余家从事稀土永磁废料处理的企业（代表性企业见表 6-7），其中龙头企业鑫泰科技在稀土废料回收镨钕氧化物领域的全球市占率约为 15%。该公司于 2020 年 9 月签订《年处理 6 万吨磁材废料综合利用项目框架协议》，拟联合南方稀土兴建年处理 6 万吨磁材废料综合利用项目。

表 6-7 稀土永磁废料回收利用主要企业情况[19]

公司	基本情况
鑫泰科技	已形成 1 万吨稀土废料处理能力，年产稀土氧化物 3000t，稀土废料综合利用行业的龙头企业之一
赣州步莱铽新资源有限公司	已建成年处理 5000t 钕铁硼废料和 1000t 荧光粉综合利用生产线，是国内最大的钕铁硼废料回收企业之一
信丰包钢新利稀土有限公司	已形成年处理 3500t 南方离子型稀土矿、年综合回收利用 5000t 钕铁硼废料的生产能力
赣州市恒源科技股份有限公司	已建成回收处理 5000t 钕铁硼废料的生产流水线
江西正潭新材料股份有限公司	已建成年综合处理回收利用 4800t 钕铁硼废料项目
中稀天马新材料科技股份有限公司	已建成年回收处理 5000t 钕铁硼废料综合利用项目

（3）稀土催化材料回收

目前，从 FCC 催化剂和汽车尾气净化催化剂（如三效催化剂）中回收稀土材料在经济上仍不可行。对 FCC 催化剂而言，稀土在其中的低浓度使得主流回收工艺（沉淀分离、溶剂萃取和离子交换等）都不具备足够的经济价值：沉淀法中沉淀剂的用量较大，且滤液难处理。有机溶剂萃取易发生乳化现象，操作复杂且会消耗大量有机溶剂。离子交换膜和离子交换树脂制备难度较大，且不可反复使用，分离成本高昂。值得注意的是，近期兰州理工大学团队发现，用电沉积的方法从废弃的 FCC 催化剂浸出液中回收稀土元素可以很好地规避上述问题，回收所得混合稀土纯度可达 96.6%，总稀土回收率为 85.4%，具备良好的应用潜力[20]；对三效催化剂而言，目前主要利用火法冶金工艺，采用铜、铁、镍合金化方案回收催化剂中的贵金属组分（铂、钯、铑等）。在此过程中，稀土元素（如镧、铈）会进入熔渣中被丢弃。近期开发的湿法冶金工艺（硫酸钠、硫酸钾交换）可能是回收稀土元素的较佳方案[21]，但该方案尚无足够的经济驱动力实现规模化应用。

（4）稀土光功能材料回收

从报废荧光灯的阴极射线管中回收提取的稀土元素主要是铕和钇。包头稀土研究院研究人员用碳酸钠焙烧－酸浸出工艺回收废荧光粉中的稀土，在最优条件下，稀土总回收率达97%以上。国内格林美公司已建设废灯管与稀土废弃物回收处理中心，开发了具有自主知识产权的废旧稀土发光产品回收利用关键技术，利用电子废弃物中回收的稀土荧光粉、废旧稀土永磁材料等循环再造高纯稀土盐类和氧化物，形成稀土废弃物高效资源化、无害化处理产业链，自主开辟了稀土回收的产业化道路。2019年1月，该公司"废旧稀土发光产品回收利用技术与产业化应用"项目获得中国循环经济协会科学技术一等奖。

（5）稀土储氢材料回收

镍氢电池中的稀土元素有可能使用湿法冶金或火法冶金工艺进行回收，但目前在经济和技术上均存在较大阻碍。德国研究人员在2017年通过研究废旧电子设备预处理过程中不同元素的分配确定典型的废旧电子设备废物中大约三分之一的稀土元素可以通过移除电池进行手动分类。电池的低回收率是未来回收这些潜在稀土元素资源的主要抑制因素。

6.3 发展国内稀土新材料产业的主要问题及对策

6.3.1 主要问题

（1）总体产能过剩、高端产品供应不足

中国是世界稀土储量和消费量最大的国家，但是国内稀土产品和应用的技术含量仍然偏低，"总体产能过剩、高端产品供应不足"的问题普遍存在于各个稀土新材料产业，其中比较典型的是稀土磁性材料和稀土催化材料两个领域。尽管中国已成为全球最大的稀土永磁材料生产国，以高丰度稀土永磁材料为代表的部分稀土永磁制备技术已处于世界领先地位，但多数相关产品应用在音像器材、磁选设备及小型电机等传统中低端领域，仅有约25%的稀土永磁材料应用于新能源汽车、节能电机等新兴领域，高档机器人、光刻机等高端产业更是缺少与之匹配的国产永磁体产品。同时，在整个稀土永磁材料的热压/热变形、晶粒细化等最先进的制备技术及连续化智能化装备等领域，仍然同美国、日本等发达国家存在不小差距。此外，国内稀土永磁材料行业大部分企业生产规模较小，产业集中度较低，企业两极分化严重。截至2019年12月，国内有烧结钕铁硼生产企业接近200家，年产量3000t以上的企业仅占7.5%，而年产1500t以下的企业占84%，大部分磁材企业产量不到1500t，而行业产能规模最大磁材企业年产能接近2万吨，企业两极分化比较严重。未来需加快引导高端应用领域发展，形成产业集群发展格局。支持具有热压、高丰度稀土永磁等独特技术优势的重点企业做大做强，同时积极拓展与下游机电企业的产业链金融合作，进一步增强其国内和国际市场竞争力。加大科技创新投入力度，加快氮碳基、纳米晶等下一代永磁先端技术储备，实现下一代稀土永磁技术的世界范围内专利和产品布局，为掌握未来稀土永磁市场话语权打下基础。

国内 FCC 催化剂近年来产能快速增长、产能严重过剩，未来将有 20 万～25 万吨产能需要到国际市场寻找生存空间。此外，还存在部分装置原料来源复杂、计量手段不完善、无法准确评估催化剂性能等问题。建议持续推进装备大型化、自动化、连续化和智能化，以满足未来大型炼化一体化装置更平稳的生产模式，逐步淘汰小作坊式的落后产能。另外，需要重视具有"专用"和"个性化"特色的催化剂产品开发，进而尽快占据高端 FCC 催化剂市场。对前者而言，未来 DCC、MIP 等一系列催化裂化新工艺将为炼油技术升级和产品升级提供技术支撑，与专有工艺配套的专用催化剂也将得到快速发展；对后者而言，随着对原料分子级别认识的加深、催化新材料的开发、催化剂配方技术的经验积累以及催化剂数据库的建设和模拟软件的开发应用，"量体裁衣"的个性化催化剂开发模式将会得到更好的发展，也将为用户催化裂化装置创造更好的效益。

机动车尾气净化催化剂产业的技术壁垒与应用门槛较高，目前高端铈锆固溶体材料市场主要为比利时 Solvay、日本 DKKK、加拿大 AMR 三家公司掌握；美国巴斯夫、英国庄信万丰、比利时优美科在整车配套市场占优势地位，但国内企业在不断开拓市场份额。另外，除新车要装配催化剂外，由于催化剂的寿命为 8 万千米以上，因而在汽车寿命范围内需更换催化剂。因此，建议国内龙头企业建议加快布局相关产业前沿技术、专利知识产权和高端催化剂产品，以和国内整车骨干企业配套开发新车催化剂和在用车催化剂更替作为市场切入点，逐步挤占外资企业份额。

（2）核心知识产权欠缺

由于国内稀土新材料发展起步较晚，目前很多关键产品的研发和应用均起源于国外，相应的核心知识产权均集中于国际巨头手中。稀土发光材料和稀土催化材料是全球稀土新材料专利布局的热点领域，也是中国急需占据的知识产权制高点。例如，目前商用主流 LED 荧光粉核心专利被国外少数几家荧光粉企业掌控。其中氮化物/氟化物红粉、塞隆绿粉的核心专利被日本三菱化学和电气化学垄断，售价较同等品质的国产荧光粉高出 3～5 倍，且两家公司在国内不断发起专利产权诉讼；日本日亚化学的蓝光 LED 复合铝酸盐荧光粉白光器件专利威胁中国 LED 产业 20 年；美国通用公司的 LED 复合氟化物荧光粉的器件专利给中国高显色照明产业带来极大的专利风险。汽车尾气净化催化剂方面，美国巴斯夫和英国庄信万丰早在 20 世纪 70 年代即涉足相关领域研发，比利时优美科则借助自身贵金属资源优势于 2003 年进入，目前三家公司在汽油车三效催化剂、柴油车 SCR 催化剂领域构建了较为牢固的专利和技术壁垒，全球汽车尾气催化剂市场处于寡头竞争态势。工业烟气脱硝催化剂方面，国内已实现钒基催化材料国产化，但稀土基催化剂尚未实现规模化的产业应用。

近年来，中国在稀土光功能材料与催化材料两个领域的知识产权布局显著加强，年均专利申请增速均居世界首位。但也需注意到，很多申请属于改进型专利或边缘专利，拥有核心自主知识产权的成果（尤其是具有原创性的国际专利）还不多，很多核心技术受国外专利技术壁垒的制约。在稀土新材料领域急需建立起以应用需求为导向、产学研用深度融合的协同创新机制。聚集国内相关领域丰富的科研、技术和产业优势力量，搭建集材料设计、制备、产业化和应用于一体的协同创新平台，以材料技术创新和终端应用需求为双驱动力，形成完整的一体化技术链以打造具有自主知识产权的产品体系。

6.3.2 政策建议

（1）加强国家层面的稀土新材料领域政策保障能力

① 加快建立国家层面统筹的稀土新材料的知识产权体系、技术体系、人才体系、平台体系。

② 加强国家稀土新材料领域中长期规划实施的连续性和延续性，形成长期稳定的国家支持，避免间歇性支持。

③ 加强稀土新材料领域知识产权的保护意识，完善知识产权保护相关法律体系及其执行机制，加强和落实对职务发明人创新活动的激励措施，激发稀土功能材料及其产业的内生动力和创新技术涌现。

（2）加强稀土新材料领域的基础研究和应用基础研究

① 持续设立稀土新材料重大专项或重点项目，前瞻性布局稀土新材料，加强新领域应用技术基础的研究布局，加强新一代稀土功能材料的研发，布局并加强稀土功能新材料制备新技术和新装备的研发，使国家新基建、重大工程应用的稀土功能材料可以无间断地延续和适应国家 2035 年发展战略的应用需求。

② 利用赣州、包头两地区的稀土资源优势，宁波、山东、京津冀等地区的新材料高技术产业集群优势，北京科技资源优势和高校研究院所遍及的人才优势，上海、广州、深圳等稀土新材料下游应用产业优势，尽快在北京建立国家稀土新材料科技创新中心，形成从冶炼分离、材料加工到下游应用和科技创新的稀土新材料产业链集群和大数据中心，同时尝试布局海外稀土新材料科技研究分院，以规避科技封锁，加强全球合作研发能力。

2020 年 1 月 10 日上午，中国科学院稀土研究院在江西省赣州市挂牌成立。研究院按照"两区三高"（稀土资源绿色高价值利用的国家实验区、国家实验室体制机制创新的示范区，构建国家级稀土资源高效、绿色利用的人才高地、科技高地和产业高地）的发展定位，着力围绕国家稀土资源发展战略，加强基础性研究，突破稀土绿色、高效、高值化利用的科技瓶颈，解决我国在稀土研究领域的重大科学需求。通过持续的科技创新和科技积累，为组建"国家稀土领域重大创新平台"奠定坚实基础。另外，国家级稀土催化研究院于 2019 年 8 月落户东营，并于 2021 年启用研发基地和稀土催化产业园开园，以"做大做强中国稀土催化产业、保障汽车产业链安全"为目标，在机动车尾气净化等方面重点布局，构建学术链、创新链、产业链融合的新型研发创新体系，解决我国稀土催化材料技术在行业应用中诸多"卡脖子"难题。

③ 加强稀土新材料的个性化产业化基础研发，依据质量优先原则，保障各类重大工程的"有材可用"；继续支持国防装备用特种永磁新材料的开发，加强量大、面广的工业电机等应用稀土永磁材料的迭代应用。

（3）加强稀土新材料优势团队的支持和人才梯度建设

① 对稀土新材料领域优势研究机构和优势团队进行长期稳定支持，尽快建立不同层面的国家稀土功能材料的科技创新平台基地。

②充分发挥老中青年专家在人才梯队建设中的作用，避免出现人才断层和人才资源浪费。

③着重培养稀土新材料领域的青年骨干和专职技术人员。对于优秀技术人才，可以适当放宽评定政策门槛，只要做出贡献都有机会实现个人价值，进而促使领军人才在科研和创新活动中能够自发涌现。

（4）加强稀土新材料领域国际合作

①在当前的国际环境下，应尽可能利用各种机会，采取多渠道，进行国际人员交流和稀土科技信息交流；管理部门应努力为国际科技交流提供便利条件，放宽科研人员出国参加学术会议和技术交流的次数限制，避免因地方和部门的利益纠葛，导致科研人员的技术研发陷入"闭门造车"和自我封锁的境地。

②依据当前的国内外形势，在加强国内稀土新材料领域内循环的同时，努力拓展国际新市场，扩大国际外循环。一方面，加强对外开放水平，留住和创造条件引进稀土新材料高端应用企业，主动形成并建立全球稀土新材料产业新格局和稀土科技命运共同体；另一方面，适度放宽稀土原材料进口，以减轻国内环保和资源消耗的压力；同时，鼓励国内稀土企业走出去，在国外收购、入股和创建像机器人伺服电机、电动汽车驱动电机等稀土新材料高科技应用产品的优势企业，改善国内外的营商和科技发展环境，以提升中国稀土功能材料产业链和供应链的全球竞争力。

6.4 面向国家 2035 年重大战略需求稀土新材料产业建议

6.4.1 发展思路与重点发展方向

（1）新型稀土永磁材料开发及应用

技术开发方面，开展高综合性能烧结钕铁硼的制备技术研究、重稀土在烧结钕铁硼磁体中晶界扩散机理研究、烧结钕铁硼回收技术及应用研究、烧结钕铁硼磁体服役性能预测技术与理论研究等；开展薄壁热压磁环各向异性形成机理研究、热压磁环用高性能磁粉制备技术研究、高性能热压永磁环制备技术及应用、高性能热压磁环工程化制备装备及工艺技术开发等；开展高丰度（镧、铈等）稀土在永磁材料中的平衡利用、双主相铈磁体结构与矫顽力机理及矫顽力提升技术研究等；结合材料基因、机器学习等方法，开展具有普适性的磁性功能材料结构设计和性能计算等分析方法及软件的研究；针对第一代稀土永磁材料高磁能积和高矫顽力的关键性能指标，开展材料新体系和新结构的探索；针对磁性功能材料的特点，研究测试检测新原理、新设备，逐步摆脱分析检测装备对国外的依赖。

产业应用方面，开发智能轨道交通与智能工业制造体系；开发以永磁悬浮轴承技术、永磁涡流传动技术、永磁涡流制动技术等为代表的节能高效的永磁材料及磁动力系统；开发具备海洋腐蚀环境服役的高耐腐蚀性永磁直驱发电机用稀土永磁材料及风电系统；开发机器人与智慧城市等应用场景的高磁能积、高矫顽力、小型化、高精度的永磁材料。

（2）高性能稀土催化材料开发及应用

开发高效、节能、长寿命的石油化工稀土催化材料、清洁能源合成稀土催化材料、机动车尾气污染治理及工业废气排放污染治理稀土催化材料及产业化关键技术；发展纳米笼分子组装及高比表面积铈锆材料制备等关键技术，研制出超高性能稀土催化材料，并在固定源及移动源排气系统高效稀土催化净化部件中规模应用，实现国产化；聚焦稀土催化材料的高活性、抗硫中毒、长寿命、低成本等关键技术问题，开发宽温度窗口、低起燃温度、长寿命的汽车尾气治理稀土贵金属催化材料、攻克稀土催化材料的冷启动稀土贵金属催化材料开发及产业化技术；开发工业废气净化用稀土复合氧化物催化材料及集成技术；开发高效、廉价、高选择性及高稳定性的稀土分子筛固体酸催化剂、新型炼油稀土分子筛催化剂及其产业化技术、实现新型高性能稀土催化材料在机动车尾气净化、石油化工、室内空气净化、水污染处理、燃料电池等直接与民生和节能环保领域中规模应用，解决国内能源高效利用和环境污染问题。

（3）先进稀土光功能材料开发及其产业化制备

在稀土发光材料方面，突破高效发射非可见光和上转换发光等新型稀土发光材料及其制备技术，开发紫光－蓝光激发下红外发射效率增强理论和技术途径；开发蓝光激发下发射高效窄带发射、高色纯度绿色和红色发光材料及其制备技术；利用荧光粉和量子点的优势互补，实现荧光粉和量子点相结合的新型显示技术；利用结构相似相容和同位替换原则设计开发新型具有自主知识产权的材料体系，开展基于高通量材料结构设计，获得一系列新型稀土发光材料。

在稀土晶体材料方面，开发大尺寸、高质量稀土激光晶体生长和加工技术及装备；开发高质量稀土激光晶体、激光光纤的高效制备技术及基于稀土激光晶体的各种新型激光应用技术；开发高性能稀土闪烁晶体及其高效制备技术、高能量分辨率稀土闪烁晶体及其大尺寸单晶生长技术、新型高性能稀土闪烁晶体的高通量制备及表征技术。

（4）高纯稀土金属及靶材制备技术

进一步提高稀土金属的纯度达到4N5以上水平，发展低成本、规模化制备超高纯稀土金属技术，为研制高纯稀土靶材提供关键的原材料；精细提纯控制工艺及大型高真空提纯装备（如大型区熔炉、单晶提纯炉）等高端装备开发；发展超高纯稀土金属及靶材中痕量杂质元素分析检测技术。

6.4.2 预期目标

（1）2025年目标：完成稀土新材料产业由跟跑到并跑的过渡

到2025年，迈入稀土新材料领域强国行列。面向新一代信息技术、现代交通、新一代照明及显示、节能环保、集成电路、生物医药、国防军工等领域的重大发展需求，初步掌握具有自主知识产权的稀土磁性材料及其制造装备的关键核心技术，新能源汽车、航空航天、工业伺服电机等高端磁性材料应用领域，稀土永磁材料换代达标率达到 70%。突破稀土发光材料的批量、稳定制备技术，国产化率提高到 80% 以上；突破高性能稀土晶体材料、高纯稀土金属及靶材等新型稀土功能材料关键制备技术，达到高端医疗装备、智能探测、集成电路等的要求，部分替代进口；开发出新型稀土功能材料及其制备技术，并拓展新的应用领域。到 2025 年，掌握一批重点稀土新材料的关键核心技术，优势领域形成一批具有较强国际竞争力的跨国公司和产业集群，在全球产业价值链中的地位明显提升，完成稀土产业由跟跑到并跑的过渡。

（2）2030 年目标：初步建成世界稀土强国

到 2030 年，在稀土功能材料领域，创新能力得到大幅提升，能够实现引领全球稀土永磁材料研究和产业发展，初步实现世界稀土产业强国目标。超高性能永磁体在机器人、医疗装备、航空航天、物联网、舰船、石油化工等重大装备和工程上得到全面应用，掌握具有自主知识产权的稀土磁性材料及其制造装备的关键核心技术，在新能源汽车、航空航天、工业伺服电机等高端磁性材料应用领域，稀土永磁材料换代达标率达到 80%。

（3）2035 年目标：建成世界稀土强国

到 2035 年，在稀土功能材料领域取得重大突破，创新能力大幅提升，稀土新材料领域的整体创新水平达到世界高水平国家行列，整体竞争力明显加强，部分优势方向形成全球创新引领能力，全面建成世界稀土功能材料强国。

稀土永磁材料、催化材料、发光材料等达到国际先进水平，实现完全自给，国防应用的光功能晶体、超纯稀土等自给率大于 95%；实现稀土磁性材料及其制造装备的关键核心技术和知识产权的自主可控，在新能源汽车、国防军工、航空航天、智能制造、医疗卫生、海洋工程等高端磁性材料领域，稀土永磁材料换代达标率达到 85%，形成一批原创型稀土功能材料并实现应用，其中将新一代稀土永磁材料的原创知识产权掌握在中国手中。中国自主制定的标准在国际标准中的占比达到 30% 以上，拥有高端材料标准制定中的话语权；培养稀土功能材料创新人才及创新团队，实现以稀土功能材料带动新应用的新发展模式，建立全球领先的技术创新体系和产业体系，为原创技术提供平台。

参考文献

[1] 唐政刚, 张达, 解志鹏, 等. 稀土材料的制备与高端应用 [J]. 有色金属科学与工程, 2021, 4: 112-125.
[2] 朱明刚, 孙旭, 刘荣辉, 等. 稀土功能材料 2035 发展战略研究 [J]. 中国工程科学, 2020, 22(05): 37-43.
[3] 华经情报网. 中国汽车磁性材料行业发展现状，新能源汽车磁材需求增速快 [EB/OL]. 2021-01-05.
[4] Zampa C. Rare Earth Elements: dynamics in the global market[D]. Università Ca' Foscari Venezia, 2021.
[5] Li X, Ge J, Chen W, et al. Scenarios of rare earth elements demand driven by automotive electrification in China: 2018-2030[J]. Resources, Conservation & Recycling, 2019, 145: 322-331.
[6] Zhou B, Li Z, Chen C. Global potential of rare earth resources and rare earth demand from clean technologies[J]. Minerals, 2017, 7: 203.
[7] 广东省市场监督管理局. 2019 年广东省新材料产业专利导航分析报告（稀土新材料产业方向）[EB/OL]. 2020-04-21.

[8] 龚建议. 催化裂化催化剂产业发展面临六大挑战 [J]. 中国石化, 2020, (10): 27-29.
[9] 许子飏, 莫胜鹏, 付名利, 等. 稀土材料在挥发性有机废气降解中的应用及发展趋势 [J]. 环境工程, 2020, 38(1): 1-12.
[10] 刘荣辉, 刘元红, 陈观通, 等. 稀土光功能材料发展现状及趋势 [J]. 中国稀土学报, 2021, 39(3): 338-349.
[11] 吉力强. 氢能产业背景下稀土系储氢材料的发展机遇 [J]. 稀土信息, 2021, 2: 29-31.
[12] 吉力强, 陈明昕, 顾虎, 等. 轻稀土资源现状及在新能源汽车领域的应用 [J]. 中国稀土学报, 2020, 38(2): 129-138.
[13] 产业信息网. 2020 年中国储氢材料行业市场规模及发展方向分析 [EB/OL]. 2021-07-30.
[14] 窦宁. 2020 年稀土抛光粉市场探求疫情下 5G 时代的现状与挑战 [J]. 稀土信息, 2020, 10: 28-31.
[15] 程籽毅, 龙剑平, 杨武勇, 等. 真空蒸馏法制备高纯碲的研究 [J]. 广州化工, 2021, 49(5): 54-56.
[16] 李吉刚, 付凯, 郭妍如, 等. 氢等离子体电弧熔炼与区域熔炼技术相结合制备高纯无氧钆金属锭的方法: 中国, CN111485114B [P]. 2021-07-16.
[17] Jowitt S, Werner T, Weng Z, et al. Recycling of the rare earth elements[J]. Current Opinion in Green and Sustainable Chemistry, 2018, 13: 1-7.
[18] 倪帅男. 稀土工业废水中低浓度稀土的富集与钙镁离子的去除 [D]. 赣州: 江西理工大学, 2019.
[19] 太平洋证券股份有限公司. 细分领域三龙头, 再生资源运营潜力大 [EB/OL]. 2020-12-15.
[20] 何玲, 孙福海, 徐琪鹏. 电沉积法从废弃 FCC 催化剂中回收稀土元素的研究 [J]. 现代化工, 2021, 41(5): 108-113.
[21] Voncken J. Recovery of Ce and La from spent automotive catalytic converters[M]. Boca Raton: CRC Press, 2019: 267-272.

作者简介

刘爽, 副教授, 主要研究方向为稀土催化材料、机动车尾气催化净化, 入选中国科协第四届"青年人才托举工程"。本科、博士毕业于清华大学, 历任中国海洋大学讲师、副教授。现任 Journal of Rare Earths、《中国稀土学报》杂志青年编委, 近年来获多项国家/省/市级项目资助, 在 ACS Catalysis、Journal of Catalysis、Applied Catalysis B: Environmental 等环境催化领域权威杂志发表 SCI 论文 40 余篇（ESI 高被引论文 2 篇, 总引用次数 1600+, H 因子 25）, 获得多项国家发明专利授权。

吴晓东, 清华大学材料学院副研究员, 主要从事环境催化材料和废气净化技术的研究与应用, 已完成或正承担项目 50 余项。现任先进材料教育部重点实验室副主任、中国稀土学会催化专业委员会副主任委员、中国稀土学会理事、中国稀土行业协会理事、移动源污染排放控制技术国家工程实验室常务理事等。曾获 2009 年国家科技进步二等奖等奖励。发表 SCI 论文 200 余篇, 著译 12 本, 获中国发明专利授权 26 项和国际专利授权 1 项。

翁端, 清华大学教授, 博士生导师, 主要从事环境材料、稀土催化材料方面的研究与应用工作。曾承担国家 863、973、国家自然科学基金及国际合作科研项目等 20 余项。其中"稀土催化材料及在机动车尾气净化中应用"2009 年获国家科技进步二等奖（排名第一）。发表学术论文 190 余篇, 申请发明专利 50 余项, 著译 7 本。

第 7 章

超高强度钢

王春旭　梁剑雄

7.1　超高强度钢产业发展的背景需求及战略意义

超高强度钢（含超高强度不锈钢）是为了适应航空航天技术的需要而逐渐发展起来的一种高比强度的结构材料，一般将屈服强度超过 1380MPa（200ksi）的结构钢称为超高强度钢，其在航空航天、能源、船舶海洋、国防军工等领域扮演着越来越重要的角色。尽管超高强度钢是由强度级别定义的一种特殊钢，但是其综合性能同样优异。例如，商用飞机起落架用材具备高强度、高韧性的特性；发动机轴用材具备高强度、抗疲劳和蠕变的特性；航空航天、海洋工程、能源等领域用材具备高强度、耐腐蚀的特性等。

材料是航空航天技术发展的重要基础，是传统产业升级换代和高新技术产业发展的先导。没有高端技术制造的新材料，我国航空航天工业发展就难以达到尖端，难以快速赶超世界先进水平。军用飞机和民用飞机因为用途的显著不同，各组成部分价值占比差别较大。对于军用飞机，动力系统占整机价值比最高达 25%，机体结构占比约为 19%；对于民机，机体结构占整机价值比超过 1/3，达到 36%，航电和机电系统合计占 30%，如图 7-1 所示。

对于飞机机体结构，其材料在 100 多年来经历了四个阶段的发展，目前正在跨入第五阶段，这一阶段的特点是：机体结构材料大量使用复合材料、钛合金用量不断创新高、铝合金和钢（尤其是超高强度钢）仍占不可或缺的地位，各材料应用占比见表 7-1 和图 7-2。飞机起落架是飞机机体四大关键部件（发动机、机翼、机身、起落架）之一。起落架是飞机的起飞、着陆系统，是飞机上的关键受力部件，要承受很大的载荷和强烈的冲击，直接关系到飞机和乘员的安全，因此对飞机的性能和安全起着十分重要的作用。所以飞机起落架材料具有很高的强度、刚性和良好的韧性。当今世界上 95% 以上的飞机起落架都是采用超高强度钢制造。超高强度钢属于材料科学前沿和研究热点，飞机起落架用超高强度钢是一个国家钢铁工业技术水平的重要标志。而目前我国大型客机 C919 机体材料中钢铁材料占比大约为 11%，而起落架用 300M 超高强度钢重量则占到钢铁材料用量的 60%。目前国内外 90% 以上起落架材料采用 300M 钢。但是我国 300M 钢的制造以及新一代高性能起落架材料研究方面仍大幅度落后于国际水平。

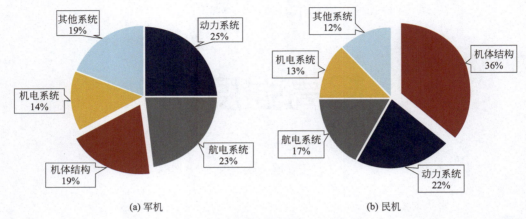

图 7-1　飞机各组成部分价值占比

表 7-1　美国军用飞机各种材料占机体结构总量百分比

机型	第三代战斗机		第四代战斗机		轰炸机
	F-16	F/A-18CD	F/A-22	F-35	B-1
复合材料	3%	10%	24%	36%	29%
钛合金	2%	13%	41%	27%	21%
铝合金	83%	50%	15%	—	41%
钢材	5%	16%	5%	—	9%

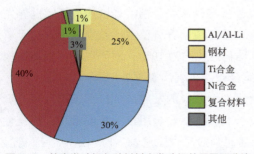

图 7-2　航空发动机各种材料占发动机总重量百分比

AISI4340 钢是最早出现的低合金超高强度钢，也是低合金超高强度钢的典型代表，主要是为满足第二次世界大战期间飞机机体材料对超高强度材料的需求，美国从 20 世纪 40 年代中期开始研制，其抗拉强度达到 1600～1900MPa。1955 年 4340 钢开始用于 F-104 飞机起落架，如今普惠公司多个型号发动机低压涡轮轴仍大量采用 4340 钢制造。具有优异比强度和比刚度的超高强度钢是制造飞机起落架的首选材料，飞机起落架是飞机在起飞和着落过程中无可替代的装置，极大地影响飞机的使用和安全，而现代飞机中，起落架用超高强度钢占全机用钢量的 60% 以上。超高强度钢的发展与飞机的设计理念和材料的制备技术是并行发展的。飞机设计经历了强调静强度设计→疲劳强度设计→损伤容限设计的发展历程。在活塞式飞机和喷气式飞机发展初期，起落架主要是使用 1176MPa

级高强度钢 4130、30ХГСА 等材料。随着喷气式飞机速度的提高，为了减轻结构重量和提高飞机机体内空间利用率，也随着超高强度钢技术和构件制造技术的不断进步与完善，起落架主承力构件采用比强度更高的 1578～1764MPa 级超高强度钢 4330M、4340、30ХГСНА 等材料制造。随着材料技术的发展，强度级别为 1900～2100MPa 的 300M 钢及其抗疲劳制造技术已成为美国飞机起落架的主导应用技术。目前国外起落架用材应用比较广泛的是低合金超高强度钢，如美国的 300M、法国的 35NCD16、俄罗斯的 30ХГСН2А 等，其显著特点就是有超乎一般的高强度。

在第二次世界大战期间，由于迫切要求高强度、耐腐蚀材料，因而促进了第一个沉淀硬化不锈钢的发展，这就是马氏体沉淀硬化不锈钢 Stainless W。1946 年美国 Carnagie Illi noio 钢铁公司发表了有关 Stainless W 的资料。而后，国外在高强度不锈钢系列品种逐渐建立了体系化平台，到目前为止已经形成了三代际的发展，第一代，以 Stainless W、17-4PH 为代表的马氏体沉淀硬化不锈钢；第二代，以 PH13-8Mo、Custom465 为代表；第三代，以 CSS42L 和 Ferrium S53 为代表。上述钢种均在飞机、导弹、交通等领域广泛地应用，从材料的发展角度看，其整体发展思路向着高比强度兼顾更强的耐腐蚀性能的技术方向发展。欧洲国家在近 10 年以来也开发了 MLX17、MLX19 两种超高强度不锈钢，用于导弹壳体、关键承力连接件等，上述钢种均有相应的 AMS 宇航标准，并纳入了美国的 MMPDS 手册。由此可见，欧美国家非常重视超高强度不锈钢的技术发展和应用。2000 年以来，高强度不锈钢迎来了快速发展，全流程的工艺技术提升以及产品稳定性提高，使得更多的品种在水电、火电等与国民经济有关的领域得到广泛应用，近些年，在国产大飞机、民用航天、海洋工程等民用领域也得到了广泛应用。该材料以其超高的强度、良好的韧性以及优异的耐蚀性能，不仅在航空、航天、核技术、兵器、舰船等国防军工领域得到广泛应用，也在交通、新能源、信息技术等国民经济有关领域得到应用。

超高强度钢材料性能也在不断发展提高。经过半个多世纪的研究发展，超高强度钢已成为材料科学与工程的一个专门学科领域。经过几十年的研究、发展，已经形成如下几类典型的超高强度钢。

（1）低合金超高强度钢

这类钢是由调质结构钢发展起来的，含碳量一般在 0.3%～0.5%，合金元素总含量小于 5%，其作用是保证钢的淬透性，提高马氏体的抗回火稳定性和抑制奥氏体晶粒长大，细化钢的显微组织。常用元素有镍、铬、硅、锰、钼、钒等。通常在淬火和低温回火状态下使用，显微组织为回火板条马氏体以及在马氏体板条内析出的 ε 碳化物，具有较高的强度和韧性。如采用等温淬火工艺，可获得下贝氏体组织或下贝氏体与马氏体的复相组织，也可改善韧性。其典型钢种有 AISI4340、300M、30CrMnSiNi2A、40CrMnSiMoVA 等。这种类型的钢具有成熟的制造工艺、低廉的成本，是应用最广的一类超高强度钢，广泛用于制造飞机大梁、起落架构件、发动机轴、高强度螺栓、固体火箭发动机壳体和化工高压容器等。这类钢具有较高的强度，一定的韧性和塑性，高的形变硬化指数和低的屈强比，可以满足大部分的工程应用需求。在要求特别苛刻的条件下使用时，断裂韧性和抗应力腐蚀能力偏低，疲劳强度也有待改善。针对该类钢的缺点，一个重要的发展方向是寻求最佳的冶金工艺以提高钢的韧性，包括应用先进的炉外精炼设备进行脱气处理、采用微量元素控制夹杂物的形态以及直接采用真空感应炉熔炼加上真空自耗重熔提高钢的洁净度，以提高钢的韧性和疲劳强度。另一个发展方向为优化钢的合金设计，尤其是提高钢中镍的含量，已设计出了一些非常具有潜力的钢种。

（2）马氏体时效超高强度钢

这类钢以高的强韧性配合和良好的工艺性能著称，典型的钢种包括 18Ni 系列的 18Ni(250)、18Ni(300) 以及无钴的 T-250 和 T-300。含碳小于 0.03%，镍约 18%，钴约 8%。根据钼和钛含量不同，钢的屈服强度分别可达到 1373MPa、1716MPa 和 2059MPa。从 820～840℃ 固溶处理冷却到室温时，转变成微碳 Fe-Ni 马氏体组织，其韧性较 Fe-C 马氏体较高，通过 450～480℃ 时效，析出部分共格金属间化合物相 (Ni3Ti、Ni3Mo)，达到较高的强度。镍可使钢在高温下得到单相奥氏体，并在冷却到室温时转变为单相马氏体，还具有较高的塑性和韧性。同时镍也是时效强化元素。钴能使钢的马氏体开始转变温度升高，避免形成大量残余奥氏体。这类钢的特点是强度高，韧性高，屈强比高，焊接性和成型性良好；加工硬化系数小，热处理工艺简单，尺寸稳定性好，常用于制造航空器、航天器构件和冷挤、冷冲模具等。该类钢近 20 年在合金设计上基本没有大的变化，主要的进展在于优化钢的冶炼工艺，进一步提高钢的韧性水平，另外，寻找合适的应用环境也是该类钢的发展方向之一。

（3）二次硬化型超高强度钢

二次硬化型超高强度钢指高温回火析出复合碳化物二次硬化组织的中合金和高合金系超高强度钢。目前这一系列钢的典型代表为高 Co-Ni 二次硬化马氏体钢，这类钢是以高韧性的 Fe-Ni-Co 马氏体为基体，在固溶状态下，不仅强度高，而且韧性好，当碳含量较低时具有良好的自回火能力。在正常时效状态以细小 M2C 碳化物强化，具有优异的强韧性配合、高的疲劳强度、高的抗应力腐蚀能力，同时还具有较高的形变硬化指数、低的屈强比，在约 2000MPa 以下，高 Co-Ni 二次硬化马氏体钢是目前强韧性配合最好的钢类。其典型钢种有 H11、9Ni-4Co、9Ni-5Co、HY180、AF1410、AerMet100、AerMet310 及新近 Questek 开发的高耐腐蚀性二次硬化型超高强度钢 S53 等。这类钢在航空航天领域中得到广泛的应用，主要应用在起落架、机身构件等主承力构件。进一步提高该类钢的强度水平，并使得其韧性水平继续超过其他钢类是二次硬化马氏体钢的发展目标之一。

（4）超高强度不锈钢

这类钢是不锈钢中的重要分支，由于能源开发、石油化工以及航空航天工业的迅速发展，增加了对高强、高韧、具有较高耐腐蚀性且易加工成型和焊接以及综合性能良好的高强度不锈钢的需求。其强度来自低碳、高铬、高合金马氏体在时效过程中析出碳化物、金属间化合物沉淀。其典型的美国钢种有 17-4PH、AM355、AFC-77、PH13-8Mo、Custom 系列钢等，而欧洲国家在近 10 年以来也开发了 MLX17、MLX19 两种超高强度不锈钢，这类钢有良好的耐腐蚀性、抗氧化性，因此主要用于制造耐腐蚀的化工设备零件、航空器结构件和高压容器等高强度构件。上述钢种均有相应的 AMS 宇航标准，并纳入了美国的 MMPDS 手册。可以看出欧美国家非常重视超高强度不锈钢的技术发展和应用。图 7-3 给出了超高强度钢及超高强不锈钢的发展图。

至今，超高强度钢一直是材料科学前沿的重要部分和研究热点。虽然不断出现各类新材料，但超高强度钢在弹性模量、冲击韧性和强度等方面依然具有很大的优势，在今天和可预见的未来，它仍是一种不可替代的关键材料之一，也是制约我国目前大飞机、航空发动机、重载直升机等航空高端制造业发展的瓶颈所在。

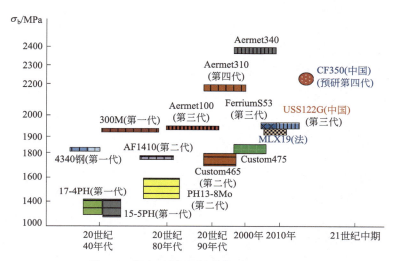

图 7-3　超高强度钢及超高强不锈钢的发展图

7.2　超高强度钢产业的国际发展现状及趋势

7.2.1　低合金超高强度钢

低合金超高强度钢是在调质结构钢的基础上发展起来的，在钢中加入多种微量合金元素，使钢固溶强化并提高钢的淬透性与马氏体回火稳定性。主要合金元素是锰、铬、硅、镍、钼、钒等，其合金元素总含量一般不超过 5%。这类钢与一般合金结构钢相比，除钼含量稍高外，其他元素基本上无多大差别，大致可分为铬钼钢、铬镍钼钢、铬锰硅钢、铬锰硅镍钢、硅锰钼钒钢等几个钢系。含碳量一般为 0.27%～0.50%。最终热处理一般是淬火加低温回火或等温淬火。使用状态下的组织是回火马氏体或下贝氏体，其强度主要取决于钢中含碳量或者马氏体固溶的碳浓度。研究表明，低合金超高强度钢的抗拉强度与含碳量呈直线关系：

$$\sigma_b(\mathrm{MPa}) = (294 \times C\% + 82) \times 9.8$$

式中，C% 为钢中碳含量，适用范围为（0.30%～0.50%）C。按公式计算，当碳含量为

0.30%时，钢的强度在1700MPa左右；碳含量为0.40%时，强度为2000MPa左右，若碳含量高到0.50%时，钢的强度接近2300MPa。含碳量对钢性能的影响是非常显著的。随着含碳量增加，强度虽大大提高，但其塑性和韧性也明显降低，工艺性能（如加工性、焊接性等）也随之恶化，因此碳含量一般不超过0.50%。

低合金超高强度钢通常在低温回火状态下使用，因此可改善回火马氏体的韧性和塑性，对降低缺口敏感性有着重要的意义。为了提高回火马氏体的塑性和韧性，通常在钢中加入镍、少量铬和硅，尤其在钢中加入1%～2%的硅能使钢产生低温回火脆性的回火温度范围移向更高的温度，所以现在发展的低合金超高强度钢中一般都加有1%～2%的硅，300M钢就是典型的示例。钢中加入适量的钒、钛、铌等能细化奥氏体晶粒，因而可细化马氏体组织，改善回火马氏体的韧性。在低合金超高强度钢中常加入一定量的钼，也有改善回火马氏体韧性和塑性的作用，因为钼能破坏碳化物薄膜的连续性。

低合金超高强度钢是超高强度钢中发展最早的一类，它的生产成本低廉，生产工艺比较简单、用量大，主要用于航空航天领域高强度结构件。它的用量至今仍占超高强度钢总产量的大部分。

国外低合金超高强度钢总体可归纳为欧美系列和俄罗斯（苏联）系列，欧美系列又以美国钢号为主。表7-2和表7-3所示分别为欧美和俄罗斯常用的低合金超高强度钢的牌号及化学成分。AISI4340钢是最早出现的低合金超高强度钢，也是低合金超高强度钢的典型代表。美国从20世纪40年代中期开始研究4340钢，通过降低回火温度，使钢的抗拉强度达到1600～1900MPa。1955年4340钢开始用于F-104飞机起落架。通过淬火和低温回火处理，AISI4130、4140、4330或4340钢的抗拉强度均可超过1500MPa，而且缺口冲击韧性较高。而在发动机上的应用，普惠公司多个型号发动机低压涡轮轴大量采用4340钢制造。

表7-2 欧美国家常用低合金超高强度钢的牌号及化学成分

钢种	化学成分/%								
	C	Mn	Si	Ni	Cr	Mo	V	S	P
AISI4340	0.38～0.43	0.60～0.90	0.20～0.35	1.65～2.00	0.70～0.90	0.20～0.30	—	≤0.010	≤0.010
300M	0.40～0.45	0.60～0.90	1.45～1.80	1.65～2.00	0.70～0.95	0.30～0.50	0.05～0.10	≤0.010	≤0.010
D6AC	0.42～0.48	0.60～0.90	0.15～0.30	0.40～0.70	0.90～1.20	0.90～1.10	0.05～0.15	≤0.015	≤0.015
4330Si	0.27～0.33	0.60～0.80	0.40～0.70	1.85～2.25	1.00～1.35	0.35～0.55	—	≤0.015	≤0.015
4330V	0.28～0.33	0.65～1.00	0.15～0.35	1.65～2.00	0.75～1.00	0.30～0.50	0.05～0.10	≤0.015	≤0.015
HY-TUF	0.23～0.28	1.20～1.50	1.30～1.70	1.65～2.00	0.20～0.40	0.35～0.45	—	≤0.015	≤0.015
35NCD16	0.30～0.40	0.15～0.55	0.10～0.40	3.50～4.50	1.50～2.00	0.30～0.60	—	≤0.015	≤0.015

表 7-3 俄罗斯常用低合金超高强度钢的牌号及化学成分

钢 种	化学成分 /%									
	C	Mn	Si	Ni	Cr	Mo	W	V	S	P	其他
30ХГСН2А	0.27~0.33	1.00~1.30	0.90~1.20	0.90~1.20	1.40~1.80	—	—	—	≤0.025	≤0.025	—
40ХН2СМА (ЭИ643)	0.36~0.43	0.50~0.80	0.70~1.00	2.50~3.00	0.80~1.10	0.30~0.40	—	—	≤0.025	≤0.025	—
40ХН2СВА	0.36~0.43	0.50~0.80	0.70~1.00	2.50~3.00	0.80~1.10	—	0.80~1.20	—	≤0.025	≤0.025	—
30Х2ГСН2ВМ (ВЛ1)	0.24~0.31	1.00~1.30	0.90~1.20	2.00~2.50	1.50~2.00	0.40~0.50	0.90~1.30	—	≤0.011	≤0.015	—
42Х2ГСНМА (ВКС-1)	0.38~0.43	0.75~1.00	0.90~1.20	0.50~0.80	1.50~2.00	0.40~0.60	—	0.03~0.10	≤0.011	≤0.015	—
30Х2Н2СВМФА (ВКС-3)	0.28~0.34	≤0.40	0.80~1.2	1.40~1.80	1.60~2.20	0.25~0.40	1.20~1.50	0.20~0.40	≤0.012	≤0.015	—
ВКС-8	0.35	0.30	1.00	2.80	1.00	0.80	—	0.08	—	—	—
ВКС-9	0.35	0.30	2.30	2.80	1.00	0.80	—	0.08	—	—	—
26Х2НВМБР (КВК-26)	0.23~0.28	0.60~0.90	0.40~0.60	0.60~0.90	1.80~2.20	0.15~0.25	0.50~0.90	—	≤0.012	≤0.012	Nb 0.01~0.03 B 0.001~0.003
32Х2НВМБР (КВК-32)	0.29~0.34	0.60~0.90	0.40~0.60	0.60~0.90	1.80~2.20	0.15~0.25	0.50~0.90	—	≤0.012	≤0.012	Nb 0.01~0.03 B 0.001~0.003
37Х2НВМБР (КВК-37)	0.35~0.39	0.60~0.90	0.40~0.60	0.60~0.90	1.80~2.20	0.15~0.25	0.50~0.90	—	≤0.012	≤0.012	Nb 0.01~0.03 B 0.001~0.003
42Х2НВМБР (КВК-42)	0.39~0.43	0.60~0.90	0.40~0.60	0.60~0.90	1.80~2.20	0.15~0.25	0.50~0.90	—	≤0.012	≤0.012	Nb 0.01~0.03 B 0.001~0.003
ВП25	0.23~0.28	0.50~0.80	0.90~1.20	0.90~1.20	0.90~1.20	—	0.50~1.00	0.05~0.15	≤0.010	≤0.015	—
ВП30	0.28~0.33	0.50~0.80	0.90~1.20	0.90~1.20	0.90~1.20	—	0.50~1.00	0.05~0.15	≤0.010	≤0.015	—

为了抑制低合金超高强度钢回火脆性，1952年美国国际镍公司（INCO）又研制开发了300M钢（又名4340M），它是在AISI4340钢的基础上加入约1.5%的硅和0.05%～0.10%的钒，以及稍微提高碳和钼的含量而发展起来的，在避免低温回火脆性的同时提高延迟破坏特性。300M钢在1966年以后作为美国的军机和主要民航飞机的起落架材料获得广泛的应用，到目前为止，几乎所有的民航飞机仍在大量使用300M钢，且在世界范围内被广泛采用。如F-15、F-16、DC-10、MD-11、Boeing系列、空客系列以及运输机等飞机的起落架及Boeing767飞机机翼的襟翼滑轨、缝翼管道等均用300M钢制造。尽管以4340和300M钢为代表的低合金超高强度钢具有高强度，但它们的断裂韧性和抗应力腐蚀能力都比较差，因而其应用受到了一定的限制。

美国于20世纪60年代初开始研制D6AC，它是由AISI4340钢改良而成的低合金超高强度钢，被广泛用于制造战术和战略导弹发动机壳体及飞机结构件。到了70年代中期逐渐地取代了其他合金结构钢，成为一种制造固体火箭发动机壳体的专用钢种。如美国新型地空导弹"爱国者"，小型导弹"红眼睛"，大中型导弹"民兵""潘兴""北极星""大力神"等。美国航天飞机的$\phi 3.7m$助推器也采用D6AC钢制造。D6AC还曾用于制造F-111飞机的起落架和机翼轴等。因此D6AC钢是宇航工业使用的优秀材料之一。70年代中期，美国共和钢公司又在4340M钢基础上，将硅含量提高到2.5%，钒增加到0.2%，研制出高强度的HP310钢，抗拉强度达到2135MPa，而大截面棒材的横向断面收缩率仍能保持在25%以上。

俄罗斯在苏联时期开始研制低合金超高强度钢的时间大体上与美国同步，钢种有自己的体系，最有代表性的是30ХГСН2А和40ХН2СМА(ЭИ643)钢。30ХГСН2А是在30ХГСА基础上加入1.4%～1.8%的镍而得到低合金超高强度钢，由于镍的加入，提高了钢的强度、塑性和韧性，也提高了钢的淬透性。由此改良和派生出了一系列钢种，如：30ХГСНМА、30Х2ГСН2ВМ、30Х2Н2СВМФА、30Х2ГСНВА等。

40ХН2СМА是在40ХН2МА基础上发展起来的，40ХН2СВА是用W代替40ХН2СМА中的Mo而成的。十几年来又研制了新型经济合金化的低合金超高强度钢35ХСН3М1А（ВКС-8）和35ХС2Н3М1ФА（ВКС-9），其抗拉强度分别可达到1800～2000MPa和1950～2150MPa。

除美国和俄罗斯外，其他国家的超高强度钢钢种较少。法国有35NCD16、32CDV13等。日本等国家的超高强度基本上与美国相近。如JIS-SNCM439相当于AISI4340钢。美国的4340、300M钢等基本上已成为全世界通用的钢种，主要工业国家如英国、法国、德国、日本、加拿大、奥地利、意大利、澳大利亚等国都生产300M钢。

由于超高强度钢具有很高的强度，钢对各种表面缺陷（如裂纹、夹杂、焊缝和表面加工所造成的缺陷）十分敏感。使用过程中有应力作用时，在塑性变形很小的情况下，裂纹即扩展到临界尺寸并突然扩展，导致材料发生灾难性的脆性破坏。因此，近年来如何降低超高强度钢的缺口敏感性，提高钢的韧性成了人们努力的方向。为了改善钢的韧性，提高钢在工作条件下的安全可靠性，严格限制钢中夹杂、气体及有害杂质元素的含量是一种有效的方法。近年来广大冶金工作者围绕如何降低钢中有害杂质元素含量和改善夹杂物的形态，努力提高钢的韧性等方面做了大量的工作，特别是超纯净化技术的迅速发展，可使钢中的有害元

素的含量降至 ppm❶ 级。所以目前超高强度钢的生产倾向于采用炉外精炼、真空感应、电渣重熔和真空自耗重熔等提高钢的纯净度的冶炼工艺。美国的钢种多采用真空感应加真空自耗重熔的双真空工艺，俄罗斯多采用电渣重熔的冶炼工艺。从生产检验标准的变化来看，也说明人们在努力追求更高的纯净度和更高的冶金质量。如针对美国的 300M 钢，1961 年 SAE 颁布了第一个标准，即采用非真空冶炼的 AMS6416，1968 年 SAE 又颁布了采用真空冶炼的 AMS6417，1976 年修订为 AMS6417B，1989 年修订为 AMS6417C，到 1991 年修订为 AMS6417D。同样 D6AC 的标准从 1964 年的 AMS6431A 到 1980 年已修订为 AMS6431F。每一次修订均在钢的内在质量、纯净度和低倍等方面提出了更高的要求。

我国低合金超高强度钢的研究开始于 20 世纪 50 年代，一是仿制国外已有的牌号，五六十年代主要以仿制苏联的钢种为主，如 30CrMnSiNi2A（仿 30XΓCH2A 钢），70 年代开始以仿制美国的钢种为主，如 40CrNi2MoA 钢（仿 4340 钢）、40Si2Ni2CrMoVA 钢（仿 300M 钢）、45CrNiMo1VA 钢（仿 D6AC 钢）等。二是根据我国的资源情况（缺乏钴、镍等贵金属）和工程的需要，自主开发研制了具有我国特点的低合金超高强度钢，如无镍铬的 35Si2Mn2MoVA，不含镍的 406 (38SiMnCrNiMoV)、D406A (31Si2MnCrMoV)、40CrMnSiMoVA (GC-4)，含少量镍的 37Si2MnCrNiMoVA 等。表 7-4 为我国低合金超高强度钢的牌号和化学成分。

1980 年我国开始仿制 300M 钢，1988 年已作为起落架用钢试生产。经过"七五"攻关，国产 300M 钢的各项性能达到了美国宇航材料标准 AMS6417B 的要求，经过"八五"攻关，国产 300M 钢的各项性能达到了美国更高要求的材料标准 AMS6417C 或 AMS6417D，它们在钢的内在质量、纯净度和低倍组织等方面都比 AMS6417B 提高了一个等级。提高钢的纯净度，减少气体含量和非金属夹杂物是提高钢的冶金质量和韧性的关键措施，从"六五""七五""八五"到"九五"期间，钢铁研究总院（钢研总院）和抚顺特殊钢股份有限公司（抚钢），在钢的纯净化方面做了大量的工作，并发展了超纯冶金技术。抚钢采用双真空工艺生产的 $\phi 300mm$ 的 300M 钢的各项性能达到了美国最新标准的要求，并与美国的实物水平相当。国产钢的 $S \leqslant 0.001\% \sim 0.003\%$，$P \leqslant 0.005\%$；美国钢的 $S \leqslant 0.001\%$，$P \leqslant 0.003\%$。国产 300M 钢已成功地用于歼 8 Ⅱ、歼 8 Ⅲ 和歼 10 飞机起落架上，使我国实现了飞机机体与起落架同寿命的设计。

我国低合金超高强度钢在仿制国外牌号的同时，立足国内资源，走自我研制的道路。我国从 20 世纪 50 年代就开始了这项工作，研制出了一系列钢种，如无镍铬的 35Si2Mn2MoVA，不含镍的 406、D406A、40CrMnSiMoVA（GC-4），含少量镍的 37Si2MnCrNiMoVA 等。406 钢系列是我国自行设计、自行研制最成功的典范。它是为解决航天固体火箭发动机壳体用材料而研制的超高强度钢。采用双真空冶炼的 D406A 钢具有很高的纯净度，有良好的强韧性配合，已成为我国大中型固体火箭发动机的专用钢种。该钢的生产标准已被列入国军标。我国许多大型固体发动机壳体均采用该钢制造。

---

❶ 1ppm=1×10^{-6}。

表 7-4 我国低合金超高强度钢的牌号及化学成分

钢 种	化学成分 /%								
	C	Si	Mn	Cr	Ni	Mo	V	S	P
30CrMnSiNi2A	0.27~0.34	0.90~1.20	1.00~1.30	0.90~1.20	1.40~1.80	—	—	≤0.020	≤0.020
30Cr3SiNiMoVA	0.28~0.34	0.90~1.20	0.50~0.80	2.80~3.20	0.80~1.20	0.60~0.80	0.05~0.15	≤0.020	≤0.020
35Si2Mn2MoVA	0.32~0.37	1.40~1.70	1.60~1.90	—	—	0.35~0.55	0.20~0.35	≤0.020	≤0.020
37Si2MnCrNiMoVA	0.34~0.40	1.40~1.70	0.70~1.10	1.20~1.40	0.30~0.50	0.40~0.60	0.10~0.20	≤0.020	≤0.020
40CrNi2MoA	0.38~0.43	0.20~0.35	0.60~1.00	0.70~0.90	1.65~2.00	0.20~0.30	—	≤0.020	≤0.020
406	0.32~0.36	1.40~1.70	0.70~1.00	1.00~1.30	—	0.40~0.55	0.08~0.15	≤0.020	≤0.020
D406A	0.27~0.32	1.40~1.70	0.70~1.00	1.00~1.30	—	0.40~0.55	0.08~0.15	≤0.010	≤0.010
40Si2Ni2CrMoVA	0.38~0.43	1.45~1.80	0.60~0.90	0.70~0.95	1.65~2.00	0.30~0.45	0.05~0.10	≤0.010	≤0.010
45CrNiMo1VA	0.43~0.49	0.15~0.30	0.60~0.90	0.90~1.20	0.40~0.70	0.90~1.10	0.05~0.15	≤0.015	≤0.015
40CrMnSiMoVA	0.37~0.42	1.20~1.60	0.80~1.20	1.20~1.50	≤0.40	0.45~0.60	0.07~0.15	≤0.015	≤0.015
43Si2CrNi2MoVA	0.40~0.46	1.45~1.80	0.65~0.90	0.70~0.90	1.65~2.00	0.30~0.45	0.03~0.10	≤0.025	≤0.025

随着我国对侵彻弹和钻地弹技术研究的开展和不断深入，对材料的需求也日益紧迫，弹头所需材料除了传统的超高强度钢外，国内还研制开发了弹头专用材料，如 DT300 钢和 G50 钢等。这些材料的特点是采用多元低合金系，具有高强度、高冲击韧性和较低的成本，以保证能够大批量使用。

7.2.2 马氏体时效超高强度钢

马氏体时效钢以无碳（或微碳）马氏体为基体，时效时能产生金属间化合物沉淀硬化的超高强度钢。具有工业应用价值的马氏体时效钢，是 20 世纪 60 年代初由国际镍公司（INCO）首先开发出来的。1961—1962 年间，该公司 B.F.Decker 等人在铁镍马氏体合金中加入不同含量的钴、钼、钛，通过时效硬化得到屈服强度分别达到 1400MPa、1700MPa、1900MPa 的 18Ni（200）、18Ni（250）和 18Ni（300）钢，并首先将 18Ni（200）和 18Ni（250）应用于火箭发动机壳体。这类钢种的出现，立即引起了各国冶金工作者的高度重视。60 年代的中后期是马氏体时效钢研究和开发的黄金时代。这期间，国际镍公司和钒合金钢公司（VasCo）又研制出了屈服强度达到 2400MPa 的 18Ni（350）。研究工作者们还对马氏体时效钢的加工工艺、各种性能和强韧化机理进行了大量工作，同时还探索了屈服强度高达 2800MPa 和 3500MPa 的所谓 400 级和 500 级马氏体时效钢。不过这两个级别的钢种由于韧性太低，而且生产工艺过于复杂，没有得到实际应用。在此期间，马氏体时效钢在工模具领域也有了一定市场。与此同时，苏联和联邦德国等国也开始了马氏体时效钢的研究。到了 70 年代，日本因开发浓缩铀离心机，对马氏体时效钢进行了系统、深入的研究。进入 80 年代以来，由于钴价不断上涨，无钴马氏体时效钢的开发取得了很大进展，如美国的 T-250（18Ni-3Mo-1.4Ti-0.1Al）、日本的 14Ni-3Cr-3Mo-1.5Ti 合金、韩国的 W-250（18Ni-4.5W-1.4Ti-0.1Al）和苏联的 H16Ф6М6（16Ni-6V-6Mo）均相继问世。这些钢不仅使生产成本降低了 20%～30%，而且性能也十分接近相应强度水平的含钴马氏体时效钢。表 7-5 所示为几种典型的 18Ni 马氏体时效钢。

表 7-5 几种典型的 18Ni 马氏体时效钢

名称	主要成分 /%					$R_{p0.2}$/ksi(kg/mm^2)
	Ni	Co	Mo	Ti	Al	
Ni-Co-Mo 系						
18Ni(200)	18	8	3.2	0.2	0.1	200(140)
18Ni(250)	18	8	5	0.4	0.1	250(175)
18Ni(300)	18	9	5	0.7	0.1	300(210)
INCO 型	17.5	12.5	3.8	1.7	0.1	350(245)
VasCo 型	18	12	4.5	1.4	0.1	350(245)

马氏体时效钢在相同的强度级别，韧性比低合金钢要高，加工硬化指数低，没有脱碳问题，热处理工艺简单，冷加工成型性好。

我国从 20 世纪 60 年代中期就开始研制马氏体时效钢，目前已形成 1700～2500MPa 不同级别十余个钢种,实现了工业化生产。最初以仿制 18Ni(250)和 18Ni(300)为主,到 70 年代中期又开始研究强度级别更高的钢种和无钴或节镍钴马氏体时效钢。80 年代开发出超高纯、高强高韧的 CM-1 钢和高弹性的 TM210 钢。90 年代以来研制了 C300、C350 马氏体时效钢。

18Ni 马氏体时效钢含 9% 的贵重钴元素,而我国钴资源缺乏,80 年代以来国际市场钴价不断上涨,因此国内大型固体火箭发动机壳体一般不选用这种材料。近十几年来国外无钴马氏体时效钢的开发取得了很大进展。90 年代,国内在 18Ni 马氏体时效钢的基础上,采用取消钴元素,提高镍、钛含量的方法,成功研制出了 T250、T300 马氏体时效钢,是制造我国固体发动机壳体的新一代材料。

进入 20 世纪 90 年代以后,随着世界范围内的冶金技术的进步,材料的纯净度有了质的提高,均匀性和组织细化得到精确控制;加之马氏体时效钢本身工艺性能好、工艺简单、适应性强、尺寸精度高、性能和组织稳定性好,因此以 C250、C300 钢为代表的一些钢种在航空传动系统上得到了应用并迅速推广,代表件有直升机传动模盘,发动机压气机轴、低压涡轮轴等关键部件。在国际上,18Ni 马氏体时效钢在航空领域的应用越来越广泛,我国在这方面研究紧跟国际形势,也取得了一些研究成果。

二次硬化型超高强度钢

经过加热淬火后在 480～550℃温度范围回火时,析出合金碳化物产生弥散强化效应,其屈服强度大于 1380MPa 的超高强度钢称为二次硬化型超高强度钢,主要包括中合金热作模具钢和高合金高断裂韧性超高强度钢。二次硬化型超高强度钢主要是马氏体钢,包括 9Ni-4Co、9Ni-5Co、10Ni-8Co(HY180)、10Ni-14Co(AF1410)、AerMet100(0.23C-3.0Cr-1.2Mo-11.5Ni-13.5Co)、AerMet310(0.25C-2.4Cr-1.4Mo-11.0Ni-15Co)、AerMet340 等。它们的特点是在 480～550℃范围回火(或时效)后,析出合金碳化物产生强化效应,强度和硬度明显提高,具有硬化峰值,表现出二次硬化特征,同时韧性提高。

HY180 钢是 1965 年由美国 U.S. 钢公司在 HP9-4 基础上开发出来的优良高韧性超高强度钢,其化学成分(质量分数)为:0.10C-10Ni-8Co-2Cr-1Mo,主要应用于深海潜艇壳体、海底石油勘探装置等,但它一直未能在航空航天结构上获得应用,其原因在于该钢的比强度和韧性虽能满足对低温高压深水潜艇使用要求,但尚不能满足航空航天器对超高强度钢的高强韧性的要求。

HY180 钢是 AF1410 和 AerMet100 这一系列钢开发的基础。随着航空工业的快速发展,开发强度高(1586～1724MPa)、断裂韧性好(125MPa·m$^{1/2}$)、可焊接性好的新型材料成为发展方向。为了达到航空构件材料的损伤容限和耐久性,在对 Fe10Ni 系合金钢进行研究的基础上,对 HY180 进行了改进。

1978 年,美国的 Little 等在 HY180 钢的基础上提高碳和钴的含量,研究出了 AF1410 钢,其化学成分(质量分数)为:0.16C-10Ni-14Co-2Cr-1Mo。同 HY180 一样,AF1410 钢在 510℃回火 5h 得到的屈服强度大约为 1500MPa。AF1410 钢的高强度是由于高碳和钴含量。AF1410 钢具有高的硬度、强度、断裂韧性和优良的抗应力腐蚀性和焊接性能,可满足损伤容限设计要求。与HY180钢相比,主要特点是钴含量的增加。Speich的研究发现:Co的加入提高了二次硬化反应,原因是加入Co延缓了位错的回复,高的位错密度为M_2C沉淀提供了大量的形核位置,因此M_2C的颗粒会更加细小,排列更加紧密,从而得到了更高的强度。并且,Co的加入增加了C的活度,从而使得细小的M_2C弥散分布,导致了更多M_2C的形核,以致最终达到更高的强度。

随着AF1410钢的发展,Hemphill等在20世纪90年代开发了新的优良钢种AerMet100钢,其化学成分(质量分数)为:0.24%C-11.5%Ni-13.4%Co-3%Cr-1.20%Mo。与AF1410钢相比,该钢具有更高的强度,但韧性降低不多。90年代末在AerMet100钢发展的基础上开发了新的钢种AerMet310钢,其化学成分为:0.25C-11.0Ni-15.0Co-2.4Cr-1.4Mo,它是强度最高的航空用超高强度钢,但韧性偏低。AerMet310钢的比强度高于AerMet100钢,甚至高于Ti-6Al-4V钛合金,满足了小体积容量高强度的优点。高强的AerMet310钢将可能应用于下一代飞机的起落架和零件。

二次硬化型超高强度钢具有高钴、镍合金含量,具有极高的强度和良好的强韧性匹配,还有良好的抗海水腐蚀性能和极好的焊接性能等特点。二次硬化型超高强度钢的强度来于高位错密度的板条马氏体,以及在回火过程中析出的细小弥散的共格M_2C碳化物沉淀产生的二次硬化,其强度来自低碳高合金马氏体于550℃以下回火产生的二次硬化,回火温度高低与选用的合金元素种类、数量及配比有关。近20年新发展的这类钢具有优良的综合力学性能,取代其他类型钢用作飞机起落架、螺栓等零件。从20世纪60年代至今,高强韧性的二次硬化型超高强度钢经历了:9Ni-4Co→HY180→AF1410→AerMet100→AerMet310→AerMet340的发展过程,伴随着钢种的发展和强度的提高,钢中合金元素含量和钢的冶炼纯净度也随之提高。主要的几种高强韧性的二次硬化型超高强度钢的化学成分和力学性能如表7-6和表7-7所示。其中AerMet100是目前强韧性匹配最佳的超高强度钢,国外已经将其应用在先进直升机传动系统的主旋翼轴上。

表7-6 几种主要二次硬化型超高强度钢的化学成分

钢种	化学成分(质量分数)/%				
	C	Cr	Ni	Mo	Co
HY180	0.11	2.0	10.0	1.0	8.0
AF1410	0.16	2.0	10.0	1.0	14.0
AerMet100	0.23	3.1	11.1	1.2	13.4
AerMet310	0.25	2.4	11.0	1.4	15.0

表7-7 几种主要二次硬化型超高强度钢的力学性能

钢种	R_m/MPa	$R_{p0.2}$/MPa	A/%	Z/%	K_{IC}/MPa·m$^{1/2}$
HY180	1345	1313	16	75	203
AF1410	1655	1517	15	68	154
AerMet100	1965	1724	14	65	126
AerMet310	2172	1896	14	60	71

钢铁研究总院（以下简称钢研总院）根据二次硬化超高强度钢的现状和发展趋势，提出了纳米尺度合金碳化物和金属间化合物复合二次硬化超高强度钢的成分设计思想和原则。采用第一性原理和热力学计算方法在微观和宏观层次上，研究了合金元素对碳化物、金属间化合物以及奥氏体的电子结构、稳定性以及碳化物的回火析出的影响规律，研究了合金元素对纳米尺寸的合金碳化物（M_2C）和金属间化合物（β-NiAl）的复合二次硬化行为的影响规律。基于合金碳化物（M_2C）和金属间化合物（β-NiAl）的复合强化合金设计思想，在2008年设计出了一种强度为2100MPa级的复合二次硬化超高强度钢Air2100，同时申报了国家发明专利，并获得了授权（授权专利号为：ZL.200810226528.5），并对所设计的复合二次硬化超高强度钢的组织、性能及其热变形行为进行了系统的研究。复合二次硬化超高强度钢的高强度主要来自高密度位错板条马氏体基体上回火析出的大量弥散分布的M_2C碳化物和金属间化合物β-NiAl相产生的复合第二相强化；而回火时马氏体板条界上析出的薄膜状逆转变奥氏体提高了钢的韧性。M_2C碳化物回火时析出具有单独形核和原位形核两种析出形核机制，该两种形核机制下M_2C碳化物与马氏体基体之间的取向关系均为：$(0001)_{M_2C}//(011)_M$，$[11\bar{2}0]_{M_2C}//[100]_M$，而不同温度回火析出的逆转变奥氏体与马氏体基体之间均满足K-S取向关系，较好地解决了2100MPa以上超高强度钢强度提高易但是韧性提高难的问题。基于在复合强化的合金设计思想，钢研总院先后开发了2200MPa强度级别的Air2200原型钢和2400MPa强度级别的Air2400原型钢，其典型力学性能和显微组织如表7-8和图7-4所示。

表7-8 复合二次硬化超高强度钢的典型力学性能

原型钢	R_m/MPa	$R_{p0.2}$/MPa	A/%	Z/%	A_{KU}/J	K_{IC}/MPa·m$^{1/2}$
Air2100	2155	1780	11	60	62	93
Air2200	2210	1920	10	53	50	74
Air2400	2420	2060	8	49	38	46

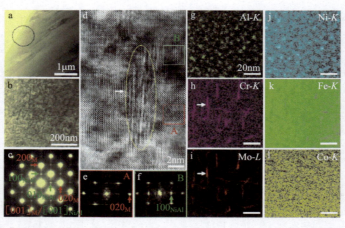

图7-4 复合二次硬化超高强度钢的高分辨组织（高位错密度的板条马氏体上复合析出弥散分布的纳米尺寸M_2C合金碳化物与金属间化合物β-NiAl相）

基于纳米尺寸析出相的复合强化思路，美国通用电气公司（GE）开发的先进的大涵道比涡扇发动机 GE90-115B 发动机（目前世界上最大推力的航空发动机）低压涡轮轴用 GE1014 钢和法国 AUBERT&DUVAL 开发的最新的航空发动机低压涡轮轴用 2200MPa 级的 ML340 超高强度钢，其公布的 ML340 超高强度钢的典型力学性能为：抗拉强度均达到了 2200MPa，屈服强度达到了 1900MPa，具有优异的强韧性和疲劳性能。该性能指标与钢研总院设计开发复合析出强化型 Air2200 原型钢的力学性能指标相当，但是目前国内尚欠缺工业化生产和工程应用。

7.2.4 超高强度不锈钢

为了满足航空航天、海洋工程对高性能耐腐蚀结构钢的需求，美国 Carnegie Illionois 钢铁公司于 1946 年成功研发了第一代马氏体沉淀硬化不锈钢——Stainless W。在 Stainless W 钢合金体系的基础上，加入 Cu、Nb 元素并去除 Al、Ti 元素。美国 Arm-Co 钢铁公司于 1948 年开发了 17-4PH 钢，因其良好的强韧性及耐腐蚀性，除应用于 F-15 飞机起落架构件外，目前亦广泛应用于制造紧固件及发动机零部件，但其冷变形能力较差。为了减少对横向力学性能不利的高温 δ-铁素体，通过降低铁素体形成元素 Cr 的含量并增加 Ni 元素含量，研发出了 15-5PH 钢，该钢克服了 17-4PH 钢横向塑韧性差的缺点，现已应用于制造舰船及民用飞机等承力部件。20 世纪 60 年代初，国际镍公司发明了马氏体时效钢，为发展高强度不锈钢引入了马氏体时效强化这一概念，从而拉开了马氏体时效不锈钢发展的帷幕。1961 年美国 Carpenter Technology 公司首先研制了含 Mo 的马氏体时效不锈钢 Custom450；此后，在 1967 年和 1973 年先后研制了 Pyromet X-15、Pyromet X-12。在此期间，美国也先后研制了 AM363、In736、PH13-8Mo、Unimar CR 等；Martin 等则分别于 1997 年和 2003 年获得了 Custom465 和 Custom475 钢的发明专利，并应用在民航飞机上。英国研发了 FV448、520、520(B)、520(S) 等高强度不锈钢牌号。德国于 1967 年、1971 年研制了 Ultrafort401、Ultrafort402 等。苏联除仿制和改进美国钢号外，还独立研究了一系列新钢种，常见的钢有 0X15H8Ю、0X17H5M3、1X15H4AM3、07X16H6 等以及 Co 含量较高的钢号，如 00X12K14H5M5T、00X14K14H4M3T 等。2002 年美国 QuesTek 公司承担美国国防部战略环境研究与发展计划 (SERDP) 污染防止项目，通过材料基因组计划设计并开发了新型飞机起落架用超高强度不锈钢 Ferrium®S53，于 2008 年底发表公开 AMS5922 宇航标准，Ferrium®S53 强度约 1930MPa，断裂韧度 (K_{IC}) 达到 55MPa·m$^{1/2}$ 以上，在 2017 年增编入美国的 MMPDS 主干材料手册中，该材料已经成功应用于美国的 A-10 战机及 T-38 飞机，是下一代舰载机起落架的首选材料。

超高强度不锈钢良好的综合服役性能主要包括超高强度、优良的塑性及韧性，与传统低合金高强钢及二次硬化型超高强度钢相比，除具备优良的综合力学性能以外，还具有优异的耐腐蚀、抗应力腐蚀及腐蚀疲劳性能。为了提高上述服役性能，揭示其背后的影响因素及机理，国内外学者围绕超高强度不锈钢的强韧化机理、应力腐蚀开裂以及氢脆行为进行了广泛研究。

超高强度不锈钢的典型室温组织包括：细小的板条马氏体基体、适量的残余（或逆转变）奥氏体以及弥散分布的沉淀强化相。板条状马氏体由于其自身的高位错密度，具有很高的强度。亚稳残余（逆转变）奥氏体可以缓解裂纹尖端的应力集中从而提高材料韧性。时效处理过程中析出的纳米级强化相可以进一步提高钢的强度，按照析出相的合金组成可将其分为 3 类，即碳化物（MC、M_2C）、金属间化合物（NiAl、Ni_3Ti）以及元素富集相（ε 相、α' 相）等，在超高强度不锈钢中，沉淀相的强化潜力取决于沉淀相的本质及其尺寸、数密度、体积分数及空间分布情况等。能否获得最优性能主要取决于对沉淀相析出行为的热、动力学特性的掌控，进而指导合金成分的调控以及热处理工艺的制订。典型超高强度不锈钢的化学成分和力学性能见表 7-9 和表 7-10。

表 7-9 典型超高强度不锈钢的化学成分　　　　　　　　　　　　　　　　单位：%

钢种	C	Cr	Ni	Ti	Mo	Al	Cu	Co	Mn	W	Fe
17-4PH	0.07	16.0	4.0	—	—	—	4.0	—	≤1.0	—	余量
15-5PH	0.04	15.0	4.7	—	—	—	3.0	—	≤1.0	—	余量
Custom450	0.04	14.9	8.5	—	—	—	1.5	—	—	—	余量
PH13-8	0.03	12.6	7.9	—	1.7	1.0	—	—	—	—	余量
Ultrafort401	0.02	12.0	8.2	0.8	2.0	—	—	5.3	—	—	余量
Ultrafort403	0.02	11.0	7.7	0.4	4.4	—	—	9.0	—	—	余量
1RK91	0.01	12.2	9.0	0.87	4.0	0.33	1.95	—	0.32	0.15	余量
Custom465	0.02	11.6	11.0	1.5	1.0	—	—	—	—	—	余量
USS122G	0.09	12.0	3.0	—	5.0	—	—	14.0	—	1.0	余量
Ferrium®S53	0.21	9.0	4.8	0.02	1.5	—	—	13.0	—	1.0	余量

表 7-10 典型超高强度不锈钢的力学性能

钢种	$R_{p0.2}$/MPa	R_m/MPa	K_{IC}/MPa·m$^{1/2}$	A_{KU}/J	强化相
17-4PH	1262	1365	—	21	Cu
15-5PH	1213	1289	—	79	Cu
Custom450	1269	1289	—	55	Cu
PH13-8	1448	1551	—	41	NiAl
Ultrafort401	1565	1669	103	56	Ni_3Ti
Ultrafort403	1669	1689	60	34	Ni_3Ti
1RK91	1500	1700	58	27	Cu/Ni_3Ti
Custom465	1703	1779	71	—	Ni_3Ti
USS122G	1550	1940	90	—	Laves/α'
Ferrium®S53	1551	1986	77	—	M_2C

从表中可以看出，第一代超高强度不锈钢（15-5PH、17-4PH）强度级别较低（1200～1400MPa），此类钢中的主要强化相为元素富集相，如 ε-Cu 相；第二代高强度不锈钢（PH13-8Mo、Custom465）中，C 含量普遍较低（不大于 0.05%，质量分数，下同），主要强化方式

为 NiAl 和 Ni₃Ti 等金属间化合物强化；作为第三代高强度不锈钢的典型代表 Ferrium®S53 钢的诞生得益于材料基因数据和计算机技术，将 C 的质量分数增加到 0.21%，M_2C 型碳化物的二次硬化作用使材料性能得到大幅度提升，不同于 Ferrium®S53 钢的合金设计理念，国产 USS122G 钢采用了两相复合强化体系，相比于 Ferrium®S53 钢具有更佳的强韧性匹配。

作为第一代高强度不锈钢的典型代表，15-5PH 钢的合金化特点是采用 15% 左右的 Cr 来保证钢的耐腐蚀性能；5% 左右的 Ni 含量可以平衡实验用钢的 Cr-Ni 当量，使钢在室温得到马氏体组织，同时降低钢中 δ-铁素体；加入 4% 左右的 Cu，起到了强化作用；少量的 Nb 可以与 C 形成 MC 相，起到了钉扎晶界、细化晶粒的作用。经过 550℃时效处理后，在马氏体基体上析出大量 FCC 结构的富 Cu 相，富 Cu 相与马氏体基体的取向关系满足 K-S 关系 $(111)_{Cu}//(011)_M$，$[1\bar{1}0]_{Cu}//[1\bar{1}\bar{1}]_M$。Habibi-Bajguirani 等的研究显示，15-5PH 钢在时效过程中存在 2 种不同类型的 Cu 的析出相，在低于 500℃时效时，会首先形成 BCC 结构的簇状颗粒，这种簇状物会随后演变为 9R 结构，最后转变为 FCC 的沉淀析出相，对析出相萃取物的 X 射线微区分析结果显示，这种析出相实际上是富 Cu 相。在 650 ~ 700℃时效时，FCC 的富 Cu 相一开始与基体保持共格关系，随后转变为半共格的 K-S 关系。

作为第二代高强度不锈钢的典型代表，PH13-8Mo 采用低碳的合金化设计，采用 13% 左右的 Cr 来保证钢的耐腐蚀性，8% 左右的 Ni 可以弥补由于低碳而引起 Schaeffler 图中 Cr-Ni 当量不平衡，降低 δ-铁素体含量，可使钢得到板条马氏体组织，加入 1%Al 可在钢中形成强化相，起到强化基体的作用。Schober 等研究了 Ti 元素对时效过程中析出相演变规律的影响，结果表明，在未添加 Ti 元素的 PH13-8Mo 钢中，析出相仅有 NiAl 相，添加 Ti 元素后，钢中的析出相为 G 相和 η 相。在时效处理初期未添加 Ti 元素的 PH13-8Mo 钢中析出的是有序的金属间化合物 NiAl，随着时效时间的延长，NiAl 相中的合金元素逐渐趋于化学计量平衡并且硬度达到最大值。在添加 Ti 元素的钢中，在时效处理初期钢中析出一种富含 Ni、Si、Al、Ti 的析出相，钢的硬度在此时达到最大值。随着时效时间的延长，钢中会形成椭球状的 Ni16Si7Ti6-G 相和短杆状的 Ni₃(Ti,Al)-η 相。

从超高强度不锈钢的发展来看，随着强度级别的提升，由单一强化相强化逐渐向多相复合强化发展，相较于单一种类析出相的强化，复合强化更有利于钢强度的进一步提升。然而，合金成分和时效制度对于不同种类沉淀相的析出和长大行为的影响差异较大。考虑到不同合金成分和热处理制度在设计新钢种时可以获得多种不同的沉淀相，采用传统的试错法实验和基于数据积累的人工神经网络模拟在合金设计过程中仍存在不足，因此亟需一种新型的基于物理冶金的模型。Xu 等和 Parn 等提出了一种基于机器学习的合金成分计算模型，此模型整合了合金成分和相应的热处理参数，实现了所需的性能在遗传框架内演变。此模型应用于设计以 MC 碳化物为强化相的超高强度钢，亦适用于 Cu 团簇、Ni₃Ti、NiAl 沉淀相，也可应用于设计一种由多种类强化相，包括 MC 碳化物、富 Cu 相和 Ni₃Ti 金属间化合物共同强化的合金。模型包括了对钢力学性能、耐腐蚀性能以及显微组织等相应参数的模拟，为合金的成分设计提供了更为可靠的路径。

逆转变奥氏体对超高强度不锈钢韧性的影响与其形貌、含量、弥散度和稳定性等有紧密的关系，其特征又受到热处理过程的加热速率、等温温度和时间、奥氏体形成元素的扩散和偏析、奥氏体的形核位置、尺寸以及基体内部位错密度的影响。现有研究表明，逆转变奥氏体的形成机制有如下三种，即无扩散切变逆转变机制、变体限制机制以及残余奥氏体长大机制。切变机制源于奥氏体向马氏体的无扩散切变机制的逆过程，与原奥氏体保持一定晶体学位相关系的马氏体形成的逆转变奥氏体，与原奥氏体保持相同的位相关系。变体限制机制则指出，由扩散控制的逆转变奥氏体形成过程中，其形核位置将与原奥氏体、碳化物及基体严格保持一定的晶体学位相关系，因此限制了逆转变奥氏体的变体种类。而残余奥氏体长大机制则认为，马氏体钢中淬火后残留下的奥氏体会在其后的回火过程中通过奥氏体稳定元素的扩散不断长大，从而进一步"逆转变"为新的奥氏体组织。逆转变奥氏体含量的增加可以提高材料的塑性和韧性，而过多的逆转变奥氏体往往会导致钢屈服强度的恶化。

随着强度级别的升高，超高强度钢对应力腐蚀开裂（stress corrosion cracking，SCC）和氢脆（hydrogen embrittlement，HE）亦越发敏感。尤其，当污染性或腐蚀性气体组分及 H 原子与应力联合作用于高强度钢时，极易导致裂纹萌生并逐渐扩展直至开裂。此种断裂是服役于腐蚀环境中的高强度钢结构件的主要失效形式，造成了巨大的安全隐患和财产损失。可扩散氢是造成钢塑性损失的主要因素，任何降低可扩散氢的移动性的措施均可有效提高材料的氢脆敏感抗力。强氢陷阱可显著增加钢吸收过饱和氢的含量，从而使得进入基体中的氢无害化。上述观点在观察高强钢的氢致延迟断裂的现象中得到了一定程度的证实，即当高强钢在低于其抗拉强度的静态应力作用下，其会在服役一段时间发生瞬时脆断，这种在静载荷下发生的失效是由侵入基体的 H 原子造成的。作为钢中最主要的强化相和韧化相，时效过程析出的大量弥散分布的第二相强化粒子和逆转变奥氏体均可视为钢中重要的氢陷阱。氢致裂纹一般在板条、同位相束、板条群及原奥晶界处形核，而后裂纹在外应力的作用下穿过板条束，沿着板条群和原奥晶界扩展。高强度不锈钢中众多马氏体多级组织界面（原奥氏体晶界、马氏体板条群界、马氏体板条束界及马氏体板条界）以及相界是高强度不锈钢具有较高氢脆敏感性的原因之一。

具有复杂合金体系、多相耦合强化的超高强度不锈钢的氢脆敏感性更是亟待研究。钢研总院研发了第三代超高强度不锈钢的典型代表 USS122G，抗拉强度大于 1900MPa，断裂韧度（K_{IC}）达到 90MPa·m$^{1/2}$ 以上；并继续研发了一种由多相复合析出强化的新型 2200MPa 级高强度不锈钢，该实验用钢的名义成分为 0.2C-9Cr-4.2Ni-3.1Mo-15.2Co-0.3V-0.9W（%）。钢中存在明显的富 Mo/Cr/C、Mo/Cr 及单纯的富 Cr 团簇，进一步分析可知，钢中的析出相包括金属间化合物、碳化物及富 Cr 相，其超高强度是由 3 种析出相耦合强化获得的，亦是目前已报道的强度级别最高的高强度不锈钢。该团队亦在进行该钢种的氢脆敏感抗力的相关研究，以期揭示不同种类析出相耦合强化高强度不锈钢中不同种类氢陷阱共同作用对其氢脆敏感抗力的影响，为提高 2200MPa 级超高强度不锈钢的综合服役性能提供理论依据。

美国飞机部件破坏调查报告显示，应力腐蚀开裂是飞机关键承力部件在服役过程中发生突发性破坏事故的主要形式之一，起落架多数是由于应力腐蚀或疲劳裂纹扩展而导致最后断裂。目前，不仅是在航空、航天、能源、化工等高新技术和产业，在几乎所有常用的耐腐蚀钢种和合金中都会发生应力腐蚀现象。因此，分析超高强度钢应力腐蚀开裂机理，并对影响超高强度钢的应力腐蚀的因素进行分析，对确定超高强度钢应力腐蚀防护措施具有重大的科学价值和现实意义。

材料的耐腐蚀性能成为限制高强度钢应力腐蚀开裂的重要因素，而点蚀是最为常见也是危害最大的腐蚀形式。多数应力腐蚀开裂均起源于点蚀坑，超高强度不锈钢由于时效处理过程中，从过饱和马氏体基体中脱溶的析出相造成了显微组织的不均匀性，是超高强度不锈钢发生点蚀的主要根源。析出相附近钝化膜比较薄弱，Cl^- 的侵入引起钝化膜的破坏，析出相和基体之间形成微电池，从而使基体溶解，析出相剥落，形成点蚀。例如，富 Cr 型的碳化物 $M_{23}C_6$、M_6C 和金属间化合物 Laves 相和 σ 相等周围易形成贫 Cr 区，造成点蚀现象的发生。

作为超高强度不锈钢中最主要的韧性相，奥氏体的含量、形貌、尺寸及稳定性同样会影响钢的应力腐蚀敏感性。在尺寸、形貌及稳定性相同的情况下，随着奥氏体含量的增加，应力腐蚀开裂门槛值（K_{ISCC}）增大，钢的应力腐蚀开裂敏感性降低。究其原因，是马氏体板条界上形成的薄膜状奥氏体组织提高了钢的韧性，降低了氢致裂纹的扩展速率。造成裂纹扩展速率降低的主要原因有两点，一是：裂纹由马氏体基体扩展至薄膜状的奥氏体时，无论是继续扩展进入奥氏体内部或是改变扩展方向绕过奥氏体组织，均会消耗较大的能量，导致裂纹的扩展速率降低，抗应力腐蚀敏感性提高；二是：如前所述，H 在奥氏体组织中有较高的固溶度，较低的偏聚倾向，且 H 在奥氏体中的扩散速率远比在马氏体组织中的小，是高强度不锈钢中有益的氢陷阱，导致裂纹前端的氢脆敏感性降低，进而裂纹的扩展速率降低，应力腐蚀敏感性提高。需要说明的是，奥氏体的稳定性同样是决定钢应力腐蚀敏感性的关键参数，应力或应变诱导发生马氏体相变后，由奥氏体转变的新鲜马氏体非但不能抑制裂纹的扩展，还会作为新的氢扩散源导致钢氢脆敏感提高。

综上所述，钢的强韧性、应力腐蚀及氢脆敏感性均受到复杂多级多相组织的影响，而采用传统试错法设计和制备兼具超高强韧性及优良服役性能的超高强度不锈钢难度大、周期长、成本高。相比于试错法，理性的设计方法，例如通过建立"原子尺寸 - 纳米尺度 - 微米尺度"等一系列多尺度的强韧性、应力腐蚀性能及氢脆性能分析模型，将更具有目的性。通过模拟分析结果建立高强度不锈钢的设计标准，优化钢中析出相、马氏体及奥氏体组织的形态、尺寸及含量等，进一步将多尺度模拟与实际材料研发过程相结合，将大大降低材料研发难度，减少成本投入并缩短研发周期。

作为兼备优良强韧性及服役安全性的金属结构材料，超高强度不锈钢在未来的航空航天、海洋工程及核工业等领域有着广阔的应用前景。鉴于此类钢种苛刻的应用环境，对新一代高强度不锈钢的探索除了着眼于进一步突破超高强度 - 优良塑韧性匹配的瓶颈，还应该兼顾优良的服役安全性。在合金设计和热处理工艺制订过程中，由传统的试错法逐渐过渡到热/动力学辅助合金设计、人工智能机械学习等理性设计方法，以极大提高新型高强度耐腐蚀合金的研发周期、节约研发成本；对于高强度不锈钢中强韧化机理的研究仍待进一步深入，尤其是对多相复合强化第二相粒子的析出行为的理解及强化贡献值的叠加；对于钢中奥氏体含量、尺寸、形貌及稳定性对高强度不锈钢韧性影响的研究较为充分，但仍未建立有效的数学模型定量估算其对于该钢种韧性的贡献量；此外，对于超高强度级别的高强度不锈钢复杂强化体系下的应力腐蚀断裂机理和氢脆敏感性的研究亟待解决，从而为超高强度级别的高强度不锈钢的耐久性设计提供可以借鉴的理论依据。

7.2.5 超高强度钢技术发展趋势

超高强度钢及高强度不锈钢发展至今，合金化研究已达到很高水平，挖掘现有钢种的潜力，充分发挥合金元素的作用，减少有害元素的含量，提高断裂韧性，已成为冶金科技工作者追求的目标。近十年来围绕现有钢种挖潜，在超纯、超细化、高均质、低偏析进行技术创新，突破工业化生产四大关键技术：① 超纯铁工业化大生产冶金技术。② VIM+VAR 低偏析、高均质化的熔炼技术。③ 钢锭均质化技术、大锻比锻造技术。④ 超细化控制锻造技术和热处理控制技术。这是超高强度钢研发和产品工业化的基础。

随着近年来超高强度钢的研究发展，为了追求更高的比强度和强度，必须不断地应用新技术、新工艺、新装备，研究开发出性能优异、节省能源、节约资源，并可持续发展的超高强度钢。超高强度钢发展的趋势是高性能化和低成本化，包括在韧性不降低的条件下提高钢的强度研究，在保持强度不变的条件下提高钢的韧性，同时提高钢的强度和韧性的研究以及保持钢的性能不变的情况下降低钢的成本的研究。超高强度钢技术的发展趋势主要包括：

（1）高纯净，高均匀性

对于现有钢种来说，进一步降低钢中气体、夹杂和有害元素含量，生产超高纯净的超高强度钢，改进钢成分均匀性，这是提高钢种强、韧性即高疲劳寿命的重要措施。超纯净冶金技术可将有害元素 S、P、O、N、H 控制在 ppm 数量级，使钢的性能大幅度提高。

（2）高强韧性和高耐腐蚀性

进一步提高超高强度钢的综合力学性能，特别对于二次硬化型超高强度钢可进行成分优化设计，向高强和高韧的综合性能方向发展。同时不断改善提高二次硬化型超高强度钢的耐腐蚀能力，使高的强韧性和耐腐蚀性融为一体。

（3）晶粒细化

混晶和低倍组织粗晶是我国航空结构钢棒材和锻件生产中一直未能彻底解决的问题，在尺寸扩大后这一问题将更加突出，通过适当的晶粒细化的方法（如改善合金化、控制轧制、形变热处理、重度变形等），充分发挥相变、形变和细晶强化的综合作用，从而提高钢的综合力学性能。

（4）新型复合析出强化超高强度钢的研究和开发

研究碳化物和金属间化合物的交互作用及复合强化机理；进一步研究纳米级的高弥散度的碳化物和金属间化合物的形貌、组分、结构以及残余奥氏体的数量、形貌和分布状态及其对二次硬化型超高强度钢组织和性能的影响。研究和开发采用纳米级碳化物和金属间化合物复合强化的机制的新型复合析出强化超高强度钢。

（5）低成本化

20 世纪 90 年代以来，世界各国都在强调军民结合和军民转化，航空航天产品同样也在追求低成本化，这是一种重要的发展趋势。

目前超高强度钢及高强度钢不锈钢的国际市场规模约为 258 亿美元，而上述高端超高强度钢材料技术主要掌握在欧美发达国家手中，如美国的 Carpenter 公司、Questeck 公司、法国的 AUBERT&DUVAL 公司、日本的大同特钢等，并基本垄断了国际上高端装备用超高强度钢市场。

7.3 超高强度钢产业的国内发展现状

7.3.1 机体用超高强度钢

我国 20 世纪 50 年代飞机设计强调静强度设计。结构的安全性主要通过选取适当的安全系数来保证，一般用材料的抗拉强度除以安全系数得出使用强度。起落架制造材料强调抗拉强度、屈服强度，并具有优良的塑性和冲击韧性。起落架主承力构件主要由 1175MPa 级超高强度钢 4130、30CrMnSiA 等材料经手工电弧焊等方法制造。但是，随着各国采用静强度设计的飞机相继出现疲劳破坏事故，在静强度基础上发展出了对飞机疲劳强度的要求，战斗机开始全面采用安全寿命设计。起落架主承力件采用强度更高的 1580～1760MPa 级超高强度钢 30CrMnSiNi2A、4330M、4340 等。在 20 世纪 60 年代自主开发研制了无 Ni 少 Cr 型抗拉强度 1860MPa 的低合金超高强度钢 40CrMnSiMoVA（GC-4）。该钢具有良好的工艺性能和综合力学性能，曾一度用于 J8 和 Q5 飞机上，但是由于冶金质量等原因逐渐退出在起落架上的应用。20 世纪 80 年代，我国成立了钢铁研究总院、北京航空材料研究院、抚顺特钢联合攻关组，赵振业院士等老一辈科学家研制并成功应用了双真空冶炼 300M 钢。它与 GC-4 相比强度相当，但横纵向性能一致性、冲击性能、疲劳性能、抗应力腐蚀性能更加优异。由于采用精炼脱硫原材料技术，通过双真空冶炼，钢中 S、P 含量分别降低到 0.002%～0.003% 和 0.005%～0.008%，它比 GC-4 钢降低 1/2 以上，使材料疲劳裂纹形成寿命显著延长。1990 年，300M 钢制起落架在我国首次应用，实现了起落架安全使用寿命与机体相同。随后，我国飞机起落架广泛采用 300M 钢制造。

钢铁研究总院在 30 多年军用起落架双真空 300M 钢的研制基础上不断突破，成功研制出民机用单真空冶炼工艺超大尺寸 300M 钢，支撑了 C919 大飞机"中国制造"。300M 钢是我国 C919 大型客机起落架主体材料，其国产化是 C919 "中国制造"的重要标志。钢铁研究总院和宝钢特钢（现为宝武特冶）、抚顺特钢组成的攻关团队，在中国商飞的支持下，按照"国际标准、国际工艺、国际质量、国际成本、国际认证"技术原则，先后突破了 40t 电炉超纯净冶炼技术、大规格电极浇铸技术、ϕ810mm 和 ϕ920mm 锭型真空自耗均匀化熔炼技术、ϕ400mm 超大尺寸棒材精细组织锻造技术，填补了国内空白，实现了大型客机用 300M 钢的"中国制造"。图 7-5 和图 7-6 给出了我国 300M 钢工业化生产技术发展图和 ϕ1080mm 自耗铸锭的成分云图。

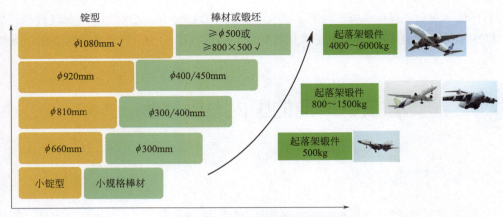

图 7-5 300M 钢工业化生产技术发展图

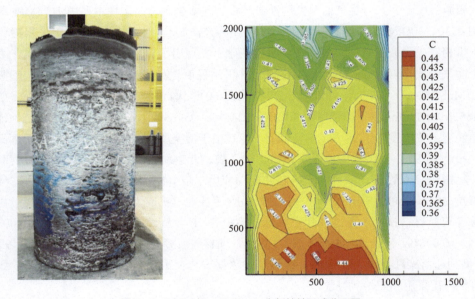

图 7-6 300M 钢 φ1080mm 自耗铸锭及成分云图

随着飞机设计逐渐转变为损伤容限设计,对起落架材料的强韧性匹配和疲劳性能提出了更高的要求。现阶段飞机设计应采用安全寿命与损伤容限相结合的设计原则。此时对于起落架制造用钢提出了较小裂纹扩展速率和较高断裂韧度的新要求,强调材料抵抗裂纹失稳扩展的能力。从"十一五"开始,钢铁研究总院联合抚顺特钢、沈阳飞机设计研究所、北京航空材料研究院,经过 10 年的艰苦技术攻关,突破了超纯净冶金、大锭型成分精确控制、大规格棒材开坯锻造等关键技术,研制出具有国际先进水平的第三代航空超高强度钢 A100,强度达到 2000MPa 左右,具有超高强度和高断裂韧性、优良的塑韧性、抗疲劳性能、抗应力腐蚀性和抗冲击载荷性能,成为我国舰载机、新一代战机的起落架首选材料。该成果获得 2015 年度国防科技进步奖一等奖。A100 钢使我国航空超高强度钢的研制跻身世界先进水平,其综合性能与美国先进战机所用的超高强度钢 AerMet100 相当,美国 AerMet100 钢已广泛应用于 F-22、

F-35、F/A-18E/F 等战斗机起落架。

我国对二次硬化型超高强度钢大规模研究开始于 20 世纪 80 年代后期,"八五"期间开始由钢铁研究总院和抚顺特钢首先对航空用高强高韧超高强度钢 AF1410 进行了技术攻关,通过"八五"到"十一五"期间的发展,研制的 16Co14Ni10Cr2Mo(AF1410)钢已成为目前韧性最好的超高强度钢之一,具有非常高的断裂韧性和抗应力腐蚀性能,是制造飞机平尾轴的首选钢种。该钢除在航空成功应用外还在航天、兵器和舰船等方面应用。"九五"开始研制的 A100 是高强韧性的二次硬化型超高强度钢的典型代表,它是目前最优秀的超高强度钢,具有 1931MPa 的抗拉强度的同时,断裂韧性达 110MPa·m$^{1/2}$,疲劳强度达 1034MPa,该钢还具有良好的抗海水腐蚀性能和良好的焊接等工艺性能等,综合性能居目前各类超高强度钢之首。从"九五"到"十一五"期间,经过不断研究与发展,国内研制生产的 ϕ400mm 超大规格棒材已达到国外同类产品的水平,已成功应用于多个重点型号上。

我国从 20 世纪 70 年代开始高强度不锈钢的研制工作,典型牌号有 00Cr13Ni8Mo2NbTi、00Cr12Ni8Cu2AlNb、00Cr10Ni10Mo2Ti1 等 10 余种。2002 年钢铁研究总院设计并研制出一种新型的超高强韧性的不锈钢材料,是我国自主研发并具有自主知识产权的 Cr-Ni-Co-Mo 合金体系的超高强度不锈钢 USS122G,其强度超过 1900MPa,K_{IC} 达到 90MPa·m$^{1/2}$ 以上。目前该材料已经突破了直径 300mm 大规格棒材制备的相关关键技术,在我国航空航天装备制造领域具有广泛的应用前景。

国内的超高强度钢及高强不锈钢的生产主要集中在:抚顺特钢、宝武特冶、长城特钢等优势特钢企业。抚顺特钢超高强度钢产品纯洁度及综合性能国内领先,部分产品实物质量已经达到或超过国外领先产品的实物水平,且工艺质量稳定,并形成了比较齐全的超高强度钢品种,见图 7-7。以抚顺特钢为例,低合金超高强度钢产品包括:D406A、D6AC、30Cr3SiNiMoVA、DT300、25Cr3Mo3NiNbZr、300M、4340、6308、F154 及 30CrMnSiNi2A,产品规格有轧材、锻材、板材;防弹钢板产品包括:F207、40SiNiWMoV、43Si2CrNi2MoV、38Cr2Mo2VA、40SiMnCrNiMoV 等板材;马氏体时效钢产品包括:CM-1、CM-2、TM210A、C200、C250、C300、C350、T250,产品规格有轧材、板材、锻材;高合金超高强度钢产品包括:A-100、AF1410、F175、9Ni-4Co-20、9Ni-4Co-35,产品规格有轧材、板材、锻材。

图 7-7　抚顺特钢快锻机及超高强度钢产品

随着航空和航天科技的飞速发展，对材料的要求越来越高，开发我国新一代高性能超高强度钢，满足过载在 7～8g 以上甚至 9～10g 的航空航天飞行器的关键件的需求成为必然的选择。我国经过 20 年高韧性超高强度钢的仿制和研制，也初步具备了独立的新型超高强度钢合金体系的设计和新材料研发能力，使我国超高强度钢研发的前沿领域形成我国自主知识产权，建立我国自有研发技术储备。

7.3.2 发动机用超高强度钢

我国航空事业发展迅速，大型航空发动机的研发制造在我国军事和民用领域都占据重要的地位。轴类作为航空发动机中至关重要的关键零部件，是发动机内部支承转动部件、使之相互连接并带动其旋转的重要承力构件，如涡轮盘、压气机叶片、大尺寸风扇盘等转动部件都分布在轴类件上组成转子。发动机工作状态下涡轮盘带动相应轴类件转动，轴类件再带动与其连接的压气机叶片、大尺寸风扇等高速旋转产生持续飞行动力，此时轴类件受力情况十分复杂，因此对其材料性能要求极高。

自 1937 年世界上第一台离心式涡轮喷气发动机诞生以来，航空燃气涡轮发动机经历了长期的发展，其发展历程大致由最初的离心式涡喷发动机过渡到单转子轴流涡喷发动机，再由双转子涡喷发动机到小涵道涡轮扇发动机，最后发展到现在的大涵道涡扇发动机。在涡轮喷气发动机蓬勃发展的时候，驱动飞机螺旋桨的涡轮螺旋桨发动机和驱动直升机旋翼的涡轮轴发动机也得到了迅速的发展。目前所研制的大飞机动力装置主要是涵道比较大的涡扇发动机，大涵道比涡扇发动机是现代运输机使用最普遍的动力装置，在亚声速范围内能够兼顾经济性和单位推力性能，同时也是典型的军民两用产品，两者技术通用性达 70% 以上，在提高大涡扇推力方面，高涵道比是航空发动机的发展趋势。作为航空动力主导地位的航空发动机发展迅速，美国等发达国家的低涵道比战斗机发动机已更新至第五代，国外的涡扇发动机按照推力等级划分也发展至第四代，具有典型代表的大型涡扇发动机有 CF6 系列、CFM56 系列、GE90、PW2000 和 PW4000 系列等。

近年来，国内外研制的大型涡扇发动机推力越来越大，高涵道比使风扇产生的推力相当于发动机总推力的 60%～80%，风扇直径大、低压涡轮级数较多，驱动风扇和低压压气机需要很大的扭矩和功率，不仅要求低压涡轮轴等零件传递大扭矩时必须具有很高的强度，而且根据零件空心、薄壁及多台阶、孔、槽的结构设计，轴类件还需具有较高的韧性、良好的抗疲劳性能和低缺口敏感性。因此，关键轴类件的原材料技术已成为推动与制约航空发动机发展的重要因素。

国外发达国家的航空发动机材料发展较快，尤其是美英等国家特别重视航空发动机轴类材料的发展，在发动机研制中对材料研制的投入很大，通过制订和实施一系列材料研究计划来推动发动机研发，而且关键材料的研发启动时间早于整机研制。目前国际上涡扇发动机的风扇轴、低压涡轮轴材料均以高韧性和耐中低温的高合金超高强度钢为主，如国外 CFM56 发动机的风扇轴、低压涡轮轴从 2 型到 7 型均采用了 C250 或 C300 超高强度钢制造，且该材料已成熟地应用于现役发动机。美国 GE 研发的最先进航空发动机 GE90-115B 低压涡轮轴使用了新型的 1950～2050MPa 复合强化二次硬化型超高强度钢 GE1014，该材料为美国 GE 与日本大同特殊钢联合研制，一举解决了核心机中间部位轴外径与基准发动机一致，扭矩却比基准发动机大 1.3 倍，甚至极端情况下扭矩大 1.9 倍的难题。得益于 GE1014 等新材料的应用及结构设计，GE90-115B 航空发动机研制成功至今，依然是世界上推力最大的航空发动机，并于 2004 年应用于 B-777-300ER、B-777-200LR 等大型客运机，如图 7-8 所示。

图 7-8　采用 C250 和 GE1014 加工的发动机用轴类件

　　GE 最新研发的典型绿色环保动力 GEN-X 航空发动机低压涡轮轴材料也使用了高性能的 GE1014 钢，GE1014 钢传动轴与高流量弯掠复合材料风扇、复合材料机匣等为该发动机降耗、降噪、提高整机安全性提供了有效技术手段，该发动机已应用于波音 787、波音 747-8I 客机。此外，装配空客 A380 的 GP7200 型大推力涡扇发动机低压涡轮轴采用 GE1014 合金制造，罗－罗（Rolls-Royce）公司制造的 3 轴结构 TRENT1000 型发动机也使用了大同特殊钢制造的先进航空传动轴。新一代复合二次硬化型航空发动机轴材料的发展必将主导航空发动机材料的变革，推动航空发动机材料的技术进步。

　　国际上，大推力高涵道比航空发动机正向着大推力、长寿命、高可靠性及环保性的方向发展，其中发动机关键构件的材料技术对发动机参数性能的实现至关重要，特别是关键传动轴材料技术一直是制约与推动航空发动机发展的重要因素。关键传动轴材料技术一直是制约与推动航空发动机发展的重要因素。作为航空发动机内支承涡轮盘、压气机叶片、大尺寸风扇盘等转动部件并使之相互连接、带动其旋转的重要承力构件，传动轴承受巨大的扭转力矩、弯曲力矩、轴向力、陀螺力矩、离心力和惯性力等多种负荷，在高温区工作的部分还受到温度负荷的影响，因此，传动轴的材料性能对发动机参数的实现至关重要。

　　当前，国内外航空发动机关键轴材料的最新发展趋势为：材料强度越来越高，材料纯净度要求越来越苛刻，向着高纯净、高强韧性匹配、高疲劳性能、耐温性及良好加工稳定性的方向发展。根据航空发动机发展及传动轴材料性能要求的提升，国际先进涡扇发动机低压涡轮轴、风扇轴等关键传动轴材料进行了三次更新换代，即低合金钢—高温合金—马氏体时效钢—新型复合二次硬化型超高强度钢的三次跨越，首先是合金结构钢向高温合金跨越；后来发动机大推力要求传动轴材料具备高强度，中温时效马氏体时效钢替代高温合金成为大推力涡扇发动机低压涡轮轴等制造材料；随着推力的进一步增大，国际新型大推力航空发动机轴材料由马氏体时效钢转换为高载荷长寿命的复合二次硬化超高强度钢。目前，第四代高载荷、长寿命发动机传动轴材料是国际上正在发展的大涵道比、高载荷、长寿命、大扭矩先进涡扇发动机传输动力轴的主干材料，代表了未来航空发动机传动轴的发展方向。

我国航空发动机制造起步较晚，而且国外制造商对其技术进行严格的封锁，现在国际航空发动机的技术已经基本被美国的通用电气公司、普惠公司和英国的罗-罗公司三家公司垄断。国内发动机研发较多的还是军机方面，很多细节和项目还没有解密，尤其是大涵道比涡扇发动机的发展还处于刚刚起步阶段，在研究和生产方面还是空白。在中国涡扇发动机的发展史，可获得的型号以及资料相对来讲是比较少的，而且国内应用在军机方面的发动机，如歼击机、战斗机、轰炸机等上面的大多是低涵道比的涡扇发动机。我国正在研发的大飞机C919装备的发动机为CFM国际公司研发的中等推力涡扇发动机LEAP-C，候选机型的发动机为我国正在研制的CJ-1000大涵道比涡扇发动机；我国大型运输机的动力装置采用的是俄罗斯的D-30KP-2中等涵道比的涡扇发动机，候选机型发动机是我国正在自主研制的某型发动机。国内航空发动机，尤其是大涵道比涡扇发动机的发展相对发达国家而言一直处于落后状态，技术基础薄弱，大量关键材料和制造技术尚未突破和掌握，加之西方科技发达国家通过各种形式进行技术封锁，这需要我国大力开展航空发动机轴材料的研制工作。我国与国际大涵道比涡扇发动机轴材料发展如图7-9所示。通过对比可以看出，随着涡扇发动机涵道比的不断提高，所要求的发动机轴材料的强度和疲劳性能也越来越高，材料性能对比详见表7-11。

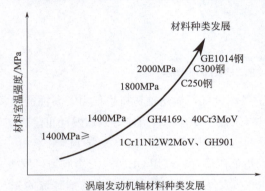

图7-9　涡扇发动机轴材料的发展

表7-11　涡扇航空发动机低涡轴材料性能对比

传动轴材料	第一代	第二代	第三代	第四代
材料类型	合金钢	高温合金	马氏体时效钢	复合二次硬化钢
典型代表	1Cr11Ni2W2MoV	S/CMV 40Cr3MoV	GH4169	C250	GE1014
抗拉强度/MPa	1226	1450	1350	1800	2050
屈服强度/MPa	1030	1180	1060	1724	1790
屈强比	0.84	0.81	0.79	0.96	0.87
200℃强度/MPa	1128	1230	—	1690	1800
断裂韧度/MPa·m$^{1/2}$	—	—	—	≥90	≥90
我国应用状况	—	WS9	WS10/WS15	WS20	

国内涡扇发动机轴材料主要为低强度级别的高温合金和马氏体不锈钢，近年来钢铁研究总院特钢所对大尺寸航空发动机轴用C250马氏体时效钢进行了研制生产，研制的C250钢风扇轴和低压轴模锻件已在某型号应用。作为第三代传动轴材料，C250等马氏体时效钢具备强度高、韧性好、屈强比高、热处理变形小、加工性能优良等诸多优点，国内外在役的许多大型涡扇发动机低压涡轮轴、风扇轴使用第三代材料制造，如国外的CFM56-2型～CFM56-7

型发动机的风扇轴、低压涡轮轴采用 C250 或 C300 制造，我国某型发动机的风扇轴、低压涡轮轴也采用 C250 钢制造。

但随发动机推力、寿命及可靠性不断提升，第三代材料性能的不足逐渐暴露，马氏体时效钢为无碳马氏体板条基体，依靠时效析出的 Ni3Mo、Ni3Ti、Ni3Al 等金属间化合物强化，由于材料自身特点，马氏体时效钢的韧性随强度的升高显著下降，更重要的是，无碳基马氏体时效钢的应变硬化指数 n 值较低，循环应变可能发生循环软化，低周疲劳实验也证明在高应力状态下的 C250 钢低周疲劳循环软化现象严重，也就是说，马氏体时效钢无法满足更高强度级别传动轴的性能需求。后续随着大推力航空发动机新型号的研制，C250 钢的强度及马氏体时效钢的材料性能已不能满足要求。

鉴于第三代传动轴材料性能的不足，为应对大推力涡扇发动机高载荷长寿命传动轴材料的需求，国外发动机公司与材料研发单位共同设计开发出新一代以 GE1014、ML340 为代表的高载荷长寿命复合强化二次硬化超高强度钢。该类材料在（碳化物强化）二次硬化超高强度钢的基础上引入金属间化合物形成元素，在中碳马氏体板条基体上调控析出碳化物和金属间化合物复合强化。其性能具备国际上二次硬化超高强度钢、马氏体时效超高强度钢优点，通过组织性能调控，其室温、中温下的强度和疲劳性能明显优于第三代的 C250 等马氏体时效钢，图 7-10 所示为由日本大同特钢采用三联真空冶炼工艺为 GE 公司生产的超纯净新型复合强化超高强度 GE1014 钢的性能资料，并与第三代材料典型代表 C250 进行了对比，GE1014 钢的常规性能、高温性能、疲劳性能显著优于 C250 钢。

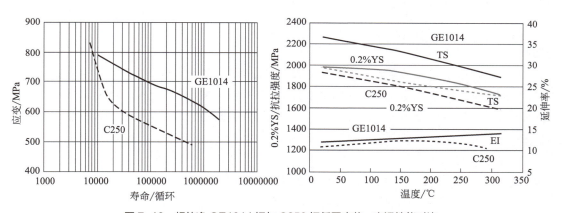

图 7-10　超纯净 GE1014 钢与 C250 钢低周疲劳、高温性能对比

我国大推力涡扇航空发动机的研制起步较晚，整体水平距离世界先进水平有一定差距，在发动机材料研制、工艺技术、标准规范和试验手段上需要开展一系列攻关。目前，国内涡桨、涡轴发动机轴系材料基本上以第一代材料合金钢为主，主力涡扇发动机基本以第二代材料的高温合金 GH4169、40Cr3MoV 等为主，我国最新研制的某型发动机风扇轴、低压涡轮轴采用双真空熔炼的 C250 马氏体时效钢生产，实现了传动轴材料向第三代中温时效马氏体时效钢的跨越，但强度级别仅达到 1800MPa 级别，我国新一代的高载荷长寿命复合二次硬化发动机轴类材料的研发尚未起步，材料研发落后国际先进水平至少一代。表 7-12 所示为国内与国外航空发动机传动轴材料的研究和使用情况。

表 7-12　国内与国外航空发动机传动轴材料的研究和使用情况

项目	国内研制现状	国外先进材料技术
材料发展	以第一、二代为主,研制了第三代 1800MPa 级 C250 钢	以第四代 GE1014、ML340 钢为代表
典型材料性能特点	高合金,马氏体时效钢	高合金,金属间化合物、碳化物复合二次硬化超高强度钢
冶金工艺	双真空	三联真空
材料种类	可用成熟钢种仅为低强度级别的合金钢、高温合金等,高强度级别仅研制了 C250 钢	新型号以第四代材料为主,已形成不同种类、不同强度级别钢种,研究积累丰富,全部成功应用
先进航空发动机材料的应用	仅 XX 使用 1800MPa 级别的 C250 超高强度钢,其余为第一、二代材料	CFM56-2～CFM56-7 型采用 C250/C300GE90-115B 低压涡轮轴,GEnx、GP7200 等发动机传动轴使用 GE1014

国外航空发动机材料发展较快,美英等国家特别重视航空发动机材料发展,在发动机研制中对材料研制的投入很大,通过制订和实施一系列材料研究计划来推动发动机研发,而且关键材料的研发启动时间早于整机研制。目前,航空发达国家已形成较为完整的航空发动机传动轴材料体系。而国内相应的关键材料研制差距还比较大,仅开始第三代 1800MPa 级别 C250 钢的研制和应用,而未开始先进大推力航空发动机等新型号的研制,C250 钢的强度及疲劳性能已不能满足高载荷、长寿命传动低涡轴材料的要求,迫切需要开展强度更高、综合性能更好的新一代高性能航空发动机传动轴材料研发和应用。

7.3.3　传动系统用超高强度钢

航空传动系统用高强度钢主要应用在高性能的齿轮、轴承、轴等关键转动部件上,经过几十年的研制应用和发展,航空高性能高强度齿轮钢的发展已经历三代,即从 AISI9310 为代表的低合金钢发展到以 M50NiL 为代表的按二次硬化机理设计成分的中合金、高温回火、中温使用齿轮钢,以及目前以 CSS-42L、FerriumC61、FerriumC64、FerriumC69 等为代表的按二次硬化机理设计成分的第三代高性能齿轮钢,其特点是:表层达到超高硬度,心部达到超高强度、高韧性、抗疲劳、耐高温和长寿命使用。航空传动系统用齿轮钢的发展过程中,钢的强度、硬度和韧性不断提高,尤其是齿轮钢采用二次硬化机理设计后,高温使用性能得到了很大的改善,随材料研制而发展的齿轮-轴-轴承一体化技术在一定程度上减轻了减速器重量,并减少了零件数量,从而提高可靠性。表 7-13 和表 7-14 给出了各代航空齿轮轴承钢的典型钢种及力学性能。

表 7-13　典型的传动系统用齿轮钢种及化学成分

钢种	化学成分（质量分数）/%									
	C	Si	Mn	Cr	Ni	Mo	W	V	Co	其他
AISI9310	0.10	0.25	0.50	1.2	3.25	0.1	—	—	—	—
EX-53	0.11	0.90	0.40	1.0	3.5	3.25		2.1	—	2.0Cu

续表

钢种	化学成分（质量分数）/%									
	C	Si	Mn	Cr	Ni	Mo	W	V	Co	其他
X-2	0.14	—	—	4.76	—	1.4	1.4	—	—	
M50	0.80	—	—	4.0	—	4.25	—	1.0	—	
M50NiL	0.13	0.20	0.25	4.0	3.5	4.25	—	1.2	—	
Pyrowear675	0.07	0.4	0.65	13	2.6	1.8	—	0.6	5.4	
CSS-42L	0.12	—	—	14	2.0	4.75	—	0.6	12.5	0.02Nb
FerriumC61	0.15	—	—	3.5	9.5	1.1	—	0.08	18	
FerriumC64	0.11	—	—	3.5	7.5	1.75	0.2	0.02	16.3	
FerriumC69	0.10	—	—	5.0	3.0	2.5	—	0.02	28	

表7-14 典型的传动系统用齿轮钢的力学性能

钢种	回火温度/℃	R_m/MPa	$R_{p0.2}$/MPa	A/%	Z/%	心部硬度/HRC	表面硬度/HRC	K_{IC}/MPa·m$^{1/2}$
AISI9310	150	1206	980	16	66	34~42	58~62	94
EX-53	205	1172	965	16	64	36~44	59~63	125
M50NiL	524	—	—	—	—	44	63	57
Pyrowear675	315	1200~1300	965~1000	18~20	65~75	40	63	150
CSS-42L	496	1764	1336	18	56	48	61~65	115
FerriumC61	482	1655	1551	15	68	48~50	60~62	143
FerriumC64	496	1579	1372	18	75	48~50	62~64	94
FerriumC69	496	1620	1344	19	65	48~50	65~67	44

第一代齿轮钢是以AISI9310为代表的低合金表层硬化钢，低温回火后常温使用，具有常规要求的使用性能，是目前美国大部分航空传动系统齿轮以及工程机械领域最普遍采用的钢种。AISI9310钢化学成分如表7-13中所示，该钢经过渗碳处理后具有相当高的表面硬度、耐磨性和接触疲劳强度，同时心部保持良好的韧性，能耐强烈的冲击负荷，广泛用于直升机传动系统等航空齿轮和轴类零件，如美国"黑鹰"等直升机的传动系统、意大利阿古斯塔公司的A139等直升机的传动系统。与AISI9310钢类似，第一代渗碳齿轮一般采用含碳量在0.1%~0.2%的Ni-Cr、Ni-Cr-Mo或Ni-Cr-W钢制造，较低的碳含量保证了齿轮心部良好的韧性，较高的Ni、Cr等元素可以提高钢的淬透性并改善钢的力学性能，渗碳后零件表层具有较高的硬度和耐磨性，心部则为韧性良好的马氏体组织，零件的综合力学性能良好。

我国通常用于制造航空发动机齿轮的渗碳高强度钢有：12CrNi3A、12Cr2Ni4A、14CrMnSiNi2MoA、18Cr2Ni4WA、20CrNi3A，以上是在改革开放前常用的。此后在引进国外机型后国产化研制的渗碳齿轮钢有：16Ni3CrMoE（仿法国牌号E16NCD13）、16Cr3NiWMoVNbE（仿俄罗斯牌号16Х3НВФМБ-Ш，代号为ДИ-39Ш）、16CrNi4MoA（仿英国牌号S/ZNC）、18CrNi4A（仿意大利牌号18NC16）。渗氮钢牌号有：30Cr3MoA（仿法国牌号30CD12）、

32Cr3MoVA（仿意大利牌号 32CDV13）、35Cr2Ni4MoA（仿意大利牌号 E35NCD16）、38Cr-MoAlA 等。12CrNi3A、12Cr2Ni4A、14CrMnSiNi2MoA、18Cr2Ni4WA、38CrMoAlA 钢用于 WJ5 发动机、WJ6 发动机、WJ9 发动机、HS6 发动机、WP7 发动机、WP14 发动机、WZ6 发动机及 Z8 中尾减速器等齿轮的制造。16Ni3CrMoE、18CrNi4A、32Cr3MoVA、35Cr2Ni4MoA 钢用于 WZ8 发动机、WZ9 发动机、WJ9 发动机及 Z9 主尾减速器等齿轮的制造。16Cr3NiW-MoVNbE 钢用于 FWS10 发动机齿轮的制造。16CrNi4MoA 钢用于 FWS9 发动机齿轮的制造。近年来我国直升机传动系统材料多采用国际上通用度最高的美系材料为主，如 Z10 传动系统主要采用 AISI9310 钢，而 Z20、涡桨 10 传动系统除采用 AISI9310 钢外，还采用了 4340、AMS6304、AMS6308 钢等。上述航空传动系统用渗碳、渗氮钢都属于第一代齿轮钢，具有良好的淬透性和强韧性匹配，其广泛地应用于直升机减速器及涡扇、涡轴、涡桨发动机的传动齿轮、齿轮轴等零件。

16Cr3NiWMoVNbE（俄罗斯牌号 16Х3НВФМБ-III）的成分中增加了碳化物形成元素，借助轻微的二次硬化提高其抗回火软化能力，在 250～350℃回火获得 59～61HRC 的硬度，工作温度高于其他钢种，用于俄罗斯 АЛ-31Ф 发动机和我国多型发动机齿轮及齿轮轴的制造。美国的 X-53（Pyrowear53）、VasCo X-2 也属于第一代齿轮钢，其中 X-53 的室温性能较好，表面疲劳性能是 AISI9310 钢的 2 倍，且具有优良的心部力学性能，在 400℃以下具有基本不变的心部硬度，但其表层硬度随温度升高而迅速降低，其使用温度只能维持在 250℃以下。而 X-2 已经应用于 CH-47 直升机传动系统，使用温度可达 300℃，承载水平较高，但与 AISI9310 钢相比其韧性较低。

第二代齿轮钢区别于第一代齿轮钢的主要特征是耐温性能高，其代表钢种为 M50NiL。M50NiL 是 20 世纪 80 年代在 M50 钢基础上发展起来的表层硬化型齿轮钢，其化学成分在 M50 的基础上将碳含量降低至 0.13%，并添加了 3%～5% 的 Ni，它们均采用二次硬化机理设计成分，500℃以上高温回火，可在 350℃以下稳定使用。经渗碳和热处理后，表面具备高抗接触疲劳性能，同时心部具有高的韧性。图 7-11 是 M50NiL 钢的心部和表层硬度与试验温度的关系，可以看出该钢在 500℃以下试验时均可获得较高硬度。图 7-12 和图 7-13 给出了第一代和第二代齿轮钢的主要特征和区别，即第二代钢的发展使表面接触疲劳寿命大大提高。

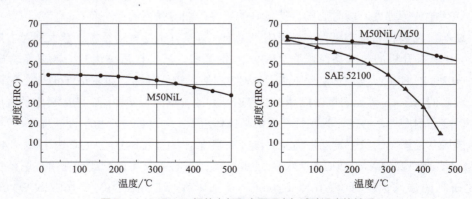

图 7-11　M50NiL 钢的心部和表层硬度与试验温度的关系

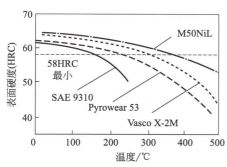

图 7-12 齿轮钢硬度与温度关系比较

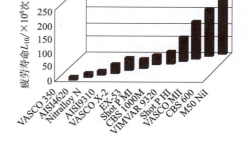

图 7-13 接触疲劳寿命比较（赫兹应力为 1735MPa）

美国 Carpenter 公司研制的表层硬化型不锈齿轮钢 Pyrowear 675 除了具有第二代齿轮钢的基本特征，还具有耐腐蚀不锈的特点。其采用 VIM+VAR 工艺熔炼，具有心部高强度和表层高硬度，直到 315℃ 仍可保持硬度 58HRC，由于钢中低含碳量，冲击韧性（A_{kv}）达 175J（M50NiL 钢为 122J），断裂韧度 K_{IC} 为 165MPa·$m^{1/2}$，抗腐蚀性能与 440C 不锈钢相当，接触疲劳寿命为 440C 钢的 3 倍和 M50NiL 钢的 2.5 倍。

第三代齿轮钢的典型代表为美国 Latrobe 公司研制的耐腐蚀、高强度 CSS-42L 钢以及美国 Questek 公司研制的高韧性、高强度、抗接触疲劳 Ferrium C61、C64、C69 系列钢种。其典型特点是均借助于计算机辅助设计合金技术，采用二次硬化机理设计，添加多种强碳化物形成元素，提高吸碳能力，表面获得超高硬度，高 Co 含量，细化 M_2C 型析出相，回火时在低碳位错马氏体基体上析出细小弥散的 M_2C 相，使心部具有超高强度和高韧性匹配。如图 7-14 所示是 CSS-42L 与 M50、M50NiL、Pyrowear675 等第二代航空齿轮钢不同温度下表面硬度的对比。CSS-42L 钢各试验温度下的硬度显著高于第二代传动系统用齿轮钢。

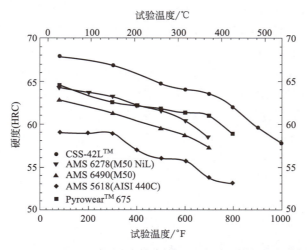

图 7-14 CSS-42L 与第二代航空齿轮钢不同温度下的表面硬度的对比

高韧性、高强度、抗接触疲劳 Ferrium C61、C64、C69 系列钢种的研制开发设计阶段完全依赖于计算机辅助设计合金技术的发展，大大缩短了材料的研制周期。该系列钢种是一类高强度、高断裂韧度的渗碳齿轮钢，采用二次硬化机理设计，成分中添加 Mo、V 等多种碳化物形成元素，利用高 Ni-Co 低碳马氏体板条上析出大量弥散分布的纳米级 M_2C 碳化物获得超高强度和高韧性的匹配，不仅耐高温、耐腐蚀，还具有良好的淬透性。

图 7-15 给出了 Ferrium C61、C64 与 9310 钢整个真空渗碳过程热处理工艺对比，由于 Ferrium C61 系列钢种的渗碳温度和淬火温度相同，可直接在渗碳温度淬火，很大程度地简化了齿轮的渗碳和热处理工艺，大大缩短了工艺时间，提高了生产效率，降低了生产成本。

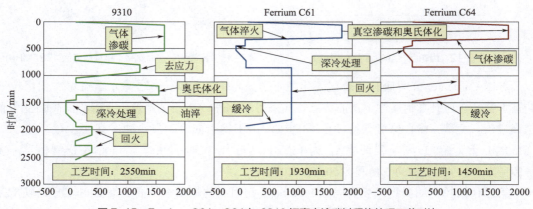

图 7-15　Ferrium C61、C64 与 9310 钢真空渗碳过程热处理工艺对比

Ferrium C61 钢真空渗碳后其表面硬度可达到 60～62HRC，与传统齿轮钢 AISI9310 钢、X-53 钢相当，但其心部强度、韧性和硬度要远远高于 AISI9310 钢和 X-53 钢，而其屈服强度和断裂韧性要优于 CSS-42L 钢，其心部硬度可达 48～50HRC，抗拉强度达 1655MPa，K_{IC} 达 143MPa·$m^{1/2}$；Ferrium C64 和 Ferrium C69 钢真空渗碳后其表面硬度甚至达到 64HRC 和 67HRC，具有很高的抗磨损和疲劳性能。这类钢良好的强韧性配合使其制造的齿轮具有更高的冲击负载和强度的同时，又具有很高的断裂韧性和弯曲疲劳抗力，增加了传动系统的承载能力和动力传递，减少传动系统的重量，提高发动机的有效功率。国外应用研究数据表明，使用 Ferrium C61 钢制造的齿轮或齿圈等零件，其寿命远高于 AISI9310 钢零件。图 7-16 和图 7-17 所示为第三代齿轮钢 Ferrium C61、C64 与第一代齿轮钢 AISI9310 和 X-53 的性能对比。由于 Ferrium C61 系列钢种回火温度较高，在 500℃左右，比传统齿轮钢高 200～315℃，具有较高的热稳定性，可忍受齿轮箱变热、干运转等极端状况，使得高温环境下齿轮零件具有更高的可靠性和安全性，从而提高传动系统在紧急状况下的生存能力。基于 Ferrium C61 钢良好的强韧性配合，目前已替代 AISI9310 钢被波音 Chinook 直升机（CH-47 改型）的旋翼轴采用，达到了提升功率传递和减重的目的，同时使得相应旋翼轴的重量减轻了约 15%～25%。

C61 钢的设计目标就是替代传统的齿轮材料，如 AISI9310 钢等，用于新的更小、更轻、耐高温的部件设计，或者在不重新设计零件的基础上升级现有部件中的材料。Ferrium C61 具有类似于目前商业合金的表面磨损性能，但提供了更高强度、高韧性、耐高温的心部综合性能以及优异的抗疲劳性能，从而特别有利于设计减小整体齿轮传动轴的尺寸和重量。与传统的航空齿轮钢相比，C61 钢是高淬硬性、二次硬化马氏体超高强度钢，具有显著的制造和性能优势，可以显著简化齿轮生产，减少交货时间和降低成本。由于具有高淬透性可以允许在真空渗碳中使用气淬，从而减小零件在淬火过程中的变形，进而减少最终的磨削加工余量。

同时可以采用更高的渗碳温度，从而使得渗碳时间减少了约 50%。除了制造效益之外，合金具有更高的强韧性匹配的优点，使制造零件心部具有更高的强度、韧性和抗疲劳性能，可有效增加零件功率传递、减轻零件重量和提高零件的热稳定性。与 AISI9310 钢相比，由于使用中温回火 C61 钢具有更高的使用温度，同时 C61 制造的零件的使用寿命可提高 4 倍以上。

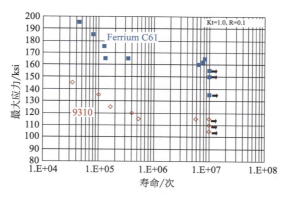

图 7-16　C61 与 9310 钢疲劳性能对比

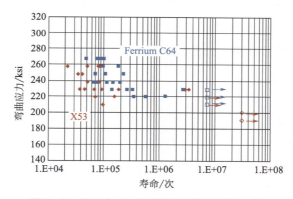

图 7-17　C64 与 X-53 钢单齿弯曲疲劳性能对比

近年来，美国 QuesTek 公司在美国海军 SBIR 项目资助下基于"集成计算材料工程"（Integrated Computational Materials Engineering，ICME）开发了一种新型渗氮钢 Ferrium N63。该钢采用固溶渗氮氮化层深度达到 1mm 以上，同时伸出表面具有高的表面硬度及优异的耐腐蚀性能。N63 钢已经成功应用在 F-35 战斗机的发动机上，主要解决 F-35 飞机在垂直起降时，升降风扇中的齿轮与轴承等零部件需要承受潮湿空气的影响，冷凝后的水黏附在零件表面容易造成腐蚀问题，这种腐蚀形式对渗碳表面尤为严重，因而限制了渗氮齿轮零件的服役时间。

随着航空事业发展迅速，我国进行了一系列航空型号的研发，但我国航空型号所用齿轮轴承钢主要还是采取测绘仿制和对外合作的方式。虽然国内发动机及传动系统的齿轮轴承钢材料已经有了较大发展，但基础薄弱，与发达国家还存在较大的差距。如我国目前航空传动系统齿轮材料仍在大量使用的 12CrNi3A、12Cr2Ni4A、14CrMnSiNi2MoA、16CrNi3MoA、18CrNi4A、18Cr2Ni4WA 和 16Cr3NiWMoVNbE、9310 等钢都属于第一代齿轮钢，只有近年来少量采用第三代齿轮钢。航空发动机及直升机传动系统研制和齿轮轴承钢材料使用的落后现状，以及依赖国外、受制于人的局面，对我国国防建设及国民经济的发展也十分不利。同时通过改变齿轮的工艺设计来提升零件的承载能力和使用性能已经做到极限。随着国家对航空发动机、直升机性能要求的不断提高，尤其是未来更大推力以及更大、重型直升机型号的研发，必须提高传动系统用齿轮轴承材料本身的基本性能。因此，迫切需要我国研发高承载能力、优异的综合性能和工艺性能的高性能齿轮钢与之相匹配。目前钢研总院已经预先开展了新一代 C61 传动系统用齿轮钢、N63 固溶氮化钢的研制工作，已经试制除了 ϕ100mm 以下规格的棒材，将能够有效地支撑我国新一代先进直升机传动系统用齿轮、轴的设计研发。

未来航空器向重载荷、高速度、长寿命、高可靠性及复杂环境适应性的发展趋势对高性能航空齿轮轴承对材料的要求更加苛刻，不仅要求材料表层超高硬度、高接触疲劳，还要求心部有超高强度、高韧性和高疲劳性能，以此来提高承载能力，同时还要有一定耐高温性能、良好的工艺性能等。高纯净冶炼技术是提高航空传动系统零部件寿命及可靠性的最有效途径之一，其目的在于提高纯净度，降低偏析，减小夹杂物尺寸和改变其类型等，超纯净化也是今后高性能齿轮钢的重要发展方向。因此，改善和提高冶炼工艺，研发和使用新一代的高性能传动系统用高强度齿轮钢是我国发展先进直升机的当务之急。

7.4 发展我国超高强度钢产业的主要任务及存在主要问题

国际上超高强度钢技术不断朝着更强、更韧的目标发展应用，如美国及欧洲航空用高强度机体、发动机部件已经成熟应用 2200～2400MPa 高比强度超高强度钢，其中 2000～2300MPa 的 AerMet 系列钢应用于航空航天关键承力构件，GE1014 钢成为先进发动机 GENX、GE9X 发动机低压涡轮轴主体材料，而 ML340 钢的强度超过了 2200MPa，成为罗-罗公司最新型号瑞达 1000 的发动机低涡轴的主体材料。目前我国航空航天主体结构用超高强度钢强度达到了 1900MPa 级，A100 钢、300M 钢、H300 钢等已经成为飞机起落架、航空发动机轴、航天固体发动机壳体的主体材料，但我国缺乏 2000MPa 以上高比强度超高强度钢应用基础和产业发展，尚未开展 2200～2400MPa 级高比强度超高强度钢的基础研究和相关技术储备，距离国际先进水平差距明显。

航空发展动力先行，发动机一直是制约我国航空发展的关键技术瓶颈，在国际上以 GENX、GE90、齿轮传动 Ultrafan（超级风扇）发动机、F-119 加力发动机、高速旋翼为代表的新一代航空发动机及传动系统已经实现工程化应用，我国正在研制的发动机超高强度钢材料和制造技术相当于 20 世纪 80 年代国际水平，差距明显。我国新一代发动机和动力系统的发展不仅面临西方国家技术封锁，同时面临专利和知识产权封锁，发展我国新一代航空发动机和动力系统必须立足独立自主，实现我国核心技术的自主创新和自主保障。

目前国际上航空在研在役机体用主干超高强度钢 AerMet100、300M、4340、AF1410、Ferrium M54、Ferrium S53 都是美国牌号，目前除 Ferrium M54、S53 外，上述其余材料相

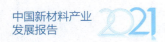

应的美国材料发明专利都已过保护期。上述材料主要应用于起落架、平尾大轴等关键承力构件，抗拉强度在 1500～2000MPa 范围。当前执行型号标准均依据美国 AMS 宇航标准，包括 AMS6532、AMS6417、AMS6419、AMS6415、AMS6527、AMS6516、AMS5922 等，我国依据上述标准形成了国军标材料体系，包括 GJB 1951、GJB 5063、GJB 9449、GJB 9450 等。我国预研材料 2100～2500MPa 超高强度钢在跟随美国材料体系的基础上，提出了我国复合析出强化的合金设计新思路，但是设计开发的材料目前缺少相应的实际工程应用。

民用大涵道比航空发动机用超高强度钢 C250、C300、GE1014、ML340 都是美国和法国牌号，目前 C250 和 C300 钢相应的美国材料发明专利均已过保护期，而最先进的发动轴材料 GE1014、ML340 都在美国材料专利保护期内。上述材料主要应用于发动机的低压涡轮轴、风扇轴等关键转动部件，强度为 1720～2200MPa。当前 C250 和 C300 钢国内型号执行标准均依据美国宇航材料 AMS 标准，包括：AMS6512、AMS6514 等。目前该两种材料仍在美国对中国的禁运材料目录内。而 GE1014、ML340 两种最先进的发动机轴类材料国外对中国仍然处于禁运和严格技术封锁状态。同时因为材料处于专利保护期内，目前也没有形成公开的美国宇航材料标准，严重制约着我国民用大涵道比涡扇发动机的发展。

超高强度钢是重大装备制造和国家重点工程建设所需的关键材料，是钢铁材料中的高技术含量产品，其生产和应用实际代表了一个国家的工业化发展水平。在航空航天等高端装备制造业对超高强度钢的需求和应用是最为广泛和重要的，从而保证关键零部件的安全可靠性。以航空超高强度钢为例，结构减重、耐久性损伤容限设计、长寿命高安全可靠以及符合适航等要求超高强度钢管的品质进一步提高，锻件向大型化、精密化发展。

国际上先进的超高强度钢及其生产技术主要表现在：

① 新一代超高强度钢技术不断发展，以满足社会经济发展对高性能材料的需要；

② 超高强度钢生产工艺流程日趋专业化、紧凑化和高效率，以降低生产成本和提高钢材质量；

③ 超高强度钢专业化生产技术水平及产品质量不断提高，钢材纯净度、化学成分精确控制制度、性能稳定性、表面质量和尺寸精度等控制水平不断提高。

与国际上先进的超高强度钢专业化生产线相比，我国超高强度钢生产的总体技术水平仍然较为落后，超高强度钢的整体水平与欧美发达国家差距较大。我国超高强度钢产业存在的问题主要表现在以下几个方面：

① 高端超高强度钢比例低，部分高端产品不能满足国内需求；

② 超高强度钢生产整体技术水平亟待提高；

③ 超高强度钢生产的高资源和高能源消耗状况亟待改善。

在民用航空、新能源汽车、轨道交通等重大产业布局和工程项目建设中，超高强度钢及高强度钢不锈钢技术的发展将会提升装备的部分功能，并在国际上占有绝大份额，目前制约发展的主要因素是重大工程对新材料的应用技术偏弱、新材料研发创新的内动力或驱动力不足等。

7.5 推动我国超高强度钢产业发展的对策和建议

进入 21 世纪以来,美国、欧洲的研发机构将计算机技术引入材料设计并进行了很好的应用。以美国西北大学 Olson 教授团队及 QuesTek 公司为代表,通过"材料设计"(Materials by Design)和"加速工程化"(Accelerated Insertion of Materials)的整体框架,分别历时 8 年和 6 年,有针对性地定制开发了舰载机用超高强度不锈钢 Ferrium S53 和 Ferrium M54,实现了材料从设计开始到工程化应用,并通过大数据统计分析技术实现工业生产工艺的优化,并预测材料性能的波动区间,节省了研制周期和降低了研制费用。

我国研制材料主要以"研仿"模式为主:材料设计阶段在国外原型钢基础上通过"炒菜"模式进行成分优化,工程化阶段在现用工艺上进行"试错"摸索。这种研发模式在整体装备发展较为缓慢、以国产化摆脱进口为主要矛盾的背景下,可以很好地为型号提供支持;但在当前全球装备发展日新月异、各国将关键构件材料作为高机密信息管理以及我国正逐渐摆脱跟跑地位的形势下,高端装备用特殊钢材料已无可仿制。此外,在构件大型化发展的趋势下,试错法成本高、周期长的缺点越发凸显,成分-工艺-性能之间的联系得不到原理层面的解释,研发成果无法进行复制和移植。

"航空发展,动力先行"五代发动机、先进涡轴发动机是我国未来先进战机的关键动力系统,其传动系统的载荷密度显著增加,对传动轴、齿轮、轴承等高载荷、高扭矩传动部件的载荷应力显著提高,其表面接触应力比目前提高 20% 以上,接触疲劳是主要的失效形式,抗接触疲劳、高强韧性超高强度钢是新一代先进发动机传动系统传动轴、齿轮的关键材料技术,是我国未来先进发动机动力系统发展的必要材料保证。

超大规格航空航天用特殊钢锻件,如:我国未来宽体客机起落架用截面积为 1000mm×600mm 的超级锻坯,相比现有 C919 用起落架材料,研制的锻坯截面面积增加了 258%、单件锻坯重量增加了 371%、锻件投影面积增大了 239%,其技术跨度大、难度高。急需突破生产过程中关键的高纯净 ϕ1080mm 甚至 ϕ1260mm 自耗锭型冶金技术、超大规格 1000mm×600mm 锻坯开坯锻造技术,填补我国航空特殊钢超大规格锻坯及超大锭型 ϕ1080mm 甚至 ϕ1260mm 自耗铸锭的空白,形成高质量超大自耗锭型、超大规格锻坯的冶炼制造体系及稳定的供货能力,从而使我国具备生产航空航天特大尺寸棒材、锻坯和钢锭能力。该研究成果还推动和促进了我国高质量超高强度钢超大规格锻坯制造平台的建立,覆盖未来起落架的需求,使我国的航空起落架及材料制造水平达到一个新高度。充分发挥国家智库的作用,着手于国家重大工程和国防建设需求重点新材料战略研究,"重点新材料研发及工程化"作为一项重大工程来抓,全产业链条捆绑在一起,推动我国新材料产业发展,践行"一代材料、一代装备",从最基础的材料和工艺技术上解决重大工程的需求的瓶颈。

7.6 面向国家 2035 年重大战略需求超高强度钢产业技术预判和战略布局

C919 大型客机直接的竞争对手是波音、空客各自的招牌系列 B-737 和 A-320，其中性能接近的便是 B-737MAX7 和 A-319neo。这两个系列的众多机型均获得了市场的认可，是各家营收的绝对主力。C919 的优势在于其新世纪的设计理念，更符合现代人的要求，更宽敞的设计以及更便宜的售价。当然，C919 也存在航程短的短板，这需要后续改进更新来弥补自身的缺陷。该飞机起落架重量约为整机的 4%，提高 300M 强度或者降低 300M 单位体积重量都有利于降低整体重量，提高 C919 续航，改善其缺陷。截至目前，C919 订单破千，其中租赁公司占比超过 63%，外国公司总订单数不足 5%，大部分订单均为中国国内公司。B-737MAX 空难事故，既对航空用材料的一致性、稳定性提出了更高的要求，也为 C919 的"破局"以及 CR929 研制、国产航空发动机及相应的关键材料超高强度钢产业的发展提供了契机。

我国超高强度钢产业的目标是解决我国高端装备制造业发展用关键超高强度钢材料的瓶颈问题，形成我国高性能超高强度钢材料体系的自主研发技术储备，为未来先进装备的研发设计提供有力的材料技术支持。建成我国超高强度钢材料的自主创新、设计研发试验平台，以及多品种小批量产品中试及供应平台；重点培育 2～3 家国际一流的超高强度钢企业，保障我国高端装备制造用关键超高强度钢材料的安全有效供给。

 作者简介

王春旭，正高级工程师，钢铁研究总院超高强度钢及高强度不锈钢领域首席专家，我国航空航天超高强度钢领域的领军人才之一，作为项目负责人承担了 30 余项国家重点攻关课题，获得了国防科技进步一等奖、军队科技进步二等奖、航空工业科技进步一等奖等多项荣誉。近 5 年，在国内外核心以上期刊发表论文 41 篇，其中第一作者论文 8 篇，第一发明人授权专利 17 项，第一作者国家标准 2 项，提出的多元多相纳米共格强韧化思路成为新一代超高强度钢发展的主要方向之一。

梁剑雄，正高级工程师，钢铁研究总院副院长，中国金属学会特殊钢分会副秘书长，中国腐蚀与防护学会理事，中国材料研究学会青年委员会理事，中国军事科学院材料技术委员会委员。主要从事高强度高韧性宇航材料、海洋工程用高强耐腐蚀不锈钢材料、结构材料功能化、增材制造等材料领域的研究与开发工作。荣获冶金科学技术奖特等奖 1 项，获得国家发明专利授权 9 项，出版专著 2 部，发表各类科技论文 60 余篇，荣获"中央企业青年岗位能手""中央企业青年五四奖章"等荣誉称号。

第三篇

关键战略材料

第 8 章　高温合金
第 9 章　高效石油工业催化材料
第 10 章　高性能二维材料膜
第 11 章　锂离子电池材料
第 12 章　压电陶瓷和微波介质陶瓷材料与元器件

第 8 章

高温合金

张 继 肖程波

8.1 高温合金产业发展的背景需求及战略意义

8.1.1 高温合金概述

（1）成分及性能特点

高温合金是以铁、镍、钴元素为基，采用多元合金化方法引入置换固溶强化、共格脱溶沉淀强化、晶界强化以及高温稳定的硬质颗粒弥散强化等高温有效且作用持久的强化方式，能在600℃以上的高温及一定应力作用下长期工作的一类金属结构材料，具有优异的高温力学性能和良好的抗氧化和抗热腐蚀性能。因合金化程度较高，在英、美等国也称其为超合金（Superalloys）。

高温合金主要应用在航空发动机、航天推进器、舰船燃气轮机及陆基动力涡轮增压系统热端承力、氧化/腐蚀气氛中工作的零部件。为了满足苛刻而复杂的性能要求，高温合金中通常加入 Cr、Co、W、Mo、Al、Ti、Nb、Ta、RE、Hf、C、B、Y 等10余种合金元素，在提供优异的高温力学性能以及抗高温氧化、腐蚀性能的同时，还要确保具有良好的组织稳定性以供长期使用。在多组元高温合金中，合金元素对组织、性能以及工艺性的影响十分复杂，并具有明显的交叉、交互作用。而且高温合金的应用部位都关乎动力整机的可靠性和安全性，对材料的综合性能及质量一致性、稳定性要求十分严格，致使其研制和生产的技术门槛均很高，因而世界各工业发达国家均将高温合金定位为保障国家战略需求、知识产权密集、质量控制精细的高技术产业。

(2) 高温合金在航空发动机中的应用

基于高温合金具有优异的高温长时稳定的力学性能和表面化学稳定性，先进的航空发动机中高温合金材料的用量所占比例已高达 50% 以上，可以说没有高温合金就不可能有高速、高效率、安全可靠的现代航空业。

其中，航空发动机涡轮盘和高压压气机盘是最为关键的热端、非包容转动部件，工作中受热不均，轮缘温度达 550～750℃，而轮心温度只有 300℃ 左右，因此盘件径向的热应力很大，特别是涡轮盘高速转动时，由自身质量和叶片质量产生极大的离心力，因而长时间承受着高温和复杂应力的叠加作用，其榫齿部位承受最大的离心力，而在启动与停车过程中又对涡轮盘构成周期性的大应力低周疲劳损伤。由于在同样轮缘载荷条件下盘件的强度储备近似与比强度成正比，材料的比强度是设计选材的首要依据，期望一定温度下材料的拉伸比强度和持久比强度尽可能高；涡轮盘和高压压气机盘主要性能要求还有，许用温度下可长期稳定工作（3000～10000h 无有害相析出），经历超温、超转下有一定量塑性变形后低周疲劳寿命仍可超过翻修期，从检到裂纹至不安全裂纹长度的扩展时间大于两次维修间隔，盘件翻修期内蠕变变形量不影响涡轮叶片径向间隙的设定以及分解、再装配精度等。

航空发动机涡轮叶片是直接完成由燃气化学能到转子机械能转化的关键零部件，主要由叶冠、叶身、缘板、叶根四部分组成。叶身主要是实现叶片的气动特性，周向上相邻叶片的叶身之间构成气流通道，供高温、高压燃气流过并膨胀做功；缘板主要是形成独立的气流通道，保证高温燃气不会流入气流通道以外的涡轮盘、密封、支承等其他耐温性较差的部件；叶根主要是连接叶片和轮盘，以将功率传输到与轮盘相连的转子轴上；叶冠作用是减小叶尖由叶盆向叶背的漏气，降低二次损失，提高涡轮效率，带冠叶片可以采用对气动性更为有利的薄叶型。因而，涡轮叶片是航空发动机中工作条件最恶劣也是最为关键的部件，处于温度最高、应力最复杂、环境最恶劣的部位，其性能和制备水平在一定程度上决定了先进航空发动机的推重比、效率、寿命等。涡轮叶片所承受温度低于相应导向叶片 50～100℃，但在高速转动时，叶身部分所受应力高达 140MPa，叶根部分达 280～560MPa，涡轮叶片材料大多也是精密铸造镍基高温合金。目前，先进航空发动机已采用单晶高温合金，成分上去除了碳、硼、锆、铪等降低熔点的晶界强化元素后，提高了单晶高温合金的初熔温度，从而允许提高固溶处理温度，获得更加细小、弥散的 γ' 强化相，使材料的潜力得到更充分发挥，当前含铼单晶空心叶片是国际上航空发动机的首选和趋势。从 20 世纪 70 年代末美国发展出单晶高温合金，各国均致力于研制更耐温的涡轮叶片，至今单晶高温合金已发展到第五代，但目前国内外应用量较大、可形成一定产业规模的是第一代和二代单晶高温合金产品。

同时，制备技术的升级促进产品的更新换代，高温基体性能得到提升，同时热障涂层以及气冷等辅助技术的发展大幅提升了合金产品的耐高温性能。单晶高温合金、热障涂层与高效冷却技术并重为先进航空发动机涡轮叶片的三大关键科学技术。

导向器是调整从燃烧室出来的燃气流动方向的部件，是航空发动机上承受热冲击最大的零件，材料工作温度最高可达 1100℃ 以上，但叶片承受的机械负荷不大。根据导向器工作条件，要求材料具有较好的持久强度及热疲劳性能、较高的抗氧化和抗腐蚀能力。导向器的主要材料为铸造高温合金，要求具有优异的耐温性和耐热冲击性，在高温下可表现出足够的抗氧化性能、抗热腐蚀性能和良好的冷热疲劳性能。

航空发动机压气机叶片负责将高温高压的气流吸入燃烧器，以维持引擎的工作，压气机叶片在高温、高压、振动、离心力及富氧环境下工作，易产生腐蚀、疲劳以及两者交互作用的损伤，高推重比航空发动机为了提高增压比需不断提高叶片叶尖切线速度，强烈的震动或者共振都有可能导致金属疲劳，压气机叶片疲劳失效是航空发动机故障主要的原因之一。因而，压气机叶片往往采用高温合金锻造，对冶金厂批量生产的变形高温合金棒材的纯洁度和组织均匀性要求都较高。

航空发动机燃烧室内产生的燃气温度在 1500～2000℃之间，燃烧室火焰筒材料需承受的温度达 800～900℃以上，局部可达 1100℃。燃烧室使用的材料以镍基或钴基高温合金为主，要求具有高温抗氧化性能、抗热腐蚀性能和良好的冷热疲劳性能。现代航空发动机设计上为追求更大推力和高推重比，使燃烧室进口压力及进气温度不断提高，致出口燃气平均温度达 1950～2150K。火焰筒头部及后安装边易因高温热应力出现故障，尤其当燃气出现超温和出口温度场不均匀时，故要求新材料具有尽可能高的热导率和应变控制的（低周）热机械疲劳寿命；机械振动常引起火焰管锁口裂纹，导致火焰拖长而烧伤紧邻出口的导向叶片，要求进一步改善燃烧室材料的断裂韧性、冲击功值以及缺口敏感性。

低压涡轮机匣要承受较高的温度和内外壁压差，要以不断减薄的截面传递发动机的轴向力、扭矩和机动载荷，主要以 GH4169 及 GH6169D 锻造 + 机加成型，要求锻件具有足够的刚度、强度、良好的加工性能及较高的性价比。

（3）高温合金在航天推进系统中的应用 ● ● ●

火箭运载能力的大小，决定着一个国家空间应用水平的高低。在火箭、导弹等航天器的动力装置中，如液氢液氧发动机、液氧煤油发动机，以及燃气涡轮发动机等，高温合金是燃气发生器、涡轮转子、涡轮导向器等关键热端部件的主干材料，其性能水平往往直接决定了航天动力推进系统及飞行器本身的性能。典型应用如航天发动机用涡轮转子，要求该零部件的涡轮盘部位材料具有高塑性、高强度和优良的高温力学性能，而其轴部要求具有高的室温塑性和较好的低温力学性能，即同一锻件要具有双组织、双性能的特点，国内一般采用变形高温合金 GH4169 热模锻造成型。我国重型运载火箭计划 2030 年左右首飞，主要的攻关内容之一是 300～500t 大推力的液氧煤油发动机，其中材料是关键技术之一。当重型运载火箭发动机推力由 120t 级提高至 300t 以上，发动机中核心热端部件服役温度达 750℃（提高近 100℃），燃气压力增加 50% 以上，现有高温合金材料体系尚只能满足重型运载火箭 60% 工况。因而，要求研制可在 750℃ /36MPa 高温高压富氧燃气环境下安全可靠服役的高强抗烧蚀高温合金新材料，转动件材料的强度达到 1500MPa 级，静止件材料的强度达到 1300MPa 级。

（4）高温合金在燃气轮机中的应用 ● ● ●

燃气轮机具有高功率、高热效率、体积重量小、低污染等突出优点，成为大型火力发电站的标准装备，同时也是现代大型水面舰船的首选动力。舰船用燃气轮机用来驱动船舶推进装置——螺旋桨，与舰船用的柴油机或蒸汽轮机机组相比，具有可节省机舱面积，启动快，可提高舰船机动性，维护简单，运行人员较少等许多优点。近代燃气轮机发电技术已经普及，用液体和气体燃料通过燃气轮机转变为机械能,然后带动发电机发电。燃气轮机发电机组能在无外界电源的情况下迅速启动,机动性好,在电网中用它带动尖峰负荷和作为紧急备用,能较好地保障电网的安全运行。此外,燃气轮机在油气开采输送、交通、冶金、化工、舰船等领域也得到广泛应用。燃气轮机的工作过程是,压气机(即压缩机)连续地从大气中吸入空气并将其压缩;压缩后的空气进入燃烧室,与喷入的燃料混合后燃烧,成为高温燃气,随即流入燃气透平中膨胀做功,推动透平叶轮带着压气机叶轮一起旋转;燃气透平在带动压气机的同时,尚有余功作为燃气轮机的输出机械功。燃气初温和压气机的压缩比,是影响燃气轮机效率的两个主要因素。提高燃气初温,并相应提高压缩比,可使燃气轮机效率显著提高。

燃气轮机结构原理与航空发动机类似,主要组成包括压气机、燃烧室和涡轮三大部件,涡轮盘、燃烧室、导向叶片、涡轮动叶片等热端部件制造是燃气轮机制造技术的关键技术。前端燃气发生器高、低压涡轮盘和后端动力涡轮盘是燃机极其重要的热端转动部件,这些高温合金盘锻件通常需要在600℃以上工作,转数接近10000r/min,需要承受高硫燃气和海水盐分腐蚀,要求达到50000~100000h工作寿命。随着燃机效率的不断提高,系统对涡轮盘的承温能力与力学性能的要求随之提高,所选用材料的合金化程度与性能水平已与先进航空发动机技术要求相当,但锻件的尺寸很大,投影面积由一般航空发动机盘锻件的0.3m^2达到1.1~3.5m^2,对于300MW的F级以及400MW以上的H/J级重型地面燃机,需要攻克2000mm以上涡轮盘的大锭型冶炼、开坯、模锻等制备关键技术,研制和生产难度极大。燃气轮机涡轮叶片长时间连续工作在高温、易腐蚀和复杂应力下,与航空发动机涡轮叶片相比,对耐久性、抗腐蚀性要求更高,尺寸也更大,要求开发组织和化学稳定性更高的定向/单晶高温合金及大尺寸叶片定向凝固技术。

(5)高温合金在其他高端装备中的应用

除了航空、航天发动机及燃气轮机外,高温合金在核能、火电、油气开采、石化等重要工业领域也有广泛用途。具体包括核电站蒸汽管、转子,超超临界火电机组蒸汽管、涡轮叶片,油气开采井下承力件、阀体,以及汽车、坦克涡轮转子等。

在核反应堆中,核裂变产生的热量由冷却剂带出,通过蒸汽发生器管道将热量传递给二回路工质,使其产生具有一定温度、一定压力和一定干度的蒸汽,此蒸汽再进入汽轮机中做功,将机械能转换为电能。蒸汽发生器是压水堆核电站的核心组件之一,蒸汽发生器传热管的工作环境比较恶劣,所以传热管的材料应具有良好的抗均匀腐蚀和抗应力腐蚀断裂的能力、良好的力学性能、良好的焊接性以及良好的导热性等,其中抗应力腐蚀能力是影响蒸汽发生器可靠工作的重要因素。据统计,平均每年近40%的核反应堆需要停堆检修,其主要原因就是蒸汽发生器的传热管因应力腐蚀破裂。

火电机组在超临界与超超临界状态,水由液态直接成为气态,即由湿蒸汽直接成为过热蒸汽、饱和蒸汽,热效率较高,因此超超临界机组具有煤耗低、环保性能好、技术含量高的特点,机组热效率能够达到45%左右。节煤是超超临界技术的最大优势,它比国内现有最先进的超临界机组的热效率提高2%~3%。以热效率提高1%计算,对一台30万千瓦的火电机组来说,一年就可以节约6000t优质煤。超超临界机组发展的方向是在保持其可用率、可靠性、运行灵活性和机组寿命等的同时,进一步提高蒸汽参数,从而获得更高的效率和环保性能。迄今已开发出的铁素体和奥氏体高温材料未能满足在 700℃的条件下蠕变强度的要求，为了研发蒸汽温度为 700℃先进超超临界机组，欧盟、美国、日本和中国先后开展了 700℃镍基高温合金材料的研发。目前，700℃超超临界火电机组对高温合金材料的基本要求是：

① 高温持久性能：700℃/105h 持久强度 >100MPa；
② 耐高温腐蚀性能：105h 截面损失小于 1mm；
③ 长期组织稳定性；
④ 管内壁抗蒸汽氧化；
⑤ 良好的冷热加工工艺性能；
⑥ 良好的焊接性能；
⑦ 管外壁抗烟气腐蚀及抗飞灰冲蚀；
⑧ 低成本。

油气开发专项是《国家中长期科学和技术发展规划纲要（2006—2020 年）》确定的 16 个科技重大专项之一，其中深井、深海、非常规油气钻采装备的研发需用抗复杂腐蚀和载荷的镍基高温合金制造水下钻采工具及运输管道等，目前主要依靠进口解决。迫切需要开发高温合金"一材多用"技术，形成国内大规格、低成本镍基高温合金制备技术和大型管道焊接等成套技术。

坦克、装甲车辆等陆基装备的特性是具有高度的越野机动性能和强大的防护和火力作用，其动力采用高功率密度的废气涡轮增压发动机。现代家用汽车也加装废气涡轮增压器，以使其发动机功率及扭矩要增大 20%～30%。一般而言，废气涡轮增压器实际上是一种空气压缩机，通过压缩空气来增加进气量。它是利用发动机排出的废气惯性冲力来推动涡轮室内的涡轮，增压涡轮又带动同轴的叶轮，叶轮压送由空气滤清器管道送来的空气，使之增压进入气缸。当发动机转速增快，废气排出速度与涡轮转速也同步增快，叶轮就压缩更多的空气进入气缸，空气的压力和密度增大可以燃烧更多的燃料，相应增加燃料量和调整一下发动机的转速，可以增加发动机的输出功率。废气涡轮增压器技术泵轮和涡轮由一根轴相连，发动机排出的废气驱动涡轮，涡轮带动泵轮旋转给进气系统增压，所以增压器的工作温度很高，而且增压器在工作时涡轮转子的转速非常高，可达到每分钟十几万转，因此增压器涡轮普遍由镍基高温合金精密铸造成型。由于涡轮增压发动机的涡轮对油门反应迟缓，动力输出滞后，近年已开发出轻质的钛铝金属间化合物高温材料用于增压器涡轮铸件，可显著改善采用废气涡轮增压发动机车辆的机动性能。

还有一类特殊的高温合金可耐各种类型磨损和腐蚀以及高温氧化，即美国人 Elwood Hayness 于 1907 年发明的钴铬钨（钼）或钴基高温合金，称为司太立合金（Stellite）。司太立合金可以进一步分为司太立耐磨损合金、司太立耐高温合金和耐水溶液腐蚀合金。一般使用工况下，都是兼有耐磨损、耐高温或耐磨损、耐腐蚀的情况，有的工况还要求同时耐高温、耐磨损、耐腐蚀，而越是在这种复杂的工况下，越能体现司太立合金的优势。一般钴基高温合金缺少共格析出的强化相，虽然中温强度低（只有镍基合金的 50%～75%），但在高于 980℃时具有较高的强度、良好的抗热疲劳、抗热腐蚀和耐磨蚀性能，而且有较好的焊接性。温度上升时，碳化物集聚长大速度比镍基合金中的 γ 相长大速度要慢，重新回溶于基体的温度也较高（最高可达 1100℃），因此在温度上升时，司太立合金的强度下降一般比较缓慢。目前，司太立合金主要用于制作航空喷气发动机、工业燃气轮机、舰船燃气轮机的导向叶片和喷嘴导叶以及柴油机喷嘴等。

8.1.2 高温合金产业背景需求

《中共中央关于制定国民经济和社会发展第十四个五年规划和二〇三五年远景目标的建议》在谈到军队建设目标时，提出"确保二〇二七年实现建军百年奋斗目标"，体现了党中央立足国家发展和安全战略全局，推进强军事业的战略意志和坚定决心。2015 年《政府工作报告》首次将"航空发动机及燃气轮机"产业列入国家七大战略新兴产业，航空发动机及燃气轮机重大专项已在"十三五"期间全面启动实施，突破两机关键技术，形成航空发动机及燃气轮机自主创新的基础、技术与产品研发和产业体系，对航空发动机及燃气轮机具有重要支撑作用的高温合金产业愈显重要、已进入加速发展阶段。

近年，随着国内军用飞机数量的增长，国产发动机列装提速、研制突破，对应航空发动机应用高温合金也迎来较快增长。国内民用航空发动机和燃气轮机起步较晚，但随着 CJ1000 商用大涵道比航空发动机关键部件技术的不断攻克和一些重型、中型燃气轮机进入设计制造阶段，未来国内民用航空发动机和燃气轮机有望成为应用高温合金的起点，推动形成高温合金产业新的增长点。

从全球范围看，全球高温合金年总消费量约为 30 万吨，占钢铁消费量的 0.02%，占比很小，但市场规模约达 100 亿美元。据日本通产省测算，按照产品单位质量创造的价值计算，如果轮船为 1，则汽车为 9、计算机为 300、飞机为 800，而航空发动机高达 1400。航空发动机通常占整架飞机价值的 20% ~ 30%，原材料占航空发动机成本约 50%，高温合金为关键部件的主要、高端材料构成，价值可观。近年，国际上高温合金材料均价约 1.6 万美元 /t，高端产品的价格可达 2 ~ 3 倍或以上，远高于不锈钢和粗钢的价格。从规模上看，中国高温合金产业与国际上发达国家相比仍有差距，尚不能完全满足国内航空发动机及燃气轮机等高端制造业技术发展和批产订购的迫切需求。可见，我国高温合金产业既具有高技术、高风险、高附加值属性，而且正处于市场需求上升期、品种创新和技术进步需求迫切的发展阶段。

高温合金产业的上游为有色金属矿山、有色金属提取冶炼企业和中间合金厂，也包括非金属辅料和金属工模具制造厂，其主元素镍、钴以及重要的稀贵合金化元素均属各工业发展国家的战略性资源；高温合金行业的下游为航空、航天、航船、兵器、电力、机械、石油化工、汽车等高端制造业，这些产品技术含量高、质量要求严苛且多为非标准化定制，通常采用合约订购的方式定制化生产。

主要的上游企业金川集团股份有限公司作为国内高温合金用镍、钴原料的主要供应单位，是采矿、选矿、冶炼、精炼、化工配套完整的大型企业，生产镍、铂、铜、钴、稀有贵金属和硫酸、烧碱、液氯、盐酸、亚硫酸钠等化工产品以及有色金属深加工产品，镍和铂族金属产量占中国的 90% 以上，是中国最大的镍钴生产基地。金川镍矿是世界著名的多金属共生的大型硫化铜镍矿床之一，发现于 1958 年，探明的矿石储量为 5.2 亿吨，镍金属储量 550 万吨，列世界同类矿床第三位,近年的地质勘探成果表明金川镍矿的深部、边部及外围具有良好的找矿前景,将可持续为高温合金等材料生产提供上游原材料。

高温合金需用的另一种原材料铬及一些中间合金的国内主要生产厂包括中信锦州金属股份有限公司(原锦州铁合金厂)等,所供应的金属铬和高纯电解铬的纯净度可以满足不同品级高温合金的生产要求。锦州铁合金厂的历史可以追溯到20世纪40年代,也是国家"一五"期间苏联援建的重点项目之一,2007年锦州铁合金厂融入中信集团,凭借中信集团的综合优势,正倾力打造国内最好、世界一流的冶金化工企业。

高温合金生产用原辅材料还包括耐火材料、陶瓷型壳型芯、热加工润滑材料等。

耐火材料是为高温合金冶炼的基础材料,与高温合金的高温冶炼技术发展有着密切关系,耐火材料的质量决定了坩埚与高温合金熔体反应程度以及浇注流道挡渣水平,因而一定条件下耐火材料的质量对高温合金的纯洁度起着关键作用。

高温合金空心涡轮叶片的熔模精密铸造技术已成为国内外研究的热点,氧化硅陶瓷型芯以及氧化铝制备及脱出是其核心技术之一。叶片定向凝固过程中,要求氧化硅、氧化铝陶瓷型芯在1500～1550℃的高温下具有一定的抗弯强度和抗蠕变性能,以保证合金浇注和叶片定向凝固过程中型芯不断裂、不变形;同时,由于氧化铝化学性能稳定,常温常压下难与酸碱腐蚀液发生反应,因此需提高型芯孔隙率以改善脱出性能。近年来也在开发空心涡轮叶片型芯型壳一体化铸型制造技术,使型芯与型壳之间固定在一起,无须装配,消除了型芯与型壳间的组合误差,减少了偏芯、穿孔等缺陷,可提高涡轮叶片的成品率和生产效率。

高温合金产业按制备工艺划分成变形高温合金、铸造高温合金、粉末及新型高温合金。其中变形高温合金用量最大、应用最为广泛,大致占比可达60%,铸造高温合金和粉末及新型高温合金分别为约30%、不足10%。其产业链本身可细分为三个环节:

① 母合金制备、冶炼是生产高温合金产品的基础,涉及合金含量配比、冶炼过程操控等工艺技术,合金冶炼技术水平直接影响后端产品的质量。

② 精铸件、板材、棒材等半成品制备。采用锻造、机加工、精铸等技术,可制造形状复杂、尺寸精度高的板材、棒材和精铸件等半产品。

③ 涡轮盘、燃烧室、压气机、导向器、调节片等产品的热工艺成型、热处理、机加工以及性能测试、低倍组织观察、缺陷无损探伤等质量评价技术。

国内从事高温合金冶金生产的单位可分为三类,一类是传统特钢企业,如抚顺特钢、宝武特钢、长城特钢、大冶特钢等,是变形高温合金的生产主体;第二类则是研究院所,如中国航发北京航空材料研究院、以钢铁研究总院高温材料所为主体组建的钢研高纳、中国科学院沈阳金属研究所中科三耐、西北有色院的西部超导等科技型产业基地;第三类如图南股份、江苏隆达、中航上大等民企,近期都在实施扩产计划。专业从事高温合金锻造的企业主要有万航模锻、西南铝业、陕西宏远、贵州安大、无锡透平叶片、贵州航宇科技等。

从下游应用来看,高温合金主要应用于航空、航天动力领域,同时由于具有优良的耐高温、耐腐蚀、抗疲劳等性能,其应用也逐步拓展到石油、化工、电力、汽车、冶金、核能等工业领域,广泛的应用领域大大扩展了对高温合金的需求。

按下游需求量划分,航空航天领域高温合金需求量占55%左右,其次是能源电力占

20%，机械制造占 10%。随着制造业强国战略和工业现代化的加速，我国高温合金在其他工业领域正形成很多新的增长点，民用占比会提升，市场空间巨大。

国际上主要的航空发动机和燃气轮机企业集团有：美国 GE 拥有全球最大的航空发动机和燃气轮机研发、生产企业，其军用发动机市场占有率约 40%，民用发动机占比 67%，GE 和法国 Snecma 合作的 LEAP 发动机几乎垄断了全世界单通道干线客机，包括中国 C919 飞机，GE 还开发并推出了一系列燃气轮机、蒸汽轮机、发电机、余热锅炉、凝汽器以及电站辅助设备；英国罗－罗（R-R）公司是涡扇发动机领域里的领先企业，发动机市场占有率与 GE 相当，主打产品为 Trent 系列航空发动机，产品覆盖军用和民用航空发动机及船用燃气轮机；美国普惠（PW）是军用涡桨/涡扇发动机制造商，以生产军用发动机为主。其他军用和小型航空发动机领域有法国斯奈克玛（Snecma）、美国霍尼韦尔（Honeywell）、德国 MTU、意大利 Avio、俄罗斯土星及礼炮公司；国际上出产重型燃气轮机的三大巨头是美国 GE、德国西门子和日本三菱电力公司。

目前，国内高温合金的下游产业主要为航空、航天动力用部件加工厂、动力总装厂和发动机大修厂以及石油、化工、电力、汽车、冶金、核能等工业高端装备制造厂。

国内航空厂主要有：西安航空发动机（集团）有限公司，是航空发动机、燃气轮机、烟气透平动力装置及其零部件的主要加工生产企业；沈阳黎明航空发动机（集团）有限责任公司主要航空产品有三个重点型号的新机总装及系列发动机批生产和修理；航发南方工业有限公司是我国涡轴、涡扇航空发动机主要研制生产基地；航发贵州黎阳航空发动机有限公司是中小推力涡喷、涡扇航空发动机研制、生产、维修、服务基地；中航商用飞机发动机有限责任公司主要从事民用飞机发动机及相关产品的设计、研制、生产等业务；哈尔滨东安发动机（集团）有限公司是主要生产航空发动机、直升机减速传动系统及飞机附件传动系统等产品的企业。

8.1.3　高温合金产业对国家发展战略及经济和国防建设的重要意义

高温合金产业的构成主要以生产工艺分为变形高温合金、铸造高温合金和粉末高温合金。其中，量大面广的变形高温合金生产技术和质量控制水平是一个国家冶金技术水平的集中体现；单晶高温合金叶片及粉末高温合金涡轮盘等高端产品的性能和制备水平决定了航空发动机的推重比、效率、寿命等。

综上，高温合金产业是航空航天、地面燃气轮机、舰船、核电等领域不可或缺的重要基础和关键支撑，对国家安全和社会发展具有举足轻重的作用，是资金买不来和市场换不来的国家战略性材料。1956 年为建立和发展我国的航空、航天工业，党中央从高温合金材料自身战略特点及历史环境出发，做出了高温合金生产立足国内的决定。改革开放以来，随着国家经济实力的增强，我国对自主创新支持力度的不断加大，一些高温合金新材料开始了与国际同步的自主创新研究。60 余年来，高温合金产业从诞生到发展一直是以国家利益为最高目标，动员和调配全国的科技力量协同攻关，使我国高温合金不仅实现了从无到有、从单品种仿制到自主创新，形成系列的过渡，而且还建立起比较完善的高温合金产业体系，为国防建设和国民经济发展做出了特殊的贡献。在党和国家政策的正确指引下，正逐步形成坚实、可靠、先进的高温合金体系和关键产品自主保障能力。

高温合金产业的国际发展现状及趋势

（1）早期发展

高温合金是20世纪初由固溶强化的镍基耐腐蚀超合金（Superalloys）发展起来的，1906年美国产生首个蒙乃尔（MONEL）合金专利。这种高度互溶的Ni-Cu单相奥氏体合金具有较好的强度和耐腐蚀、耐磨损性能，在各种酸、碱介质中使用寿命很长，至今仍广泛应用于石油化工、核工业、国防工业等。

1907年美国人Elwood Hayness发明一种能耐各种类型磨损和腐蚀以及高温氧化的司太立（Stellite）合金，分为司太立耐磨损合金和耐高温合金及耐水溶液腐蚀合金，均兼有耐磨损、耐高温或耐磨损、耐腐蚀的性能。1912年著名的镍-铬基耐腐蚀合金HASTELLOY问世，具有良好的抗腐蚀性和热稳定性，现已发展出镍-铬与镍铬钼合金两大系列，仍广泛用于航空、航天工业和化工领域等。

1929年英美的工程师将少量的Al和Ti加入80Ni-20Cr电热合金中，发现可以显著提高其高温蠕变强度。为满足Whittle涡轮喷气发动机涡轮叶片对材料耐高温性能和应力承受能力的较高要求，1939年英国Mond镍公司首先研制成低C、含Ti的镍基合金Nimonic 75，用于Whittle发动机涡轮叶片。1941年进一步发现，随着Al和Ti的加入，电热合金的蠕变性能大幅度提高，由此开发出具有较高高温强度的高温合金，后来研制出的Nimonic 80合金也成为最早采用时效析出γ'-Ni_3（Al、Ti）金属间化合物共格强化的涡轮叶片材料。此后，Mond公司在合金中加入了B、Zr、Co、Mo等合金元素，相继开发了Nimonic 80A、Nimonic 90等高温合金，英国航空发动机公司罗-罗公司早期所生产的发动机高温叶片几乎全部采用了Nimonic系列的变形高温合金。

（2）技术升级

20世纪70年代美国采用新的生产工艺制造出定向结晶高温合金叶片和粉末冶金高温合金涡轮盘，从而在航空发动机设计上较大幅度地提高了涡轮进口温度，使航空发动机的推力和推重比跃升到了新的高度。

初期的单晶铸造高温合金采用普通铸造高温合金成分，与定向凝固铸造高温合金相比，除了改善横向强度和塑性外，其他性能并无明显改善。20世纪70年代末，出现了去掉晶界强化元素的单晶铸造高温合金，如美国的PWA1480、NASAIR100。碳、硼、锆、铪等晶界强化元素去除后，提高了合金的初熔温度，从而允许提高固溶处理温度，获得更细小、弥散的γ'相，使合金的潜力得到更充分发挥。自20世纪80年代PWA1480单晶高温合金成功研制和应用以来，国外单晶合金研发得到了迅猛发展，合金承温能力不断提高，相继发展了系列不同代次的高强单晶合金，并于2000年左右成功研制了第四代单晶合金。近10年，由于先进单晶高温合金成分设计空间越来越小，提高单晶合金综合性能的难度越来越大，在考虑单晶合金工艺性能、材料成本等因素的前提下，国外根据合金的具体用途，在大量前期积累的基础上，研发了多种"定制"合金。例如，与航空发动机比较，针对燃气轮机涡轮叶片服役温度较低、载荷稳定，但需要在热腐蚀环境下长期稳定工作的要求，研制了 Cr 含量较高而 γ′ 体积分数稍低的 SC16 单晶合金。另外，由于 RE 元素资源稀缺、价格高，发展了多种无 RE 或低 RE 的第二代和第三代单晶合金，以及热腐蚀环境下兼顾高温氧化和热腐蚀性能的无 RE 或低 RE 单晶合金。例如，GE 为了降低第二代单晶合金中的 RE 含量，发展了性能接近 René N5 的 René N515 合金（RE 质量分数为 1.5%），并逐渐替代 René N5 应用于航空发动机涡轮叶片。同样地，Cannon-Muskegon 公司也发展了 RE 含量（质量分数）为 1.5% 的 CMSX-8 单晶合金，尽管该合金 1094℃ 以上超高温蠕变寿命明显低于 CMSX-4 合金，但在 1038℃ 以下的蠕变寿命与 CMSX-4 合金相当，且合金组织稳定性更好，具有优异的抗疲劳、抗氧化和铸造性能工艺性能。

粉末冶金高温合金最早起源于弥散强化合金，1962 年美国杜邦公司根据二氧化钍在钨中具有弥散强化作用的原理，研制出一种用粉末冶金工艺制成的二氧化钍弥散强化的高温材料，称之为 TD 镍，从而开始了粉末冶金高温合金的生产；1970 年美国的本杰明又首次用机械合金化新工艺制成了用氧化钇弥散强化的高温合金。机械合金化是用金属粉或中间合金粉与氧化物弥散相混合，在高能球磨机中球磨，使粉末反复焊合、破碎，从而使每一颗粉末成为"显微合金"颗粒，可以制造成分复杂的弥散强化高温合金。20 世纪 60 年代初美国开始用普通粉末冶金工艺制取沉淀强化型粉末高温合金未能成功，60 年代末改用惰性气体（或真空）雾化制取预合金粉，并采用热等静压、热挤压和超塑性等温锻造等现代粉末冶金工艺，成功制成了合金化程度较高的沉淀强化型高温合金。70 年代末英、美等国研制成的几种粉末高温合金，已用于制造高推重比（推力/重量）军用飞机发动机的涡轮盘。

由于采用预合金化粉末，每个粉末颗粒实际上就是一个"微型钢锭"，因此，将合金偏析限制在粉末颗粒的细小范围内，与相同成分的铸造合金相比，粉末高温合金的成分偏析小，组织均匀和晶粒细小，使粉末制件得到优异的综合高温性能，已成为先进航空发动机涡轮盘、压气机盘、封严盘和挡板等关键热端部件的首选材料。至今，已研制出四代粉末高温合金，在军、民用航空发动机中得到了应用。其中，第一代为 650℃ 高强型粉末高温合金，如 René95、IN100 等；第二代为 750℃ 损伤容限型粉末高温合金，如 René88DT、N18 等；第三代为高强损伤容限型粉末高温合金，如 René104/ME3、Alloy10 和 RR1000 等；第四代粉末高温合金，如 René130 等，是在第三代的基础上，通过成分调整和工艺优化来获得更高的工作温度，使其具有高强度、高损伤容限和高工作温度的特点。

在粉末高温合金研究和生产领域，俄罗斯与美国同时开展工作。与美国普遍采用 Ar 气雾化制粉+挤压+等温锻造+热处理工艺流程制备粉末涡轮盘不同的是，俄罗斯粉末盘制备采用等离子旋转电极雾化制粉+热等静压成型+热处理的工艺流程。全俄轻合金研究院从 2004 年起开始研制 ВВП 系列（ВВ750П、ВВ751П、ВВ752П、ВВ753П）粉末高温合金。与 ЭП741НП 合金相比，ВВП 系列合金的拉伸强度、持久强度和低周疲劳性能更高，满足了俄罗斯新一代民用和军用航空发动机更高的使用要求。

（3）新型高温合金的发展

航空、航天、车辆和舰船发动机设计上一直期望高温合金材料可以更强、更刚、更耐热和更轻，发展高比强度、高比模量和更高使用温度的新型高温结构材料是材料科学研究所面临的迫切任务。金属间化合物是一种原子长程有序排列的中间相，原子间以金属键和共价键结合，同时具备金属材料较好塑性和陶瓷材料的高温强度，可能成为具有应用前景的高温结构材料。其中金属铝化物和硅化物还具有较低的密度和良好的抗氧化性。实验发现一些金属间化合物，如 TiAl、Ni3Al、Co3Ti 等，在一定温度范围内屈服强度随温度升高而增加，即所谓 R 现象，且该温度范围较宽，这一特性使此类金属间化合物作为高温结构材料更具潜在优势。与高温陶瓷材料相比，金属间化合物基本上可以沿用常规的冶金工艺技术进行熔炼、铸造和锻造加工，有利于材料的制备与部件生产。金属间化合物基高温结构材料的开发始于 20 世纪 50 年代，由于晶体结构的对称性低和晶界结合力差等原因，室温脆性一直不利于金属间化合物的工程应用。直至 80 年代初，解决室温脆性问题的研究取得了突破，通过合金化和组织控制可显著改善一些金属间化合物的室温脆性。近几十年来，Ti-Al、Ni-Al、Fe-Al 三个体系的 A3B 和 AB 型金属间化合物在国内外得到了广泛研究并取得重大进展。目前，国际上研究和应用取得明显进展的是比重只有镍基高温合金一半的钛铝金属间化合物合金。因在 650～850℃温度范围内，钛铝合金的比强度显著高于普通钛合金和镍基高温合金等材料，美国 GE 研制生产的 GEnx 发动机、法美合资的 CFM 公司最新研制生产的 LEAP 发动机均采用了钛铝合金涡轮叶片，试验证明可显著减轻发动机重量，提高发动机性能和节省约 15% 的燃油消耗；德国 MTU 公司日前宣布与工业伙伴联合开发出一款用于发动机高压组件的高温钛铝金属间化合物合金，已经通过硬件飞行验证，在 2014 年 9 月底，定制的钛铝叶片安装在了一架 A-320neo 的齿轮风扇（GTF）发动机上进行了首次试飞，并于 12 月取得认证。日本大同制钢株式会社研制的 TiAl 合金车用发动机增压涡轮转子可显著改善车辆的加速响应性，已于 1999 年进入了商业化应用。

传统钴基高温合金因缺少共格析出的强化相，中温强度只有镍基合金的 50%～75%，但在高于 980℃时具有较高的强度、良好的抗热疲劳、抗热腐蚀和耐磨蚀性能，且有较好的焊接性，广泛用于制作航空喷气发动机、工业燃气轮机、舰船燃气轮机的导向叶片和喷嘴导叶以及柴油机喷嘴等。1942 年，美国首先用牙科金属材料 Vitallium (Co-27Cr-5Mo-0.5Ti) 制作涡轮增压器叶片取得成功，后因使用过程中不断析出碳化物相而变脆，把含碳量降至 0.3%，同时添加 2.6% 的镍，以提高碳化物形成元素在基体中的溶解度，发展成为 HA-21 合金。20 世纪 40 年代末，X-40 和 HA-21 制作航空喷气发动机和涡轮增压器铸造涡轮叶片和导向叶片，其工作温度可达 850～870℃。1953 年研制出用多种难熔元素固溶强化的 S-816 合金，用于锻造涡轮叶片。从 20 世纪 50 年代后期到 60 年代末，美国曾广泛使用过 4 种铸造钴基合金：WI-52、X-45、Mar-M509 和 FSX-414。目前，变形钴基合金多为板材，如 L-605 用于制作燃烧室和导管，广为应用的 HA-188 因其中含镧而具有优异的抗氧化性能。

2006 年 4 月，日本东北大学的石田清仁（K.Ishida）团队在 Science 上发表文章，报道在 Co-Al-W 基合金中发现了类似镍基高温合金中高温稳定的 L12 型 γ'-Co$_3$(Al，W) 有序相，并制备出类似镍基高温合金 γ/γ' 两相组织的新型钴基高温合金。初步研究表明新型 γ' 相强化钴

基高温合金具有较高的熔点和良好的高温力学性能，有可能代替镍基高温合金成为新一代高温结构材料。目前，新型 Co-Al-W 基高温合金仍存在瓶颈问题，如 Co-Al-W 合金的 γ′ 相溶解温度约为 1000℃，远低于镍基高温合金的 γ′ 相溶解温度，γ/γ′ 两相成分区域非常窄，极大限制了其承温能力的提升，另外 Co-Al-W 合金中的 γ′ 相为亚稳相，在高温长时间保温后，将分解为 Co_3W 等，降低合金的高温力学性能。国际上众多科学家正努力利用材料基因组工程发展合金化等方法，以期开发出兼具较高 γ′ 相溶解温度、优异的组织稳定性和较低密度的新型钴基高温合金。

（4）高温合金的发展趋势

20 世纪 90 年代至 20 世纪末，高温合金新品种、新技术的发展满足了航空发动机的延寿和减重、航天飞行器的高超声速化以及地面燃气轮机的重型和高效等需求，以至于 20 世纪下半叶被认为是高温合金的时代。如美国 GE 认为 R104 粉末高温合金是最新和最伟大的材料，具有更高的蠕变强度和疲劳寿命，其首先应用于 GE-Pratt & Whitney Engine Alliance 的 GP7200 发动机，又在最新的 GEnx 发动机上发挥了重要作用。这期间，新型高温合金的开发一般都需要反复实验和大量测试。如，GE 的 Rene41 合金是历时将近 10 年、在第 41 次反复实验研制成功的，Rene 41 也因此得名。

进入 21 世纪以来，高温合金的研发和生产不断受到用户技术发展和经营模式变化的影响。技术上如航空发动机提高推重比、增加安全性和经济性，航天器速度超声速倍率的增大，车用发动机降耗减排的高增压技术等，牵引了粉末高温合金、单晶高温合金、金属间化合物等新材料的进一步发展，且使研发与产业部门更加重视材料的工程化技术研究，以加快新材料进入工业化稳定生产的过程。

竞争的压力也驱使发动机用户提高燃料效率，减少耗油量长期的趋势是每年平均减少 1%，而这主要需依靠空气动力效率、燃烧室设计的改进和由于材料使用温度的提高而产生的热力学效率的提高。从美国最近统计的结果看，一个航空发动机从开发到应用耗资超过 10 亿美元，而航空发动机公司并不能指望在 10～15 年的开发期内所有收益。这个经济模式改变了航空业消费者和发动机制造商的行为，并直接影响高温合金行业的发展。GE 和 R-R 公司等发动机制造商的应对措施是一方面降低开发成本，尤其是应用原料成本和工艺成本较低的高温合金。生产企业技术投入更注重稳定化生产，品种上趋于一材多用。目前美国航空发动机和燃气轮机中常用的高温合金牌号只有 20 种左右，其中 Inconel 718 一种合金产量就将近一半。

目前，发动机公司仍认为，一个有竞争力的新材料或技术会给发动机设计师带来新的想象空间，并且有可能克服材料技术中的某些惯性思维和停滞。然而新型材料得到应用，其全面性能的平衡是必不可少的，如，即使力学和物理性能得到满足，也必须分析可生产性。这需要多元相图、重结晶温度、机加工性、焊接性、可锻性等方面的知识。并且，现在的设计工作需要更多的材料性能数据，从耐温和应力水平来确定这个材料是否可以满足选定的应用。航空发动机设计所需的典型性能数据一般包括：弹性模量、蠕变和应力断裂、屈服强度和拉伸强度、韧性、应变率敏感度、高周和低周疲劳、断裂韧度、冲击强度和裂纹扩展率等。获得如此全面的数据将耗资巨大，并且需要很长的时间，因而新材料的发展一定要与传统材料在某些性能上有较大的档差以突出必要性。

为缩短新材料的研发周期并降低成本，美国在 2011 年宣布实施材料基因组计划，旨在利用并发展材料科学研究中的相关知识，融合材料科学、固体力学、信息科学、软件工程、先进实验方法等学科，采用数值模拟、数据库及数据挖掘、人工智能等技术研究材料的工艺过程、微 / 细观结构、性能和服役行为等，阐明成分、微结构和工艺对性能的控制机制，引导并支撑实体材料的研发和应用。

总体来看，国际上燃气涡轮动力（包括航空、航天发动机，舰船和地面燃气轮机）用高温合金向着耐高温、耐腐蚀、高纯净、高可靠性、低成本等方向发展。不断研制新型高温合金材料的同时，注重已有合金的改进，同时开发先进的制备与检测技术，降低成本的同时确保了材料的量产稳定性和应用可靠性。

8.3 高温合金产业的国内发展现状

（1）初级阶段

我国自 20 世纪 50 年代开始试制生产高温合金。50 年代初我国生产涡喷发动机所用高温合金从苏联进口，1956 年二机械部和重工业部组织钢铁工业试验所、抚顺钢厂、鞍山钢铁公司、北京航空材料研究所及 410 厂共同试制涡喷 -5 发动机用 GH3030（ЭИ435）板材，当时直接采用苏联材料技术条件 AMTY 的翻译本，在苏联专家朱也夫指导下生产出我国第一炉高温合金，1957 年通过了长时试车考核。随后在抚钢又试制出涡喷 -5 用叶片合金 GH4033（ЭИ437b）、涡轮盘合金 GH4034（ЭИ415），在北京航空材料研究所试制出导向器铸造叶片 K412（ЭИ618）。但由于当时生产水平较低，合金质量并未完全过关，发动机关键材料实际仍从苏联进口。

及至 1959 年，中苏关系恶化，我国航空发动机生产面临"无米之炊"，中央决定高温合金的生产全部立足国内，先是钢铁研究总院、北京航空材料研究所、中国科学院金属研究所及有关生产厂与使用厂对 GH3030 板材的质量问题进行攻关；随后，对装配 J6 的涡喷 6 和装配 J7 的涡喷 7 需用高温合金进行联合攻关，其中包括叶片材料 GH4033、GH4037、GH4049 及板材合金 GH3039 及 GH3044 等。解决了生产中出现的种种技术难点，发展出具有我国特色的生产工艺，使我国不但能批量生产涡喷系统航空发动机所需的高温合金，而且也满足了航天、核工业等的需要。通过上述攻关，在 20 世纪 60 年代形成了以抚顺钢厂、上钢五厂、上钢三厂、大冶钢厂和齐齐哈尔钢厂为主体的变形高温合金生产基地，1967 年在四川又建立了以生产高合金钢和高温合金为主的长城钢厂，以及沈阳、成都、西安、贵州、株洲、哈尔滨、南昌等航空发动机厂高温合金加工及精密铸造生产线。同时，随着我国高温合金生产和使用经验的积累，冶金厂、航空工厂和研究院所自 20 世纪 60 年代初期开始共同制订我国高温合金的技术条件，1965 年原冶金工业部发布了我国第一批高温合金产品及检验方法的冶金行业标准发布（YB 507-65、YB 513 ～ 517-65 等），从而保证了我国航空发动机用高温合金的生产可以立足国内、质量达到使用要求。

从 20 世纪 50 年代到 70 年代，我国高温合金基本以仿制苏联高温合金体系的成分为主，自己探索出生产工艺，也根据我国资源特点和设计人员的要求，研制出几十种具有一定特点的新合金。到了 70 年代中期，由于仿制 WS-8、WS-9、WZ-6 和 WZ-8 等机种，又引进了一批欧美高温合金体系的牌号，按这些合金的标准，对合金纯洁度、均匀性和综合性能提出了更多、更高的要求，为此增添了一批新的生产工艺装备和分析检测设备，使我国高温合金的生产工艺和质量水平上了一个新台阶，接近或基本达到西方工业国家的水平。

（2）快速发展阶段

改革开放以来，在国家大推力涡扇发动机、高功重比涡轴发动机、先进火箭及弹用发动机、舰船动力燃气轮机化及兵器动力高增压化等需求牵引下，国内高温合金得到较为全面的发展。尤其从 20 世纪 90 年代中至今，是我国高温合金的新发展阶段，随着航空发动机推重比从 3 提高到 10 以上，涡轮前进口温度从 1160K 提高到了 1950～2150K，这一巨大进步固然离不开先进的设计思想和精湛的制造工艺，但是高性能单晶、粉末和变形高温合金的应用也是功不可没的。我国研制的第三代航空发动机已批产列装，其涡轮前进口温度达到 1750K，所选用的主体高温合金材料已经完全可以国内生产；第四代航空发动机已首飞成功，为满足更高的涡轮前温度，应用了包括二代单晶高温合金、二代粉末高温合金等一批性能先进的新材料。在航空发动机及燃气轮机重大专项支持下，正自主研制具有更高承温能力的高温合金新材料及其先进制备技术，将有力支撑新型先进航空发动机及燃气轮机的设计、研制和生产。高温合金是正待启动的国家科技创新 2030 重点新材料研发及应用专项实施方案中的重点研究内容，将系统研究突破高温合金产品成分一致性、组织均匀性、产品尺寸/性能稳定性精细控制技术，开展"一材多用"体系化、新品种和先进制备技术、低成本制造等研究，加快高温合金新品种、新型高温结构材料及前沿技术的自主创新研发，发展一批更耐高温、轻质、高强、长寿命、低成本的高温合金新品种和先进制备技术，高温合金总体技术水平和创新能力进入世界前列，形成航空发动机及燃气轮机、航天推进系统、核能、火电、油气开采、石油化工等高端装备用高温合金的自主保障能力，产业能力达到 10 万吨/年，并可带动相关行业产值 2000 亿元/年。

其中，单晶高温合金叶片是航空发动机热端最为关键的部件之一，服役环境极为苛刻，在高温、腐蚀环境下承受大载荷，而且需要上千小时的寿命。单晶叶片的理想组织是叶根、叶身和叶冠，由无缺陷的多相单晶体组成，晶体取向〈100〉方向，并与叶片主应力轴方向之间的偏离不大于 10°。目前国内单晶合金材料已发展到第四代。其中，第一代单晶高温合金主要有中国航发北京航空材料研究院研制的 DD2、DD3、DD4，钢铁研究总院研制的 DD402、DD407、中国科学院金属研究所研制的 DD8、DD26，部分产品已在先进涡轴发动机和大推力涡扇发动机上得到批量应用；中国航发北京航空材料研究院研制的第二代单晶高温合金 DD6 已应用于大推力涡扇发动机，服役的 DD6 单晶涡轮叶片年需求量 7000 片，合格率 75% 以上，已累计安全飞行 11.3 万小时，满足型号批产需求；开发了第三代单晶高温合金 DD9、DD10、DD32、DD33 以及 Ni3Al 基单晶合金，研制出了双层壁高冷单晶叶片，已成为国内高推重比/高功重比航空发动机研制的重要基础；第三代单晶合金在推重比 12 发动机上用作双层壁超气冷涡轮工作叶片，目前处于试车考核初步阶段。2017 年超气冷单晶叶片制备技术取得明显进展，叶片包芯率提高，并消除了榫齿显微疏松；第四代单晶合金持久寿命优于美国第四代单晶合金 EPM-102；近年，还进行了第四代单晶高温合金和 Co-Al-W-Ta-Ti 钴基单晶高温合金的开发研究。

航空发动机涡轮盘作为关键的热端非包容部件，工作中承受着高温和高应力的叠加作用，工作条件极为苛刻，随着航空发动机推重比/功重比的提高，高合金化的粉末高温合金已成为先进的航空发动机涡轮盘不可或缺的关键材料。目前国内建立和完善了旋转电极制粉和气体雾化制粉工艺粉末高温合金生产线，如钢铁研究总院具备年产 200t 粉末、2000 件粉末盘的生产能力，承担着多个型号的军品供货任务；中国航发航材院和镇江新区共同设立的航发优材（镇江）高温合金有限公司，主要承载粉末高温合金盘件工程技术中心项目，专业生产粉末盘，保障航空发动机需求为目标，将具备年产粉末高温合金盘件 3000 件的能力。研制的第一代粉末高温合金 FGH4095 涡轮盘和挡板已在国内先进涡轴发动机和大推力涡扇发动机上得到批量应用；近年来，突破了粉末纯净化、等静压成型、挤压开坯等二代粉末高温合金涡轮盘关键制备技术，现 FGH4096、FGH4097 粉末涡轮盘已通过中等推力和大推力涡扇发动机的考核和应用；研制出第三代 FGH4098/99 粉末涡轮盘材料，性能达到国外同类合金水平，并试制出了双组织、双性能涡轮盘，是国内高推重比/高功重比航空发动机研制的重要支撑；已经开展对第四代粉末高温合金的成分设计研究，并进行了初步的组织-性能评价。

变形高温合金量大面广，尤其是时效强化型镍基变形高温合金，在淬火、时效状态下高温强度优异，广泛应用于高温下承受大载荷及复杂应力的涡轮盘、高压压气机盘、叶片等关键零部件。因而，变形高温合金的生产技术和质量控制水平也是一个国家冶金高技术水平的集中体现。我国于 1968 年开始研制大推力涡扇发动机涡轮盘合金，经过大量的研究和生产实践，形成国内牌号 GH4169 及相应的技术条件和标准。并结合我国的国情和生产装备状况，有特色与创造性地研究和掌握了有关工序的工艺参数及其对组织和性能的影响规律，使国内生产的 GH4169 合金质量不断提高，满足了我国航空、航天等领域对 GH4169 合金的需求。近年来，冶炼工艺从真空感应熔炼+真空自耗重熔或真空感应熔炼+电渣重熔两联工艺发展为真空感应熔炼+电渣重熔+真空自耗重熔三联工艺；大棒材开坯工艺从单向拔长发展为镦拔+拔长+径锻，实现了开坯过程的实时监测和自动化控制，质量明显改善且得到稳定。当前，变形高温合金盘材主要沿着三个方向发展：一是在 IN718 合金的基础上发展一系列的改型合金；二是通过提高合金化程度的途径来提高 γ′ 相沉淀强化型镍基合金的承温能力与性能水平；三是探索钴基合金在转动件上应用的可能性。

（3）自主创新发展

同时，国内还开发了一系列具有特殊性能的变形高温合金，如低膨胀系数高温合金 GH2907、GH2909，具有高强度和低膨胀系数相结合的独特性能，在大推力涡扇发动机上得到批量应用；开发了坚固件用高温合金 GH2132、GH4169 以及 MP59 等，冷拉棒材性能基本达到进口料水平；耐热腐蚀、可锻可铸的高铬合金 GH4648、GH4230 新材料也广泛应用在航空发动机燃烧室部件。

Ti-Al 和 Ni-Al 系金属间化合物基合金已发展成为新型高温结构材料，成为航空发动机及工业燃机等热力机械结构减重的重要技术途径和技术推动力。Ti2AlNb 基合金是"863"计

划支持开发出来的金属间化合物材料，以 O 相为主的 Ti2AlNb 基合金具有较高比强度、比刚度、蠕变抗力和低密度等优点。"九五"期间，钢铁研究总院以新型大推力航天火箭发动机等型号为应用背景，首先开始了对 O 相合金的合金化和加工工艺等方面的探索研究。近年来在大锭冶炼、开坯、环轧和锻造成型工艺上取得突破，促进了其工程应用，已在多种航空发动机和航天飞行器研制中发挥重要作用。TiAl 金属间化合物合金的密度仅为镍基高温合金的一半，在 600～900℃温度区间可代高温合金制作某些航空航天结构件以及地面动力系统转动或往复运动结构件，实现推力重量比值和燃油效率的大幅度提高，是航空、航天及车用发动机通过减重实现技术进步的重要新材料。在"863"计划项目支持下，通过合金化和组织控制已基本解决 TiAl 金属间化合物的室温脆性，目前主要围绕航空发动机高压压缩机叶片、低压涡轮叶片以及车用发动机增压器涡轮、排气阀等开展工程化和应用研究。其中，TiAl 合金增压器涡轮已在一些陆基动力型号上应用，在某型高功率密度增压发动机进行对比试验表明，装配该零件的发动机全负荷瞬态加速响应性提高 49%，比油耗降低 3g/(kW•h)，稳态烟度降低 0.2 波许，总机械效率提高 1.5%，车辆的加速响应时间缩短了近 30%。Ni_3Al 基金属间化合物自通过元素 B 改善室温塑性以来，在国家"863"和攻关计划的支持下，开展了多方面的应用研究。钢铁研究总院与广西电力试验研究院合作，完成了 Ni_3Al 基合金在大型水力机械叶片防护上的应用研究，结果表明，Ni_3Al 基合金 MX246 具有较常用水轮机叶片表面防护材料好 10 倍的抗气蚀性能；近年来，Ni_3Al 基合金的耐温和抗氧化能力使其在航空发动机尾喷管以及线材热轧导位板、烟道吹灰器等领域得到广泛应用。Ni_3Al 基单晶合金具有低成本、低密度、优异的超高温持久性能和长期组织稳定性的优势，是先进航空发动机涡轮叶片材料重要的发展方向，国内已开发一系列 Ni_3Al 基单晶合金，研究了单晶生长机制、凝固特性、再结晶机理和强化机制等。新型低铼 Ni_3Al 基单晶合金（IC21）初熔温度≥1340℃，密度 8.20g/cm^3，[001] 取向 1150℃/80MPa 的持久寿命＞1000h，[111] 取向 1150℃/137MPa 的持久寿命＞150h，1100℃达到完全抗氧化级，同时具备优良的铸造工艺性能。目前，IC21 被选用为我国某型在研航空发动机的高压涡轮导向单晶叶片用材料，突破了单晶薄壁铸件尺寸和生长取向控制以及叶片热处理等关键技术，已成功研制出合格的单晶叶片。

进入 21 世纪以来，舰用和地面燃气轮机用高温合金的研制也得到了重视。首先是耐热腐蚀、大尺寸的铸造高温合金涡轮叶片，国内工业燃气轮机用单晶涡轮叶片还存在一些关键技术需要改善，如需要提高合金耐热腐蚀性能，由于叶片尺寸的增加需要铸造过程有大的热梯度，优化铸造工艺参数，确定叶片缺陷接收标准等。燃气轮机用高温合金的另一个难点是超大尺寸涡轮盘，目前通过 VIM-ESR-VAR 三联冶炼工艺过程控制的关键性改进，严格控制 VAR 熔炼步骤，使用大量过程模型模拟、优化关键的工艺参数等手段消除了化学成分偏析、白斑、黑斑等与熔炼有关的缺陷；进而解决了大尺寸锻件热变形流变失稳等热加工工艺问题，现国内研制的 GH4706 涡轮盘锻件直径已达 2m 多。

700℃超超临界电站中的高温合金主要用于锅炉和汽轮机关键部件制造，其中锅炉关键部件包括高温段过热器、再热器管、主蒸汽管道和厚壁部件等，汽轮机关键部件包括高中压转子、高温气缸、叶片和螺栓等紧固件。我国候选参考材料是经"国家 700℃超超临界燃煤发电技术创新联盟技术委员会"多次组织冶金、机械、电力、设计部门的专家研讨后确定的方案，正在开展 700℃ 超超临界电站汽轮机高中压转子、高温气缸、叶片和螺栓紧固件用高温合金、耐热钢及其关键部件研究。

近年来，在高温合金工艺技术方面也取得许多突破。随着航空发动机轻量化、长寿命及结构功能一体化设计的要求，高温合金大型铸件的制造正朝着大尺寸、超薄壁、复杂结构方向发展，镍基高温合金精密铸造已是航发热端部件制造的重要技术之一。随之产生的铸造成型过程高温合金的大尺寸效应、薄壁效应和变截面效应，对铸件的内部冶金质量与几何尺寸控制都带来了极大的挑战。国内 20 世纪 60 年代开始，联合攻关，系统开展熔模铸造工艺研究，研制"多层壳体"工艺替代工艺复杂、生产周期长的湿法造型，使熔模精密铸造技术进入一个新的发展时期；采用 K417 铸造高温合金、多层壳型和石英玻璃管型芯工艺铸造出带冠 9 小孔空心涡轮叶片，揭开我国熔模精密铸造空心涡轮叶片的历史；同时，发展了涡轮叶片表面晶粒细化技术和整体导向器铸造技术等。70 年代中期系统开展近净形熔模精密铸造工艺的研究，在模料、陶瓷型壳与型芯材料等方面取得大量成果。70 年代末期成功制造出斯贝发动机低压一级空心导向叶片。大尺寸熔模精密成型、大流阻下合金充填与凝固结晶控制等关键技术取得突破，整铸的最大尺寸 700mm 的复杂结构件尺寸精度 CT5 级，表面粗糙度 Ra 达到 3.2μm。重点开展大流阻下浇注成型过程中流场、温度场与凝固速度等对复杂薄壁结构充填致密度、等轴晶晶粒生长的影响研究，探索等轴结晶条件下致密充填与晶粒度复合控制的工艺途径，在新工艺下实现了致密充填与晶粒度均匀分布。建立了外廓尺寸达 900mm，最小壁厚 1.2mm 的等轴晶机匣、扩压器、叶盘类大型复杂薄壁结构件，以及弦宽×高 =150mm×600mm 定向柱晶/单晶的调节片和地面燃机叶片类薄壁铸件近净形熔模精密铸造技术研究条件。近年来，重点开展了大流阻下浇注成型过程中流场、温度场与凝固速度等对复杂薄壁结构充填致密度、等轴晶晶粒生长的影响研究，探索等轴结晶条件下致密充填与晶粒度复合控制的工艺途径，在新工艺下实现了致密充填与晶粒度均匀分布。建立了外廓尺寸达 1340mm，最小壁厚 1.2mm 的等轴晶机匣、扩压器、叶盘类大型复杂薄壁结构件，以及弦宽×高 =150mm×600mm 定向柱晶/单晶的调节片和地面燃机叶片类薄壁铸件近净形熔模精密铸造技术研究条件。同时，积累和完善高温合金精密铸造数值模拟所需数据库和边界条件，已可通过数值模拟技术预报铸件产生缩孔、疏松、变形、开裂的趋势，指导压型和拼装夹具定位设计、浇注系统设计和工艺参数确定，进行高温合金大型复杂构件尺寸、冶金质量控制；数值模拟正在向精密铸造全过程模拟发展，进行蜡模成型过程仿真、微观组织模拟仿真，实现工艺设计过程由先验试错向理论指导实践过渡。

近年来，增材制造技术发展迅速，通过高密度的能量输入，逐层熔化高温合金粉末或丝材，根据离散堆积原理，在直接制造三维零件和大范围修复部件方面具有重要的应用前景。与传统方法制造的高温合金铸件相比，增材制造可直接制造几何结构复杂的高温合金零件；形成致密细小的微观组织，获得与锻件相当的力学性能；并可减少新产品开发周期和费用，降低产品开发风险，一些部件已在新型航天器上获得。但该技术在航空发动机等取得广泛应用还面临着重大的科学和技术挑战。首先，增材制造在制备复杂几何形状零件时，难于获得稳定的温度场致使工件热应力很大，因此制备 γ′ 相含量较高的高温合金很容易出现裂纹等冶金缺陷。目前，正重点研究增材制造在高温合金成型过程中的缺陷控制、裂纹、变形、残余应力和组织控制及力学性能各向异性问题。这些问题都与熔池固/液界面上的能量与质量输运过程密切相关，如何理解和调控熔池内复杂的热质输运是目前研究的主要趋势和技术突破的关键瓶颈。同时，增材制造目前通常采用现有的合金牌号，不能完美匹配当前增材制造的技术特点，正在研究建立专用合金的设计原则以及相应的增材制造工艺选择、粉末处理及表征、工艺参数优化、组织性能表征等问题，以最大限度地发挥高温合金材料和增材制造工艺两方面的优势。

另外，随着我国高温合金应用和生产技术的不断进步，我国已系统开展高温合金主干体系研究，并对高温合金标准进行了修订，逐步形成了高温合金国家标准体系。与国外各制造商各自形成高温合金体系标准不同，我国高温合金建立了统一的高温合金命名规则 GB/T 14992《高温合金和金属间化合物高温材料的分类和牌号》。高温合金牌号的命名采用字母加阿拉伯数字相结合的方法表示，以合金成型方式、基体元素和强化方式、合金编号的顺序构建了完整体系。其中，合金成型方式有变形高温合金、铸造高温合金（包括等轴晶铸造高温合金、定向凝固柱晶高温合金和单晶高温合金）、焊接用高温合金丝、粉末冶金高温合金、弥散强化高温合金和金属间化合物高温材料之分；在这些不同合金成型方式之下，再分铁基、镍基、钴基及铬基合金；相同基体之下，又分固溶强化和时效强化类型等。中国金属学会高温材料分会于 2009 年起组织国内专家重新编著了《中国高温合金手册》，2012 年中国标准出版社出版的新编手册涵盖了航空、航天、舰船、兵器和地面燃机用 205 个牌号高温合金，系统、全面地反映了编入高温合金的纳标状态以及研制、生产技术水平。收录的高温合金牌号均已通过国家验收、鉴定、进入批产或准备推广应用，数据具有可靠性、先进性和实用性，作为查询和使用各类国产高温合金的工具书有助于相关领域的研发、生产以及设计使用技术人员全面了解我国高温合金牌号体系。

8.4　发展我国高温合金产业的主要任务及存在主要问题

虽然高温金属合金材料与生产技术在我国已发展了 60 余年，但产业发展仍处于成长期，在国际市场上处于竞争弱势，科研、生产能力与需求相比存在三个方面的问题：

① 高端新产品难以满足应用需求，高代次高温合金工程化应用水平与美国、俄罗斯等国仍有差距，我国研制更高性能的航空、航天发动机尚存在材料短板。

② 高温合金产品质量稳定性、性能一致性以及性价比仍有待提高，生产工艺技术细节需全面完善，"一材多用"格局和主干材料体系建设尚需进一步推进。

③ 生产能力不足，我国高温合金生产企业技改建设尚未到位，生产能力与需求之间存在一定缺口，特定用户仍倾向于选择国际市场流通的大宗高温合金产品。

高温合金产业发展还受到企业缺少拥有自主知识产权的高端合金品种，存在非理性投资、重复建设，以及对购买的先进装备缺乏认知及二次改造能力等问题的制约。

今后一个时期，国内变形高温合金产业的任务，首先是不断开发承温能力更高、耐腐蚀性更好、强度水平更高的通用性变形高温合金材料，掌握材料的通性与特性，结合生产工艺改进实现"一材多用"；同时，不断改进冶炼技术，注重生产过程精细控制，提升材料冶金质量。在真空感应熔+真空自耗重熔、真空感应熔炼+电渣重熔工艺的基础上，开发并完善真空感应熔炼+保护气氛电渣重熔+真空自耗重熔三联纯净化冶炼工艺，进一步降低材料的杂质元素含量，提升材料的纯净度；进而，通过反复镦拔和热处理技术，进一步提升棒材及盘锻件的组织均匀性。目前这些新工艺在航空发动机转动件用变形高温合金上得到工业化应用，生产的航空发动机典型零件正在按照规范进行考核验证。对于一些合金化程度高、易偏析合金，三联纯净化冶炼工艺使得其铸锭锭型尺寸进一步增大，棒材规格相应增加，扩大了变形高温合金材料的应用范围。

国内生产变形高温合金的特钢企业近年通过国家技改投入和自筹资金建设，设备条件和产能已达到国际先进水平，为研制变形高温合金的批生产和高端镍基耐腐蚀产品提供了必要的硬件支撑。如，抚顺特钢投资40亿元进行大规模工艺技术改造，彻底调整完善工艺布局，将依托12t、7t、3t、2t真空自耗炉；12t及3/6t真空感应炉，1t、0.2t真空感应炉，5t和1.2t非真空感应炉，1～30t等各种吨位电渣炉等冶炼装备，以及从德国和奥地利引进的3500t快锻机、3150t快锻机、2000t快锻机和1800t精锻机、1000t精锻机以及2台电液锤作为提升航空、航天用变形高温合金质量及开发镍基耐腐蚀合金的保障条件；宝钢特钢有限公司引进了板坯立式连铸机、40t电炉加炉外精炼、12t真空感应炉、10t和20t保护气氛电渣炉，可实现镍基耐腐蚀合金板带最先进的冶炼工艺；2800mm中板轧机，具有7500t最大轧制力，能有效解决镍基耐腐蚀合金热加工强度大的难题，5000t轧制力的四辊可逆炉卷轧机，以及六辊及20辊森吉米尔冷轧机及配套的酸退及光亮处理线，可生产耐腐蚀合金冷轧钢带；攀钢集团江油长城特殊钢和大冶特钢等企业也在大幅度提升特种冶炼和开坯的设备条件。"十四五"期间将重点开展冶炼和热加工工艺细节的研究，以自主研究设计的控制系统进一步提高设备的自动化控制水平，保障大宗的变形高温合金产品生产工艺参数的一致和稳定。

国内铸造高温合金产业的任务包括：开发低成本、无RE或低RE的高性能定向/单晶高温合金，开发冲击/气膜复合冷却、双层壁超气冷、发汗冷却、闭式蒸汽冷却等新型冷却结构涡轮叶片制备技术，研制承温能力高、工艺性能优异的涡轮机匣材料及大尺寸复杂结构铸件精密铸造生产技术。近年，研发、生产铸造高温合金及铸件的研究院所和企业近年通过国家技改投入和自筹资金建设，设备条件和产能已达到国际先进水平，为铸造高温合金及其铸件的批产提供了必要的硬件支撑。如，中国航发北京航空材料研究院、钢铁研究总院等铸造高温合金母合金锭生产单位均建设了德国ALD公司的大容量VIDP熔炼炉，产能大幅提升，同时合金锭的品质明显改善；自动制壳线在各铸造厂广泛应用。今后十年将重点加强母合金冶炼和铸造工艺细节的优化，推进返回料高效利用，提升铸造型壳、型芯等辅料和先进制备技术研究，提高关键的单晶高温合金叶片和大尺寸机匣等产品的成品率，并显著降低生产成本。

为满足未来航空动力装置对涡轮盘材料的要求，粉末高温合金品种研发将在前三代合金的基础上聚焦高温高强高损伤容限新一代粉末高温合金，以进一步提高工作温度和高温力学性能、提高安全可靠性及降低成本。国内生产粉末高温合金的单位近年通过国家技改投入和

自筹资金建设,已经建成具备粉末高温合金零部件预先研究、工程化应用研究及小批量试制的条件及能力。为了实现挤压+等温锻造研制粉末高温合金盘件,北方重工联合中国航发航材院对挤压设备进行了必要改造,经过设备改装,成功突破大规格棒材挤压开坯技术,为研制高可靠性、高质量粉末涡轮盘提供了必要的硬件支撑。制备工艺上将推动高温合金制粉技术朝着细化、少夹杂、高球形度、高效率、低成本方向发展,在未来一段时间内,将凸现材料和制造技术并行发展特征,先进的制造技术主要包括双辐板涡轮盘、双合金整体叶盘、双合金复合盘、纤维增强合金盘件等。

目前国内已构建若干高温合金创新平台,如依托中国科学院金属研究所的师昌绪先进材料创新中心、依托中国航发北京航空材料研究院的先进高温结构材料重点实验室、依托钢铁研究总院的高温合金新材料北京市重点实验室等。这些平台集中了国内主要的高温合金科技力量,短板是人才流动和强强联合攻关的机制尚不够完善,国内高温合金生产企业尚未发展成为创新的主体。

8.5 推动我国高温合金产业发展的对策和建议

高温合金是资金买不来和市场换不来的战略性材料,是保障国防建设和能源安全的基石和支柱,国家和企业应共同投入,并坚定信心、独立自主掌握和通过创新实现超越。需认识到,高温合金研制和生产的门槛高、投入大,国内多年型号牵引研制积累的共性技术问题较多,进而遵循材料研发规律开展长期细致工作,认识和掌握技术细节。也要各级领导重视长远,不急功近利,逐步建立成果分享机制等措施稳定科研队伍和生产一线的技术力量。

我国的高温合金产业仍有待进一步激活的上、下游市场,尤其在高端高温合金产品领域,应通过鼓励高温合金品种和生产工艺创新,引导传统企业及新兴企业更加专注于"巧、精、尖"核心技术的突破,推动国产替代进口及主干材料自主研发,规避民用开放领域面临的知识产权风险,以利于高温合金产品未来进入国际高端产品供应链,为国家和企业带来更大的经济效益和社会效益。

在新型举国体制下,国家加强统筹规划高温合金领域的基础研究、材料研制、生产和供应,克服基础研究、材料研制方面经费投入分散、研究碎片化、低水平重复的问题,解决目前生产产能过剩、重复建设、产品低水平竞争的问题。重视高温合金领域基础研究,加大材料研制经费投入,提高自主创新能力,建立高温合金主干材料体系,努力做到"一材多用",实现材料有序发展。强化材料研制全过程及批产稳定性考核,强化应用研究全过程,严格按照材料研制与应用研究全过程开展研究工作,重视材料及制件的批产稳定性考核,实现在装备上的快速应用。鼓励企业利用自身或社会研究力量,深化对关键设备的理解和二次开发,补充缺失重要设备,同时对产品制造工艺进行精细化控制,提高产品批次质量。

8.6 面向国家 2035 年重大战略需求高温合金产业技术预判和战略布局

为了突破我国高温合金"受制于人"的技术瓶颈，必须加大自主创新、加强基础研究，建立完整的高温合金体系，实现独立自主保障。针对高温合金产业规模小、牌号多、稳定性差等现状，改善主干合金品质，实现"一材多用"；针对高温合金零部件材料利用率低、质量稳定性差、成本高和特种型材依赖进口等现状，提升制造技术水平和产品性价比，解决进口替代问题；针对动力装备升级换代的紧迫需求，发展一批高温合金新品种和先进制备技术，实现高温合金核心技术的创新发展；针对航空航天重大装备长远需求，储备一批密度更低、耐温更高的新型高温结构材料。建立起完善的高温合金体系，在主要高端装备上应用一批高品质高温合金新产品，最终实现在我国高温合金材料与核心部件制备技术等方面的自主创新。同时，开发高温合金的先进评价表征技术并建设相应的平台，以支撑高温合金体系全链条建设。

重点布局的研发有：① 高品质变形高温合金一材多用体系化技术；② 高温合金新品种和先进制备技术研究；③ 高温合金部件低成本精细制造工艺和返回料回收技术；④ 高温合金高精度零部件使役性能提升技术；⑤ 多品种、小批量特种高温合金生产技术；⑥ 700℃超超临界电站用高温合金。

高温合金产业发展需攻克的关键技术主要包括如下几项。

（1）高品质变形高温合金一材多用体系化技术

首先确定科学、精确的 GH4169/4698 合金化学分析方法，改进标样、试样制备技术以及测试分析条件；掌握微量元素对合金组织性能的影响规律；制定原材料质量控制标准；提高真空感应熔炼、电渣重熔、真空自耗重熔三联冶炼技术成熟度；确定精确的快锻机镦拔和径锻机开坯工艺参数；设计科学、合理的盘锻件模具及热成型工艺参数，以达到 GH4169/4698 合金一材多用的性价比要求。

（2）高温合金新品种和先进制备技术研究

完成航空发动机用第三、第四代单晶高温合金的设计，构建复杂形体空心叶片晶体生长控制理论，突破复杂结构型芯制备技术，掌握单晶叶片缺陷控制技术。完成第三、第四代粉末涡轮盘高温合金设计，纯净高温合金细粉制备技术，粉末双性能涡轮盘制备技术。揭示沉淀强化型钴基高温合金多组元合金化与其组织、性能之间的关系，突破该类合金 γ+γ′ 两相区窄和强化相高温下含量相对较低等发展瓶颈。掌握高温合金增材制造关键技术，包括快速成型过程中晶粒生长控制，组织／缺陷／应力控制以及尺寸控制等。

（3）高温合金部件低成本精细制造工艺和返回料回收技术

进行蜡模成型过程仿真、微观组织模拟仿真，实现工艺设计由先验、试错向理论指导实践过渡。设计和制造 $\phi 75$mm 棒料等离子旋转电极制粉设备，突破等离子旋转电极制粉设备制备高纯净高温合金细粉工艺。完成含贵金属元素返回料重复利用的研究，合金纯净化技术、贵金属元素提取技术和性能恢复等的研究。真空水平连铸大断面高温棒材真空动态密封技术、大力矩精密连铸拖坯技术及二次起铸和连拉技术等。

（4）高温合金高精度零部件使役性能提升技术

突破高温合金盘件残余应力的多尺度测试和控制技术，建立残余应力与盘锻件使用变形问题的本构关系，形成残余应力控制工艺规范及检测标准。高温合金及 TiAl 金属间化合物异形件铸造中物理收缩的精确计算和测量技术，铸造收缩量的合理分配和工艺匹配技术，补偿铸造变形的模具反设计技术；精铸件的形状尺寸公差达到 CT6 级。

（5）多品种、小批量特种高温合金生产技术

开展紧固件合金共性关键技术研究，测试积累设计所需不同高温高强度多相紧固件合金冷拔棒材与螺栓的工程化性能数据。优化和稳定低膨胀高温合金大规格棒材和环形件工艺，补充和完善低膨胀高温合金大规格棒材性能数据和环形件应用性能数据。突破高温合金成卷带材，极细丝材的高纯净冶炼、加工制备、缺陷控制、板形与平直度控制及热处理等关键技术。突破高温合金管坯制备晶粒控制和轧制加工困难等关键技术，掌握高精度、多规格的变形高温合金管材轧制技术。

（6）700℃超超临界电站用高温合金生产技术

推动 700℃超超临界汽轮机用新材料 G115 马氏体耐热钢、C-HRA-5 奥氏体耐热钢、C-HRA-1、C-HRA-2、C-HRA-3 和 C700R1 耐热合金等新材料的评审、纳标；实现 G115 马氏体耐热钢、C-HRA-5 奥氏体耐热钢的工程化应用，推进 C-HRA-1、C-HRA-2、C-HRA-3 和 C700R1 耐热合金的工程化应用。突破最佳成分配比、大型合金锭冶炼－浇铸技术、大型部件的锻造成型和大型耐热部件综合性能评价等核心技术，完成高中压转子、高温气缸、叶片和螺栓紧固件用关键部件的全流程工业试制、部件解剖、综合性能研究和评定。

作者简介

张继，钢铁研究总院高温材料所正高级工程师、常务副所长，北京钢研高纳科技股份有限公司首席科学家，中国金属学会高温材料分会秘书长。主要从事新型高温结构材料成分设计，高温材料微观组织、晶体结构及晶体缺陷与力学性能的关系研究。享受国务院政府特贴，《中国高温合金手册》责任总编、《高温合金断口分析图谱》副主编，发表学术论文 60 余篇，获国家发明专利 10 项。

肖程波，研究员，现任中国航发北京航空材料研究院高温材料研究所副所长，国防科技工业精密铸造技术创新中心常务副主任，先进高温结构材料重点实验室副主任。曾负责国家重点研发计划、国家"863"、国家重大科技专项等项目。在国内外学术期刊上发表学术论文 100 余篇，获国家、国防发明专利 20 余项，获国家级企业管理现代化创新成果二等奖 1 项、国防科技进步一等奖 1 项。

第 9 章

高效石油工业催化材料

张　瑛　段爱军

9.1 高效石油工业催化材料产业发展的背景需求及战略意义

9.1.1 石油工业催化材料概述

石油被称为"工业的血液"，通过石油炼制过程可以生产各种燃料（汽油、航空煤油、柴油、燃料油等），通过石油化工过程可以生产最基础的化工原料（例如三苯：苯、甲苯、二甲苯；三烯：乙烯、丙烯、丁二烯）。石油产品的应用范围广泛且影响深远，例如在交通运输、工业、农业及国防建设中，都需要用到大量的石油产品，其在应用过程中具有高便捷性、高利用率等优点。随着全球经济的发展，人们对燃料油和化工原料的需求逐年增加。

石油炼制和化工过程的核心技术是催化技术，催化技术的灵魂是催化剂，而催化材料又是制造催化剂的主体。在现代炼油和化学工业中，90% 以上的化学反应是通过催化反应实现的。新催化材料的发现和应用，会给炼油和石化催化技术带来革命性的变化。回顾 20 世纪，60 年代 ReX 型分子筛代替无定形硅铝作为催化裂化催化剂，大幅度增产汽油和提高装置处理能力，被誉为"炼油工业的技术革命"；70 年代具有择形催化性能的 ZSM 分子筛的发现，使得成功开发出 M- 重整、柴油临氢降凝、润滑油催化脱蜡、二甲苯高选择性异构化、乙烯与苯烷基化等一系列炼油和石油化工新工艺；80 年代具有催化氧化反应特点的钛硅分子筛的开发，又推动了"原子经济"苯酚氧化制对苯二酚、环己酮氨氧化制环己酮肟等废物"零排放"工艺的出现。

在石油炼制中，研究最多的催化剂可分为催化裂化、催化加氢、催化重整、烷基化和延迟焦化的催化剂。我国炼油催化剂中使用量最大的是加氢催化剂，其次是催化裂化催化剂。在石油化工产业中，主要有氧化型、加氢型、脱氢型、聚合型和羟甲酰化型催化剂。在石油炼制和石油化工过程中，不仅要消耗大量不可再生的化石能源，还会带来严重的环境污染。随着人们对生存环境的日益重视，环保法规越来越严格，开发高效的催化剂对促进石油炼制和化工等支柱产业的绿色清洁发展及保护人类生存的环境等都具有极其重要的作用。

从20世纪后半叶以来，伴随着炼油行业的快速发展，我国催化剂技术也取得了明显进步。催化剂研发方面，针对加氢裂化、催化裂化等工艺，相继研发出多个系列催化剂，还设计开发了多种催化剂基质。目前我国炼油催化剂的开发和生产能力能够满足国内炼油生产的需求，但仍与国际先进水平存在一定的差距。行业的领先企业基本在欧美，国内领先企业数量较少。针对我国炼油催化剂行业面临的油品升级换代、清洁燃料生产和炼化行业转型升级等新形势，还需加大炼油催化技术的研发以提供强有力的技术支撑。目前我国石油化工产业催化剂还尚未实现完全自给的目标，每年都需要耗费大量资金进口相关产品。另外，国外很多发达国家的技术更新速度较快，催化剂的更新速度也一直在提高。所以，对于我国石油炼制和化工催化剂产业的发展而言，必须加快催化剂自主化生产进程，其中高效催化材料的研发和创新至关重要，对实现我国从催化剂大国向催化剂强国跨越具有实质性意义。

9.1.2 高效石油工业催化材料产业发展的背景需求

随着世界对石油需求量的持续增长以及国际化工行业的飞速发展，石油炼制和化工催化剂一直处于稳定增长的阶段。据国际能源署（IEA）统计，全世界对于石油的需求量将会以每天120万桶的速度持续增长，直到2024年底将会达到每天1.064亿桶的程度。自21世纪以来，欧洲不断提高对低碳经济转变的把控，炼油行业的发展趋势开始出现了萎缩；而一直处于世界领先地位的美国，仍然是世界上最大的炼油地区。与此同时，发展中国家的炼油能力却随着大量千万吨级石油炼厂的建成而增加，例如印度、中国等，开始出现了急剧扩张的发展趋势。预计到2035年，印尼、马来西亚等东南亚地区以及中东地区的炼油能力也将从2000年的每年41亿吨迅速增加到每年56亿吨。从地区的角度来看，亚洲、中东等众多地区对于燃料的需求不仅快速增加，炼油能力的核心也逐渐向石油化工生产和消费的地区过渡。在炼油能力和燃料需求的强力驱动下，全球催化剂的需求持续增加。

改革开放以来，我国石油炼制和化工行业发展迅速，石油消费量从2000年的22496万吨快速增长到2018年的62245万吨。2019年我国炼油能力和乙烯产能分别达到$8.6×10^8$t/年和$2902×10^4$t/年，双双稳居世界第二位，炼油和乙烯规模实力增强。当前我国正在建设和规划一些大型炼化一体化项目（表9-1），如中科炼化420万吨/年催化裂化装置已顺利投产（见图9-1）。根据国家《石化产业布局方案》，我国炼油能力2025年将突破$9×10^8$t/年，乙烯规模将突破$4×10^7$t/年。按照国家能源局《关于有序推进煤制油示范项目建设的指导意见》，2025年我国规划建成煤制油规模超过$6×10^7$t/年。因此受到炼油厂加工量上涨的带动，我国石油炼制和化工催化剂的需求也逐年提高。

表 9-1 近年来国内主要炼化项目及主要指标   单位：万吨/年

投产时间	项目	炼油能力	PX 产能	乙烯产能	收率 /%	
					成品油	化工原料
2020 年前	恒力石化	2000	450		50	35
	浙江石化（一期）	2000	400	140	44	46
	中科大炼油	1000	80			
2020 年后	镇海炼化扩建	1500		120		
	中沙华锦石化	1500		100		
	盛虹石化	1600	280	110	37	50
	旭阳石化	1500	200	120	45	
	新华联合石化	2000	557			
	一泓石化	1500	300			
	中委广东石化	2000	260	120		
	浙江石化（二期）	2000	400	140	41	

图 9-1 中科炼化 420 万吨/年催化裂化装置

面对新形势下世界范围内可持续发展的严格标准和日趋严格的空气污染指标要求，市场上对于各种不同类型的油品质量提出了更高要求，这意味着石油炼制和化工催化剂产业面临更多的挑战。针对各种不同类型油品进行催化剂的研发和利用时，既要与原油的性质结合分析，又要与实际生产需求进行结合，从而实现催化剂科学合理、有针对性地研发和利用。目前，针对原料油变重的趋势，石油工业催化剂的重要发展方向之一是研发中大孔型催化材料，为此采用了多种先进的技术手段，例如高岭土的酸碱性质改性、催化材料的离子改性、开发新型硅铝基材料、开发新型金属氧化物分子筛和引入新型模板剂等。这些技术成果运用到实际生产中，不仅大幅提升了石油工业催化剂的性能，而且在催化加工重质原料、降低催化材料结焦率、提高轻质产品的回收率以及生产低碳烯烃和清洁油品等方面做出了重要贡献。然而，目前大多数催化材料并没有达到质的突破，要想在石油工业催化领域占据一席之地，需要在高效催化材料的研发和应用方面进行大力扶植，以此来增加国际竞争力。

随着石油炼制行业的迅速腾飞，设备的自动化和智能化程度不断提高，需要品质更加稳定的催化剂来实现大型炼化一体化装置的持续稳定运行，最终将催化材料的生产过程助推至智能化阶段，新型催化材料的性能评估将会在应用过程中被精确量化。一旦新材料和新原料被成功开发，并且出现实质性突破，将会改变石油化工催化材料的各项技术属性，高端的石化产品也会凸显优越性。

未来在催化技术和交叉学科大力发展的背景之下，石油炼制行业除了向自动化和智能化方向发展外，还向着集成化、轻质化、清洁化方向大步迈进。为了助力石油炼化产业的大力发展，石油催化行业必须针对实际需求开展研发工作，采用先进的技术手段和深度优质的售后服务，将催化材料向着高效化、智能化、多功能化的物化性质方向发展，通过优化控制化学反应路径的方向进行定向催化。目前，石油催化行业的营销策略和技术手段仍处于专用催化材料发展阶段，大部分催化材料是针对特定的化学反应而开发研制的。为了特定化学反应的催化过程有更好的效果，催化行业的研发技术逐渐升级，例如加深对催化原料的了解、开发新型催化材料、不断积累催化剂的研制经验和开发不同催化剂数据库的应用软件等，以此来实现个性化催化水平的大幅度提升，支撑炼油技术和清洁产品的升级。

此外，研发绿色催化材料至关重要，石油化工行业生产过程中的废弃物所带来的环境污染问题不能忽视。整个催化化学反应的过程中，实现零排放，对环境无污染，从而达到清洁生产的新型催化材料，被称为"绿色催化材料"。《国务院关于落实科学发展观加强环境保护的决定》中指示"鼓励节能降耗，实行清洁生产，重点发展具有自主知识产权的重要环保技术装备和基础装备，努力掌握环保核心技术和关键技术"；《产业结构调整指导目录（2019年本）》指明环境友好型催化剂属于第一类"鼓励类"第十一款"石化化工"中第12条"环保催化剂和助剂等新型精细化产品的开发与生产"，符合国家产业政策。

9.1.3　高效石油工业催化材料对国家发展战略及经济和国防建设的重要意义

目前，全球范围内所面临的挑战是资源的可持续发展和环境的保护问题，尤其是在面对金融危机和气候变化的情况下，全球各大经济体的共同发展方向是实现绿色正增长，实现经济绿色发展。因此，石油炼制和化工行业的绿色环保发展将是世界发展大趋势，也是国家发展战略的重要政策导向。

作为世界上最大的能源消费国和 CO_2 排放国，中国已然成为全球气候变化谈判关注的焦点，这也说明了中国应对气候变化工作所面临的形势十分严峻。近年来，中国政府始终积极应对全球气候变化，努力控制以 CO_2 为主的温室气体排放，并提出了应对气候变化的行动和措施。2015年6月中国向联合国气候变化框架公约（UNFCCC）秘书处提交了应对气候变化国家自主贡献文件《强化应对气候变化行动——中国国家自主贡献》，确定了中国2030年自主减排行动目标，包括2030年左右实现碳达峰，2030年 CO_2 排放强度相比于2005年下降

60%～65%。

　　石油炼制和化工行业作为我国的支柱产业，也是碳排放的重要来源之一。2021年石化产业大会碳达峰和碳中和论坛上，石油和化学工业联合会产业发展部副主任李永亮介绍：目前石油和化工行业碳排放量超过2.6万吨的企业数量约2300家，碳排放量之和占全行业碳排放总量的65%，碳减排任务艰巨。在石油炼化过程中，从原料到产品要经过一系列复杂的化学反应，这就要求企业持续的技术创新，加强研究和应用绿色化技术，尤其是研发和生产适用于我国油品结构的活性更高、选择性更佳、成本更低、使用周期更长的高效"绿色催化剂"，推动石油化工企业转型升级，实现绿色化工发展，维护生态环境，推动我国经济进一步发展。

　　石油炼制和化学工业不仅关系到我国经济的绿色快速增长和社会的可持续发展，也关系到我国的国家安全和社会稳定。目前国际上贸易摩擦总体形势严峻，中美贸易争端具有长期性和严峻性，未来走向也存在很多不确定性。对于我国石油化工工业而言，贸易摩擦的影响体现在两个方面，一方面是对行业当中对外贸易的冲击；另一方面是技术封锁将严重影响企业的产品研发创新，严重阻碍产业向高端市场发展。美国通过颁布法律、限制令，实施精准"断供"等多种手段，限制一些关键技术装备和相关产品向我国出口，试图在关键技术、产品和重要物资装备等方面对中国"卡脖子"。如果对国际市场依赖加深，一旦出现波动，将会严重影响国内经济和政局的稳定。

　　石油是我国目前能源结构的重要组成部分，而石油炼制又是石油加工的首要环节，它对国家的能源供应稳定具有十分重要的战略意义。炼油催化剂生产技术则是整个炼油业的核心技术。控制了催化剂技术，也就使炼油生产得到了保障。一旦炼油业保持了稳定，国家的经济基础就有了能源上的保障。所以，我们应该对石油炼制和化工催化剂高度重视，在核心技术方面我们必须未雨绸缪、防患于未然。

　　目前，我国正处在从石油化工行业的大国向强国转变的重要时刻，创新性科技成果的转化及应用进程正在不断推进，创新和发展挑战严峻。石油炼制和化工"绿色催化剂"的自主研发和创新发展将是我国下一步的重点发展方向。与此同时，我国的石油化工催化材料的研制和发展必须结合国外很多大型石油催化剂公司的研制经验，跟随世界发展趋势，将轻质致密油（LTO）的加工、渣油的精制和转化、石油化工原料的开发和提纯作为重点的研究对象。同时，基于成本优势对新材料、新产品和新工艺进行开发和研制，不断拓展国际市场，为保障世界经济可持续发展提供稳定可靠的技术手段，从而进一步加强我国炼油工业的国际竞争力，保障我国能源安全、国民经济发展和人民生活质量提升。

9.2　高效石油工业催化材料产业的国际发展现状及趋势

9.2.1　国际石油工业催化剂行业总体发展概况

　　随着全球炼油能力的不断提高，油品标准的日趋严格，化工原料需求的持续增加，炼油和石油化工催化剂消费量一直处于稳定增长态势。其中，增幅最快的是新兴经济体和发展中国家。由于各国及各地区经济发展水平、炼油能力、油品与化工原料需求等存在差异，对炼油催化剂的需求不尽相同；即使是同一类催化剂，在不同地区其需求量也各有不同。例如：对于催化裂化催化剂，增产低碳烯烃类催化剂在北美需求最大；而在亚洲，排在首位的是增产汽油类催化剂。催化裂化催化剂需求最多的地区当属北美和亚太地区，2017年增产低碳烯烃和增产汽油的两种炼油催化剂需求量分别占全球的40%及30%以上。近年，在亚太及非洲和中东地区，包括炼油、聚合、化学合成等在内的所有催化剂增长率均高于欧美发达地区（见表9-2）。

表9-2 2013、2018年全球所有催化剂需求消费金额及增长率

地区	消费金额/亿美元		增长率/%
	2013年	2018年	
北美	50.40	59.90	3.5
中南美	7.99	10.00	4.6
西欧	37.00	42.70	2.9
东欧	6.21	7.80	4.7
非洲和中东	9.40	12.65	6.1
亚太	51.90	72.45	6.9
全球	162.90	205.50	4.8

2017—2020年期间，全球炼油催化剂需求量以年均3.6%的速度递增。2020年，该类催化剂需求消费金额达到47亿美元；2025年，预计超过58亿美元。这是由于包括美国致密油在内的全球非常规原油加工量的增加，以及油品及环保标准日趋严格。致密油加工量的增加，拉动了催化裂化催化剂的需求，同时也对该类催化剂提出了更高的要求，即具有更强的金属耐受能力和具备多产丁烯（烷基化装置的原料）能力，以补偿致密油的正构烷烃导致的汽油辛烷值的损失（8～10个单位）。

随着全球油品标准继续趋严，用于提升油品质量的加氢能力不断提高。预计在此期间，加氢催化剂需求量将持续增长。到2025年，主要用于加氢工艺的钴、钼、镍、钒等金属催化剂，在全球炼油催化剂市场的份额将超过35%。由表9-3可知，未来汽油加氢的扩能最大，然后依次是中馏分油加氢、催化裂化、异构化、加氢裂化、石脑油加氢、重油（渣油）加氢、烷基化（叠合）、重整等，与之对应的催化剂需求量也相应增加。但是，由于各种炼油催化剂使用周期不同，因此其用量无法与扩能同步增长。根据市场销售额统计，销售额最多的当属加氢催化剂（加氢处理和加氢裂化，共计占总量的46%），其次是催化裂化催化剂（40%），其后依次为重整催化剂（8%）、烷基化催化剂（5%）及其他（1%）。

表9-3 全球炼油能力、二次加工能力及扩能情况

项目		2017年炼油能力/（亿吨/年）	2018—2025年扩能/（亿吨/年）
原油一次加工		51.05	5.50
轻质油加工	重整	6.50	0.65
	异构化	1.05	0.95
	烷基化（叠合）	1.13	0.70

续表

项目		2017年炼油能力/（亿吨/年）	2018—2025年扩能/（亿吨/年）
转化	焦化	4.25	0.63
	催化裂化	9.50	1.00
	加氢裂化	4.85	0.94
加氢	汽油	2.40	2.00
	石脑油	7.70	0.75
	中馏分油	12.75	1.70
	重油（渣油）	4.60	0.75

9.2.2　国际石油工业催化剂市场竞争格局

（1）裂化催化剂市场

　　由于石油仍是不可替代的运输燃料，并且世界石油资源有限，而未来石油需求持续增长，因此发展重油深度转化、增加轻质油品仍将是21世纪炼油行业的重大发展战略，流化催化裂化（FCC）仍将是重要转化技术。FCC经几十年的发展，技术成熟，具有诸多优势。例如最大量生产高辛烷值汽油组分；原料适应性广，从馏分油到重质原料油均可加工；转化深度大，轻质油品和液化气收率高；装置压力等级低，操作条件相对缓和，投资较少；液化气中丙烯、丁烯等轻烯烃利用价值高。

　　车用汽油烯烃含量高容易堵塞发动机喷嘴，影响汽车的排放及使用性能。为了降低裂化汽油的烯烃含量，但是不损失轻烯烃产率和汽油辛烷值，各催化剂公司开发出了许多新的降烯烃催化剂。例如Davison公司开发的RFG催化剂，在工业装置上运行后催化裂化汽油的烯烃含量可下降8%～12%（体积分数），轻烯烃产率和辛烷值基本保持不变。Akzo公司开发的TOM Cobra催化剂，采用稀土含量高并经改性的特殊分子筛，同时加入ZSM-5分子筛使汽油中烯烃经选择性裂化转化为LPG馏分（液化石油气，基本以C3、C4等直链烷烃或烯烃为主），有助于弥补烯烃饱和而导致的辛烷值损失。日本Kashima炼油厂应用新催化剂，在相同研究法辛烷值（RON）下，汽油的烯烃含量（体积分数）降低9%，芳烃含量增加3%，饱和烃含量增加6%。为了提高丁烯产率，Grace公司介绍了可以提高丁烯/丙烯比率，同时增加汽油RON的GBATM助剂技术。

　　催化裂化轻汽油醚化也可以有效地降低烯烃含量。芬兰Neste公司Porvoo炼油厂的一套催化裂化轻汽油醚化装置，以催化裂化汽油中全部C5、C6馏分和一半的C7馏分作为醚化原料，其中可与甲醇醚化的活性叔烯总计为27.7%；双烯先经选择性加氢，烃类总转化率为16.5%；约60%的叔烯转化为醚，RON可增加2～3个单位。该公司进一步研究，将正构烯烃先进行骨架异构化再醚化，烃类总转化率可提高到26.5%；醚化后分离出正构烯烃经骨架异构化再经醚化，可使烃类总转化率进一步提高到32%；醚化后与烷基化结合，总转化率可达44.5%；可最大限度地降低汽油的烯烃含量，同时增加汽油中的氧含量和提高辛烷值。

（2）加氢催化剂市场

加氢催化市场主要由德国 hte 公司的高通量技术、杜邦公司 IsoTherming 技术以及 Albemarle 公司和 ExxonMobil 公司的 Celestia 体相催化剂技术占据。hte 公司的高通量技术目前可以做到 24 列，可根据需要放大规模。杜邦公司的 IsoTherming 技术目前已有 16 套装置建成运行，1 套于 2020 年运行，还将授权 10 套装置。据称使用该技术可使资金成本降低 20%，公用工程节能总计达 40%～60%。据称在中国海油应用后，柴油加氢裂化装置能耗仅为 4.19kg 标油/t。Albemarle 公司和 ExxonMobil 公司的 Celestia 体相催化剂于 2015 年首次工业使用，其相对加氢能力远超普通的 NiMo 催化剂，也超过了 Nebula 催化剂。

随着国际环保问题的提出，加氢苛刻度增加，使得加氢脱氮（HDN）/加氢脱硫（HDS）的比值增加，导致酸性水汽提气的数量大于胺液再生酸性气，使得硫黄回收装置的处理负荷增大，需新增或扩建尾气处理单元（TGTU）。将酸性水汽提气引入 SWAATS 装置可减轻硫黄回收装置的生产负荷，还可同时生产环保型肥料（ATS）。

9.2.3 国际重点石油工业催化剂企业和重点产品

（1）埃克森美孚公司（ExxonMobil）

该公司开发的 RT-335 催化剂适用于大幅脱硫的生产装置。与已应用的 RT-235 催化剂相比，前者在提高脱硫活性的同时，选择性有了很大提高，装置的可靠性也因此得到改善。RT-235 催化剂具有高活性和高选择性，已用于全球 20 多套装置，盈利性好。工业应用表明，该催化剂所具有的操作灵活性可提高对劣质原料的处理能力及研究法辛烷值（提高 1 个单位以上）。

（2）环球油品公司（UOP）

UOP 公司推出一种生产超低硫柴油的脱硫、脱氮催化剂（ULTIMet）。该催化剂的特点之一是：可用于处理现有催化剂无法处理的含硫量更高的劣质原料（焦化粗柴油、循环油、减黏粗柴油等），并且能够生产出含硫质量分数低于 10×10^{-6} 的清洁柴油；特点之二是：采用高强度材料制备的催化剂，避免了颗粒破碎，同时提高了耐磨强度，将使用寿命延长了 50%～75%。该催化剂既可替代现有加氢处理催化剂，也可与常规催化剂联用，以提高加氢处理能力。

（3）先进炼油技术公司（ART）

为了满足原料灵活性及产品多样性的炼厂需要，该公司开发出 2 种（ICR-316 及 548-DX）具有加氢脱硫、脱氮及脱芳烃的高活性、高稳定性的柴油加氢催化剂。两种催化剂采用了该公司表面化学创新技术和新的孔结构技术，提高了催化活性。在工业装置中的应用表明，总活性提高了 20% 以上。

ICR-316 催化剂用于柴油加氢处理装置，可加工直馏原料油和裂化原料油，同时也可用于高低压装置。在超低硫柴油装置中，与 425-DX 催化剂相比，前者用于含质量分数为 15% 裂化组分的原料时，无论低压还是高压操作，其活性均有明显提高，装置的运转周期也得到延长。利用 ART 公司最新的络合增强技术和氧化铝表面改性技术制备的 548-DX 催化剂，提高了加氢脱硫、脱氮和脱芳烃的总活性，无论在超低硫柴油装置还是其他装置，应用效果均很理想，已用于全球多套装置。工业试生产表明，与 545-DX 催化剂相比，548-DX 的芳烃饱和活性提高很多，同时超低硫柴油收率和经济效益也有所提高。

（4）雅宝（Albemarle）公司

该公司开发的 FCC 原料油加氢处理催化剂（牌号为 KF-907），可用于生产满足 Tier Ⅲ 标准的清洁汽油。为实现催化剂具有高加氢脱硫活性，同时在运行期间具有很好的稳定性，该公司专门设计了 Ni-Co-Mo 三金属类型、适用于 FCC 原料油的预处理工艺，并且在高低压条件下均能稳定运行。该催化剂已用于美国和日本的 7 套工业装置。

在美国，KF-907 催化剂在 2 套 FCC 原料油加氢预处理装置中得到应用，装置的氢分压高于 8.3MPa，其中 1 套是 250 万吨 / 年处理重焦化瓦斯油和重减压瓦斯油装置。工业应用表明，该催化剂可用于不同操作压力的 FCC 原料油加氢预处理装置。与 KF-905 催化剂相比，使用 KF-907 催化剂的加权平均床层温度降低了 -13.8 ～ -12.2℃，相当于加氢脱硫活性提高了 15% ～ 20%；后者的平均失活速率为 -17.3℃ / 月，较前者降低了 -17.6℃ / 月。

9.2.4　国际石油工业催化剂行业发展特点及趋势分析

（1）石油工业催化剂行业未来发展特点

在国际炼油和石化产品产量及开工率创新高的背景下，国际石油工业催化剂行业在未来的发展中越来越关注国际公共政策问题，包括贸易和关税、国际海事组织（IMO）2020 年法规、化学品法规、产品禁令、可再生燃料标准、燃料经济性（CAFE）标准、碳税以及电动汽车补贴政策等。国际石油工业催化剂行业正经历一波扩能潮，但是在催化剂行业蓬勃发展的过程中也存在一些挑战，比如石油工业催化剂行业缺乏经济有效的减排措施，运输部门的温室气体减排目标难以实现；政策实施起来比较复杂，缺乏透明性，并存在一定的退化。

（2）石油工业催化剂行业未来发展趋势分析

据国际能源署（IEA）分析，2024 年底前全球石油需求仍会增长，而电动汽车不会使石油需求达到峰值，认为石化产品和喷气燃料需求的增长会远远抵消汽油需求降低和电动汽车带来的影响，随着全球行业对石油需求的增长，石油行业催化剂的发展也将会引来大的发展契机。

① 环境保护催化剂　随着人们对环境保护意识的逐渐增强，环境保护类石油行业催化剂在解决地球环境问题中有着非常重要的作用。尤其 2020 年 1 月 1 日起，国际海事组织 2020 年新规将实施，要求船用燃料最高硫含量 0.5%，且催化剂粉末小于 50mg/kg。IMO 2020 的应对措施主要有 3 种：采用低硫船用燃料油；采用液化天然气；安装尾气脱硫装置。美国 BCC 研究报告中指出，石油工业催化剂在能源催化剂市场中一直占有绝对领先地位，但自 2006—2011 年合成燃料以及生物燃料等新兴燃料大力推广使用后，石油工业催化剂占据的市场份额比例出现不同程度的下降。但是在全球经济的带动、油品需求逐步复苏的情况下，石油工业

催化剂市场在未来几年有望继续温和增长，尤其是生产清洁油品的FCC催化剂和加氢裂化催化剂。

② 生物燃料　美国炼油厂自动化协会认为生物基乙基叔丁基醚（ETBE）是提高乙醇使用水平、实施95号研究法辛烷值标准的解决方案。生物基ETBE在欧洲、拉美和日本广泛应用，调和比例最高可达22%。目前已完成33%和44%（体积分数）ETBE的测试。所以，在未来的国际石油催化剂行业的发展格局中可用生物乙醇替代甲醇，将MTBE装置改造为ETBE装置，推动生物燃料在石油加工催化剂行业的应用。

③ 数字化和人工智能　根据BASF公司BASF工业4.0的展望以及BASF数字化转型相关的实施方案，研究预测在未来国际催化剂竞争格局中数字化和人工智能将对整个公司价值起到促进作用。预测到2027年，全球现有的500家标准普尔公司中的75%会逐渐消失，所有职业中60%则会受到自动化的影响，而10年内人工智能（AI）将介入到所有工业过程。KBC的Co–Pilot ProgramTM计划结合KBC的策略和技术顾问，同时兼顾全球领先的Petro-SIMTM模拟技术，可与云端工业物联网（IIoT）数据即服务解决方案连接，用于远程监控和帮助客户改善过程操作。同时，霍尼韦尔UOP公司使用大数据分析系统来提升连续重整装置和FCC装置的工艺可靠性。综合多方面的研究，在国际催化剂行业的竞争格局中数字化以及人工智能将扮演重要的角色。

④ 人力资源的多元化发展　在未来石油工业催化剂的发展中离不开人力资源的多元化，同时需要对种族和性别等具有包容性。石油工业催化剂行业正在面临老龄化的趋势和挑战，催化剂行业在未来的发展中需要做好准备，使知识和技能传承下去，同时新进员工在进行职业选择时对公司的社会责任和可持续性越来越重视。

9.3　高效石油工业催化材料产业的国内发展现状及趋势

9.3.1　我国石油工业催化剂产业的发展概况

新中国成立前，中国石油炼制产业只能生产12个品种的石油产品。到1955年，也仅能生产54种石油产品（苏联同期可生产204种），主要原因在于缺乏相应的催化工艺和催化剂。进入20世纪60年代后，我国炼化催化剂的发展速度大大加快，催化剂产量由1959年的47t增长到1965年的1368t。经过70多年的努力，我国目前已经建立起包含科研、制造和销售在内的较完善的石油炼制和化工催化剂体系。

随着我国经济的发展，原油进口量逐年增高（如图9-2所示），2017年中国原油进口量为4.20亿吨，已经超过美国成为全球第一大原油进口国，同时近年来国际原油质量趋于含硫化和重质化。原油加工数量的增加和质量的劣化，促使我国石油炼化企业的催化技术进一步提高，对催化剂的生产与研发也提出了新的要求。

图 9-2　2010—2020 年中国原油进口量及增速

9.3.2　我国石油工业催化剂产业的规模与分类

近年来，随着我国消费水平的提高，中国炼油能力近年来增长迅猛，原油加工量增幅扩大，石油炼油催化剂需求旺盛，同时受到炼油工厂加工量上涨的带动，石油化工催化剂的需求量也逐年提高。石油化工催化剂品种繁多，主要有氧化、加氢、脱氢、羰基合成、水合、脱水、烷基化、异构化、歧化、聚合等过程所用的催化剂。石油炼制催化剂包括催化裂化、催化重整、加氢精制、加氢裂化、异构化、烷基化、叠合等过程中所用的催化剂，其中催化裂化催化剂和加氢催化剂销售额最多。

（1）石油催化裂化催化剂

随着国内各企业的催化裂化工艺水平不断提高，已经逐渐可以满足原料重质化、产品多样化和质量升级等需求，同时催化裂化产业规模不断扩大。截止到 2020 年，我国催化裂化装置总套数超过 180 套，每年装置的总处理能力超过 2.16 亿吨，年催化裂化催化剂需求达到 20 万吨。按目前在建、已批准建设和规划的项目测算，2025 年炼油能力将提升到 10.2 亿吨/年，其中催化裂化能力将达到 2.56 亿吨/年，届时催化裂化催化剂的需求将达到 23.7 万吨/年。

目前我国催化剂产业根据产品需求可分为 5 类：

① 多产汽油催化剂，该类催化剂的特点是活性组分颗粒小，稀土含量高，沸石孔道大小在 7.5Å 左右。目前该类型国产催化剂有 RCGP-1、LPC-70、Y-15 等；

② 多产柴油型催化剂，该种催化剂的二次孔较多，并且催化剂活性组分偏低，国产的多产柴油催化剂有 MLC-500、CC-20D 等；

③ 多产轻烃催化剂，其特点是活性组分的晶胞常数小，基质有一定活性。在一些具有复合活性组分的该类型催化剂中，往往会添加择形沸石 ZSM-5。国内多产轻烃催化剂主要有 RMG、CHP、ZCM-7 等；

④ 焦炭选择性催化剂，这类催化剂活性组分的晶胞常数小，同时具有大孔径、低比表面积等特点，国产的焦炭选择性催化剂主要有 LCH-7、ZCM-7、LCS-7 等产品；

⑤ 提高汽油辛烷值催化剂，这类催化剂的特点是活性组分的晶胞常数一般在 24.25～24.3Å，同时钠含量低，稀土含量低或不含稀土，基质活性高。国产的汽油辛烷值催化剂主要有 ZCM-7、HMIP-1 等。

（2）石油催化加氢催化剂

石油催化加氢催化剂常应用于油品的生产和精制中，根据其性能可分成两类：选择性加氢催化剂和非选择性加氢催化剂。一般而言，选择性石油加氢催化剂可以起到良好的净化作用，尤其是石油裂解之后，其中的乙烯、丙烯等都可以通过该类型催化剂实现有效的净化处理，同时还能够对一氧化碳等不同类型的杂质进行清除。而裂解汽油可以通过该催化剂实现精制，同时还可以将硝基苯加氢还原成苯胺。非选择性石油加氢催化剂在实际应用过程中，可以在苯加氢制环己烷等相关的化工生产过程中发挥出良好的催化作用。

石油加氢装置主要集中在中国石化集团、中国石油集团和中国海洋石油集团三大石油集团（见表 9-4），占总加氢装置的 80% 以上。中国石化集团石油化学科学研究院开发出了多种加氢催化剂，包括 RN 系列、FCC 原料预处理催化剂、FF-14 等，实现在煤、气以及柴油精制、蜡油加氢等各个环节的处理。这些石油加氢催化剂的活性组分包括钨、镍等具有高加氢脱氮、加氢脱硫等活性特征的金属，同时还具有高机械强度、低床层压降的特征。除此之外，抚顺石油化工研究院还开发了高硫轻质馏分油的加氢脱硫专用催化剂 FH-40B，以钴等为活性组分，以氧化铝作为主要载体。

表 9-4　中国加氢装置套数及分布

企业所属	加氢装置套数	比例 /%
中国石化集团	205	45.76
中国石油集团	141	31.47
中国海洋石油集团	15	3.35
中国化工集团	6	1.34
中国神华集团	1	0.22
中国兵器集团	3	0.67
地方	77	17.19

（3）石油化工催化剂

石油化工催化剂应用广泛，涵盖精细化学工业品以及聚合物的合成，需求量占我国化工催化剂总需求的 70%。中国石化催化剂公司是我国最大的化工催化剂生产企业，其母公司中国石油化工股份有限公司是我国最大的化工催化剂消费企业。随着国家严格执行环保、能耗、技术、质量和安全等标准和准入门槛，不仅加大落后产能的退出力度，而且严格控制新增低端产能，我国化工催化剂行业产能增长缓慢。2010 年，我国化工催化剂行业产能为 21.6 万吨，产能利用率为 65%。随着落后产能的淘汰，我国化工催化剂行业产能利用率逐渐提高，2018

年我国化工催化剂产能约为 50.2 万吨,近几年产能稳定在约 51 万吨(见图 9-3)。

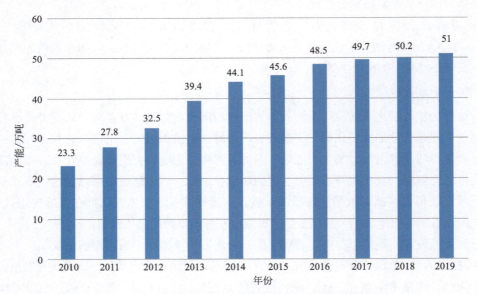

图 9-3　2010—2019 年中国化工催化剂产能统计情况

  2010 年,我国化工催化剂产量约为 15.2 万吨。受日益严格的环保政策影响,加上供给侧改革,我国化工行业落后产能淘汰以及产业结构优化取得初步成效,对化工催化剂需求增长速度有所下降,我国化工催化剂产量增速整体上趋于下降。2018 年,我国化工催化剂产量为 38.7 万吨,同比增长 3.9%。2019 年我国化工催化剂的产量为 40 万吨左右,产能和产量的差距进一步缩小。目前,中国化工催化剂供需发展趋于平衡。

9.3.3　国内重点石油工业催化剂企业和重点产品

(1)中国石油兰州石化分公司催化剂厂

  中国石油兰州石化分公司催化剂厂创建于 1964 年,是中国石油唯一的 FCC 催化剂生产基地。催化剂厂下属 5 个车间、8 个专业科室,年生产能力 5 万吨,产品九大系列 40 多个品种,拥有国内先进的生产装置 20 余套,其中催化剂成品装置 3 套,大型分子筛装置 3 套,辅助装置 10 余套。其中,投资 1.4 亿元的 6000t/年超稳分子筛装置是目前国内单套产量最大、技术最先进的分子筛生产装置;建于 1987 年的全白土装置是国内唯一一套、世界仅有两套的高活性抗重金属全白土型分子筛催化剂生产装置,在行业中占有独特的地位;其所属分析测试中心于 1964 年建厂时同时成立,具有独立质量检验资质,分析方法手段齐全,分析仪器设备先进,是中国石油股份公司 FCC 催化剂产品的分析检测中心。

  主要产品包括催化裂化催化剂 LCS-7、LV-23、lank-98、LRC-99、LBO-12、LBO-16、LCC 系列、LDO-70、LDO-75、LDO-70L、LVR-60R、LIP-200、LIP-300、LEO-1000、LOP-A。

(2)中国石油抚顺石化公司催化剂厂

  抚顺石化公司催化剂厂隶属于中国石油抚顺石化公司,是目前国内最大的石油加工贵金属催化剂研发、生产和废铂催化剂回收基地。目前有两个催化剂生产基地（抚顺石化催化剂厂、北方催化剂厂），催化剂厂有 9 套催化剂生产装置，生产七大类产品，主要生产加氢精制、加氢裂化、临氢降凝、催化重整、二甲苯异加氢裂化、临氢降凝、催化重整、二甲苯异构化、干气制乙苯、烷烃脱氢等系列、干气制乙苯、烷烃脱氢等系列 30 多个品种的催化剂产品，并提供配套使用的脱氯剂、脱砷剂等产品，目前两个基地催化剂总生产能力近 5000t/ 年。

主要产品包括：

① 加氢精制催化剂 3926、3996、3987、3962；

② 加氢裂化催化剂 3905、3974、3976、3963、PHC-03；

③ 连续重整催化剂 3961、3981；

④ 半再生重整催化剂 3932/3933；

⑤ 二甲苯异构化催化剂 3814 系列（3814、3851、3864、3864B）、3824 系列；

⑥ 临氢降凝催化剂 3881；

⑦ 干气制乙苯催化剂 3884、3984。

（3）中国石化催化剂齐鲁分公司

中国石化催化剂齐鲁分公司（齐鲁石化公司催化剂厂）是中国石化集团公司所属的炼油催化剂专业生产厂，也是中国最大的炼油催化剂生产和科研开发基地。齐鲁石油化工公司是中国石油化工集团公司直属的国家特大型石油化工企业，齐鲁石油化工公司催化剂厂是齐鲁石油化工公司的直属企业。1999 年成为亚太经济合作组织（APEC）中国企业联席会议成员，2000 年被科技部授予"国家重点高新技术企业"。

主要产品有 FCC、MGG、MIO、DCC、CPP、助剂等六大类别 30 多个品种的催化裂化催化剂。技术先进的"齐鲁牌"催化剂，既适合炼制国内外不同性质的原料油，同时又适应不同炼油装置的要求，实现了"量体裁衣"。它以其广泛的适应性而不断赢得国内外炼油厂家的青睐，部分产品已销往亚、欧、美等国家和地区。

（4）山东公泉化工股份有限公司

山东公泉化工股份有限公司的前身是中国石化集团齐鲁石化公司生产催化剂的专业企业，经重组改制，现已成为集科研、生产、经营为一体，全面独立经营的规范化股份制企业。公司现有总股本 4040 万股，总资产逾亿元。

主要生产经营六大系列催化剂以及载体，分别为：

① 渣油加氢处理催化剂：用于炼油厂渣油加氢直接脱硫、脱氮、脱金属的渣油加氢处理装置；

② 烃类转化制氢催化剂：用于以天然气、油田气、炼厂尾气以及轻油为原料的化肥生产企业和炼油厂制取工业氢气的制氢装置；

③ 加氢裂化与加氢精制催化剂：用于炼油厂重油深度加工的加氢裂化和加氢精制装置；

④ 柴油加氢脱硫催化剂：用于柴油超深度加氢脱硫，生产高品质的柴油产品；

⑤ 酯加氢催化剂；

⑥ 活性氧化铝干胶。

9.3.4 国内石油工业催化剂市场预测

（1）炼油能力持续扩张，高效催化剂需求保持增长

随着恒力石化、浙江石化一期的投产以及山东地炼的改扩建，国内炼油能力将新增 4500 万吨/年，全国炼油能力达到 8.8 亿吨/年；盛虹石化、中科石化等大型炼化如果顺利投产，至 2020 年，炼油能力预计达到 9.1 亿吨/年，成品油需求量达到 3.4 亿吨。

在未来 3～5 年，中国石化、中国石油、中国海油及其他央企和以浙江石化为代表的民营企业均有计划新建或者扩建催化裂化装置，催化裂化/催化裂解装置将新增产能 5200～7700 万吨/年。综合考虑部分淘汰产能因素，催化剂的需求将会有较大幅度增加，预计催化剂年需求增长率仍然能够达到 5%～6%。届时，国内催化裂化催化剂的年需求量预计达到 25 万吨。

在未来的几十年中，新能源的冲击有限，中国的交通需求将继续由石化能源主导。尽管新能源汽车快速发展，但是总量占比仍处于较低水平，对内燃机汽车影响较小，继而对汽油、柴油影响有限。由于国内汽柴油（特别是汽油）主要由催化裂化装置生产，因此对催化剂的需求也将继续保持低速增长。

（2）国内企业技术较为单一，产能过剩，利润降低

由于发达国家的基础研究比较扎实，因而催化剂行业内获得领先地位的大多是欧美企业，并且获得了大量的专利，而国内公司由于起步较晚，同时面临市场竞争，因而新型石油化工催化剂的研发较慢。从国内催化剂行业看，由于催化裂化催化剂和分子筛部分专利保护过期及国有企业人才流失等原因，民营 FCC 催化剂得到快速发展，严重产能过剩。FCC 催化剂同质化日趋严重，市场竞争十分激烈，产品价格逐渐走低，FCC 催化剂产业进入微利时代。美国 Grace Davison 和德国巴斯夫等知名 FCC 催化剂供应商已经逐步退出中国市场。未来国内市场竞争主要在中石化催化剂有限公司、中石油兰州催化剂厂及民营企业之间展开。

9.4 发展我国石油工业催化材料产业的主要任务及存在主要问题

9.4.1 我国石油工业催化材料产业在全球的地位和差距

我国石油化工企业对科研投入虽然逐年加强，但是石油化工产业的科研能力依然有限，创新能力还未达到国际先进水平，这些问题主要表现在许多炼油厂及乙烯厂的能耗和排污都超过世界平均水平，自主知识产权及核心技术少，在研发控管方面存在许多不足之处。

与国际先进水平相比，我国石化催化剂企业的竞争力还存在较大差距，主要表现在以下三方面：

① 盈利能力差。与世界大公司相比，在整体规模实力、技术创新能力、市场开拓能力和

经营管理能力方面存在较大差距，最终体现的是持续盈利能力不强。

② 原创性科技创新能力不足。我国石化产业虽然取得一定技术进步，但拥有自主知识产权的不多，原创性研究开发能力不足，缺乏竞争优势，总体技术与发达国家相比差距较大，科技体制和机制改革有待深化。

③ 缺乏一流的研发团队。没有较高的新产品开发集中度，也没有足够的知识产权和核心技术，开发高效催化材料环节相对薄弱，缺乏一流的研究人员和研究院。此外，我国还存在新产品技术的研发投入比例过低、产品更新周期太长、质量改进速度太慢等一系列问题，使得我国自主研发的高效催化材料的竞争力相对较弱。

9.4.2　我国石油工业催化材料产业存在的主要问题

（1）国家体制层面

现行的科技管理体制和运行机制不能有效地鼓励和引导科技活动"顶天立地"，科研评价体系和激励机制不够完善，无法使各类科技活动人员各尽其职、各尽其能、各得其所，人才、学科优势无法充分发挥，并导致重数量、轻质量的倾向和急功近利、浮躁等不良风气和短期行为，严重影响了我国核心科技的可持续发展，制约了我国有限的科研资源的优化组合。

在现行的科技管理体制下，缺乏有效的调控手段和凝聚机制，不仅同行业的高校之间，甚至在学校内部的学科、部、系之间，包括实验室研究人员之间，科技资源相互封锁严重，科技队伍整合困难，不易形成合力，不利于开展多学科交叉研究。大型仪器设备对外开放不够、利用率不高；部门之间缺乏联系、沟通和协调，很难对科技资源进行"共享"，因而不能起到"共赢"的效果。

此外，缺乏科学有效的激励机制，不能充分调动和发挥科研人员的主动性、积极性和创造性，从而达不到提高核心科技快速发展的目的。现在石油企业各自都有不同的激励制度，但是有些激励制度仍需要完善。一是没有充分认识和尊重人的需要的客观性；二是只重视企业员工的普遍性需求，而不重视个体需求的特殊性；三是只注重对员工物质的奖励，而忽视对职工精神上的奖励，激励方式、方法单一，不能有效调动广大职工的积极性。四是缺乏留住人才的激励机制，造成了人才的流失。

（2）创新机制层面

由于在传统的计划经济体制下形成的"大而全、小而全"的自我封闭的综合性大型石油企业尚未解体，导致企业"自给自足"的观念依旧。科研院所依靠上级拨款的"生活方式"未变。企业养活科研院所，以解决自己的问题。科研院所奉命为本企业干活，无须与他人竞争。科研与技术产业化脱节。陈旧观念、体制和运行机制造成了下列问题：科技成果转化率不高，科技进步对经济增长的贡献率低。创新科技成果不多，科研立项低水平重复过多，不仅浪费了有限的科研经费，造成低水平重复的无效劳动，而且造成了科技创新能力不足、科技创新成果不多的后果。

"科教兴国"战略的实施，要求高校科技服务于经济社会的发展，目前学校距离这一要求仍有差距。由于存在观念滞后、体制不顺、机制不畅等原因，科技成果难以充分转化为经济、社会发展的推进剂,许多有市场前景的科技成果不能进行产业化前期的中试而难于转化。同时部分科技成果的应用性、市场化程度不高,加之技术转移中心等中介机构、科技服务平台建设滞后,使得学校科技成果转化、推广和科技产业发展相对滞后。

(3) 工程技术层面

我国催化剂领域已形成科研、生产和现场技术服务等配套体系,但和国外催化剂产业相比,还存在很大差距,尤其是催化剂制备工程技术方面长期以来没有得到足够的重视,催化剂生产厂大多规模偏小,有些还在依靠经验和作坊式操作。由于催化剂的制备工艺流程复杂、缺乏专业工程设计开发人员,导致催化剂生产过程技术落后、新型设备开发不足、连续化和自动化控制程度低、清洁化生产水平不高,进而造成催化剂产品质量不稳定、产品收率和生产成本高等问题,影响催化剂的整体竞争实力。

9.5 推动我国石油工业催化材料产业发展的对策和建议

9.5.1 研发新型催化材料,带动炼油和石化催化技术进步

催化剂是催化技术的灵魂,催化材料一般来说是催化剂的主要成分,有时材料本身就是催化剂。新催化材料是开发新催化剂和新工艺的源泉,石油炼制和石油化工中的大多数技术创新均源自新催化材料的发现和应用。回顾 20 世纪,ReX、ZSM-5 分子筛和钛硅分子筛的发现带来了石油炼制和化工领域的跨越式技术进步。步入 21 世纪,分子筛正在石油炼制、石油化工、精细化工、环境保护等领域继续发挥着重大作用。除了分子筛,茂金属和后过渡金属聚合催化剂以及生物催化剂均已经实现了重大工业应用。还有一些催化材料已在工业应用,同时也正在大力研究以扩大其应用途径,例如杂多酸、水溶性均相有机络合物、非晶态合金、固体超强酸等。

从目前国际前沿的新催化材料领域看,纳米材料、无机有机复合材料、离子液体、金属氮化物和碳化物等均是具有开发前景的新催化材料。开展新催化材料的导向性基础研究,寻找和积累新科学知识,全面系统认识其特性,有助于"因材施教"开发新催化剂。例如纳米分子筛,由于具有较多的外表面活性中心和外露晶胞、短而规整的孔道和均匀的骨架组分径向分布,因而具有更强的裂化大分子的能力,并能延缓孔口堵塞,具有成为渣油催化裂化和中压加氢裂化催化剂裂化组元的前景。又如负载型过渡金属氮化物,由于杂原子氮插入过渡金属的晶格,引起金属原子间距增大、晶格扩张,从而具有类似贵金属的加氢性能,并且其加氢脱硫反应机理有别于常规钴钼硫化物催化剂,可断裂 C—S 键而不需先饱和芳烃,可能降低氢耗。

离子液体是另一种新催化材料,它是由一种烷基季铵阳离子与一复合阴离子组成的复合盐,其在室温下处于无色透明的液体状态,具有保持液态状态的温度范围宽(高达 300 ℃)、溶解能力强、同时含有超强 B 酸和 L 酸、不挥发、不燃烧、无毒、使用安全、亲疏水性质/水敏感性可调和制备容易等诸多优点,被认为是未来理想的绿色高效溶剂或催化剂,对于开

发绿色化工过程具有重大意义。离子液体作为溶剂或催化剂，已在烯烃二聚、双烯加氢叠合、烯烃歧化、烷基化、Diels-Alder 反应、氢甲酰化反应等一大批反应过程中进行了尝试，显示出低温高催化活性、选择性和反应速度可调控等优异性能。法国石油研究院采用离子液体为溶剂，成功开发丁烯双聚制异辛烯的过程，并已工业化。中国石油大学（北京）重质油国家重点实验室在离子液体催化异构烷烃与烯烃烷基化反应方向开展了从基础到应用的一系列研究工作，开发的离子液体催化碳四烷基化技术已经在多套装置实现工业化。

9.5.2　制备兼备经济性、功能性、稳定性的高效催化剂

催化剂不仅要具有高效的催化活性，还应兼顾多功能化和稳定性，才能使催化剂具有大规模生产和应用的潜力。必须将绿色化和高效率合二为一，助力石油化工行业的可持续发展，实现美丽中国的美好愿望。因此，在催化剂设计之初，就必须考虑原料的成本、生成过程的绿色化和经济性。在开展大量基础研究的基础上，对其进行客观全面的评价，将其应用于实际生产中，实现节能减排、降低成本的目的。

例如以分子筛为主要活性组分催化剂广泛应用于石油炼制、石油化工和环境催化等领域。在传统的分子筛制备过程中，需要使用有机模板剂、钠离子、水和黏结剂等。它们的使用不仅会产生大量的废水和废气，还会造成生产成本高的问题。为了满足日益严格的环保要求，同时达到降本增效的目的，设计开发催化剂的清洁高效制备技术显得尤为重要。目前，不使用有机模板剂或者采用便宜、无毒的模板剂替代昂贵的有机模板剂已被用来制造高效分子筛催化剂。但是，在不添加有机模板剂时，生成的分子筛硅铝比一般较低。并且，在合成过程中容易形成杂晶和无定形产物。当使用无钠离子的电荷平衡剂时，虽然可以省略铵交换过程，也可以减小有机模板剂的使用量，但氨水的使用依然会导致含氮废水的排放问题，而且可制备的分子筛种类十分有限。因此，需要拓宽模板取代剂的范围并寻找其他钠离子的替换剂，采用无毒无害的原料，从源头上降低生产成本，杜绝原料对反应过程的破坏和降低环境污染。

在催化剂合成过程中，无溶剂法虽然可以避免产生废水，有利于降低生产成本，简化生产过程，但气固反应的传热传质能力远远不及含水体系，因而导致分子筛的结晶度和产物粒度分布不均匀。因此，可以通过调节原料比来调控晶化条件或者改进晶化釜的传热和传质能力。注重催化剂生成过程的绿色化，将参与化学反应的物质完全转化为目标产物，不产生废物，实现原子经济性的理念。在合成过程中对催化剂进行表面修饰，开展催化剂适宜的改性方法研究及与多功能催化剂复配的研究。将不同功能和形态的催化剂有效匹配，充分发挥各催化剂的功能优势。赋予催化剂更多功能的同时，提高其抗金属污染能力和降低结焦，从而实现高效绿色的催化反应。

催化剂的稳定性在许多炼油与石油化工催化反应过程中非常重要。因此，需要设计制备热稳定和水热稳定性高的催化材料或载体。例如在加氢催化剂开发过程中，首先从催化剂的设计上提高它的稳定性，延长催化剂的寿命。在保证催化剂脱氮脱硫的基础上，提高催化剂的容杂能力，避免杂质堵塞孔道导致失活。在保证催化剂颗粒强度的前提下，扩大催化剂的孔体积和孔径，开发多级孔的催化剂，提高大孔的比例和连通性，从而提高原油在催化剂内

部的传质效率。

随着科技的飞速发展，充分利用各种先进的分析和表征技术助力催化剂的研究。深入研究催化剂活性物种、金属负载方式、金属与载体的相互作用等，以及催化剂结构与催化活性间的关系。掌握有效的催化活性位控制手段及扩展催化剂制备方法，以期取得更佳收率及目的产品分布。

9.5.3　处理和再生废催化剂，提高资源利用率，保护环境

根据国内炼油行业的标准测算，每吨原油炼制将产生0.354kg废催化剂。如果对炼油废催化剂进行综合回收，既可以提高资源的利用率，也能避免废催化剂带来的环境污染问题。在节能环保的趋势下，废催化剂的处理和再生成为石油化工领域中重要研究方向之一。

废催化裂化催化剂的表面沉积了大量的铁、镍、钒等重金属，及少量的钠、镁、铜、铝等。大部分的废催化剂被当作固废进行填埋处理，催化剂表面的金属离子或氧化物会进入地下水，直接污染我们宝贵的水资源，并且会对土壤带来不良影响。或者，污染物微粒会飘浮到空气中成为可吸入颗粒污染物，直接危害人类的身体健康。同时，废催化剂中有我国宝贵的稀土资源，今后应该注重开发金属高效回收的方法或者将其转化为高附加值的产品。

加氢废催化剂中含有大量的苯和稠环芳烃等致癌物，也含有一定的重金属，还可能含有金属硫化物和含氮化物的焦炭。因此，在加氢废催化剂进行处理的过程中应注意工艺流程，以防产生二次污染，向无害化和资源化的方向转变。

由于催化重整反应过程对原料的要求较高，因而催化重整废催化剂中有害物较少。但由于装置的长时间运行，造成催化剂表面积炭、氮化物和硫化物较多。并且，催化剂会使用钯、铂、铼等贵金属。目前，废重整催化剂的再生工艺较复杂，需要经过烧炭、补氯和还原过程，并且会产生一定的污染。因此，需要在保证催化剂再生并降低有害物质排放的同时，简化工艺流程，提高贵金属的回收效率。

9.5.4　加强科研院所与企业间的交流，促进科研成果转化

在"科教兴国""科教强国"的政策下，我国培养了一大批高水平、高素质的科研人才。国际竞争日益加剧，我国发表了众多原创性的科研成果，受到国际社会的广泛关注和认可。其中，我国的高效化工催化剂的研究走在世界的前列。我国正处于从炼油大国向炼油强国和石化强国转变的关键时期，必须注重科技创新，推进创新科技成果的转化应用。目前，大多数成果来自高等院校和科学研究院。虽然这些催化剂在实验室阶段具有非常好的催化效果，但由于对所需市场了解不够深入，从而造成催化剂的实际应用性差。在实际转化过程中，存在与企业的设备不匹配、不协调的问题。并且，缺乏完善的科技成果评价体系，造成企业对科技成果持怀疑态度，不愿意试用新型的催化剂。因此，我国需要加强企业与高校和研究院之间的沟通，深化信任，建立长期的合作伙伴关系。根据企业的需求，量身打造新型的催化剂。同时，科研人员应深入企业，了解催化剂在生成过程的实际情况，即时解决生产过程中的问题，为企业排忧解难。高校和研究院不仅仅要为用户提供催化剂，还要确保催化剂在实

际生产过程中发挥最大的效用，为用户提供最优的运营方案，获得最大的价值，更好地满足市场的需求，使企业迸发新生命力和强大的竞争力。政府部门要营造良好的技术转移环境，给企业政策上的支持，为产业化发展提供完善的法律和法规保障。在企业、科研机构、政府的共同努力下，走出一条具有中国特色的产学研一体化道路，实现科技创新、互利共赢的目标，促进科研成果的转化，更好地服务人民和社会。

9.5.5 建立石油工业催化剂信息共享平台

目前，中国石油集团直属科研机构中国石油经济技术研究院已经开发建设了大型综合性中文石油文献数据库，囊括了石油、天然气地质与勘探，钻井工程，油气田开发与开采，石油、天然气加工与设备、储存与运输，矿、厂机械设备与自动化，石油、天然气工业环境保护与综合利用等方面的中文石油文献（含中译文）。为了方便科研人员和企业即时了解国内外的发展情况、发展方向、产品的市场需求、技术上的热点、目前存在的问题和不足，使信息化更好地为我国研发工作服务，应该构建石油化工数据共享平台，提供炼油和石化领域最新的国内外发展现状，包含最新的石油化工生产工艺和催化剂的应用情况。并且，实时更新国内外最新的文献和专利，在充分了解市场发展情况的基础上，紧跟国内外的发展趋势，有针对性地更新自己的生产技术、调整自己产品的类型，才能保证我国的生产能力和研发水平走在世界的前沿位置，不被市场淘汰。

建立催化剂构效关系数据库和模拟库。从分子角度，结合化工产品结构，指导石油化工催化剂设计、制备，提高催化剂的定向转化能力，并能进行催化效果预测，实现烃类分子高价值加工利用。强化催化剂试验及实际生产数据库的管理，进一步完善分子模拟及过程运算平台建设，使模拟计算在催化剂开发过程中发挥的作用进一步提高。

我国炼油和石化催化剂的研发必须紧跟国际发展趋势，借鉴、吸纳国外著名炼油和石化催化剂公司的先进经验，学习催化剂先进的制造技术和理念，开发新产品以及具有成本优势的新工艺，同时不断拓展新地域的市场，为实现有质量、有效益的可持续发展提供重要技术支持，进一步加强我国自主研发催化剂的竞争力和市场份额。

参考文献

[1] 陈腊梅. 绿色化学与绿色催化剂 [J]. 化学工程与装备, 2013, (12): 149-150.
[2] 唐勋尧，王拴紧，肖敏，等. 重质油催化裂解制轻烯烃技术及催化剂研究进展 [J]. 当代化工, 2020, 49(04): 620-625.
[3] 董泽义. 绿色化工对化工产业的应用研究 [J]. 中国化工贸易, 2019, 11(35): 148.
[4] 黄丽敏，孟宪玲，张喜文，等. 炼油行业发展趋势及可持续发展面临的挑战——第117届AFPM年会综述 [J]. 当代石油石化, 2019, 27(09): 12-17.
[5] 朱庆云，曾令志，鲜楠莹，等. 全球主要炼油催化剂发展现状及趋势 [J]. 石化技术与应用, 2019, 37(3): 153-157.
[6] 张福琴，边钢月，刘福云. 我国炼油化工装备制造业"十四五"发展研究 [J]. 油气与新能源, 2021, 33(1): 6-12.

[7] 杨秀丽. 全球炼油催化剂市场与技术分析 [J]. 石化技术, 2016, 23(10): 292-293.
[8] 刘致航. 石油化工产业催化剂应用现状和展望初探 [J]. 中国化工贸易, 2020, 12(2): 88, 90.
[9] 徐海丰. 能源转型推动全球炼化行业发生重大变化 [J]. 国际石油经济, 2021, 29(05): 26-32, 64.
[10] 李雪静. 炼油扩能进行时转型驶入快车道 [N]. 中国石化报, 2020-03-06(008).
[11] 龚建议. 催化裂化催化剂产业发展面临六大挑战 [J]. 中国石化, 2020, (10): 27-29.
[12] Mastry M C, Hurtado J. The evolution of FCC additives[C]//AFPM: 116th Amercian Fuel & Petrochemical Manufacturers Annual Meeting. New Orleans: Hydrocarbon Processing, 2018.
[13] Hydrotreating, and catalytic reforming plus latest refining technology developments & licensing[M]. US: Hydrocarbon Publishing Company, 2017: 30.
[14] Refinery catalyst market to surpass $ 5.8 B by 2025. Worldwide Refining Business [EB/OL]. Digest Weekly. [2018-07-30]. http://www.hydrocarbonpublishing.com.
[15] 闵恩泽. 21 世纪石油化工催化材料的发展与对策 [J]. 石油与天然气化工, 2000, 29(5): 215-220, 232.
[16] Hydrotreating and solvent deasphalting plus latest refining technology development & licensing[M]. US: Hydrocarbon Publishing Company, 2018: 33-34.
[17] Global: Refinery Capacity and Configumtion[M]. US: Stratas Advisors, 2019: 1.
[18] Sargenti M L. Driving FCC units into maximum propylene to increase profitability[EB/OL]. [2016-11-14]. http://www.wraconferences.com/wp-content/uploads/2016/11/Grace_GPS_Lisbon_2016V2.pdf.
[19] Lutz M, Zeman H, Kronn T, et al. Maximising propylene in the FCC unit[J]. Petroleum Technology Quarter, 2016, 21(3): 117-123.
[20] Shaun S P, McGuire J R, Smith G M, et al. Borocat TM – an innovative solution from boron-based technology platform for FCC unit performance improvement[C]//AFPM: 114th Ameroian Fuel & Petrochemical Manufacturers Annum Meeting. San Francisco: Hydrocarbon Processing, 2016: AM-16-17.
[21] BASF introduces boroflex FCC catalyst for superior bottoms upgrading[EB/OL]. [2018-02-01]. https://www.hydrocarbonprccessing.com/news/2018/02/basf-introduces-boroflex-Fcc-catalyst-for-superior-bottoms-upgrading.
[22] Hydrotreating and solvent deasphalting plus latest refining technologies development & licensing[M]. US: Hydrocarbon Pub fishing Company, 2018: 46.
[23] UOP UNITYTM Hydrotreating Products[EB/OL]. [2018-02]. https://www.uop.com/wp-content/uploads/2018/02/UOP-METECH-seminar-unity-hydrotreating-catalysts-satyam-mishra.pdf.
[24] Cunningham J. Achieve longer ran lengths through increased activity and improved stability[C]//116th Ameroian Fuel & Petrochemical Manufacturers Annual Meeting. New Orleans: Hydrocarbon Processing, 2018-03-13.
[25] Keqenfine 907 (KF 907). Albemarle company website[EB/OL]. [2018-08-01]. http://www.albemarle.com.
[26] Anderson G, Muegge B, Moraea L. Active and stable[J]. Hydrocarbon Engineering, 2018, 23(3): 80.
[27] 崔玉波. 20 家国内催化剂公司 [EB/OL]. [2020-05]. http://www.cnpc.com.cn/syzs/lyhg/202006/1a84ebfd5b20423b9883aefe79a65c8f.shtml.
[28] 张万欣. 当代中国的石油化学工业 [M]. 北京：当代中国出版社, 2009.
[29] 王占, 王衍法. 石油炼制中加氢技术的研究 [J]. 石化技术, 2019, 026(006): 225-226.
[30] 王金鹏, 王新平. 世界炼化技术进展和我国炼化科技发展建议 [J]. 石油科技论坛, 2017, 36(2): 8-15.
[31] 方志勇. 石油化工催化剂的应用研究进展 [J]. 中国化工贸易, 2019, 11(16): 135.
[32] 李婷婷. 石油化工产业存在的问题及措施 [J]. 建筑工程技术与设计, 2017, (22): 4054.
[33] 李昌军, 段玉科. 我国炼油化工产业存在的问题及对策 [J]. 黑龙江科技信息, 2012, (3): 56.
[34] 曾东. 我国石油企业国际竞争中存在的问题和对策 [J]. 经济视角, 2011, (17): 98-99.

[35] 于哲. 高等学校科研管理体制存在的问题及对策思考——以辽宁石油化工大学为例 [J]. 中小企业管理与科技, 2014, (16): 299-300.

[36] 钟启鹏. 企业文化建设存在的问题及对策探讨 [J]. 企业文化(中旬刊), 2019, (6): 9, 41.

[37] 张新华. 浅谈炼油工艺中催化剂的作用 [J]. 中国化工贸易, 2014, (22): 111.

[38] 王达锐, 孙洪敏, 杨为民. 分子筛催化剂清洁高效制备技术的进展 [J]. 化工进展, 2021, 40(4): 1837-1848.

[39] 刘雪玲, 刘昶, 王继锋, 等. 加氢裂化催化剂的研究开发与进展 [J]. 炼油技术与工程, 2020, 50(8): 30-34.

[40] 倪术荣, 赵檀, 王燕, 等. 国外馏分油加氢裂化催化剂研究进展 [C]// 第十二届全国工业催化技术及应用年会论文集. 全国工业催化信息站、工业催化杂志社, 2015: 9-15.

[41] 徐文峰. 石油化工催化剂的进展研究 [J]. 化工管理, 2017, (9): 58-58.

[42] 刘志成, 王仰东, 谢在库. 从工业催化角度看分子筛催化剂未来发展的若干思考 [J]. 催化学报, 2012, 33(1): 22-38.

[43] 许福超, 高强, 周颖, 等. 绿色技术在石油化工中的应用研究进展 [J]. 商品与质量, 2020, (44): 249-249.

[44] 王在花, 李琰, 马艳萍. 炼油废催化剂的回收利用现状研究 [J]. 化工管理, 2019, (34): 166-167.

[45] 王会刚, 杨占林, 姜虹, 等. 加氢裂化预处理催化剂失活原因分析及对策 [J]. 炼油技术与工程, 2020, 50(12): 46-49.

[46] 张博. 炼化企业科技成果转化模式创新的探讨和实践 [J]. 科技创新与应用, 2020, (14): 38-39.

[47] 武兆东, 熊晓云, 马明亮, 等. 多产汽油的催化裂化催化剂 LPC-70 的工业应用 [J]. 石油炼制与化工, 2018, (9): 75-78.

[48] 白凤宇, 许明德, 李振健, 等. 加氢蜡油催化裂化提高汽油辛烷值催化剂 HMIP-1 的工业应用 [J]. 石油炼制与化工, 2019, (8): 33-37.

[49] 吴建强. 催化裂化催化剂的分类和选用 [J]. 炼油技术与工程, 1994, 24(2): 15-21.

[50] 乞孟迪, 柯晓明, 张硕, 等. 发展与挑战——变革中的炼油产业 [J]. 当代石油化工, 2019, 27(2): 16-23.

[51] 王丽娟. 主要石油化工催化剂的研发进展 [J]. 石油化工, 2012, 41(6): 719-727.

作者简介

张瑛,教授,博士生导师,北京市青年教学名师,中国材料研究学会会员,研究方向主要为多孔纳米材料制备及应用,目前就职中国石油大学(北京)。以第一负责人身份承担完成国家自然科学基金项目 4 项,北京市自然科学基金项目 1 项,参与完成国家自然科学基金项目 5 项以及科技部重点研发项目子课题、中石化合作项目等多项其他科研项目;在国内外高水平学术期刊发表论文 50 余篇,其中 SCI 收录 44 篇,获授权发明专利 15 项;获省部级科技进步二等奖 1 项、三等奖 1 项。

段爱军,博士,中国石油大学(北京)化学工程与环境学院、重质油国家重点实验室教授,主要从事石油及其产品的加氢清洁化工艺及新型催化剂设计开发工作。北京市优秀教育工作者。在国内外期刊发表文章 100 余篇,出版主要论著 2 部;获得中国发明专利 128 项。主要负责的科研项目包括:4 项国家自然科学基金项目,科技部重点研发项目子课题,中石油、中海油合作项目,教育部科学技术研究重点项目等,并参加其他多项科研工作。

第 10 章

高性能二维材料膜

刘公平　金万勤　邢卫红

10.1 高性能二维材料膜产业发展的背景需求及战略意义

高性能膜材料是水资源保护、能源技术变革、生命健康保障不可或缺的战略材料，是解决制约国民经济主战场高质量发展的关键材料，也是材料领域的重点发展方向，代表了材料、化工等领域中科技创新最活跃的前沿技术方向，呈现多学科交叉和多技术融合等显著特点。

膜技术是高性能膜材料为核心的新型高效分离技术，以其节约能源和环境友好的特征，已成为解决人类面临的资源、能源、环境、健康等领域重大问题的共性技术之一，受到各国政府和企业界的高度重视。高性能膜材料兼具高通量、高选择性、高稳定性、低成本、绿色制造等优势，是膜技术的关键，在促进国民经济发展、科技进步与增强国际竞争力等方面，发挥着重要作用。根据应用对象的不同，膜材料又可以分为水处理膜、特种分离膜、气体分离膜、生物医用膜、电池用膜等。其中，水处理膜可分为微滤膜、超滤膜、纳滤膜、反渗透膜等；特种分离膜可分为陶瓷膜、离子交换膜、渗透气化膜等；气体分离膜可分为气气分离膜、气固分离膜、挥发性有机物回收膜等。高性能膜材料的产业链包括制膜原材料、膜元件、膜组件、膜分离装置及工业化应用系统等，属于材料、化工、能源、生物、环境等交叉领域，其研发水平对过程工业、环保等产业发展起到至关重要的作用。我国是碳排放大国，碳达峰碳中和的压力巨大。我国单位国内生产总值（GDP）能耗高于世界平均水平，是欧美日等发达国家的数倍，大力发展节能技术成为迫切需求，膜分离技术在众多热法分离（精馏、蒸发等）技术中能耗是最低的，因此发展以膜材料为核心的膜分离技术是支撑国民经济高质量发展的有效途径。例如，石油化工是国民经济的主战场，在 GDP 中占比很高，但由于环境约束趋紧、生态文明建设深入推进，化学工业等"绿色、安全、环保"已经成为美丽中国建设的必然要求，迫切需要开发以高端分离膜为核心的高效分离技术，支撑节能减排、环境污染治理、高端化学品的生产等，破解石油化工行业自身困局，服务高质量发展战略需求。

我国是世界分离膜技术发展最活跃、膜市场增长最快的国家之一。水处理用的超微滤、膜生物反应器（MBR）膜、低压反渗透膜，过程工业用的陶瓷超微滤膜、扩散渗析膜等均处于国际同类产品的前列。从事分离膜研究的高校院所超过100家，分离膜材料生产企业300余家，以膜为核心的工程公司超过1000家，初步建立了较完整的膜产业链和创新链，膜市场已达到3000多亿元规模。我国分离膜基础研究已处于国际前列，基于新传质分离机理的膜材料日益涌现，但缺乏国际引领的膜材料；面向国家重大的需求，膜材料性能差异大，高性能分离膜仍然依赖进口，例如，氯碱工业的离子膜、海水淡化膜、工业废水零排放的分离膜等90%仍需进口；极端环境下物料分离尚缺乏高效的分离膜技术；涉及饮用水安全、放射性物质处理的纳滤膜尚无法满足大规模工程应用需求。因此，针对分离领域现存的"卡脖子"问题，迫切需要开发新型高性能膜材料并实现其规模化制备，加快传统工业的改造升级、促进国民经济的高速发展。

二维材料膜是由二维纳米片（如石墨烯、金属有机骨架纳米片、沸石纳米片等）制备而成的具有层间或面内传质通道的新一代分离膜，由于层间超常传质效应或超薄膜厚度而展现出优异的分离性能，彰显出超强的应用前景。二维材料具有原子级厚度，将其制备为超薄膜，以降低膜的传质阻力，最大限度地提升膜的传质速率。二维材料片层的面内孔或者堆叠形成的亚纳米层间通道为分子（离子）提供了快速的传输路径。通过精密构筑二维膜的面内孔及层间纳米通道的理化环境，可以提升二维材料膜的分子筛分性能和优先透过性质，制备出高分离性能的二维材料膜。已报道的二维材料膜的分离性能，比商品化膜材料性能呈现数量级提高，一旦实现规模化制备与应用，必将对膜材料产业的发展产生深远的影响。

基于原子排布结构的差异，二维材料可分为多孔二维材料和无孔二维材料。相应地，二维材料膜主要有两种类型：纳米片膜和叠层膜。其中，纳米片膜一般由极少层的本征多孔二维材料（如沸石分子筛、金属有机框架）或者人工造孔材料（如多孔石墨烯）构成超薄膜，可以通过孔道结构的合理设计提高膜的分离精度。叠层膜由二维材料纳米片，如氧化石墨烯（Graphene Oxide, GO）、MXene等，通过自组装或者外力驱动组装的方式制备而成，其层间通道的尺寸和物理化学性质对不同分子的传递速率起决定性作用。因原料易得、制备简易、易于放大等特点，叠层膜是目前研究最为广泛的一类二维材料膜。

10.2 高性能二维材料膜的国际发展现状及趋势

近年来，二维材料膜研究发展迅速。图10-1给出了近10年全球关于二维材料膜研究论文情况，从2012年起，论文数量呈指数增加，预计2021年发表论文数将超过1000篇，表明这个领域已成为膜材料的研究热点。国际研究普遍认为获得高性能二维材料纳米片膜的关键在于高质量纳米片和无缺陷膜的制备方法。

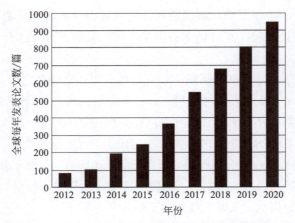

图 10-1 2012—2020 年度二维材料膜研究论文发表情况

10.2.1 二维沸石分子筛膜

沸石分子筛具有三维有序的孔道结构,通过特定维度生长的定向调控,可以制备出具有单晶胞厚度的二维纳米片,诱导超薄高通量、高选择性分子筛膜的制备。二维沸石纳米片的厚度可减小到接近其晶体结构中的晶胞尺寸,因而在制备超薄分子筛膜方面极具潜力。MFI 分子筛在 b- 取向具有 0.56nm×0.54nm 的直通孔道,而在 a- 取向 0.51nm×0.55nm 的孔道较为曲折,因此制备具有 b- 取向超薄 MFI 分子筛膜可以显著降低分子传输路径、提高膜通量。美国约翰·霍普金斯大学 Tsapatsis 教授课题组一直致力于高性能沸石分子筛膜的制备,近 20 年来取得突破性进展。2003 年,他们通过晶种生长法制备高性能的 ZSM-5 沸石分子筛膜[1],发现通过筛选得到合适的结构导向剂,可以控制不同晶面的生长速率,使得平面内和平面外的生长速率相对均衡,有利于形成取向一致的高质量分子筛膜,其中垂直取向(b- 取向)的 ZSM-5 分子筛膜展现出优异的二甲苯同系物分离性能。然而,该膜采用的晶种尺寸较大(面内 0.5~1μm,厚度约 300nm),导致膜厚接近 1μm,没有达到理想的超薄膜厚度。

研究者尝试制备超薄的分子筛纳米片以进一步降低分子筛膜的传质阻力。Liu 等人利用四丙基氢氧化铵溶液刻蚀的方法,制备出厚度为 25nm 的 MFI 分子筛薄片[2]。Ryoo 等人设计出新型的 MFI 分子筛模板剂:$C_{22}H_{45}$-$N^+(CH_3)_2$-C_6H_{12}-$N^+(CH_3)_2$-C_6H_{13}(简称 C_{22-6-6})[3,4] 和 $C_{18}H_{37}$-$N^+(CH_3)_2$-C_6H_{12}-$N^+(CH_3)_2$-C_6H_{12}-$N^+(CH_3)_2$-$C_{18}H_{37}(B^-)_3$(简称 18-N_3-18)[5],首次制备出具有单晶胞层厚度的 ZSM-5 分子筛,并用于催化甲醇制汽油反应,有效减缓了积炭的产生。Tsapatsis 教授课题组采用了自上而下的剥离法(Top-down Method)制备了超薄分子筛纳米片[6][图 10-2(a)~(c)]。通过聚合物熔融共混法,制备了仅 1.5 个晶胞厚(约 3.4nm)的 MFI 纳米片,该纳米片上分布着贯穿整个片层的垂直纳米孔,不仅能够大大减小分子的传质路径,而且对特定的分子对有显著的筛分效果。此外,采用简单的抽滤方法可以将纳米片均匀沉积在多孔支撑体上,获得厚度仅为 100nm 的超薄分子筛膜[7],将分子筛膜的厚度降低了 1~2 个数量级。优化制备的二维 MFI 膜在 150℃的对/邻二甲苯(50%:50%,体积分数)混合进料下,对二甲苯渗透速率为 $1.3×10^{-7}$~$3.6×10^{-7}$mol/(m^2·s·Pa),分离选择性为 185~1050[7]。

尽管通过这种自上而下的剥离法可以获得 MFI 纳米片，但是存在步骤多、耗时长、片层产率低（分散液中的质量分数仅为 0.01%），以及横向尺寸较小等问题。2017 年，Tsapatsis 教授课题组提出自下而上的水热合成法（Bottom-up Method）制备更大尺寸的高质量 MFI 纳米片[8][图 10-2（d）～（f）]。在结构导向剂的作用下，直径约 30nm 的 MFI 晶种经过水热生长转变为超薄的 MFI 纳米片。与自上而下的剥离法相比，该方法获得了更高的产率和更大的片层横向尺寸，有利于在支撑体上形成取向一致的纳米片涂层，同时避免了剥离法易破坏纳米片结构的问题。在纳米片交互生长成为连续膜层后，平面晶粒的横向尺寸也达到数微米，从而降低了膜层中的晶界密度，减少非选择性缺陷的产生。尽管膜表面存在少量不同取向的纳米晶种，最终膜层仍以 b- 取向为主，为分子传递提供了快速、选择性的孔道。自下而上法合成的高质量纳米片及其在交互生长成膜中的优势，使得制备的 MFI 分子筛膜具有优异的二甲苯同系物分离性能，对二甲苯的渗透速率高达 $5.6×10^{-7}mol/(m^2·s·Pa)$，分离选择性达到 2000，与自上而下法相比，膜的渗透性和选择性均显著提升。通过制备高质量的纳米片及合理设计的成膜方法，可实现分子的高效分离，为二维材料纳米片膜的发展奠定了基础。未来研究重点是如何消除纳米片中心的颗粒，以提高纳米片的厚度均一性，进一步提升分子筛膜的取向性和分离性能。此外，Kim 等人报道了通过水-空气界面相互作用，将单层二维 MFI 分子筛纳米片涂覆于多孔载体表面[9]，所制备膜对正丁烷的渗透性为 $3.3×10^{-7}mol/(m^2·s·Pa)$，正丁烷/异丁烷选择性为 69；同样，Dong 等人制备出厚度为 0.5μm 的 ZSM-5 分子筛膜，并将其用于高浓度盐水的脱盐[10]。当 NaCl 浓度分别为 3% 和 24% 时，水通量分别为 $10.4kg/m^2$ 和 $6.4kg/m^2$，由于二维纳米片可有效阻止 NaCl 在膜层中的迁移，脱盐率均高达 99.5% 以上。

探索小孔径二维分子筛纳米片的制备方法，可将二维分子筛膜的应用领用拓展至小分子气体的精密分离。SAPO-34 分子筛膜的传质孔道为 8 元环，可用于 H_2/N_2[11]、CO_2/N_2[12]、N_2/CH_4[13]、CO_2/CH_4[14] 等气体的分离。Huang 等人通过调配合成液组成制备出纵横比为 20 的 SAPO-34 分子筛，并以此诱导合成了厚度约为 2μm 的分子筛膜[15]，N_2 渗透性为 $2.13×10^{-7}mol/(m^2·s·Pa)$，$N_2/CH_4$ 选择性为 8.7。南京工业大学周荣飞教授课题组制备出厚度为 50nm 的片状 SAPO-34 分子筛[12]，并以此为晶种诱导合成出厚度为 800nm 的膜层，CO_2 渗透性为 $1×10^{-5}mol/(m^2·s·Pa)$，CO_2/N_2 选择性为 41。MCM-22 分子筛在 a- 和 b- 取向具有 10 元环孔道而 c- 取向具有 6 元环孔道。Choi 等人利用超声辅助的方法将片层 MCM-22 分子筛沉积在多孔氧化铝载体表面[16]，随后利用溶胶-凝胶法在分子筛间隙涂覆纳米 SiO_2 颗粒，经高温烧结后制得了厚度约为 1μm 的 MCM-22 分子筛/SiO_2 复合膜；由于片层 MCM-22 分子筛以 ab 面分布于复合膜中，其有效分离孔道为沿 c- 取向的六元环，单组分 H_2 渗透性达 $2×10^{-8}mol/(m^2·s·Pa)$ 以上，H_2/N_2 理想选择性达 100 以上。为了降低膜层厚度，Dakhchoune 等人制备出了厚度为 0.8nm 的单层 RUB-15 分子筛纳米片[17]，通过真空抽吸制备了厚度为 300nm 的超薄膜，具有层间（0.36nm）和层内（0.29nm）两种传质孔道，对 H_2/N_2 理想选择性达 20 左右；通过高温缩合反应消除层间孔道，成功制备出以层内 6 元环为主导传质孔道的二维分子筛膜，200℃下 H_2 渗透性达 $2.3×10^{-8}mol/(m^2·s·Pa)$，$H_2/CO_2$ 理想选择性达 105.6。

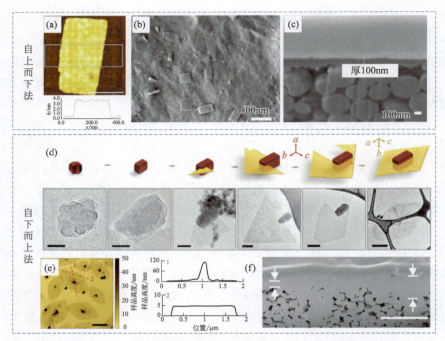

图 10-2 自上而下和自下而上法制备 MFI 纳米片及分离膜[6-8]

(a) MFI 纳米片的 AFM 图及对应高度信息；(b) 和 (c) 分别为二次生长后的 MFI 膜的表面和截面 SEM 图；(d) 从 MFI 晶种逐步生长为纳米片的示意图和对应的 TEM 图；(e) "自下而上" 法制得 MFI 纳米片的 AFM 图及对应高度信息；(f) 纳米片交互生长得到的 MFI 膜的截面 SEM 图。标尺大小：(a) 100nm；(d) 20nm，20nm，50nm，100nm，100nm，500nm（从左至右）；(e) 1μm；(f) 2μm

10.2.2 二维 MOF 与 COF 膜

金属有机骨架（MOF）材料是由金属中心和有机配体形成的多孔材料。通过合理选择金属中心和配体，可以调控孔径、比表面积和吸附量等性质。在二维结构方面，具有叠层结构的 MOF 可剥离成纳米片，成为二维材料膜的构筑单元。2014 年，中科院大连化学物理研究所杨维慎教授课题组首次报道了 $Zn_2(bim)_4$ 纳米片的剥离并将其组装成膜[18]，推动了二维 MOF 膜的研究热潮。与普遍认为的纳米片有序堆叠有利于提升膜性能的观念不同，他们发现通过抽滤方法会使二维 MOF 纳米片重新堆叠成有序的三维 MOF 结构，阻碍分子通过筛分孔道（图 10-3），而采用热滴涂法可实现 MOF 纳米片的无序堆叠，从而充分利用二维 MOF 片层面内的传质通道，使得膜的 H_2 渗透速率达到 2700GPU，H_2/CO_2 选择性高达 291。因此，通过调控纳米片的堆叠方式，可最大化利用面内传质效率，获得极高的膜分离性能。新加坡国立大学赵丹教授课题组首先采用了一种温和的策略冷冻-解冻法将 MOF 纳米片剥离，随后基于剥离的纳米片制备了具有纳米级厚度的二维超薄膜[19]。由于纳米片的优选取向以及合适的单层气体渗透路径，使得气体具有较高的气体渗透通量，H_2/CH_4 的分离选择性约 164，远远高于 Knudsen 扩散值，证明获得了大面积无缺陷的分子筛膜。然而在混合气分离过程中 H_2 渗透率明显降低至约 200GPU，这主要是由于在气体传输路径中被强吸附的气体分子阻碍了 H_2 的扩散。

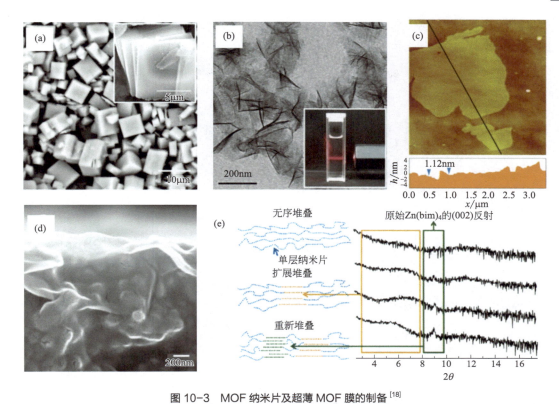

图 10-3 MOF 纳米片及超薄 MOF 膜的制备[18]

(a) $Zn_2(bim)_4$ 晶体的 SEM 图；(b) $Zn_2(bim)_4$ 纳米片 TEM 图，内置图为胶体分散液的丁达尔效应；(c) 纳米片的 AFM 图及对应的高度信息；(d) 超薄 MOF 膜的截面 SEM 图；(e) 具有不同微结构的 MOF 膜的 XRD 图及其对应的膜结构示意图

共价有机骨架（Covalent Organic Frameworks，COF）材料是一类由有机物质通过共价键连接而成的材料[20]。COF 因其具有高永久孔隙率、比表面积大、可调孔径以及热化学稳定性强等优点，在分离领域具有较大的应用潜力。但是因为 COF 的纳米孔径（通常为 0.8～5nm）远大于普通气体分子的动力学直径（0.25～0.50nm），使得气体分离 COF 膜的发展面临着巨大的挑战。莱布尼兹汉诺威大学 Caro 教授课题组开发了具有接近小气体分子尺寸的 COF 膜，基于两种不同的二维 COF（COF-LZU1 和 ACOF-1）通过变温溶剂热法制备了 COF-LZU1-ACOF-1 双层膜（图 10-4）[21]。这种双层膜的孔径集中分布在 0.3～0.5nm 的范围内，H_2 渗透率达到 $2.45×10^{-7}mol/(m^2·s·Pa)$，$H_2/CH_4$ 的分离系数高达 100.2。借助膜中较强的亚胺共价键作用，该膜还显示出较高的热稳定性和长期稳定性。他们还报道了在垂直取向的 LDH 的壁上生长 2D COF 得到垂直排列的 COF-LZU1 膜（图 10-5）[22]。这种垂直 COF-LZU1 膜表现出较高的渗透性和选择性，膜的整体性能超过了 H_2/CH_4 的罗伯逊上限，H_2 渗透率约 $1.206×10^{-6}mol/(m^2·s·Pa)$，$H_2/CH_4$ 的分离系数为 29.5。

最近，Caro 教授课题组为了进一步推进 COF 膜在气体分离方面的应用，首次提出了 MOF-in-COF 的概念[23]，采用简单的两步浸渍法在 $α-Al_2O_3$ 载体上制备了 ZIF-67-in-TpPa-1 膜（图 10-6）。该策略制备的膜孔径集中在 0.29～0.5nm 范围内，因此对 H_2/CH_4 混合物显示出合理的气体分离性能。在 298K 下，ZIF-67-in-TpPa-1 膜的 H_2 渗透率高达 $1.273×10^{-6}mol/(m^2·s·Pa)$，

且 H_2/CH_4 混合气体的分离因子达 33.3。MOF-in-COF 这种策略不仅为 H_2 生产和纯化提供最具潜力的膜材料，也为 COF 孔调控工程提供了新概念。

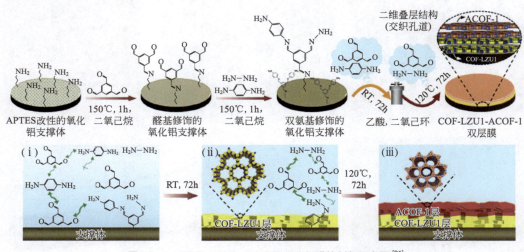

图 10-4　COF-LZU1-ACOF-1 双层膜的制备示意图[21]

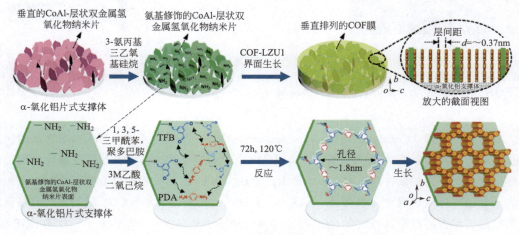

图 10-5　COF-LZU1 膜的制备示意图[22]

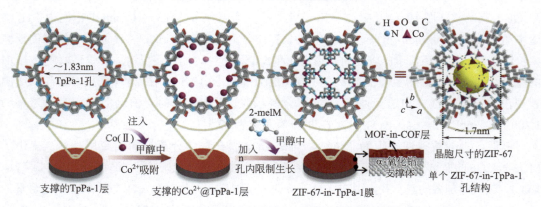

图 10-6　ZIF-67-in-TpPa-1 膜的制备示意图[23]

10.2.3 二维石墨烯膜

多孔石墨烯膜是近年来国际研究重点，也是发展迅速的一类纳米片膜。石墨烯是以蜂巢晶格结构排布的单层碳原子，但其完美的单层结构即使对分子尺寸最小的气体分子氦也表现出不可渗透的性质[24]，其原因是石墨烯的π轨道会形成致密的电子云，导致分子无法通过。该阻隔性促使研究者们发展石墨烯片层的造孔技术，以制备单原子层厚度的纳米片膜，理论上可以最大限度地提升膜通量。早期的研究工作主要集中在模拟计算，如麻省理工学院Grossman教授课题组通过分子动力学模拟证明单层石墨烯的纳米孔可以高效截留NaCl[25]。他们发现控制石墨烯膜的孔径对膜的脱盐性能起决定性作用。此外，通过对比不同的孔道边缘的官能团，发现亲水性的羟基官能团能够使透过膜的水通量提升1倍。还有研究者们尝试采用紫外线诱导氧化刻蚀[26]、聚焦离子束刻蚀[27]、氧等离子体刻蚀[28]等实验技术制备多孔石墨烯膜，初步论证了多孔石墨烯膜用于分子分离的可行性。然而，目前多孔石墨烯膜普遍面临精确造孔的挑战，现有技术难以实现在石墨烯纳米片上大面积制备高密度且孔径可调的分子筛分孔道。

二维石墨烯膜的另一大类是叠层膜，主要通过层间通道实现分子（离子）的选择性传输。以GO为例，其表面和边缘均存在丰富的含氧基团（如环氧基、羟基、羰基和羧基等），在叠层膜的制备与应用方面具有突出优势：一方面，这些亲水含氧基团使GO易于在水中稳定分散成均相溶液，利于液相组装成膜；另一方面，含氧基团的存在为修饰改性提供了活性位点，不仅可以通过含氧基团数量调控层间通道的大小，还能引入功能组分实现层间通道与待分离物质的特异相互作用。Geim团队在2012年首次报道了叠层GO膜仅允许水蒸气分子的快速透过，而对其他任何气体或液体分子都表现出阻隔效应[29]（图10-7），结合模拟工作发现GO膜层间非氧化区域为水分子提供了近无摩擦的快速传输通道。随后，他们将叠层GO膜浸泡在盐水溶液中，发现GO膜在水合状态下层间达到约13Å，使得小尺寸水合离子可以快速渗透过膜，而水合半径大于4.5Å的离子和溶剂分子被有效截留，展现出分子和离子筛分效应[30]。

GO叠层膜不仅展现出优异的水分子和离子的快速选择性传输性能，在气体分离领域也具有巨大潜力。2013年，韩国汉阳大学Ho Bum Park教授课题组制备了厚度仅为3～10nm的GO膜，采用不同的旋涂策略构筑不同的片层堆叠结构，控制气体的传质行为[31]。通过调控石墨烯纳米片堆叠过程中的"面-面"和"边-边"相互作用，促使GO片层形成紧密的堆叠结构，其气体传质行为类似于玻璃态微孔聚合物膜，可实现CO_2分子的选择性透过（CO_2渗透性100GPU，CO_2/N_2选择性20）。美国伦斯勒理工学院Miao Yu课题组通过抽滤法在多孔阳极氧化铝支撑体上制备了超薄GO膜（图10-8），通过控制GO纳米的沉积量分别制备了厚度为1.8nm、9nm及18nm的GO膜。其中，9nm厚的GO膜展现出超高的H_2分离选择性（H_2/CO_2: 3400，H_2/N_2: 900）[32]。他们的实验发现，气体的主要传输通道并不是通常认为的GO层间通道，而是GO片层面内的缺陷孔。以上两项研究表明，不同的叠层膜制备方法，可调控GO片层的堆叠结构及其气体传质行为，实现不同气体分子的选择性透过。

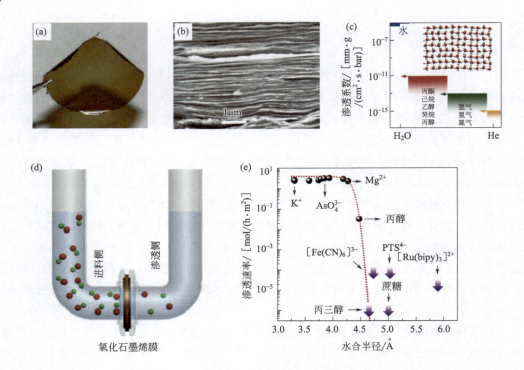

图 10-7 自支撑 GO 叠层膜的渗透速率测试[29,30]

(a) 1μm 厚的 GO 自支撑膜;(b) 自支撑膜的截面扫描电子显微镜 (SEM) 图;(c) 不同分子透过 GO 膜的渗透系数,图中箭头代表实验的检测上限,内置图代表石墨烯层间水分子的排布结构;(d) 分子/离子渗透速率的测试装置;(e) 不同离子和分子透过 5μm 的 GO 膜的渗透速率,图中箭头代表检测极限

10.2.4　二维 MoS_2 膜

MoS_2 纳米片具有丰富的本征孔道,由于 Mo 和 S 原子之间的电子重新分布,MoS_2 中的纳米孔本质上是带电的[33],有望基于静电相互作用提高 MoS_2 膜的离子分离选择性。因为 MoS_2 表面不存在亲水性官能团,其表面的范德华力在 MoS_2 纳米片之间起主导作用,能够有效阻止叠层 MoS_2 纳米片在水中的再分散,增强膜的水稳定性。Heiranian 等人通过分子动力学模拟表明单层 MoS_2 中的纳米孔可以有效地截留离子并允许水分子高速率传输[34]。此外他们还发现超过 88% 的离子可以被孔径范围为 20～60Å^2 的 MoS_2 膜截留,在最佳条件下的水通量比纳米多孔石墨烯膜高 70%。之后,Sapkota 等人通过实验验证了纳米多孔 MoS_2 膜在水净化方面的应用[35]。他们将纳米片置于高强度超声中造孔,通过调整超声时间来控制纳米孔的尺寸。所制备的多孔 MoS_2 纳米片的平均直径为(163±20)nm,平均孔径为(32±8)nm。相对于非多孔的 MoS_2 膜,孔径小于 60nm 的多孔 MoS_2 膜表现出更高的 NaCl 截留率(>57%)[图 10-9(a)、(b)],表明了多孔 MoS_2 膜在海水淡化方面的巨大潜力。

理论上,通过精准调控二维纳米片之间的层间距可以实现对不同尺寸的分子或离子的高效筛分。MoS_2 膜的层间距可以使用不同的连接剂进行调控,以提高截留率。近年,Lu 等人

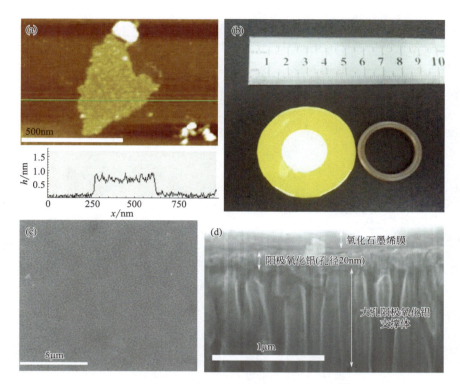

图 10-8 超薄 GO 膜用于氢气/二氧化碳分离[32]

(a) GO 纳米片的 AFM 图及高度数据；(b) AAO 上制备的超薄（约 9nm 厚）GO 膜的实物图；(c) 约 18nm 厚 GO 膜的表面 SEM 图；(d) 约 180nm 厚 GO 膜的截面 SEM 图

采用两亲配体作为连接剂来调控 MoS_2 膜的层间距，并评估层间距对分离性能的影响[37]。为了进一步提高水通量，对 MoS_2 纳米片进行共价官能化也是常采用的另一种策略。例如，Ries 等人使用有机卤化物分子对剥离的纳米片进行接枝，随后堆叠成基于共价功能化的 MoS_2 纳米片膜［图 10-9（c）～（f）][36]。由于接枝功能的存在，MoS_2 膜的层间距在增大的同时限制了层间的膨胀，纳米片的表面化学也得到良好的控制，最终功能化的 MoS_2 膜对 NaCl 的截留率高达 87%，水通量可达到 $1.6L/(m^2 \cdot h \cdot bar)$。此外，还可以通过改变膜表面的电荷对层状堆叠的 MoS_2 膜进行功能化修饰。Hirunpinyopas 等人将二维 MoS_2 膜浸入染料溶液进行功能化，由于染料的离子电荷改变了膜表面的化学性质，使得该膜在截留海水中 99% 常见离子的同时，水通量还显著高于氧化石墨烯膜的水通量约 5 倍[38]。该研究还指出该功能化的 MoS_2 膜浸入水中超过 6 个月后仍能维持优异的长期稳定性。

除海水淡化领域外，Sun 等人首先使用二维 MoS_2 膜进行染料截留[39]。MoS_2 膜的水渗透率高达 245LMH/bar，比氧化石墨烯膜提高了 3～5 倍，同时对伊文思蓝的截留率保持在 89%。Wang 等人发现 500nm 厚的 MoS_2 膜对罗丹明 -WT 显示出高达 90% 的去除效率，但由于膜吸附导致其对亚甲基蓝的去除效率从最初的 100% 下降到 40%[40]。他们认为通过 MoS_2 膜对染料实现截留的主要原因是尺寸排阻和静电排斥。为了改善对染料的截留率和渗透通量，部分团队尝试对 MoS_2 膜层间距进行调整。例如 Ran 课题组使用阳离子（K^+、Na^+、Li^+

或 Mg^{2+}）插层来扩大 MoS_2 膜的层间距[41]，由 Mg^{2+} 改性的 MoS_2 膜其层间距从原始的 0.3nm 增加到了 0.848nm 的，改性后 MoS_2 膜的水渗透性也提高了 2～3 倍，同时还可保持其对染料的截留率。此外，TA 改性的 MoS_2 膜[42]、PDA 改性的 MoS_2 膜[43] 以及氧化石墨烯和 MoS_2 纳米片的复合膜[44,45] 也体现出了一定的层间结构稳定性及较优的分离性能。

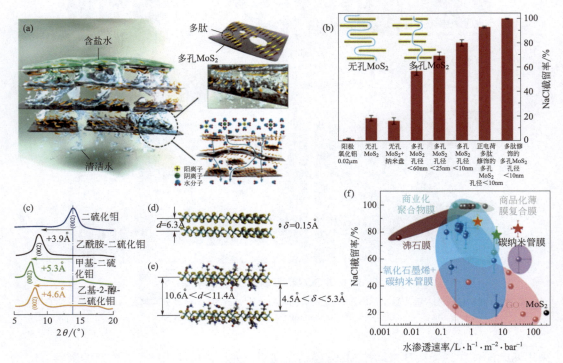

图 10-9　MoS_2 膜结构及分离性能[35,36]

(a) 水通过多孔 MoS_2 膜的路径示意图；(b) 由不同孔径的 MoS_2 纳米片构筑的膜表现出的 NaCl 截留率对比；(c) 原始及不同有机卤化分子共价功能化的 MoS_2 膜的 X 射线衍射（XRD）图谱；(d) 原始 MoS_2 纳米片和 (e) 乙酰胺功能化的 MoS_2 的层间距示意图；(f) 功能化 MoS_2 膜与其他膜的脱盐性能比较

10.3　高性能二维材料膜的国内发展现状及趋势

我国二维材料膜研究团队主要来自南京工业大学、清华大学、中科院大连化学物理研究所、浙江大学、天津大学、华南理工大学等。研究的二维材料包括分子筛、GO、MXene、MOF、COF 及 $g-C_3N_4$ 等，其中 GO 的研究最为广泛。与国外侧重于研究单层或少层二维材料膜的传质现象相比，我国的二维材料膜研究更面向实际应用需求，评价其适用的分离体系及实际的分离性能，涉及有机溶剂脱水、水处理、水脱盐、小分子或离子筛分、气体分离等诸多领域，并积极探索二维材料膜的放大制备。我国在二维材料膜上已有专利布局，截至 2020 年中国发明专利累计不足 400 项（图 10-10），未来仍需加强二维材料膜相关的知识产权布局，发展具有自主知识产权的二维材料膜制备与应用技术。

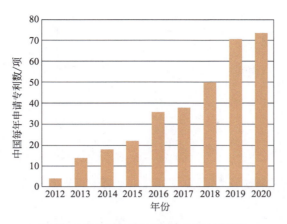

图 10-10　我国二维材料膜的专利申请情况

10.3.1　二维石墨烯膜

我国开展 GO 膜的研究基本与国际同步，早在 2012 年，浙江大学高超教授课题组就报道了叠层 GO 膜的制备及其纳滤分离性能[32]，采用真空抽滤法制备的超薄（22～53nm）GO 纳滤膜的水渗透率达到 21.8L/(m^2·h·bar)，对有机染料分子的截留率高于 99%，对盐离子的截留率为 20%～60%，该分离机理由尺寸筛分和电荷作用共同主导。基于该 GO 膜的超薄特性，仅需 34mg 的 GO 原料就足以制备 $1m^2$ 的纳滤膜，证明新一代的 GO 纳滤膜具有节约资源和成本的潜在优势。2014 年，南京工业大学金万勤教授课题组也较早地开展了 GO 叠层膜的研究工作。他们首次实现陶瓷中空纤维支撑体上制备具有快速水传质通道的 GO 膜（图 10-11），对碳酸二甲酯/水混合物展现出优异的分子分离性能[46]：在室温下水通量高达 1700g/(m^2·h)，进料液中 2.6%（质量分数）水含量可一次提浓至 95%（质量分数）以上。此外，为了充分利用 GO 膜中的水传质通道，他们提出在 GO 叠层表面引入超薄（<10nm）聚合物集水层，形成水分子表面优先吸附和层间快速扩散的协同效应，构筑了快速、选择性的水传质通道，膜展现出大于 10kg/(m^2·h) 的超高水通量[47]。上述工作初步论证了二维材料叠层膜用于水分子高效选择性传输的可行性。

近年来，我国基于石墨烯材料，系统研究了二维材料膜在水处理、溶剂纯化、气体分离等过程的分离性能，并探索其应用前景。从早期研究工作中不难发现，研究主要集中在如何构筑二维材料膜的分子传质通道，包括无缺陷纳米片的可控制备及纳米片面内（层间）通道的精密构筑等方面，探索二维材料膜在纳滤、有机溶剂脱水、气体分离等领域的应用前景。与传统分离膜相比，二维材料膜受益于二维材料的超薄、超快传质等特性，展现出更加优异的分离性能。目前，对于分离精度要求更高的处理对象，如海水淡化（透水同时截留所有盐离子）、烯烃/烷烃分离等重大需求，二维材料膜仍未达到理想的分离效果，其根本原因是对二维材料膜传质通道的构筑精度不够，且缺乏系统的调控策略。针对这一挑战，研究者们提出了精密构筑与调控层间传质通道、调控膜层表面特性的若干策略，优化通道结构及基团特性，提升二维材料膜的分子尺度分离性能。

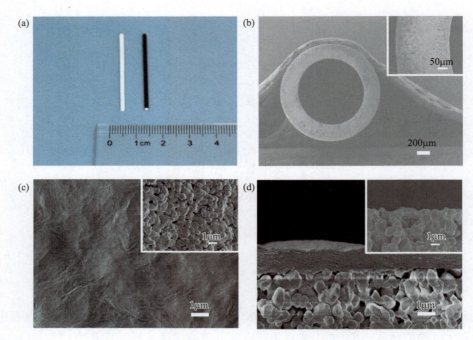

图 10-11　陶瓷中空纤维负载的 GO 膜用于碳酸二甲酯/水分离[46]
(a) 中空纤维支撑体（白色）和 GO 膜（黑色）的实物图；(b) 陶瓷中空纤维的 SEM 图（内置图为放大的截面图）；
(c) 和 (d) 分别为中空纤维支撑体（内置图）和 GO 膜的表面和截面图

　　限制二维材料膜走向实际应用的另一瓶颈是水稳定性。二维材料膜在水中的稳定性是其进行有效分离的先决条件。尽管 GO 膜在干燥的条件下表现出优异的柔性和机械强度，但是在水环境中强水合作用会导致水分子进入 GO 层间，从而破坏原有规整的层间通道，导致分离性能的严重衰减，甚至造成 GO 膜结构的永久性破坏。其他二维材料也面临类似的水稳定性挑战。为此，研究者提出支撑层优化及"分子桥"等策略，极大地提升了 GO 膜的水稳定性，推动二维材料膜在水分离过程的应用。

（1）GO 构筑面内/层间传质通道

　　在石墨烯多孔纳米片膜方面，武汉大学袁荃教授等报道了大面积多孔石墨烯纳米筛/碳纳米管复合膜[48]。他们先通过化学气相沉积法合成单层石墨烯，再将其转移到交错互联的碳管基膜上，以介孔 SiO_2 作为多孔牺牲模板，采用氧等离子体刻蚀单层石墨烯以形成多孔石墨烯纳米筛，通过刻蚀时间控制孔道的大小（图 10-12）。所形成的高密度的亚纳米孔道展现出典型的尺寸筛分效应，在阻碍离子透过的同时，实现了水分子的快速传递。此外，碳管作为基底支撑单层石墨烯，类似于叶脉支撑树叶的作用，显著提升超薄石墨烯膜的机械强度，有利于实际过程应用。该石墨烯纳米筛/碳纳米管复合膜具有优异的脱盐性能，在正渗透过程中水渗透速率为 $22L/(m^2 \cdot h \cdot bar)$，对 NaCl 的截留率高达 98.1%。该研究工作通过在石墨烯纳米片面内构筑传质通道，缩短了叠层结构的曲折传质路径，提升了二维材料膜的渗透速率，并进一步基于孔道尺寸的精密调控，实现水分子和离子的高效分离。

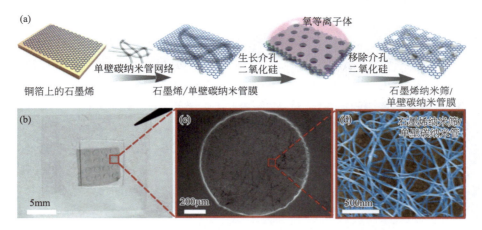

图 10-12　大面积多孔石墨烯纳米筛/碳纳米管复合膜的制备[48]

(a) 制备多孔石墨烯纳米筛/碳纳米管复合膜的示意图；(b) 置于多孔 PDMS 基底（16 孔，孔的直径为 1mm）上的复合膜的实物图；(c) 单孔的 SEM 图；(d) 图为 (c) 中红色选框区域的放大 SEM 图

在氧化石墨烯分离膜方面，南京工业大学金万勤教授课题组开展了一系列工作：

① 基于优化设计的真空抽吸制备方法[46]，成功制备适于工业应用的中空纤维 GO 叠层二维材料膜，构建了对水分子具有超快传递效应的层间通道，在溶剂脱水（如碳酸二甲酯/水）等过程中展现出优异的分离性能：常温（25℃）下水通量达 $1700g/(m^2·h)$，进料液中的 2.6%（质量分数）水含量经过一级膜渗透过程可提浓至 95.2%（质量分数）。

② 提出聚合物环境诱导组装的策略[49]，通过聚醚共聚酰胺（PEBA）与 GO 片层之间形成的氢键作用，诱导 GO 纳米片在聚合物基质中组装成规整的叠层结构，在膜内构筑了具有尺寸筛分效应的气体传质通道（图 10-13）。研究表明，向 PEBA 聚合物膜中仅掺杂 0.1%（质量分数）的 GO 纳米片，即可将膜的渗透性和选择性同步提升 100%，制备的 GO/PEBA 混合基质膜 CO_2 的渗透系数达 100bar，CO_2/N_2 选择性为 91，突破了传统气体分离膜的性能上限（2008 Robeson Upper-bound）。

③ 提出外力驱动组装成膜的策略[50]，精密构筑与调变二维材料膜的亚纳米层间通道。结合旋涂和真空抽吸形成机械外力，同时引入高分子与 GO 形成分子间作用力，在这两类外力的共同作用下，抑制 GO 组装过程中片层之间的静电排斥力，避免了非选择性缺陷的产生，从而实现了 GO 叠层结构的高度有序组装。优化调控的 GO 膜层间通道尺寸约为 0.4nm，膜展现优异的 H_2/CO_2 分离性能（H_2 渗透系数：840～1200bar；H_2/CO_2 选择性：29～33），突破了传统 H_2 分离膜的性能上限（2008 Robeson Upper-bound）。

（2）GO 调控层间传质通道

在调控 GO 膜的层间传质通道方面，南京工业大学金万勤教授课题组发展了原位纳米粒子插层的策略[51]，设计了在 GO 纳米片上原位生长纳米粒子的新型二维材料膜结构，在显著增加 GO 叠层内快速"水通道"数量的同时，保持了 GO 层间通道的尺寸筛分性能，且提升了 GO 膜的耐压、耐错流性能。实验结果显示，在管式陶瓷支撑体内表面制得的纳米粒子@GO 二维材料膜，展现出高出商品化膜 1～2 个数量级的水通量，实现了废水中染料有机小分子和重金属离子的高效截留，并且该 GO 膜的制备方法极具工业放大的潜力。他们提出金属阳离子-π 作用调控层间通道尺寸的策略[52]，实现二维材料膜对水分子和离子的精确筛分，相关工作于 2017 年发表在 *Nature* 杂志上（图 10-14）。通过理论模拟计算和表征技术发现并证实，阳离子与 GO 的芳香环结构之间存在水合离子-π 相互作用，在 GO 层间引入不同尺寸的水合离子，可对 GO 膜的层间通道尺寸实现 Å 级的调控精度。在此基础上，设计制备了水合离子调控的叠层 GO 膜，实现了水分子与不同离子的精确筛分。理论计算证明，对于具有最小水合直径的钾离子，由于钾离子的水合层较弱，进入 GO 膜后水合层发生形变，形成更小的层间距。因此，钾离子调控的 GO 膜可以高效截留包括钾离子在内的各种离子，同时还能保持水分子的快速传递。该工作不仅为 GO 膜的设计制备提供了理论与技术指导，也为其他二维材料膜的研究开辟了新思路。

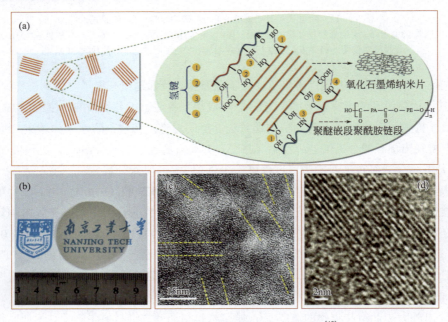

图 10-13　聚合物环境诱导组装 GO 叠层膜[49]

(a) 在聚合物中基于氢键作用实现 GO 纳米片组装的示意图；(b) 含有 0.1%（质量分数）GO 的复合膜的实物图；(c)、(d) 分别为复合膜截面的透射电子显微镜 (TEM) 及高倍 TEM 图，其中黄色虚线为 GO 叠层结构的指示线

（3）GO 调控膜层表面特性

除了调控层间传质通道之外，通过调控膜层表面特性（如亲水性、电荷性质等），可以有效强化 GO 膜的分离性能。Jin 等首次提出调控膜表面亲水性的策略[47]，以实现二维材料膜层间通道传质效率的最大化。受大自然"两栖动物皮肤持久保湿"启发，在 GO 叠层表面沉积 <10nm 的超薄聚合物集水层，促进更多水分子在 GO 膜表面富集（优先吸附），从而充分利用 GO 叠层内部的二维通道，实现水分子的快速选择性透过。由此思路指导设计制备了具有新型纳米结构的壳聚糖@GO 二维材料膜，水通量高达 $10000g/(m^2·h)$，比传统膜高 1～2 个数量级，突破了现有丁醇渗透气化脱水膜的分离性能上限。此外，提出操纵膜表面电荷的策略[53]，实现二维材料膜对离子的高效截留（图 10-15）。通过简易的浸渍涂覆法，在 GO 膜

表面引入具有不同荷电性和电荷密度的聚电解质，使得表面带电的 GO 膜与盐溶液中带同种电荷的离子之间产生静电排斥作用而实现高效截留，为了保持溶液电中性，带相反电荷的离子也无法透过膜。经过表面荷电调控的 GO 膜，巧妙地结合了尺寸筛分和静电排斥效应，展现出了优异的纳滤脱盐性能：对 $MgCl_2$ 截留率高达 93.2%，水渗透速率为 51.2L/($m^2 \cdot h \cdot bar$)；对 Na_2SO_4 的截留率高达 93.9%，水渗透速率为 56.8L/($m^2 \cdot h \cdot bar$)，其性能优于文献报道的绝大多数纳滤膜及商品化纳滤膜。

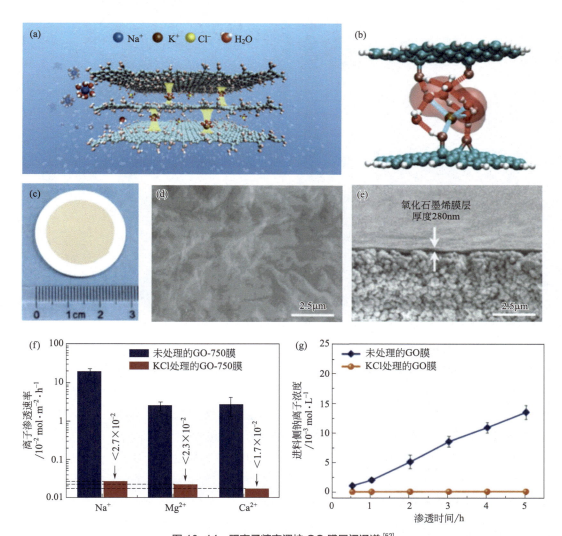

图 10-14　阳离子精密调控 GO 膜层间通道[52]

(a) GO 膜中钾离子控制层间通道尺寸实现对其他离子的截留而使水能通过的示意图；(b) 通过密度泛函理论计算得到的 K^+-$(H_2O)_6$@GO 的最稳定的几何构型，透明的红色区域是水合水分子的范德华体积，证明石墨烯层间的水合结构发生了变形；(c) 氧化铝支撑的 GO 膜的实物图；(d) 和 (e) 分别是 GO 膜的表面和截面的 SEM 图；(f) 未处理和 KCl 处理后的 GO 膜的离子渗透速率，虚线代表不同离子的检测极限；(g) 透过未处理和 KCl 处理后的 GO 膜（280nm）的 Na^+ 渗透速率

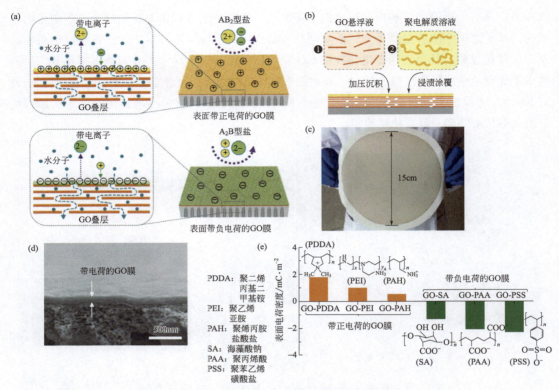

图 10-15 表面电荷可调的 GO 膜的设计与制备[53]

(a) 通过在 GO 膜表面涂覆聚电解质实现可控离子传输的示意图；(b) 表面带电荷 GO 膜的制备流程；(c) 直径 15cm 的表面带电荷 GO 膜的实物图；(d) PAN 支撑体上表面带电荷 GO 膜的 SEM 截面图；(e) 基于膜表面 Zeta 电位计算的 GO 膜的表面电荷密度

（4）增强 GO 膜层水稳定性

二维材料膜的稳定性是实现其商业化应用的关键问题之一。针对这一问题，南京工业大学金万勤教授课题组提出基于支撑层优化改性的策略[54]，有效提升了二维材料膜的水稳定性。分别采用无机陶瓷、聚丙烯腈（PAN）和聚碳酸酯（PC）为多孔支撑层，系统研究了支撑层的粗糙度、表面化学成分以及孔结构对 GO 膜结构和分离性能的影响。结果发现，支撑层的表面形貌和化学结构可诱导纳米片在其表面的组装及其界面结合力，而支撑层的大孔结构主要决定 GO 膜的传质阻力。对 PAN 支撑层进行表面水解处理以产生含氧官能团，可增强 GO 叠层与支撑层的界面结合性，使得 GO 膜耐受错流、长时间连续操作等分离过程，为面向实际应用的二维材料膜的设计制备提供了新思路。他们还提出构筑"分子桥"的策略[55]，进一步提升二维材料膜的水稳定性（图 10-16）。在 GO 层间引入多巴胺，通过交联作用形成短链分子桥，有效抑制了 GO 叠层因水溶液的溶胀效应而导致的结构破坏。同时，在 GO 叠层与支撑层之间引入壳聚糖作为长链分子桥，一端通过席夫碱反应与 GO 叠层之间形成共价作用，另一端通过物理黏附作用锚定在多孔支撑层表面，从而显著提升了 GO 叠层与支撑层的界面结合性。分子桥修饰的 GO 膜表现出优异的结构稳定性，不仅可耐受错流、高压等苛刻操作条件，并在长达 25 天的连续分离过程中仍保持稳定的纳滤分离性能。该分子桥策略突破了 GO 膜的水稳定性瓶颈，为二维材料膜在水处理领域的应用奠定了理论与技术基础。

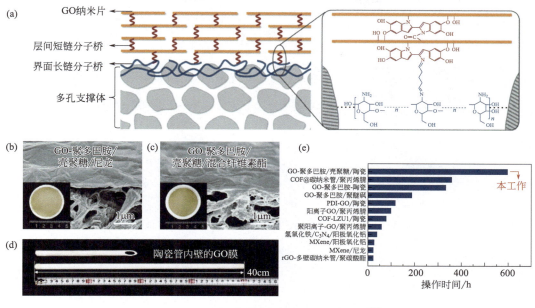

图 10-16　分子桥策略提高 GO 膜的稳定性[55]

(a) GO 膜层间短链分子桥与界面长链分子桥稳定膜结构的示意图；(b) 和 (c) 分别为尼龙支撑体和混合醋酸纤维素支撑体上制备 GO 膜的截面 SEM 图，内置图为相应的实物图；(d) 在 40cm 陶瓷管内壁放大制备的 GO 膜的实物图；(e) 分子桥策略制备的 GO 膜与其他应用于水溶液体系的二维材料膜的长期操作时间对比

10.3.2　二维 MOF 与 COF 膜

为实现高度取向的纳米片 MOF 膜的制备，大连理工大学张雄福教授课题组报告了一种新的自下而上的策略，利用该策略直接制备了具有高度取向的 ZIF 纳米片管状膜（图 10-17）[56]。该方法通过将限制在支撑体和氧化石墨烯薄膜层之间的 ZnO 纳米粒子自转化为高度取向的 $Zn_2(bIm)_4$ 纳米片状膜。所得的膜厚度约为 200nm，并表现出优异的气体分离性能［图 10-18 (a)］，H_2/CH_4 混合物分离因子为 221，H_2 渗透率约 $15×10^{-7}$ mol/(m^2·s·Pa)。

张雄福教授课题组还提出了一种气相转化策略（VPT）[57]，如图 10-19 所示，该工艺通过浸涂技术将金属基凝胶涂覆在载体上，随后利用无溶剂配体蒸汽处理使凝胶层气相转化，最终在多孔管状支撑体内表面直接合成了二维 MOF 纳米片膜。凝胶层充当多功能角色，一方面提供活性金属源，另一方面可引导纳米片的定向生长并控制纳米片膜形成过程中的膜厚度。该研究所获得的钴基二维纳米片膜的厚度约为 57nm，对 H_2/CH_4 表现出优异的分子筛分性能［图 10-18（b）］，理想分离选择性高达 68.6，远远优于其相应的 Knudsen 扩散系数 2.8，表明纳米片膜表面基本无缺陷。同时，该膜在二元混合物中的也呈现出优异的分离性能，H_2/CH_4 的分离选择性达 51.3，与单组分气体渗透结果相比，由于双组分气体的竞争吸附作用导致气体分离性能略微减少,这种优异的体分离结果主要归因于制备的二维 MOF 膜的高度取向和超薄厚度。

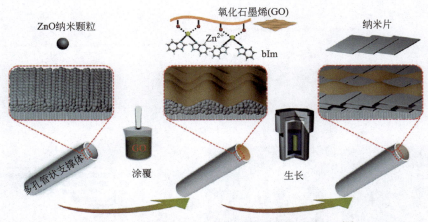

图 10-17 高度取向的 ZIF 纳米片管状膜的制备示意图[56]

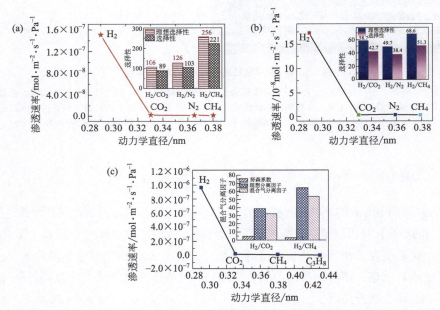

图 10-18 不同二维 MOF 膜的气体渗透性能
(a) $Zn_2(bim)_4$ 膜[56];(b) Co-MOF 纳米片膜[57];(c) ZIF-95 膜[58]

最近,华东师范大学黄爱生教授课题组报道了一种新的合成策略,采用蒸汽辅助平面内外延生长法制备了具有高度 c- 取向的 ZIF-95 膜[58]。通过在 DMF 和水蒸气的混合气氛中,实现了 ZIF-95 种子层的平面外延生长,并获得了厚度仅为 600nm 的取向且互生良好的 ZIF-95 膜。他们通过实验和模拟研究证明,具有 c- 取向的 ZIF-95 膜表现出优异的分离性能 [图 10-18(c)],这主要是因为一个最优取向的结构使膜内晶体缺陷和其他传输途径显著减少。对于等摩尔二元混合物,在 100℃ 和 1bar 条件下,H_2/CO_2 和 H_2/CH_4 的分离因子分别为 32.2 和 53.7，H_2 气体渗透率超过 $7.9×10^{-7}mol/(m^2·s·Pa)$，比随机取向的 ZIF-95 膜高出 4.6 倍。

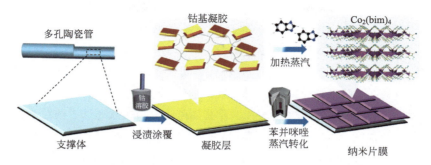

图 10-19 钴基凝胶气相转化制备二维 Co-MOF 纳米片膜示意图[57]

COF 具有孔径均一的纳米通道、有机单元可调的多功能性以及出色的化学稳定性。因此，二维 COF 纳米片同样有望用于制备高性能分离膜。天津大学姜忠义教授课题组提出一种混合维度组装的策略，将一维的纤维素纳米纤维与二维 COF 纳米片通过真空抽滤法组装成膜[59]（图 10-20）。基于纳米纤维的部分遮蔽效应，将 COF 孔径减小至 0.45～1nm，以提升其分子筛分性能；同时，COF 与纳米纤维之间的相互作用有利于提升膜结构的稳定性。实验结果表明，COF/纳米纤维复合膜展现出优异的溶剂脱水性能［水通量：$8.53kg/(m^2·h)$，正丁醇/水分离因子：3876］，并对 Na_2SO_4 的截留率高达 96.8%，水渗透速率达到 $42.8L/(m^2·h·bar)$。上述二维材料与高分子杂化的膜制备方法，不仅能提高膜的分离性能，还可提升膜的机械加工性能与结构稳定性，是一种具有规模化制备前景的二维材料膜制备方法。

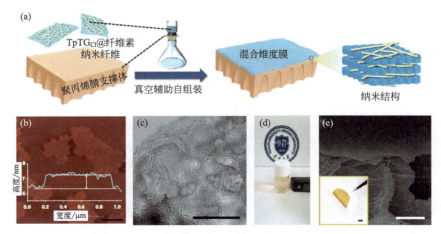

图 10-20 混合维度组装 COF/纳米纤维复合膜[59]

(a) 真空辅助自组装成膜及混合维度纳米结构的示意图；(b) $TpTG_{Cl}$ 纳米片的 AFM 图及高度信息；(c) $TpTG_{Cl}$@纤维素纤维纳米复合物的 TEM 图；(d) $TpTG_{Cl}$@纤维素纤维纳米复合物水溶液中的丁达尔效应；(e) $TpTG_{Cl}$/纳米纤维复合膜的截面 SEM 图，内置图为用镊子弯曲的膜实物图。标尺大小：(b) 500nm；(c) 100nm；(e) 1μm，内置图为 1cm

10.3.3 二维 MXene 膜

MXene 是一种具有类石墨烯结构的过渡金属碳（氮）化物，具有 $M_{n+1}X_nT_x$ 的结构，通常从 $M_{n+1}AX_n$ 相（$n=1, 2, 3$）中选择性地刻蚀 A 组分制备得到，其中 M 是过渡金属元素，A 主要是第三或第四主族元素，X 是碳/氮元素[60]。更重要的是 T_x 基团，代表 MXene 片层上丰富的末端基团（一般为—OH 或者—F），可撑开层间形成传质通道。MXene 也是一类极具潜力的二维材料膜料，组装得到的 MXene 叠层膜在小分子分离过程中展现出优异的性能[52,60,61]。2017 年，清华大学王海辉教授与华南理工大学魏嫣莹研究员团队通过"颗粒造孔"策略首次制备得到了具有截留纳米尺寸染料离子的二维 MXene 膜 [图 10-21（a）]，该 MXene 膜的水渗透率超过 1000L/（$m^2 \cdot h \cdot bar$），且对于 2.5nm 以上的分子截留率超过 90 %，为解决二维膜通道内由于片层紧密堆叠而导致的低通量问题，提供了有效解决思路[52]。

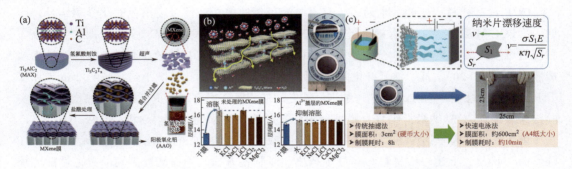

图 10-21　MXene 膜的制备策略及电泳沉积技术制备大面积 MXene 膜
(a) 采用"颗粒造孔"策略制备二维 MXene 膜示意图[52]；(b) Al^{3+} 交联的 MXene 膜具有优异的抗溶胀性质[62]；(c) 采用电泳沉积技术快速制备 A4 纸尺寸的二维 MXene 膜[63]

随后，他们还首次制备了 MXene 膜用于 H_2/CO_2 分离[60]，利用 MXene 上均匀分布的末端基团，形成高度规整的亚纳米传质通道，实现气体分子的高效筛分（图 10-22），同时基于分子模拟和吸附测试发现，CO_2 分子与 MXene 之间的强相互作用进一步阻碍 CO_2 透过膜层。因此，该 MXene 叠层膜展现出优异的 H_2/CO_2 分离性能（H_2 渗透系数：2402bar；H_2/CO_2：166），突破了现有分离膜的性能上限。通过进一步调控纳米片尺寸及通道的有序度，该团队构筑的具有高度有序结构的二维 MXene 膜对多种抗生素粒子的截留率均能达到 90% 以上，并拥有可观的溶剂渗透通量[64]。

众所周知，二维材料膜在离子筛分领域具有很大的应用潜力，但却常常受到溶胀效应的限制。基于此，该团队通过自交联和离子交联（Al^{3+}）策略 [图 10-21（b）] 对二维通道进行抗溶胀处理，成功将湿态下二维 MXene 通道尺寸控制在 6Å 以下，从而对金属水合离子产生明显的截留作用，为二维材料膜在离子截留领域的发展提供了良好的思路[62,65]。随后，他们进一步利用聚苯乙烯磺酸钠（PSS）对层间通道进行修饰，通过层间通道的尺寸筛分和化学环境的特异性识别实现 Li^+/Mg^{2+} 的有效分离[66]。为了拓展二维材料膜后续的工业放大应用，该团队通过电泳沉积技术实现了较大面积的二维 MXene 膜快速制备 [图 10-21（c）][63]。其制膜时间与传统真空抽滤方式相比缩短一个数量级，同时膜面积可提高两个数量级，并且膜各处的分离性能较为均一。该工作为二维材料膜将来的工业化应用提供了一定的可能性。

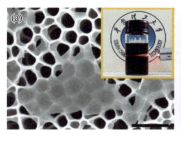

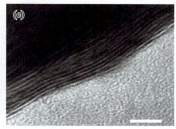
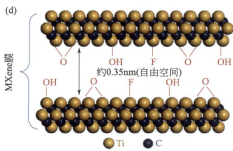
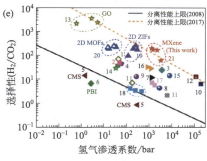

图 10-22　具有规整传质通道的 MXene 膜用于 H_2/CO_2 分离[60]

(a) 多孔阳极氧化铝支撑体上 MXene 纳米片的 SEM 图；(b) MXene 膜的表面 SEM 图，内置图为膜的实物照片；(c) 具有 2D 通道的 MXene 膜的截面 TEM 图；(d) 相邻 MXene 纳米片的层间距示意图；(e) 与先进的气体分离膜相比的 MXene 膜的 H_2/CO_2 分离性能。标尺大小：(a) 1μm；(b) 500nm；(c) 10nm

二维材料膜的研究正处于快速发展的阶段，自 2011—2012 年第一张石墨烯膜发现以来陆续取得突破性进展。高质量单层二维材料纳米片相继合成，使得越来越多的二维材料（如 MXene、MOF、COF 纳米片等）成为高性能分离膜的构筑单元。围绕二维材料膜理化性质的调控，在二维材料面内或层间构筑几纳米甚至亚纳米尺寸的通道，可实现小分子或离子的精确分离。与国外研究团队侧重于认识二维材料膜的传质行为相比，我国对二维材料膜的研究更面向重要的分离需求，通过调控传质通道及表面特性，提升其在有机溶剂脱水、小分子/离子截留和气体分离等过程中的分离性能，并积极探索二维材料膜的放大制备技术。针对二维材料膜在水溶液中的稳定性瓶颈也提出了切实可行的解决方案，为其在液体分离过程中的实际应用奠定了基础。

在气体分离方面，由于具备精密筛分小分子气体混合物的面内孔道或者层间通道，二维材料膜，特别是分子筛纳米片膜及 GO 膜，在 H_2/CO_2、CO_2/CH_4、CO_2/N_2 等多个分离体系展现出极其优异的分离选择性。但是目前仍然需要继续考察二维材料膜在高温、高压以及高湿度下的气体分离性能与性能稳定性等问题。为了加快二维材料气体分离膜的实际应用，还需要大力推进以中空纤维作为支撑体的二维膜研究，实现二维膜的大规模制备。此外，对于烯烃/烷烃这一极具挑战性的分离体系，目前二维材料膜还没有取得理想的分离性能，仍需进一步精密调控二维膜的孔道结构，同时通过促进传递机制协同作用，进一步强化分离性能，争取早日实现这一分离体系的突破。

总之,我国研究的二维材料膜在多个分离过程中展现出优异的分离性能,处于国际领先水平。然而,当前存在的主要问题是二维材料膜的应用体系不够聚焦,核心创新力有待进一步凝练提升。因此我国应集中优势力量,面向国家在海水淡化、氢分离、烯烃/烷烃分离等分子尺度分离的重大需求,发展二维材料膜的原创性基础理论和颠覆性技术,攻克高性能二维材料膜的制备瓶颈,在国际上率先突破二维材料膜的放大制备与工程应用,抢占发展先机。

10.4 发展我国高性能二维材料膜产业的主要任务及存在主要问题

当前,发展我国高性能二维材料膜产业的主要任务包括:

① 重点关注二维材料膜技术的放大及工业化应用,加速实现二维材料及二维材料膜的大规模制备,逐步实现二维材料膜在海水淡化、污水处理、气体分离等领域的实际应用;

② 面向国家碳中和碳达峰的目标,大力开发基于二维材料的高性能分离膜用于碳捕集过程,特别是基于二维材料的混合基质膜,在 CO_2/N_2 及 CO_2/CH_4 等体系中已展现出优异的分离性能,在烟道气中 CO_2 捕集、天然气中 CO_2 脱除等应用中展现出巨大的潜力,需要集中优势力量尽快实现其产业化应用;

③ 面向国家高性能芯片制备工艺的要求,开发高性能二维材料分子筛膜,助力超高纯度电子特气的制备,为解决"卡脖子"芯片技术提供原料保障;

④ 面向清洁水资源等问题,需要开发二维材料膜用于反渗透、纳滤及膜蒸馏等过程,应用于高效海水淡化、污水净化等分离过程,切实保证人民群众的饮用水安全,实现废水资源化利用。

高校及研究院众多团队围绕二维材料膜已开展了深入研究,关于二维材料膜的技术储备已经较为充足,实验室规模制备的膜材料在水处理、有机溶剂脱水及气体分离等领域展现出优异的性能,但产业界跟进速度不快,产学研协同创新链尚未形成,在目前二维材料膜产业发展上面临的主要问题包括:

① 高性能二维材料膜的大规模制备。主要包括纳米片及膜的大规模制备方法,以及超薄膜组件的设计。高质量纳米片是高性能二维材料膜的前提,但是目前一些纳米片(如 MOF)的产率偏低,并且大多数自上而下的剥离方法需要用到强酸或强腐蚀性化学物质,会影响片层结构的完整性。在大面积、无缺陷二维材料膜的制备,以及超薄膜适用组件等方面还存在技术难点。此外,二维材料膜的成品率问题需要引起足够的重视,可以从提升纳米片质量、改进膜制备方法等方面,提升所制备的大面积二维材料膜的性能重复性,有利于二维材料膜的应用与推广。

② 二维材料膜在实际应用体系中的性能测试。例如,在二维材料膜用于气体分离的研究中,大多数二维材料膜都是在高纯气体或者二元混合气的进料下进行测试,但是在实际的工业分离过程中,进料气中往往还有一些杂质气体,极有可能会对二维材料膜的结构及分离性

能产生影响。因此，在二维材料膜的研发过程中，需要测试二维材料膜在真实分离体系中的分离性能，进而通过原料预处理、膜结构优化等策略，保证二维材料膜在实际应用中仍能展现出优异的分离性能。

③ 二维材料膜技术相关专利的保护。在二维材料膜技术的发展过程中，我国研究者做出了很多原创性的工作，对该领域的发展将起到至关重要的作用，急需重视二维材料膜相关专利的保护，不仅为了保障技术开发者的利益，更重要的是有利于形成我国的二维材料膜专利池，保障我国二维材料膜产业的高速发展。

10.5 推动我国高性能二维材料膜产业发展的对策和建议

围绕二维材料膜技术领先、专利布局、产业培育、示范应用和规模拓展等目标导向，以及"双碳目标"的战略需求，以高性能与低成本并重，实施揭榜挂帅，整合全国膜材料领域的创新资源，抢占 GO、MOF、COF 等若干二维材料膜的技术制高点；同时要有全球视野，制定"领跑"的膜材料领域，认准方向，全面实现二维膜材料技术引领并保持领先优势，形成自主可控的膜产业技术创新体系，以技术的群体性突破推动产业快速形成与发展。

建议加大国家研发投入与政策支持，随着新型二维材料（如 MOF、COF、石墨烯等）的涌现，其可调的本征孔道将对混合物的分离效果起决定性作用，所制备的二维材料膜在分离体系中的性能提升会达到几个数量级；基于独特的分离孔道及超低的传质阻力，二维材料膜展现出超常的水、离子、气体分子传质特性，但是现有的分离机理及模型并不适用于二维材料膜。需构建用于描述二维材料膜间超常传质行为的限域传质理论模型，总结影响传质效率的关键参数，对膜材料的选择及膜结构的设计提供指导，建议可由国家基金委设立二维材料膜重大项目，集材料、化学化工、物理、计算等领域的高层次人才队伍，建立二维材料膜精密构筑方法及分离机制。建议可由科技部设立二维材料膜重点研发计划项目，突破高性能二维材料膜规模化关键技术，重点开发用于碳捕集、清洁水资源、电子特气等领域的高性能二维材料膜，优先推动重点领域的二维材料膜的规模化制备，通过建立相关领域的示范工程，逐步推进适用于其他分离体系的二维材料膜应用。在体制上可发挥已有国家级平台的作用，定向委托组织实施二维材料膜的规模化；发挥膜材料产业技术创新联盟的作用，形成人才集聚和产业集聚效应，强化企业的创新能力，构建创新共同体，推动二维材料膜产业的高速发展。

10.6 面向国家 2035 年重大战略需求高性能二维材料膜产业技术预判和战略布局

二维材料膜分离技术在未来具有较大的应用潜力。首先，基于二维材料的分离膜目前在渗透气化、气体分离等领域展现出极高的分离性能，甚至高出商品化膜材料数个数量级。基于膜间传质通道的精密调控，二维材料膜有望在分离精度要求更高的领域，如反渗透脱盐、天然气纯化、烯烃/烷烃分离、碳捕集等，展现出优异的分离性能，在实际应用方面具有重大意义。其次，二维材料膜具有良好的操作稳定性。一方面，以石墨烯为典型的纳米片材料具有良好的化学稳定性及机械强度，有利于提升膜结构的稳定性；另一方面，通过物理限制或者化学交联的方法可以对层间通道进行修饰，进而增加膜材料在水溶液中的稳定性，为其在水处理领域的应用奠定基础。再次，目前二维材料膜所面临的大规模制备问题，在未来有望通过提升纳米片质量与产量、改进膜的制备方法等策略来解决，进而实现膜的放大与工业应用。最后，二维材料膜的产业化必将带动二维材料的快速发展，这两者之间相辅相成、相互促进，成为新材料领域发展的重点方向。面向国家 2035 年重大战略需求，服务水资源高效利用、清洁低碳能源、环境保护等领域，二维材料膜产业的发展还需在以下几个方面开展深入研究：

① 二维材料膜的规模化制备。包括二维材料及膜的制备方法，以及超薄二维材料膜的组件设计。首先，无缺陷纳米片是构筑高性能二维材料膜的前提。目前，多数二维材料（如沸石分子筛、MOF 等）的产率偏低，并且通常需使用强酸或强腐蚀性化学药品，造成二维材料的结构缺陷，因此需要发展更加绿色、高效的二维材料合成方法，提升二维材料的产率和质量。对于多孔二维材料膜，需要研发更加先进的二维材料造孔技术，以制备高密度、均匀分布、孔径精确可控的亚纳米孔，实现多孔二维材料膜分离性能的突破。此外，现有的二维材料膜制备方法往往仅适用于实验室规模，还需攻克二维材料膜的大规模无缺陷制备技术，以满足二维材料膜的实际应用需求。由于二维材料膜的厚度比传统膜低 1～2 个数量级，因此还需设计超薄膜适用的膜组件，保持二维材料膜结构完整性，充分发挥二维材料膜的分离性能。

② 二维材料膜的实际应用体系评价。在二维材料膜气体分离的研究中，多数膜都是在高纯气体或者理想二元混合气的进料下进行测试，展现出优异的分离性能；但在实际工业分离过程中，进料气中含有大量的杂质气体，可能会对二维材料膜的结构及分离性能产生重要影响。在二维材料膜水处理的研究中，同样需要更多地考察膜在实际的高盐浓度、染料等污染物浓度下的截留性能，研究膜污染问题并提出解决方案，考察二维材料膜在更长时间连续操作下的性能和结构稳定性。因此，今后的研究工作应重点考察二维材料膜在真实、复杂的操作条件下的分离性能，对于推进二维材料膜的工程应用具有重要意义。

③ 二维材料膜的结构及传质机理研究。目前还难以精确表征二维材料膜中的亚纳米传质通道，包括二维材料的面内传质通道和层间传质通道。今后需进一步利用并发展先进的原子尺度表征技术，对二维材料膜的孔道结构进行精确解析，并且原位表征亚纳米通道中的分子和离子传递行为，结合膜分离性能，深入理解二维材料膜结构与分离性能的构效关系。此外，还缺少准确描述二维材料膜分子传质行为的理论模型。下一步可通过分子模拟等理论计算，结合分子传递参数，研究二维材料膜中的分子传递机理（如限域传质机理），并建立传质模型，揭示二维材料膜中传质通道的尺寸、基团特性等参数对分子传质的影响规律，指导二维材料膜的结构设计及分离性能优化。

④ 二维材料膜的应用领域拓展。基于面内/层间传质通道的构筑与调控，二维材料膜在有机溶剂脱水、小分子染料截留等领域展现出优异的分离性能。然而，在分离精度要求更高的重要领域，如反渗透脱盐、天然气纯化、氢分离、烯烃/烷烃分离等，二维材料膜仍未取得实质性进展。未来需结合二维材料膜的分子传质机理，针对分离体系的具体需求，进一步设计亚纳米通道的精密构筑与调控策略，将二维材料膜拓展到更具挑战性的分离体系，如生命健康领域等。

参考文献

[1] Lai Z, Bonilla G, Diaz I, et al. Microstructural optimization of a zeolite membrane for organic vapor separation [J]. Science, 2003, 300: 456-460.

[2] Liu Y, Qiang W, Ji T, et al. Uniform hierarchical MFI nanosheets prepared via anisotropic etching for solution-based sub–100-nm-thick oriented MFI layer fabrication [J]. Science advances, 2020, 6: eaay5993.

[3] Ryoo R, Choi M, Na K, et al. Stable single-unit-cell nanosheets of zeolite MFI as active and long-lived catalysts [J]. Nature, 2009, 461: 246-249.

[4] Na K, Choi M, Park W, et al. Pillared MFI zeolite nanosheets of a single-unit-cell thickness [J]. Journal of the American Chemical Society, 2010, 132: 4169-4177.

[5] Na K, Jo C, Kim J, et al. Directing zeolite structures into hierarchically nanoporous architectures [J]. Science, 2011, 333: 328-332.

[6] Varoon K, Zhang X, Elyassi B, et al. Dispersible exfoliated zeolite nanosheets and their application as a selective membrane [J]. Science, 2011, 334: 72-75.

[7] Agrawal K V, Topuz B, Pham T C T, et al. Oriented MFI membranes by gel-less secondary growth of sub-100 nm MFI-nanosheet seed layers [J]. Adv. Mater, 2015, 27: 3243-3249.

[8] Jeon M Y, Kim D, Kumar P, et al. Ultra-selective high-flux membranes from directly synthesized zeolite nanosheets [J]. Nature, 2017, 543: 690-694.

[9] Kim D, Jeon M Y, Stottrup B L, et al. para-Xylene Ultra-selective Zeolite MFI Membranes Fabricated from Nanosheet Monolayers at the Air-Water Interface [J]. Angewandte Chemie, 2018, 130: 489-494.

[10] Dong J, Cao Z, Zeng S, et al. Ultrathin ZSM-5 zeolite nanosheet laminated membrane for high-flux desalination of concentrated brines [J]. Science Advances, 2018, 4: eaau8634.

[11] Jiang J, Dong Q, Zhou F, et al. Gel-modulated growth of high-quality zeolite membranes [J]. ACS Applied Materials & Interfaces, 2020, 12: 26095-26100.

[12] Zhou R, Wang B, Wu T, et al. Highly Ordered Nanochannels in a Nanosheet-Directed Thin Zeolite Nanofilm for Precise and Fast CO_2 Separation [J]. Small, 2020, 16: 2002836.

[13] Li S, Zong Z, Zhou S J, et al. SAPO-34 membranes for N_2/CH_4 separation: Preparation, characterization, separation performance and economic evaluation [J]. Journal of Membrane Science, 2015, 487: 141-151.

[14] Li S, Falconer J L, Noble R D. SAPO-34 membranes for CO_2/CH_4 separation [J]. Journal of Membrane Science, 2004, 241: 121-135.

[15] Huang Y, Wang L, Song Z, et al. Growth of high-quality, thickness-reduced zeolite membranes towards N_2/CH_4 separation using high-aspect-ratio seeds [J]. Angewandte Chemie, 2015, 127: 10993-10997.

[16] Choi J, Tsapatsis M. MCM-22/silica selective flake nanocomposite membranes for hydrogen separations [J]. Journal of the American Chemical Society, 2010, 132: 448-449.

[17] Dakhchoune M, Villalobos L F, Semino R, et al. Gas-sieving zeolitic membranes fabricated by

[18] Yang W, Peng Y, Li Y, et al. Metal-organic framework nanosheets as building blocks for molecular sieving membranes [J]. Science, 2014, 346: 1356-1359.

[19] Zhao D, Wang X, Chi C, et al. Reversed thermo-switchable molecular sieving membranes composed of two-dimensional metal-organic nanosheets for gas separation [J]. Nature communications, 2017, 8: 1-10.

[20] Geng K, He T, Liu R, et al. Covalent organic frameworks: design, synthesis, and functions [J]. Chemical Reviews, 2020, 120: 8814-8933.

[21] Caro J, Fan H, Mundstock A, et al. Covalent organic framework–covalent organic framework bilayer membranes for highly selective gas separation [J]. Journal of the American Chemical Society, 2018, 140: 10094-10098.

[22] Caro J, Fan H, Peng M, et al. High-flux vertically aligned 2D covalent organic framework membrane with enhanced hydrogen separation [J]. Journal of the American Chemical Society, 2020, 142: 6872-6877.

[23] Caro J, Fan H, Peng M, et al. MOF-in-COF molecular sieving membrane for selective hydrogen separation [J]. Nature Communications, 2021, 12: 1-10.

[24] Bunch J S, Verbridge S S, Alden J S, et al. Impermeable atomic membranes from graphene sheets [J]. Nano Lett., 2008, 8: 2458-2462.

[25] Cohen-Tanugi D, Grossman J C. Water desalination across nanoporous graphene [J]. Nano Lett., 2012, 12: 3602-3608.

[26] Koenig S P, Wang L, Pellegrino J, et al. Selective molecular sieving through porous graphene [J]. Nat. Nanotechnol., 2012, 7: 728.

[27] Celebi K, Buchheim J, Wyss R M, et al. Ultimate permeation across atomically thin porous graphene [J]. Science, 2014, 344: 289-292.

[28] Surwade S P, Smirnov S N, Vlassiouk I V, et al. Water desalination using nanoporous single-layer graphene [J]. Nat. Nanotechnol., 2015, 10: 459-464.

[29] Geim A, Nair R, Wu H, et al. Unimpeded permeation of water through helium-leak–tight graphene-based membranes [J]. Science, 2012, 335: 442-444.

[30] Wu H, Joshi R, Carbone P, et al. Precise and ultrafast molecular sieving through graphene oxide membranes [J]. Science, 2014, 343: 752-754.

[31] Kim H W, Yoon H W, Yoon S M, et al. Selective gas transport through few-layered graphene and graphene oxide membranes [J]. Science, 2013, 342: 91-95.

[32] Yu M, Li H, Song Z, et al. Ultrathin, molecular-sieving graphene oxide membranes for selective hydrogen separation [J]. Science, 2013, 342: 95-98.

[33] Li W, Yang Y, Weber J K, et al. Tunable, strain-controlled nanoporous MoS_2 filter for water desalination [J]. ACS Nano, 2016, 10: 1829-1835.

[34] Heiranian M, Farimani A B, Aluru N R. Water desalination with a single-layer MoS_2 nanopore [J]. Nature Communications, 2015, 6: 1-6.

[35] Sapkota B, Liang W, VahidMohammadi A, et al. High permeability sub-nanometre sieve composite MoS_2 membranes [J]. Nature Communications, 2020, 11: 1-9.

[36] Ries L, Petit E, Michel T, et al. Enhanced sieving from exfoliated MoS_2 membranes via covalent functionalization[J]. Nature Materials, 2019, 18: 1112-1117.

[37] Lu X, Gabinet U R, Ritt C L, et al. Relating selectivity and separation performance of lamellar two-dimensional molybdenum disulfide (MoS_2) membranes to nanosheet stacking behavior [J]. Environmental science & technology, 2020, 54: 9640-9651.

[38] Hirunpinyopas W, Prestat E, Worrall S D, et al. Desalination and nanofiltration through functionalized laminar MoS_2 membranes [J]. ACS Nano, 2017, 11: 11082-11090.

[39] Sun L, Huang H, Peng X. Laminar MoS_2 membranes for molecule separation [J]. Chemical Communications, 2013, 49: 10718-10720.

[40] Wang Z, Tu Q, Zheng S, et al. Understanding the aqueous stability and filtration capability of MoS_2 membranes [J]. Nano Letters, 2017, 17: 7289-7298.

[41] Run J, Chu C, Fu C F, et al. Precise ångström controlling the interlayer channel of MoS_2 membranes by cation intercalation [J]. Journal of Membrane Science, 2020, 615: 118520.

[42] Hu W, Cui X, Xiang L, et al. Tannic acid modified MoS_2 nanosheet membranes with superior water flux and ion/dye rejection [J]. Journal of Colloid and Interface Science, 2020, 560: 177-185.

[43] Gao J, Zhang M, Wang J, et al. Bioinspired modification of layer-stacked molybdenum disulfide (MoS_2) membranes for enhanced nanofiltration performance [J]. ACS Omega, 2019, 4: 4012-4022.

[44] Ma J, Tang X, He Y, et al. Robust stable MoS_2/GO filtration membrane for effective removal of dyes and salts from water with enhanced permeability [J]. Desalination, 2020, 480: 114328.

[45] Zhang P, Gong J L, Zeng G M, et al. Novel "loose" GO/MoS_2 composites membranes with enhanced permeability for effective salts and dyes rejection at low pressure [J]. Journal of Membrane Science, 2019, 574: 112-123.

[46] Jin W, Huang K, Liu G, et al. A graphene oxide membrane with highly selective molecular separation of aqueous organic solution [J]. Angewandte Chemie, 2014, 126: 7049-7052.

[47] Jin W, Huang K, Liu G, et al. High-efficiency water-transport channels using the synergistic effect of a hydrophilic polymer and graphene oxide laminates [J]. Advanced Functional Materials, 2015, 25: 5809-5815.

[48] Yuan Q, Yang Y, Yang X, et al. Large-area graphene-nanomesh/carbon-nanotube hybrid membranes for ionic and molecular nanofiltration [J]. Science, 2019: 364: 1057-1062.

[49] Jin W, Shen J, Liu G, et al. Membranes with fast and selective gas-transport channels of laminar graphene oxide for efficient CO_2 capture [J]. Angew. Chem. Int. Ed., 2015, 127: 588-592.

[50] Jin W, Shen J, Liu G, et al. Subnanometer two-dimensional graphene oxide channels for ultrafast gas sieving [J]. ACS Nano, 2016, 10: 3398-3409.

[51] Jin W, Zhang M, Guan K, et al. Nanoparticles@ rGO membrane enabling highly enhanced water permeability and structural stability with preserved selectivity [J]. AIChE J., 2017, 63: 5054-5063.

[52] Wang H, Ding L, Wei Y, et al. A two-dimensional lamellar membrane: MXene nanosheet stacks [J]. Angewandte Chemie International Edition, 2017, 56: 1825-1829.

[53] Jin W, Zhang M, Guan K, et al. Controllable ion transport by surface-charged graphene oxide membrane [J]. Nature Communications, 2019, 10: 1253.

[54] Jin W, Zhang M, Sun J, et al. Effect of substrate on formation and nanofiltration performance of graphene oxide membranes [J]. J. Membr. Sci., 2019, 574: 196-204.

[55] Jin W, Zhang M, Mao Y, et al. Molecular bridges stabilize graphene oxide membranes in water [J]. Angew. Chem. Int. Ed., 2019, 59: 1689-1695.

[56] Zhang X, Li Y, Liu H, et al. GO-guided direct growth of highly oriented metal–organic framework nanosheet membranes for H_2/CO_2 separation [J]. Chemical Science, 2018, 9: 4132-4141.

[57] Nian P, Liu H, Zhang X. Bottom-up fabrication of two-dimensional Co-based zeolitic imidazolate framework tubular membranes consisting of nanosheets by vapor phase transformation of Co-based gel for H_2/CO_2 separation [J]. Journal of Membrane Science, 2019, 573: 200-209.

[58] Huang A, Ma X, Wan Z, et al. Anisotropic Gas Separation in Oriented ZIF‐95 Membranes Prepared by Vapor‐Assisted In‐Plane Epitaxial Growth [J]. Angewandte Chemie International Edition, 2020, 59: 20858-20862.

[59] Yang H, Yang L, Wang H, et al. Covalent organic framework membranes through a mixed-dimensional assembly for molecular separations [J]. Nature Communications, 2019, 10: 2101.

[60] Wang H, Ding L, Wei Y, et al. MXene molecular sieving membranes for highly efficient gas separation [J]. Nature Communications, 2018, 9: 155.

[61] Shen J, Liu G, Ji Y, et al. 2D MXene nanofilms with tunable gas transport channels [J]. Adv. Funct. Mater., 2018, 28: 1801511.

[62] Wang H, Ding L, Li L, et al. Effective ion sieving with $Ti_3C_2T_x$ MXene membranes for production of drinking water from seawater [J]. Nature Sustainability, 2020, 3: 296-302.

[63] Wang H, Deng J, Lu Z, et al. Fast electrophoretic preparation of large-area two-dimensional titanium carbide membranes for ion sieving [J]. Chemical Engineering Journal, 2021, 408: 127806.

[64] Wang H, Li Z K, Wei Y, et al. Antibiotics Separation with MXene Membranes Based on Regularly Stacked High‐Aspect‐Ratio Nanosheets [J]. Angewandte Chemie International Edition, 2020, 59: 9751-9756.

[65] Wang H, Lu Z, Wei Y, et al. Self-Crosslinked MXene ($Ti_3C_2T_x$) Membranes with Good Antiswelling Property for Monovalent Metal Ion Exclusion [J]. ACS Nano, 2019, 13: 10535-10544.

[66] Wang H, Lu Z, Wu Y, et al. A Lamellar MXene ($Ti_3C_2T_x$)/PSS Composite Membrane for Fast and Selective Lithium‐Ion Separation [J]. Angewandte Chemie, 2021.

 作者简介

刘公平，南京工业大学化工学院教授。主持国家自然科学基金优秀青年基金项目和面上项目、国家重点研发计划课题等 10 余项科研项目。至今在 *Nature Mater*、*Nature Commun*、*Chem Soc Rev*、*Angew Chem*、*AIChE J*、*J Membr Sci* 等期刊发表 SCI 论文 130 余篇，引用 7500 余次，H 因子 44。担任 *Journal of Membrane Science* 青年编委、*Discover Chemical Engineering* 副主编，入选中国科协青年人才托举工程，获北美膜学会青年膜科学家奖，以第二完成人获教育部自然科学一等奖、中国石化联合会技术发明一等奖。

金万勤，南京工业大学化工学院教授，材料化学工程国家重点实验室常务副主任，"973" 首席科学家，国家自然科学基金重大项目、教育部创新团队负责人，英国皇家化学会会士。主持 10 余项国家级科研项目，在 *Nature*、*Nature Commun.*、*Angew. Chem. Int. Ed.*、*Adv. Mater.*、*AIChE J.*、*J. Membr. Sci.*、*Chem. Soc. Rev.* 等期刊上发表 SCI 论文 300 多篇，被引用 14000 多次；出版中英文专著各 1 部；获授权发明专利 37 项；担任膜领域权威期刊 *Journal of Membrane Science* 编辑，以第一完成人获教育部自然科学一等奖，2019 年获英国化学工程师学会（IChemE）颁发的分离科学领域的 Underwood 奖章。

邢卫红，南京工业大学研究员，博士生导师，副校长，江苏特聘教授，国家特种分离膜工程技术研究中心主任，中国化工学会会士。长期从事膜材料及膜过程的研究工作，主持完成包括国家杰出青年基金项目、国家自然科学基金重点项目、国家 "863" 重点项目等 10 多项国家级项目，发表学术论文 300 余篇，获得中国发明专利百余项，获得中国专利优秀奖。研究成果获得国家技术发明二等奖 1 项、国家科技进步二等奖 3 项等 20 多项省部级以上科技奖励，获得何梁何利科学与技术创新奖。入选 "万人计划" 首批科技创新领军人才、"百千万人才工程" 国家级人才等。

第 11 章

锂离子电池材料

黄学杰

引言

锂离子电池是一种二次电池（充电电池），它主要依靠锂离子（Li^+）在正极和负极之间的移动来工作。在充放电过程中，Li^+ 在两个电极之间往返嵌入和脱嵌：充电时，Li^+ 从正极脱嵌，经过电解质嵌入负极，负极处于富锂状态，放电时则相反。锂离子因其高能量密度和长循环寿命仅过了 20 多年便全面占据移动电子设备、电动汽车、智能电网和移动储能市场，总体产量和市场规模快速增长，2020 年已形成近 3500 亿元的全球市场规模。电动化和智能化正成为全球汽车产业的发展潮流和趋势，2020 年全年全球一共售出了约 324 万辆新能源汽车，全球动力电池总装机量为 137GW·h，我国动力电池累计装车量达 63.6GW·h。因此我国已成为国际上最大的锂离子电池生产国，产业链技术更加成熟。2021 年电动汽车前三季度销量增加超过一倍，资源的约束导致原材料价格大幅度上涨。随着储能电站和 5G 基站的发展，锂离子储能的电池装机量 2020 年占比达到 6.3%，由于寿命和安全方面的要求，储能电池以磷酸铁锂电池为主。

锂离子电池材料中关键原材料有锂、钴、镍等全球矿产资源的分布集中度较高且呈现寡头垄断的趋势。根据中国地质调查局全球矿产资源战略研究中心发布的《全球锂、钴、镍、锡、钾盐矿产资源储量评估报告（2021）》，截至 2020 年，全球锂矿（碳酸锂）储量 1.28 亿吨，资源量 3.49 亿吨，主要分布在智利、澳大利亚、阿根廷、玻利维亚等国。钴矿储量 668 万吨，资源量 2344 万吨，刚果（金）、印度尼西亚、澳大利亚等国最为富集。镍矿储量 9063 万吨，资源量 2.6 亿吨，印度尼西亚位居全球储量第一，澳大利亚、巴西、俄罗斯等国资源丰富。中国锂资源虽然相对较丰富但禀赋不佳，主要分布在青海和西藏，天齐锂业、赣锋锂业和一些电池企业均积极入股世界矿业巨头，获得部分智利阿塔卡玛的盐湖、澳大利亚泰利森、Mt Marion 和 Pilgangoora 锂矿资源。钴资源我国主要依赖于进口，嘉能可公司钴矿产量占到全球产量的 31% 左右，中国企业洛阳钼业、华友钴业、金川集团等也积极布局，全球前十大钴矿公司中有四家中国公司。当前中国镍消费主要是不锈钢，锂离子电池镍消费量将逐步增加，我国镍资源也较为匮乏。中国企业青山控股、格林美等获得印尼镍矿部分资源。

国内众多的锂离子电池材料企业也生产了全球一半以上的关键材料，涌现出了一批世界级企业，相当一部分出口到了海外市场。技术革新是企业锂离子电池材料业务未来发展的重点。

11.1 产业发展现状

11.1.1 正极材料

正极材料是锂离子电池最为关键的原材料，是电池的能量密度和安全性能的主要决定因素，同时也是锂离子电池成本占比最高的材料，对于锂离子电池生产发展具有重要影响。

目前已经规模化生产的正极材料主要包括高电压钴酸锂、橄榄石结构磷酸铁锂、层状结构镍钴锰三元材料（含镍钴铝）及尖晶石结构锰酸锂等，其中钴酸锂主要用于移动电子终端产品中的小电池。国外动力电池企业的产品主要以镍钴锰、镍钴铝正极材料为主；中国汽车动力电池企业的产品中，三元材料和磷酸铁锂材料共存。中国还是电动两轮车和电动工具等使用的小动力锂离子电池的主要生产国，锰酸锂因成本低和低温倍率特性好成为小动力电池的优选正极材料，电动工具电池则以三元材料为主。

目前国外动力电池企业的产品主要以镍钴锰、镍钴铝类三元材料为主，我国动力电池企业的产品中磷酸铁锂材料占比较大，磷酸铁锂材料绝大部分在中国生产，磷酸铁锂材料的比容量达到160mA·h/g，已趋近于理论值，发展趋势是进一步提高倍率性能、密度和降低成本。随着汽车企业对动力电池比能量和能量密度要求的快速提升，三元材料向高镍化发展，基于能量密度、安全和寿命的考虑，单晶高电压三元材料（NCM523，NCM622）当前体现出较为突出的技术优势，NCM622的比容量达到180mA·h/g，高镍三元材料（NCM811）的比容量达到200mA·h/g。高电压尖晶石镍锰酸锂和更高镍低钴的三元正极材料目前正处于研发和产业化前期阶段。

2020年中国正极材料出货量约51万吨，同比增长26.2%。其中，三元材料占比由2019年的48%降至46%，磷酸铁锂占比由22%上升到25%。正极材料销量排名前10位的占比56%，市场集中度相对于负极、隔膜、电解液较低。

中国正极材料企业占据份额已经超过日本和韩国，成为全球第一。随着中国正极材料的规模化增大，在正极材料领域的研发和产业化方面达到国际先进水平，可满足动力电池企业对正极材料的需求，并实现了批量出口。厦门钨业、天津巴莫、德方纳米、容百科技、长运锂科占比均在5%以上。国际主要材料企业已经将中国作为主要正极材料生产基地，并对中国企业进行股权投资。

正极材料向高比容量和低成本两个方向发展，材料体系仍是层状、橄榄石、尖晶石结构材料多元化齐头并进。低钴或无钴层状材料技术、三元材料单晶化技术、磷酸铁锂高密度化和低成本生产技术、高压尖晶石镍锰酸锂材料技术、富锂锰基材料技术及电解液匹配技术将支撑高能量密度和低成本动力电池的技术发展，满足从高端到经济性新能源汽车的需求。

11.1.2 负极材料

负极材料在锂离子电池中主要作为储锂主体，在充放电过程中实现锂离子嵌入和脱出，与电池寿命和充电性能密切相关。负极材料通常分为碳材料和非碳材料两大类。碳材料主要包括人造石墨、天然石墨、复合石墨、中间相碳微球、硬炭和软炭等；非碳材料包括钛基材料、锡基材料、硅基材料以及氮化物材料等。负极材料目前以碳材料为主，人造石墨占比最大且增加迅速，加入高比容量硅基材料的人造石墨已开始在少部分电池中应用。

硅基合金材料具有原料丰富、容量高的特性，但循环过程中体积变化大，在动力电池领域目前主要和碳基材料混合使用。目前已应用的典型硅碳复合负极材料比容量为420mA·h/g，首次库仑效率达到92%，还需解决嵌锂时存在体积膨胀效应问题，这也是加硅负极材料仅在圆柱类电池上有成熟应用的原因。钛酸锂电池具有高安全、长寿命、耐低温充电和快充的性能，但因比同类型石墨负极电池电压低1.3V，且成本高约1倍，市场较小。

2020年中国负极材料出货36.5万吨，同比增长37.7%。其中，人造石墨占比达到84%，天然石墨占比16%。2020年市场占比排名前3位的仍为53%，市场集中度较高。含硅新型负极材料以硅氧碳为主，未能实现进一步增长。我国锂离子电池负极材料企业按出货量来看，贝特瑞占比最大，达22%。其次为璞泰来，占比达18%。杉杉股份、凯金新能源、中科星城占比分别达17%、14%、7%。

从负极产品结构来看，2020年人造石墨产品占比进一步提升，市场占比达到84%。天然石墨占比出现下降，主要是因为2020年主流电池企业采购天然与人造石墨混合材料，一定程度上降低纯天然石墨的采购。国内硅氧碳复合负极材料受到圆柱电池产品主要出货型号切换，以及方型动力电池高镍体系升级暂缓的影响，未能实现预期增长，硅碳负极技术尚待突破。

11.1.3 隔膜材料

隔膜的主要作用是使电池正、负极分隔开来，防止正负极接触而短路，同时能够允许离子通过，从而完成在充放电过程中锂离子在正负极之间的快速传输。隔膜性能的优劣直接影响着电池内阻、放电容量、循环使用寿命以及电池安全性能的好坏。

目前，锂离子电池隔膜依旧以聚烯烃基膜为主，材质为聚丙烯（Polypropylene, PP）和聚乙烯（Polyethylene, PE），热稳定性高、机械强度高、薄型化的隔膜材料，材质为芳纶、聚对苯二甲酸乙二酯（Polyethylene Terephthalate, PET）、聚偏二氟乙烯（Polyvinylidene Fluoride, PVDF）和聚酰亚胺（Polyimide, PI）是重点发展方向。当前PP基隔膜及复合膜的破膜温度分布在150～170℃，PE基复合膜的破膜温度可达到180℃；PP和PE基隔膜及复合膜的机械强度（纵向和横向）可达150MPa。随着对动力电池安全性要求的提高，通常在基膜材料表面涂覆无机陶瓷涂层和/或有机涂层，进行表面改性处理以提高隔膜的耐温性能和/或阻燃性能，并改善与电解液的浸润性。国内外多家企业已开发出在200℃下不会发生热收缩的芳纶表面改性聚烯烃隔膜。近年来，具有耐高温特性的PVDF、聚酯、芳纶、聚酰亚胺等新型隔膜材料已经进入中试阶段。

从隔膜材料产业角度来看，干法工艺的聚丙烯隔膜大部分在中国生产，湿法工艺的聚乙烯隔膜已在国内外多家企业实现了量产，涂层隔膜产品得到了广泛应用。隔膜向薄层化以及功能化方向发展加快。2020年细分产品型号主要集中在7μm、9μm、12μm领域，其中5μm湿法隔膜正在加快市场导入。从世界隔膜材料市场来看，随着对动力电池安全性要求的提高，通常在基膜材料表面涂覆无机陶瓷涂层和/或有机涂层以提高隔膜的耐温性能。

2020年中国锂离子电池隔膜出货量达37.2亿平方米，同比增长35.8%，保持快速增长的态势。其中，湿法隔膜出货量26亿平方米，占隔膜总出货量的70%，干法隔膜出货量11亿平方米。2020年排名前3位的企业市场占比超过60%，头部企业产能规模化效应进一步显现。2020年国内隔膜生产企业成本优势进一步显现，隔膜价格降幅收窄，下半年基本稳定。低成本高性能优势帮助国内企业抢占更多全球市场份额。上海恩捷市场份额占比最大超过30%，其次为星源材质占超过10%，苏州捷力接近10%。

11.1.4　电解液

电解液性能直接影响锂离子电池比容量、工作温度范围、循环效率、安全性等性能。

目前电解液以碳酸酯类溶剂、六氟磷酸锂电解质盐为主，新型耐高压类溶剂和双氟磺酰亚胺锂盐（LiFSI）类锂盐是重点发展方向。中国电解液企业以碳酸酯类混合溶剂、六氟磷酸锂电解质盐为主，开发了多款功能型添加剂，优化组合出与动力电池相适应的不同电解液体系，匹配不同材料体系的动力电池。目前开发的电解液电化学窗口可达到5V，电导率为9～12mS/cm。功能电解液，如高电压电解液、磷酸铁锂快充电解液、阻燃电解液、低温电解液、高镍三元材料适用电解液等，是目前电解液企业的重要研究方向。

2020年中国电解液市场出货量26万吨，同比增长36%，增速超过预期。下游需求跃增叠加新增产能不足，电解液产业链整体供需偏紧，带动电解液及原材料价格上涨。出口量为4.3万吨，其中动力电池应用占比超75%。

中国主要电解液企业来看，出货量在2万吨以上的企业达到4家，市场集中度较上年进一步提升。电解液均价以及细分产品价格同比均出现提升，特别是第4季度六氟磷酸锂价格大幅度上调。目前国内六氟磷酸锂产能集中度较高，2020年天赐材料市场占比达21%，江苏新泰市场占比达14%，多氟多市场占比达11%。锂离子电池电解液方面，天赐材料市场份额占比最大，达29.3%；其次为新宙邦，占比达17.6%，国泰华荣占比达14.7%。

11.2　技术现状和发展趋势

11.2.1　正极材料

鉴于动力电池需要持续提高安全性和能量密度，磷酸铁锂和镍钴锰三元材料在今后一段时间内仍是动力电池的主要材料选择，磷酸铁锂比容量已近极限，但密度会进一步提高，三元材料镍含量提升并以单晶化为趋势，走向低钴/无钴多元材料，尖晶石镍锰酸锂正极材料因其高电压和低成本，以及富锂氧化物固溶体材料因其具有较高的比容量和较宽的电化学窗口，亦成为开发热点。磷酸铁锂材料的比容量达到160mA·h/g；三元材料向高镍化发展，高镍三元材料（NCM622）的比容量达到180mA·h/g，高镍三元材料（NCM811）的比容量达到200mA·h/g；基于能量密度、安全和寿命的考虑，单晶高电压三元材料（NCM523）当前体现出较为突出的技术优势。三元材料主要包括镍钴锰和镍钴铝两个系列，三元材料主要通过进一步提高镍含量以提高其比容量，同时通过掺杂、包覆和表面处理等技术手段，提高其循环性能。预计2025年高镍三元材料比容量大于210mA·h/g，2030年大于220mA·h/g，2035年大于240mA·h/g。富锂锰基材料主要通过材料改性的技术手段，在保持高比容量的前提下，提升高电压使用条件下的循环性能。通过对层状富锂锰基材料表面进行多种金属协同包覆，隔绝电解液对材料表面结构的侵蚀；通过对材料进行体相的高价金属掺杂，提高材料首次库仑效率，减少副反应的发生。预计2025年富锂锰基材料比容量大于300mA·h/g，2030年大于350mA·h/g，2035年大于400mA·h/g。

高电压尖晶石镍锰酸锂和高电压高比容量的富锂锰基材料目前处于研发和产业化前期阶段。尖晶体镍锰酸锂正极材料因其高电压和低成本，重点是提升其高温循环性能。多电子正极材料由于其比容量等优势，也在进一步开发中。随着固态电解质技术的进步，固体电解质复合型正极材料正在成为企业界关注的热点。

11.2.2　负极材料

目前商业化应用最广泛的依旧是石墨类材料（天然石墨、人造石墨、中间相碳微球），其他已规模化生产的负极材料各具特色。无定型碳材料（硬碳和软碳）倍率性能好，硅基材料比容量高，钛酸锂材料高低温性能、循环性能优异。金属锂也将成为研究的重点，应用于包含固态在内的电池体系中。

石墨类材料比容量已经基本达到360mA·h/g，接近其理论比容量，改性天然石墨的比容量达到360mA·h/g，首次库仑效率在94%左右，压实密度在1.4～1.5g/cm^3；人造石墨比容量可达350mA·h/g，首次库仑效率达到93%左右，压实密度达到1.65g/cm^3。根据使用功能可分为高比能、快充、超高功率等方向，快充型负极材料充电倍率可以达到1.5～3C，极速快充可达到5C。无定型碳材料具有良好的寿命和循环性能，下一步发展趋势是高比容量材料的实用化，同时需要提升首次库仑效率和降低成本，预计2025年无定型碳材料比容量大于350mA·h/g，2030年大于400mA·h/g，2035年大于500mA·h/g。

当前，应用于动力电池领域的硅基负极材料，主流的选择是硅氧材料。硅碳材料还需要提高对纳米硅粒度及氧含量的控制性，构建稳固的硅碳二次颗粒复合结构提升材料循环性能。高容量硅碳材料是负极材料的重点发展方向。预计2025年硅碳材料比容量大于800mA·h/g，2030年大于1200mA·h/g，2035年大于1500mA·h/g。

11.2.3 隔膜材料

隔膜对提高电池的综合性能具有十分重要的作用,隔膜越薄、孔隙率越高,电池的内阻越小,高倍率放电性能就越好,聚烯烃基膜超薄化技术进一步完善,再通过复合表面处理隔膜安全使用温度逐步提升。当前 PP 基隔膜及复合膜的破膜温度分布在 150～170℃,PE 基隔膜及复合膜的破膜温度可达到 180℃;PP 和 PE 基隔膜及复合膜的机械强度(纵向和横向)可达 150MPa。预计 2025 年、2030 年和 2035 年,分别实现 7μm、5μm 和 3μm 隔膜的量产应用。

随着对动力电池安全性要求的提高,通常在基膜材料表面涂覆无机陶瓷涂层和/或有机涂层,进行表面改性处理以提高隔膜的耐温性能和/或阻燃性能,并改善与电解液的浸润性,隔膜的安全使用温度预计 2025 年超过 200℃,2030 年超过 250℃,2035 年超过 300℃。热稳定性高、机械强度高、薄型化的隔膜材料,材质为芳纶、聚对苯二甲酸乙二酯(PET)、聚偏二氟乙烯(PVDF)和聚酰亚胺(PI)是重点发展方向。

11.2.4 电解质

目前电解液以碳酸酯类溶剂、六氟磷酸锂电解质盐为主,新型耐高压类溶剂和双氟磺酰亚胺锂盐(LiFSI)、双三氟甲烷磺酰亚胺锂(LiTFSI)类锂盐是重点发展方向。高纯度、高稳定性基础电解液对提升锂离子电池的寿命至关重要,涉及溶剂的纯化、锂盐电解质的生产和纯化、电解液添加剂的生产和纯化、高性能电解液系统的组配和优化等,预期工作温度范围进一步拓宽,高电压下稳定性持续提升。高压正极材料电池充电电压最高可达 5V。固体电解质将由固液混合电解质、聚合物-锂盐复合电解质等向锂离子迁移数为 1 的单离子固态电解质过渡,包括硫化物电解质、氧化物电解质、磷酸盐电解质和单离子聚合物及其复合材料,固体电解质电导率由 10^{-3}S/cm 逐步提升到 $5×10^{-3}$S/cm 和 10^{-2}S/cm。

锂离子动力电池材料路线图如图 11-1 所示。

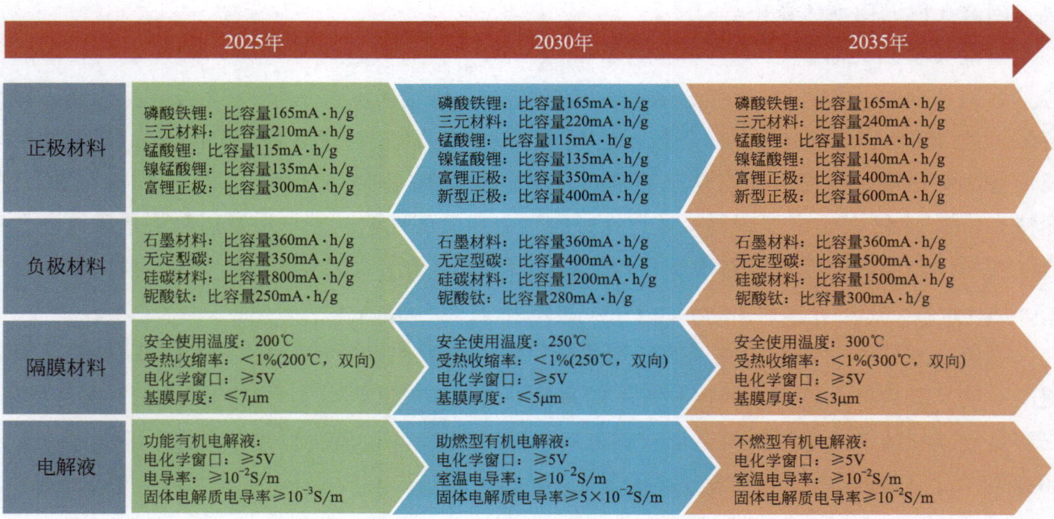

	2025年	2030年	2035年
正极材料	磷酸铁锂:比容量165mA·h/g 三元材料:比容量210mA·h/g 锰酸锂:比容量115mA·h/g 镍锰酸锂:比容量135mA·h/g 富锂正极:比容量300mA·h/g	磷酸铁锂:比容量165mA·h/g 三元材料:比容量220mA·h/g 锰酸锂:比容量115mA·h/g 镍锰酸锂:比容量135mA·h/g 富锂正极:比容量350mA·h/g 新型正极:比容量400mA·h/g	磷酸铁锂:比容量165mA·h/g 三元材料:比容量240mA·h/g 锰酸锂:比容量115mA·h/g 镍锰酸锂:比容量140mA·h/g 富锂正极:比容量400mA·h/g 新型正极:比容量600mA·h/g
负极材料	石墨材料:比容量360mA·h/g 无定型碳:比容量350mA·h/g 硅碳材料:比容量800mA·h/g 铌酸钛:比容量250mA·h/g	石墨材料:比容量360mA·h/g 无定型碳:比容量400mA·h/g 硅碳材料:比容量1200mA·h/g 铌酸钛:比容量280mA·h/g	石墨材料:比容量360mA·h/g 无定型碳:比容量500mA·h/g 硅碳材料:比容量1500mA·h/g 铌酸钛:比容量300mA·h/g
隔膜材料	安全使用温度:200℃ 受热收缩率:<1%(200℃,双向) 电化学窗口:≥5V 基膜厚度:≤7μm	安全使用温度:250℃ 受热收缩率:<1%(250℃,双向) 电化学窗口:≥5V 基膜厚度:≤5μm	安全使用温度:300℃ 受热收缩率:<1%(300℃,双向) 电化学窗口:≥5V 基膜厚度:≤3μm
电解液	功能型有机电解液 电化学窗口:≥5V 电导率:≥10^{-2}S/m 固体电解质电导率:≥10^{-3}S/m	助燃型有机电解液 电化学窗口:≥5V 室温电导率:≥10^{-2}S/m 固体电解质电导率:≥$5×10^{-3}$S/m	不燃型有机电解液 电化学窗口:≥5V 室温电导率:≥10^{-2}S/m 固体电解质电导率:≥10^{-2}S/m

图 11-1 锂离子动力电池材料路线图

作者简介

黄学杰，中国科学院物理研究所研究员，博士生导师，松山湖材料实验室副主任，《储能科学与技术》编委会主任，中国电池工业协会副理事长，中国材料研究学会常务理事，国家重点研发计划新能源汽车重点专项总体组专家。已发表 SCI 论文 200 余篇，他人引用 10000 余次，是 2018—2021 年科睿唯安高被引科学家。

第 12 章

压电陶瓷和微波介质陶瓷材料与元器件

石 锋　尚勋忠　褚祥诚　周 迪　雷 文

12.1　压电陶瓷材料与元器件的现状和发展建议

12.1.1　压电陶瓷材料性能与元器件的应用领域

压电陶瓷是一种能够将机械能和电能互相转换的信息功能材料。压电陶瓷除具有优越压电性外，还具有介电性、弹性、热电等。压电陶瓷主要用于制造频率元件、超声换能器、水声换能器、电声器件、加速度传感器、压力传感器、高精度位移驱动器、陶瓷变压器、高压发生器、引燃引爆装置等。近些年来，随着中国工业自动化、3C 电子、光电显示、机器人等领域的飞速发展，带动着压电陶瓷材料在高附加值工业产品中的应用越来越普遍，涉及的产品技术水平要求越来越高，压电产品设计难度也越来越大，比如：泛半导体设备和精密光学领域中需求的多自由压电精密定位台、压电扫描台、偏摆台等，半导体和 miniLED 领域中需求的巨量转移用的高频固晶头，3C 电子、生物医药、光电显示等领域中需求的压电点胶封装系统或流体精密分配系统等，纺织机械领域需求的压电贾卡梳，仪器仪表领域中需求的压电阀，手机、电声领域中需求的压电变焦模组、声学模组、传感模组等，宇航军工领域中战略武器、激光武器对抗和空间激光对接等用的超声波电机或压电精密执行器等。更广泛、更高端的应用场景带动了压电陶瓷材料与元件现有国内厂家的产线升级和技术水平的提升，同时针对压电陶瓷产品的设计开发科技型企业也大量涌现，特别是在当前国内外疫情肆虐以及国外对中国高端技术封锁的阶段，国内在压电陶瓷材料及产业化应用领域遇到了非常难得的发展机遇期。

12.1.2 压电陶瓷材料与元器件的工艺流程

① 压电陶瓷材料通用工艺流程如图 12-1 所示。

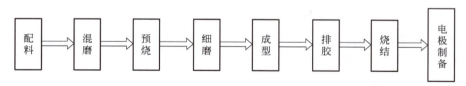

图 12-1　压电陶瓷材料通用工艺流程

② 叠层型压电陶瓷材料与元器件工艺流程如图 12-2 所示。

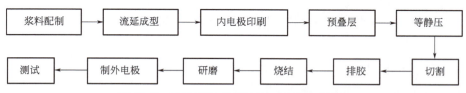

图 12-2　叠层型压电陶瓷材料与元器件工艺流程

12.1.3 压电陶瓷材料与元器件的现状和发展趋势

我国的压电陶瓷元器件行业，通过技术改造，各单位的研究和生产条件得到较大改善，压电陶瓷元器件行业已经形成了一定的产业基础，材料研发水平和器件设计技术有所提高，规模化生产技术和工艺日益成熟，产品品种、产量、产值都有了较大幅度的增长，产品的质量水平也有了显著的提高。我国的电声类、点火类压电陶瓷元器件产量和价格方面仍然占据全球绝对优势，超声波雾化压电陶瓷元件产量和价格也是第一。压电陶瓷材料方面，我国围绕压电陶瓷换能器的需求进一步发展了大功率压电陶瓷材料、高压电常数压电陶瓷材料，在水声换能器方面，对于阵列型换能器进行了大量的研究，特别对复合材料进行了深入研究，已开发出曲面和球形复合压电陶瓷器件，对水下声呐技术水平提高起到了推动作用。大功率压电陶瓷材料和换能器技术水平的提高，使压电陶瓷换能器作为抗击新冠肺炎疫情中的口罩机的关键元件，发挥了重要作用。叠层型压电陶瓷材料及元件技术也有多家大专院校和公司进行了系列研究开发，基本解决了低温烧结材料配方和流延技术。2017 年至今，随着国内以歌尔声学、立讯精密、AAC 等为代表的 3C 电子制造业，以京东方、天马、华星光电等为代表的光电显示制造业的飞速发展，新品不断量产，新产线和新厂房不断增加，压电点胶封装设备迎来了高速发展期，引导国内压电陶瓷企业进一步扩大在叠层压电陶瓷元件方面的产能和技术开发能力。在耐回流焊高温贴片蜂鸣片方面，解决了高居里温度高超薄致密压电陶瓷片的配方和工艺问题，同时解决了高温黏结胶的技术难题。

尽管压电陶瓷产业得到了长足的发展，但与日本及欧美厂商相比，压电陶瓷产品集中在低附加值的压电陶瓷片及低端压电器件方面。目前，国内压电陶瓷器件的创新设计、应用开发能力还不强，相当大比例还处于对国际同行先进产品的模仿、追赶阶段，更高附加值的高端领域用压电陶瓷则主要被西方国家产品占据。如高端蜂鸣器还是日本村田公司占据主导地位，高可靠压电叠层制动器还是需要使用德国产品，德国的压电叠层制动器工作驱动寿命可以达到 10^{13} 次数量级，而国内才达到 10^9 次数量级；大功率高可靠压电换能器也是日本和德国的性能更优；压电陶瓷高温高压传感器方面，美国 Endevoc、PCB 公司的用于高温压电振动传感器的压电陶瓷的使用温度已超过 600℃，我国目前仅为 482℃。对于深部资源勘探国际矿产资源开采水平已到达 4000m 左右，而我国仅 500m；国际能源勘探开采深度已达万米以上，我国目前仅为 6000m 左右，其最为重要的是核心压电陶瓷元件不能满足苛刻的高温高压环境。采用压电陶瓷材料的微机电系统（MEMS）器件，作为传感器、声学模组或执行器件等使用，在国内尚属于起步阶段，在产品品类、产品成熟度、产品创新性、产品工艺水平、产品性能、产品应用范围和影响力等方面与发达国家存在较大差距。

随着电子信息和光机电技术的高速发展，压电陶瓷的应用领域正在迅速拓宽，对压电陶瓷器件提出了更高的要求，应重点关注以下材料与元器件的研究发展。

（1）低温共烧陶瓷（LTCC）多层压电陶瓷材料与器件

由于压电陶瓷受压电系数的限制，单片压电陶瓷一般需要较高的电压才能获得较大的位移。为了提高压电陶瓷的位移，降低驱动电压，减小体积，目前大部分的压电器件向着多层化及片式化方向发展。除了传统的多层压电驱动器，压电传感器与压电换能器也向多层片式化方向发展。国外研究机构已经开始了相关的研究，并获得了较好的结果。

重点研发多层压电陶瓷元器件产品包括压电陶瓷微型化超薄型 SMD 频率元件、带反馈传感器高灵敏度片式压电陶瓷按键开关、手机用薄型低功耗快速启停振动器、用于手机和电视机 OLED 屏幕发声的压电式激励器、满足高精度光刻机工作台和物镜纳米快速调整用压电陶瓷驱动器，宇航推进器、电喷发动机、精密高速液体喷射阀或比例阀、压电喷墨头、手机用压电光学模组或声学模组和自适应光学系统等需求的高可靠性、高刚度压电陶瓷叠层驱动器等都需要加快发展。

（2）大功率压电陶瓷超声波换能器

我国水下声呐用低频大功率换能器和工业用超声波换能器，输出功率密度和工作寿命都与日本和德国的产品有一定差距，除压电陶瓷材料本身性能以外，与换能器的设计和材料属性有关，还与换能器的制作工艺有关。开发高性能大功率压电陶瓷超声波换能器以满足我国军用和工业应用自主可控迫在眉睫。

（3）高精度曲面阵列超声波换能器

曲面阵列（含整球体）超声换能器属于特殊形状压电复合材料，具有三维发射接收超声波的功能，也可实现超声波的聚焦，在医学三维成像有其独特优势，在水下对抗方面可实现宽频带三维或全方位探测，提高水下对抗能力。曲面阵列超声波换能器技术难点在于制作工艺，需要研究使每个阵元的一致性都满足要求的工艺。

（4）医用微型高频压电陶瓷超声换能器

目前，国外的介入式超声医疗检测和治疗是研究成热门项目。我国虽然也有研究，但技术难度较大，要求较高，尚未真正形成实用商品，几乎都使用国外产品。根据国务院明确提出要加速推进医疗器械国产化的指示精神，有必要加强微型高频压电陶瓷超声换能器，实现介入式超声换能器国产化替代，同时开发具有自主知识产权的创新产品。

（5）高可靠性压电陶瓷超声波电机

压电陶瓷超声波电机是以压电陶瓷为激振元件，基于陶瓷的谐振超声波频率的振动实现驱动的新型驱动器，它是典型的机电一体化产品。该类产品涉及振动学、摩擦学、电子科学、计算技术和实验技术等各领域。超声电机的显著特点是低速大力矩输出；保持力矩大，启停控制性好；可实现直接驱动、精确定位；容易制作直线移动型电机，噪声小，无电磁干扰。目前我国的超声电机主要存在功率小，寿命短的问题。市场上的超声波电机以日本产品为主。在高精度、低速大力矩的应用场合，压电陶瓷超声波电机具有较大的优势，随着精密光机电产品的大力发展，对高可靠性压电陶瓷超声波电机的需求将会有井喷式的增长，所以，应加大超声波电机用压电陶瓷材料、摩擦材料到结构设计以及驱动方式优化的研究开发。

（6）高转换效率压电陶瓷能量采集发电机

利用压电材料的正压电效应将振动转换成电能是令人兴奋并正在迅速发展的研究领域，其应用范围十分广泛。通过全球科学家们前10年左右的机电理论建模，实例研究和相应试验验证，已有压电能量收集系统理论书刊发行，给压电能量收集实用装置的开发提供了理论基础。对压电材料的参数优化和装置结构的合理设计，制作出不同应用领域的高转换效率压电收集器实用产品，是压电陶瓷的重要发展方向。

（7）压电陶瓷振动传感器

随着高端装备制造、智能制造及物联网、云计算、AI等产业技术升级及规模的蓬勃发展，振动传感器在工业传感领域的应用越来越广泛。其应用场景急速发展，对传感器的广泛适应环境能力提出较高的要求，尤其温度特性。

工业振动传感器不仅要具有适应力极强的功能和性能优势，而且需要具有极好的性价比。

工业类压电式振动传感器现选用的压电材料包括：

① 压电多晶类（压电陶瓷）：钛酸钡 BT、锆钛酸铅 PZT、改性锆钛酸铅、改性钛酸铅 PT；

② 压电单晶类：石英晶体、镓酸锂、锗酸锂、锗酸钛以及铁电晶体铌酸锂、钽酸锂。

各类材料各自有着自身的特点和优缺点。国内外多数工业类传感器多采用 PZT 材料、钛酸钡 BT 或石英材料。但是国内现有这方面材料性能和国际上领先的材料相差较多，特别是在温度特性方面制约各种应用领域的产品开发。

（8）压电 MEMS 器件

随着电子产品集成度与便携化及低能耗要求的提高，压电陶瓷产品近年来向着薄膜化的方向发展。如压电 MEMS 超声换能器（PMUT）、压电微声器件等，这类器件中均使用压电薄膜材料。

压电 MEMS 器件集中了当今科学发展的许多尖端成果，涉及物理学、电子材料学、化学、光学、半导体、电子工程、机械工程等多学科和工程技术。相比传统的压电器件，压电 MEMS 器件具有体积小、重量轻、功耗低、集成度高、可批量生产、价格低等优点。受多种 MEMS 产品的应用驱动，"十四五"期间，压电和 MEMS 技术的融合发展正在为全球 MEMS 产业带来一场技术革命，压电 MEMS 器件的市场将实现显著增长，压电陶瓷行业要适时向压电 MEMS 器件研究和产业化方向发展，加强新压电材料和压电薄膜制备新工艺的发展，适应未来 5G、物联网、人工智能、自动驾驶汽车等领域的发展需求。

（9）无铅压电陶瓷材料及元器件

目前常用的压电陶瓷中均含有大量有毒的氧化铅，这类材料在生产过程中及废弃后会对环境产生严重的危害，因此世界各国都高度重视无铅压电陶瓷的研究工作。从规模生产和市场推广的角度，无铅压电陶瓷的性能重复性和成本控制是除性能外还需要重点关注的两个问题。研究显示，无铅压电陶瓷的性能受原料和工艺条件的影响较大，可重复性显著低于铅基压电材料，因此为推动其产业应用，成本方面，无铅体系特别是铌酸钾钠（KNN）基无铅压电陶瓷的原料成本要高于铅基压电材料。值得关注的是，随着多层压电陶瓷被广泛应用于压电驱动器、超声电机和压电单元，如何控制其高昂的贵金属内电极成本（占总成本 80% 以上）已成为业内关注的热点。虽然 KNN 基无铅压电体系原料成本相对较高，但却具有比铅基压电材料优异的抗还原性，基于这一优势部署多层器件内电极贱金属化研究，对推动无铅压电材料的产业应用有十分积极的作用。

12.1.4 压电陶瓷材料与元器件发展建议

高校往往从纯学术角度针对压电陶瓷材料的某几个核心指标进行研究，对做成器件后的环境适应、可靠性等方面关注不够，而这些性能指标又正是元器件的核心指标，压电陶瓷产品不仅与压电材料和匹配的金属、高分子材料的性能有关，还与核心元器件的结构设计、制作工艺、相应的驱动电路有关，该类产品涉及振动学、摩擦学、电子科学、计算技术和实验技术等多个领域，建议整合各方面的人才近期对如下重点压电材料与产品进行攻关。

12.1.4.1 重点压电材料与产品

（1）高可靠压电陶瓷微制动器

产品定义：利用高压电常数、高居里温度的低温烧结压电陶瓷材料和 LTCC 工艺技术制备的叠层型固态执行器件，具有位移精度高、响应快、推力大、功耗小、无电磁干扰等特点。

用途：主要用于航空航天、点胶流体精密分配、精密薄膜喷涂、3C 电子领域光学模组和电声模组、半导体巨量转移用高频固晶头、精密微动台系列产品、汽车高压共轨喷油系统的液体高精度喷射以及自适应光学的关键执行元件等。

未来发展前景：目前我国航空航天高精度液体喷射系统和自适应光学系统、变形镜所用的高可靠性压电制动器都是使用的德国 PI 进口产品，汽车电喷喷嘴用压电陶瓷制动器也是全部用德国 EPCOS 的产品，目前我国正在研究开发高端光刻机，其中的载物台和镜片的精密移动都急需高精度、高可靠的压电陶瓷叠层制动元件以及用该制动元件进一步开发的产品，所以高可靠多层压电陶瓷制动元件及其压电终端产品急需国产化，且具有较大的市场前景。

发展的必要性：高可靠压电叠层制动器是航天航空、3C 电子、泛半导体设备等领域精密液体喷射系统或高频高精度运动操作系统不可缺少的关键产品，也是自适应光学系统的重要器件，研究开发该类产品对实现自主可控配套具有重大战略意义。

（2）无铅压电陶瓷材料及器件

产品定义：无铅压电陶瓷材料即不含铅的压电陶瓷材料，是适应环境保护需求急需的压电陶瓷材料。

用途：应用于锆钛酸铅（PZT）压电陶瓷的替代应用，主要可作为电声、超声、水声器件用。

未来发展前景：无铅压电陶瓷材料替代铅基压电陶瓷，做出实用压电器件，是适应环境保护要求的，产品市场较大，有着广阔的发展前景。

发展的必要性：2016 年，欧盟 RoHS 建议委员会发布了最新版的 RoHS 指令，2020 年前后部分铅基压电陶瓷或将不再被豁免，因此无铅压电陶瓷的研发显得更为急迫，很有必要发展。

（3）高温压电陶瓷传感器

产品定义：使用温度超过 200℃的压电陶瓷传感器称为高温压电陶瓷传感器，包括使用温度在 −55 ～ 650℃范围内的系列压电陶瓷加速度传感器、压电陶瓷振动传感器、高温压电陶瓷爆震传感器和高温超声传感器等。

用途：应用于航空航天发动机振动监测、加速度测量，核电站回路管道振动检测，工业或船用燃气轮机加速度测量，汽车内燃机检测和油井下的超声测量等。

未来发展前景：高温压电陶瓷传感器，尤其是耐高温抗辐射的压电振动传感器、高温高加速度压电冲击传感器，目前大多数依赖进口，价格高昂，有的还遭禁售，为了该类产品的自主可控，发展高温压电陶瓷传感器具有较好的社会意义，也会有可观的经济效益，市场前景很好。

发展的必要性：我国目前在航空航天、核电和井下探测等领域使用的高温振动（加速度）传感器被瑞士 Kister Vibro-Meter 公司、美国 PCB 公司及 Endevco 公司等企业垄断，国内高温抗辐射振动测量传感器研究起步较晚，受压电陶瓷和传感器结构等限制，尚未达到工作温度和抗辐射能力要求，稳定性和可靠性与国外差距更大，有必要组织国内联合研究高温压电陶瓷材料及传感器。

（4）压电陶瓷复合材料及阵列传感器

产品定义：压电陶瓷与弹性聚合物材料指通过系列工艺过程制成的压电复合材料及阵列传感器。产品具有低声阻抗，与水、空气的声阻抗匹配更好，还可实现高压电性柔性材料的制备。

用途：用于水声声呐（精细成像声呐、反蛙人声呐、水下无人航行器前视声呐等）、石油勘探、海洋开发及二维超声成像等，还可用于可穿戴及航天柔性传感器的制作。

未来发展前景：压电陶瓷复合材料曲面阵是二维宽波束声学器件的核心敏感部件，是二维成像的关键器件；压电复合柔性材料压电性优于有机压电材料，是柔性力学传感器的关键材料，都有广泛的应用前景。

发展的必要性：目前国外的水下二维成像的曲面阵换能器及声呐已达到实用化，已推出三代产品，该类产品是严格禁售给我国的。国内该类产品还处于研究阶段，尚未出产品。为了增强水下声探测对抗能力，有必要加快该类材料和传感器的研发。

（5）压电陶瓷材料及器件关键原材料

需要解决电子级二氧化锆（ZrO_2）、二氧化钛（TiO_2）、五氧化二铌（Nb_2O_5）等原材料的精确粒度、形貌和晶型的控制和批次一致性问题；高端高可靠叠层压电器件急需配套的铜内电浆料。

（6）压电陶瓷工艺装备和测试仪器

多层压电陶瓷器件需要高精度低温共烧全套设备的国产化，开发温度大于200℃、压力大于250MPa的高温高压等静压设备，以满足高可靠低温共烧压电陶瓷器件的制作需要。在压电陶瓷后续加工方面，需要解决快速高精度的异形研磨设备的国产化配套。开发数字图像相关检测方法，用于检测和分析叠层压电陶瓷材料与器件在强电场下压电陶瓷材料微观形变、应力的动态分析，提升叠层压电陶瓷器件的开发和检测分析能力。

12.1.4.2 技术指标

（1）高可靠压电致动器技术指标发展目标

材料方面：居里温度≥320℃，d_{33}≥550pC/N，$\varepsilon_{33}^T/\varepsilon_0$为1800～3000，$\tan\delta$＜2%，密度≥7.6g/cm³，烧结温度＜1100℃。

器件方面：典型器件尺寸（mm）包括5×5×18，7×7×36，10×10×36；驱动电压范围-20～120V DC。最大相对位移量≥0.12%；出力≥3600N/cm²（@120V）；驱动寿命≥10^{10}次（@120V，100次/秒）。

（2）无铅压电陶瓷材料及器件技术指标发展目标

材料方面：居里温度≥240℃，d_{33}≥300pC/N，$\varepsilon_{33}^T/\varepsilon_0$为1500～3500，$\tan\delta$＜2%，$k_p$≥0.50，每批配料≥20kg，成品率≥90%。

器件方面：对于电声元件，驱动电压与PZT压电陶瓷相同时，声压≥95%×PZT压电陶瓷同规格电声元件的声压，生产成品率与PZT压电陶瓷电声元件接近；对于雾化元件，雾化量≥80%×PZT压电陶瓷同规格的雾化量，工作寿命≥3000h。

（3）高温压电陶瓷传感器技术指标发展目标

材料方面：居里温度500～900℃，d_{33}为12～250pC/N，k_p≥0.3，$\varepsilon_{33}^T/\varepsilon_0$为50～1000，$\tan\delta$＜3%，使用温度范围内绝缘电阻大于10MΩ。

器件方面：对于高温抗核辐射压电加速度传感器，灵敏度达10pC/g，正弦振动极限达500g，冲击极限达3000g，频率响应达1～7000Hz，温度范围-55～399℃；对于高温振动传感器，工作温度范围 −55 ～ 680℃，测量范围 0 ～ 500g，频率响应 10 ～ 5000Hz，共振频率 14 ～ 20kHz，绝缘电阻 ≥ 10MΩ(@500℃)。

（4）压电陶瓷复合材料及阵列传感器

压电陶瓷复合材料阵列形状：平面板、圆管、二维圆弧、球面和整球；柔性薄膜平面阵；阵列各组成单元不一致性小于 2%；形状尺寸误差小于 1%。

针对上述业已存在的产品，除了在压电陶瓷材料生产制造方面需要国家进一步提高扶持力度之外，国家应该大力扶持压电陶瓷材料下游高科技产品开发企业，尤其是新一代信息技术（如手机背壳发声系统、屏振发声系统、MEMS 麦克风、压电高频补偿换能片等移动通信终端薄型化产品）、节能环保（压电自发电产品）、高端装备制造（点胶流体精密分配、精密薄膜超声喷涂、3C 电子领域光学模组和电声模组、半导体巨量转移用高频固晶头、精密微动台系列产品、超声电机）等高科技企业，以高附加值的应用需求来带动整条产业链的良性发展。

针对目前尚不为人所知但行业未来发展所用压电陶瓷材料及其元器件的领域，需要国家制定相关的激励政策，引导高等院校和科研院所原始创新。比如服务于人工智能方面，智能材料、结构与 MEMS 器件是人工智能研究领域的重要组成部分，具有传感、执行、控制和信息处理功能，压电陶瓷是当前主流的人工智能材料之一，应加大与之相关的智能结构和 MEMS 器件的开发；在 6G 通信方面，空间光通信是构建天地一体化信息网络的重要组成部分，将会是 6G 时代的通信新战场。电光开关、电光调制器等电光器件具有调制速率高、开关速度快、带宽大、稳定性好等优点，是目前高速光通信网络中的核心器件。铌镁酸铅-钛酸铅（PMN-PT）压电材料与传统电光材料 $LiNbO_3$、LGS、BBO、KDP 晶体，以及 PLZT 透明陶瓷相比，具有电光系数大、半波电压低、激光损伤阈值高、响应速度快等优点，是制备大功率、高速率电光开关、电光调制器的理想材料，该材料的产业化问题需要大力攻关。

12.2 微波介质陶瓷材料及其元器件发展建议

微波介质陶瓷及 LTCC 材料是制作射频器件的关键基础原材料。5G 商用化以来，微波介质陶瓷与 LTCC 受到众多资本的青睐，灿勤科技、凡谷电子、佳利电子等相关企业也受到了前所未有的关注，相关产业基本被日本村田、TDK、京瓷，美国 Trans-Tech、Mini-Circuits，韩国三星电子，中国台湾华新等企业垄断。以 LTCC 材料与器件为例，全球范围内国外厂商产量占比超过 90%，而国内消耗了全球约 65% 的 LTCC 器件，可见中国在这一领域毫无话语权。在微波介质陶瓷及 LTCC 材料领域国内存在极其严重的"产学研用"脱节的问题。国内企业规模不大、实力不强且只能仿制国外同类型产品，没有精力和能力去做原始创新，相关研究单位乐于学术创新而不重视企业需求，最终导致企业与学术研究者的对接中出现了相互"轻视"的局面，这一现象的本质原因是长期以来国内学术研究指挥棒出现了问题，而 2018 年贸易争端则凸显了某些导向的弊端，多年来大量"卡脖子"技术并未得到有效解决。

学术方面的破"四唯""五唯"有效遏制了不健康的学术风气，然而学术界和产业界还需要增强对工程与产业研究的认可度，以实际贡献论英雄。"揭榜挂帅"是一种很好的科研创新机制，为技术供需双方提供了良好的对接机会。然而国内很多领域的企业目前较为弱小，数量众多的中小企业"张榜"机会并不是很多，因此需要学术界与工业界一起努力建议一种新型的合作机制。2021年中国电子材料与元器件产学研协同创新平台在西安成立，这一平台由企业与学术界共同参与建立，为产学研合作提供了新的范式。

"揭榜挂帅"是政府作为中间协调方而建立的一种产学研合作机制，因此中国电子材料与元器件产学研协同创新平台可以建立一种类似的模式，在相关网站上单独开辟一块区域，让各企业在上面自主张榜（匿名或实名），提出实际需求，然后由学会、平台或相关人员自主对接，提高供需双方对接效率，并为研究人员的科学研究提供指引，同时在双方合作时引入"赛马制"，彻底扭转产学研合作中存在的盲区。

微波介质陶瓷材料性能与元器件的应用领域

微波介质陶瓷，是指应用于微波频段（300MHz～300GHz）电路中作为介质材料并完成一种或多种功能的陶瓷材料。微波介质陶瓷作为一种新型电子材料，在现代通信中被用作谐振器、滤波器、介质基片、介质天线、介质导波回路等，广泛应用于微波技术的许多领域，如移动电话、汽车电话、无绳电话、电视卫星接收器、卫星广播、雷达、无线电遥控等。随着低温共烧陶瓷技术（LTCC）的不断发展，微波介质陶瓷材料的应用前景更加广阔。

在微波电路中评价微波介质陶瓷介电性能的参数主要有三个：相对介电常数 ε_r、品质因数 Q（或用 Qf 乘积，其中 f 为谐振频率）及谐振频率温度系数 τ_f。

① 相对介电常数。在微波频率下，材料相对介电常数 ε_r 应较大，以便于器件小型化。根据微波传输理论：微波在介质体内传输，无论采用何种模式，谐振器的尺寸大约都在 $\lambda/2 \sim \lambda/4$ 的整数倍间。

② 品质因数。在微波频率下的介质损耗 $\tan\delta$ 应很小，即介质的品质因数 Q（$Q=1/\tan\delta$）要高，以保证优良的选频特性和降低器件在高频下的插入损耗。共振系统的损耗由电介质的损耗、辐射损耗和电介质的支撑物及其周围金属容器的导体损耗组成。只有使用低损耗的微波介质陶瓷，才有可能制出高 Q 值的谐振器件。

③ 谐振频率温度系数。材料的谐振频率温度系数是表示温度变化时谐振器谐振频率变化的大小，用来衡量谐振器谐振频率温度稳定性的一个参数。τ_f 越大，则表明器件的中心频率随温度的变化而产生的漂移越大，将无法保证器件在温度变化着的环境中工作的高稳定性。

微波介质陶瓷材料性能与元器件的工艺流程

① 微波介质陶瓷射频元器件工艺流程如图 12-3 所示。
② LTCC 无源集成元器件工艺流程如图 12-4 所示。

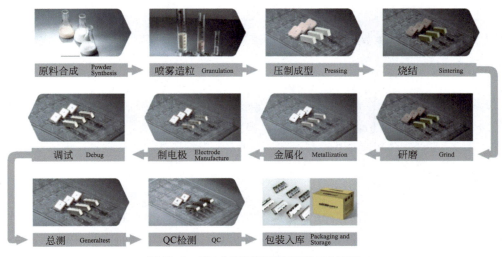

图 12-3 微波介质陶瓷射频元器件工艺流程

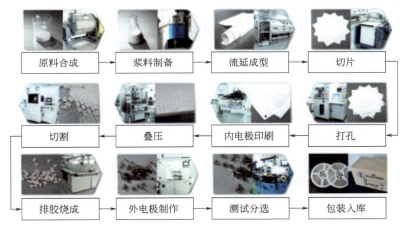

图 12-4 LTCC 无源集成元器件工艺流程

12.2.3 微波介质陶瓷材料性能与元器件的现状与发展趋势

12.2.3.1 微波介质陶瓷射频元件

(1) 产品设计创新

陶瓷射频元件的电气性能除了与材料的介电常数、介电损耗有关外,还受到器件的结构、电磁波传输模式的影响。传统的微波介质陶瓷滤波器采用的是横向电磁波 TEM 模式传输信号;在 5G 通信时代,以华为为代表的国际通信巨头,历经多年潜心研究,突破传统的横向电磁(TEM)模式为分布特征的设计技术,创新采用以横向电场(TE)模式为分布特征的设计与结构技术,引领国际 5G 通信基站用波导滤波器技术潮流。采用横向电场模式及结构的波导滤波器,具备非常高的单体体积 Q 值,插入损耗低,带外抑制高。因而研究、探索其他

可实现更高 Q 值、更小损耗的电磁波传播模式的产品及结构创新设计,将引领今后高质量微波介质射频器件的技术发展趋势。

(2) 工作频率推向毫米波波段

以移动通信及 WiFi 为主要应用领域,微波介质射频器件频率都在 Sub-6GHz;随着 5G 通信第一阶段以 Sub-6GHz 为主商用化的成熟布网,5G 通信毫米波和 6G 通信规划应用的频率在 27GHz 及以上。由于频谱资源的稀缺,需要的传输带宽更宽,以及避免信号间的干扰,各应用领域选择的工作频段将会越来越高,要求微波射频器件的工作频率也将越来越高,因此毫米波、亚毫米波通信将逐渐得到推广。

(3) 更高的带外抑制

在 Sub-6GHz 以内,频谱资源的稀缺,各通信信号间需要相互不干扰;为提高频谱资源利用率,各通信运营商工作频段间隔越来越小,5G 通信三大运商间的频段间隔为 20MHz,在此条件下,对射频器件的性能提出了苛刻的要求,特别是滤波器的带外抑制;采用 TE 模式为主要传输模式的介质波导滤波器与传统 TEM 模式的介质滤波器相比,其带外抑制更高。射频器件具有更高的带外抑制成为今后微波介质射频器件发展的方向。

(4) 加工工艺不断创新

随着各种通信不断发展,对射频器件的需求也更具各自特点,甚至定制化;但就滤波器而言,低通、高通、带通、带阻、双工等滤波器在不同领域有全面的应用;射频器件优异性能指标,不仅要求材料损耗低、器件结构及工作模式创新,还对量产工艺提出新的更高要求。5G 通信基站波导滤波器,因结构复杂、独特,电性能指标及可靠性要求高,抛开材料、结构因素,波导滤波器的成型、烧结一致性、喷银/浸银、电镀等金属化工艺,对器件插入损耗也有重要影响,决定产量和器件制造成本。重视、攻克和创新射频器件制作工艺及一致性,也将成为微波介质射频器件行业的一个技术发展趋势。

12.2.3.2 LTCC 无源集成元件

(1) 频率提高至毫米波波段

与微波介质射频器件应用相同,以移动通信终端、WiFi、蓝牙等为主要应用领域,LTCC 元器件的频率在 6GHz 以内;随着 5G 通信第一阶段以 Sub-6GHz 为主商用化和终端的普及,5G 通信毫米波和 6G 通信规划应用的频率 27GHz 及以上。各应用领域选择的工作频段将会越来越高,要求 LTCC 元器件的频率也将越来越高,以毫米波段及以上为主要发展趋势。

(2) 高度小型化

小型化是 LTCC 无源器件的主要特点,近年来随着通信技术的不断发展,各类终端提供的功能不断增加,如 2G/3G/4G/5G/WiFi/BT 等,所需的片式元件越来越多,因而对器件的体积也要求越来越小。在"十三五"期间,LTCC 元器件从初期的 3225 尺寸到期末 1608 尺寸,体积缩小到 1/8;目前国外 0605 的 LTCC 元器件已量产;更小型化的 LTCC 元器件,将会保持持续发展趋势。

（3）高度集成化

LTCC 技术的一个巨大的优势是可以集成/内埋各类阻容感，或同一个器件集成了天线、滤波器，集成两个独立无公共端口滤波器，集成滤波器与巴伦等形态，甚至集成天线、滤波器为一体化模块。中国台湾地区以及日本，采用 LTCC 技术的摄像模组、前端模块等应用于通信终端；国内 LTCC 行业在集成化方面与国外至少存在 5～10 年的差距，需要加大研发投入力度和人才培养，以及应用的开发，形成国产化。

12.2.4 微波介质陶瓷材料与元器件发展建议

近年来，受国外禁售与技术限制，在信息电子领域关键元器件，特别是高端电子元器件，进口依赖度较高，主要在小型化、微型化、高性能 LTCC 元器件，国产化率在 5% 以内，对我国在通信领域，手机、WiFi 消费类终端影响较大。虽然国内设备、终端厂商已开始在国内寻找国产化替代，但需要一个验证、信赖过程。因而，需要行业及国家给予在政策上的倾斜和支持，从金属导电浆料、生产设备、元器件生产厂商、应用单位联合承担国产化替代项目，打通产业链。近期对如下重点微波介质陶瓷材料与产品进行攻关。

12.2.4.1 重点微波介质陶瓷材料与产品

（1）5G 小型基站微波介质器件

① 产品定义：应用于 Sub-6GHz 频段的采用 LTCC 技术制成的无源元器件，如天线、滤波器、双工器、耦合器、功分器、巴伦等。

② 用途：主要用于 5G 小基站及家庭基站、企业基站信号覆盖。

③ 未来发展前景：5G 商用化的第一阶段为宏基站的建设和终端设备的推出；5G 的应用场景，需要更多的信号覆盖设备——小基站、企业级基站、家庭基站，其应用需求量远远大于宏基站，市场容量巨大，发展前景乐观。

（2）5G 终端用小型化 LTCC 器件

① 产品定义：应用于微波、毫米频段的采用 LTCC 技术制成的无源元器件，如天线、滤波器、双工器、耦合器、功分器、巴伦等。

② 用途：应用于卫星通信、卫星定位、微波通信、雷达导航、电子电路等领域，如手机、基站、雷达、电视、音响、穿戴、路由器等产品上，实现无线通信。

③ 未来发展前景：随着各类终端产品功能越来越强大，对射频信号的处理越来越复杂，对射频器件的需求也不断增加，需要元器件以更小的尺寸实现更高的性能指标。

④ 发展的必要性：目前以日本 Murata、TDK 为主的厂商，LTCC 射频器件占据 80% 的出货量，中国台湾厂商约占 12%；并且日系厂商依靠其领先的材料、研发、设备优势，不断提升产品规格，引导、垄断市场消费，给国内企业带来巨大的研发投入压力，甚至有差距越来越大的趋势。射频元器件虽小，但在手机、汽车电子、穿戴、无线通信、国防科工等领域应用广泛，且必不可少，一旦受制于国外，将导致整个电子信息领域的休克。

12.2.4.2 技术指标

（1）5G 小基站高抑制微波介质器件

尺寸规格：≤ 20mm×8mm×5mm。

频率规格：5900 ～ 7100MHz。

（2）5G 终端用小型化 LTCC 器件技术指标

尺寸规格：1608/1005/0605。

技术指标 1：频段 3.4 ～ 5.8GHz；插入损耗 ≤ 0.8dB；带宽 ≥ 500MHz；带外抑制 f_0+1400MHz ≥ 20dB。

技术指标 2：中心频率 26GHz；插入损耗 ≤ 4.0dB；带宽 ≥ 4000MHz；带外抑制：f_0-7000MHz ≥ 30dB，f_0+5000MHz ≥ 45dB。

（3）产业化 / 工程化发展目标

1.5GHz 小基站和 WiFi6 用高抑制介质滤波器实现大批量规模化生产，年产能达到 2 亿只以上；2.5GHz 终端用小型化 Sub6G 产品尺寸规格系列化，达到 1608/1005/0605 或更小尺寸；毫米波产品尺寸规格或根据客户需要开发；全行业建成年产能 20 亿只及以上能力。

除了对上述业已存在的重点微波介质陶瓷材料与产品进行攻关外，太赫兹通信技术可能是未来 6G 通信技术发展的一个重要方向。微波介质陶瓷在太赫兹频段下的测试面临以下问题：一是陶瓷的低损耗使得信号对比度小，误差增加，另外，陶瓷具有相对高的介电常数，在空气与陶瓷界面会引起多反射。微波介质陶瓷的折射率可调（高折射率有利于器件小型化和集成）、耐高温、强度高、成本低，但在太赫兹下损耗和吸收系数较高。因此，要实现微波介质陶瓷在太赫兹频段的应用，首先需要发展准确、可靠的表征技术，确保正确测量材料在太赫兹下的性能。二要进一步降低材料的损耗、提高 Q 值。三要探索新的、合适的材料体系，简单地认为现有性能优异的微波介质陶瓷材料体系在太赫兹下也能表现出良好性能是不严谨的。

针对 6G 通信产业，建议微波介质陶瓷未来的研究应围绕以下重点展开：

① 进一步提高材料微波介电性能，降低介电损耗，尤其是研发超低介电常数（ε_r<20）以及中高介电常数（ε_r=60 ～ 80）的材料；

② 利用先进测试表征技术和计算方法从本征因素和非本征因素角度研究微波介质陶瓷的介电响应机理；

③ 深入探索烧结助剂的降温机理，发展 LTCC 技术，在降低微波介质陶瓷烧结温度的同时仍使其具有优异的介电性能；

④ 响应 5G/6G 技术发展对上游材料及元器件的新需求，研发合适的材料体系，积累生产技术经验，力争实现产业链的自主可控。

作者简介

石锋，博士后，齐鲁工业大学材料学院教授，博士生导师，山东省高层次人才；从事电子陶瓷二十余年；主持国家级省部级课题 10 多项，其他项目 20 多项；第一作者 / 通讯作者发表 SCI 论文 110 多篇，独立发明人授权国家发明专利 15 项，主编英文专著 2 部，参编英文专著 2 部。现担任国家自然科学奖评委、国家重点研发计划会评专家、国家自然科学基金函评专家；担任全国同行业多个学术组织的秘书长职务以及 6 本国内外学术期刊的编委；先后荣获山东省青年科技奖、山东省自然科学学术创新人才奖、"SCOPUS"寻找青年科学之星活动材料科学领域第四名（铜奖第一名）、中国材料研究学会科学技术一等奖（基础研究类、首位完成人）、山东省科技进步三等奖（首位完成人）；成果和技术先后被多家企业采纳，因此被授予中国产学研合作创新奖以及国家科技金桥奖先进个人。

尚勋忠，湖北大学材料科学与工程学院教授，无机非金属材料与工程专业，主要研究和开发方向是高温压电陶瓷材料、无铅压电陶瓷材料、低温烧结压电陶瓷材料、大功率压电陶瓷材料，大功率压电陶瓷变压器及其系列高压电源、压电陶瓷耦合固体继电器、多层压电陶瓷器件及其在超声雾化、探测、流量传感、超声焊接等方面的应用。主持国家自然科学基金面上项目 2 项，企业横向项目 30 余项，授权发明专利 8 项，发表论文 50 余篇，其中第一作者和通讯作者被 SCI 收录 18 篇。

褚祥诚，博士，清华大学材料学院副研究员，新型陶瓷与精细工艺国家重点实验室主任助理。国家万人计划、北京市科技新星、教育部新世纪优秀人才。研究方向为压电陶瓷材料、压电器件与应用。主持或参与国家 863、国家 973、国家创新研究群体基金、国家自然科学基金重点及面上项目、北京市科技计划、军口配套、北京自然科学基金等各类项目近 40 项，科研经费 2000 余万元，培养研究生近 40 人。国内外发表学术论文 100 余篇，授权专利近 50 项。

周迪，教授、博士生导师。现任西安交大电信学部电子科学与工程学院副院长、电子材料党支部书记、多功能材料与结构教育部重点实验室副主任。2012 获得全国优秀博士论文提名；2016 年获陕西省青年科技新星称号；2020 年入选中组部青年拔尖人才计划；2020 年获得陕西省电子学会科学技术奖自然科学一等奖（第一完成人）；2021 年获得陕西省高等学校科学技术奖一等奖（第一完成人）；在微波介质材料结构性能调节、低温共烧陶瓷技术应用、新型介质谐振器设计等方面取得一系列新颖的研究成果，在国际知名期刊发表科技论文 200 余篇，总引用次数 6800 余次（H 因子 =44）。

雷文，华中科技大学光学与电子信息学院研究员、博士生导师，华中科技大学温州研究院副院长，教育部敏感陶瓷工程研究中心副主任，电子元器件关键材料与技术专业委员会委员兼副秘书长，《硅酸盐辞典》（第二版）信息材料分编委会委员。长期从事微波介质材料与器件的研究工作，多项研究成果已应用于重要装备和民用通信设备中。主持国家自然科学基金面上项目和国防基础科研重点项目等 10 余项，已在国际权威期刊上发表学术论文 120 余篇，获授权发明专利 10 余项（1 项美国专利），其中 1 项天线专利产品已批量应用于某型装备上。

第四篇

前沿新材料

第 13 章　增材制造金属材料
第 14 章　智能仿生材料
第 15 章　液态金属材料
第 16 章　气凝胶材料

第 13 章

增材制造金属材料

汤慧萍　朱纪磊　李会霞

13.1　增材制造金属材料产业发展的背景需求及战略意义

13.1.1　金属增材制造概述

增材制造（Additive Manufacturing，AM）技术通过计算机辅助技术将零件的三维模型进行切片分层，离散为一层一层的二维截面数据，采用高能热源（如激光、电子束、电弧等）将离散材料（粉末、丝材等）逐层熔融堆积形成三维物体。

增材制造与信息技术、新材料技术、新设计理念的深度融合，将给传统制造业带来变革性影响，被誉为催生第四次工业革命、决定未来经济发展的 12 项颠覆性技术之一。经过近 40 年的发展，增材制造技术面向航空航天、轨道交通、新能源、新材料、医疗等战略新兴产业领域已经展示了重大的价值和广阔应用前景。目前，增材制造已经从最初的原型制造逐渐发展为直接制造、批量制造，成为工业领域的主流制造手段之一。

金属增材制造是目前发展最快、应用前景最好的增材制造技术方向。相比传统制造模式，金属增材制除了具备无模、数字、柔性的特点外，还具有材料总体利用率高、响应速度快等优势，甚至能够完成传统工艺无法实现的高复杂度、高精密度金属零部件的直接制造。根据所采用能量源和成形材料的不同，典型的金属增材制造技术包括：选区激光烧结（Selective Laser Sintering, SLS）、激光选区熔化（Selective Laser Melting, SLM）、电子束选区熔化（Selective Electron Beam Melting, SEBM）、激光立体成形（Laser Solid Forming, LSF）、电子束熔丝沉积成形（Electron Beam Freeform Fabrication, EBFF）和电弧增材制造（Wire and Arc Additive Manufacturing, WAAM）等技术。SLS、SLM、SEBM 是通过聚焦高能束（激光或电子束）选择性烧结/熔化粉末床区域的增材制造工艺，主要用于复杂精密金属零件的直接制造。LSF、EBFF 和 WAAM 是利用聚焦高能束（激光、电子束、电弧）将粉末或丝材同步熔化沉积的增材制造工艺，主要用于大型构件制造。表 13-1 从原材料、热源、成形特点、成形材料、应用领域及代表性企业等方面对主要金属增材制造技术进行了对比。

表 13-1 不同金属增材制造技术对比

AM 技术	原材料	热源	成形特点	成形材料	应用领域	代表性企业
SLS	球形粉末 (15~150μm)	激光 (<200W)	成形工艺较为简单，成形精度 0.05~2.5mm，材料利用率最高，表面质量较差，成形致密度低，力学性能差，需后处理	覆膜金属及金属与非金属的复合粉末	航空航天、模具零件等	3D systems, EOS 等
SLM	球形粉末 (15~53μm)	激光 (200W~1kW)	表面成形精度达 30~60μm，尺寸精度达±0.1mm；制品致密度高、力学性能好。成型应力高，常需进行热处理，难以成型脆性材料	铁基合金、不锈钢、铝合金、钛合金、工具钢等	航空航天零件（如燃油喷嘴）、汽车零件、牙科植入物等	Fraunholfer, EOS, Concept Laser, SLM solutions, 铂力特, 易加三维等
SEBM	球形粉末 (45~150μm)	电子束 (3~6kW)	适用材料广泛，真空洁净，成型应力低，综合力学性能好、成型效率高。制品致密度高。只能沉积导电材料	工具钢、钛、镍、钛铝合金等、钨、钼、钽等难熔金属，铜等对光有较高反射的金属	医疗植入物、航空航天（涡轮叶片、散热器等）、汽车零件等	GE（瑞典 Arcam），西安赛隆、清研智束、JEOL 等
LSF	球形粉末 (50~200μm)； 丝材 (φ0.4~2mm)	激光 (>2kW)	成形尺寸大，可成形梯度材料。表面质量较差，尺寸精度低，材料损耗较大	铁基、不锈钢、铜、钛合金、WC/Co 硬质金属等	修复损坏大型重要零部件：叶片、涡轮盘、齿轮等	InssTek, Optomec, TRUMPT 等
WAAM	丝材 (φ1~4mm)	电弧 (>1kW)	沉积速率高，能够进行大型金属件制造，成型精度差	钛合金、铝合金等	航空、船舶等大型构件	Norsk Titanium, Addilan 等
EBFF	丝材 (φ0.8~1.2mm)	电子束 (可达 100kW)	制造功率大、效率高，适用于中、大型构件制造，对太空环境有更好的适用性	钛合金、不锈钢等	航天器维护及深空探测	Efesto, Sciaky 等

13.1.2 金属增材制造优势和特点

相较于传统制造技术，增材制造技术既可以实现材料的一次整体成形，又能够实现不同材料的一体化成形，还能够实现某些特殊复杂结构的自由制造。

金属增材制造的核心优势主要表现在对复杂零部件的结构重塑和工艺再造方面。可以做到完全以产品性能为导向对复杂零部件进行结构重塑，在更加广阔的设计空间实现轻量化、结构功能一体化、提升性能、实现新功能等目的。在航空航天、军工、医疗等领域，金属增材制造技术可通过无模具的净形成形，大幅减少前期的模具设计加工和后期的净形辅助加工，使得单件试制、小批量生产周期和成本降低，并且避免了外委加工引起的数据泄密风险。快速的响应能力使得金属增材制造技术适合各类个性化、订制化和小批量产品的短周期和低成本制造。

增材制造技术已在金属领域实现众多实际应用，并证明了其显著优势。例如美国通用电气公司（GE）使用增材制造技术批量生产LEAP系列航空发动机的燃油喷嘴（图13-1），原本需要20个金属零件组装完成，采用增材制造技术后集成为一个零件，其力学性能接近锻造材料，使燃油喷射系统寿命提高将近5倍，重量减轻25%，成本效益提升30%，库存降低95%。据GE公司2021年8月发布消息，其位于美国奥本的增材制造工厂自2015年以来已生产交付10万个燃油喷嘴。美国普惠公司采用增材制造技术生产了超过10万件发动机部件和原型件，极大地减少了PW1100G发动机部件的研制时间以及原材料成本的浪费，发动机单个零件的制造速度提高4～8倍，部分零部件与采用锻造工艺相比最多节约90%的材料。表13-2列举了金属增材制造部件的典型应用及其应用效果。

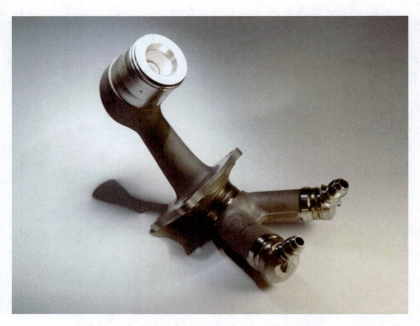

图13-1　GE公司采用增材制造技术生产的燃油喷嘴

表 13-2　金属增材制造部件的典型应用情况

应用领域	产品	具体应用点	应用效果
航空发动机	GE LEAP 式航空发动机	燃油喷嘴	减重 25%，去库存 95%，20 个部件整合为 1 个，成本降低 30%，耐用性提高 5 倍
	GE9X 航空发动机	T25 传感器、热交换器、颗粒分离器、燃油喷嘴、第五和第六级透平低压叶片	有效减少零部件生产、运输及储存，燃油效率提高 10%
	GE A-CT7 直升机发动机	中段总成结构	零部件运输、仓储简化，总成结构 7 个整合为 1 个，部件 300 个整合为 1 个，成本大幅度降低
	GE 某型发动机	轴承支撑	400 个部件整合为 1 个，零件制造周期由 2 年缩短到 100h 内
航空飞机	空客 A-350XWB	仿生客舱支架	减重 30%，成本降低 75%
	战斗机	吊耳、钛合金承力构件	轻量化
航天	火箭	喷管、叶片、燃烧室铜内衬	制造速度提高 10 倍，成本降低 50%
燃气轮机	GE 9HA.02 重型燃气轮机	燃料喷射器主体及冷却系统	联合循环净效率由 62.7% 突破至 64%，预计可节省百万美元燃料
	西门子 SGT-700/750/800 工业燃气轮机	持续工作 3 万小时的燃烧器、静叶片与动叶片修复	修复响应快，减少停电损失。相比旧零件，翻新零部件可提高发电效率 1%，减少材料浪费 65%
医用	骨科植入件、骨小梁微孔结构	脊椎骨、下颌骨和整个胸廓以及髋部、膝盖、肩部植入物或植入物附件	个性化，提高康复速度和效果
	齿科产品	金属义齿及义齿支架	个性化
模具	注塑、挤出、冲压等模具	复杂型腔、随形内流道冷却结构	一体化成形，制造周期缩短 15%~45%，冲模效率与模具寿命提高
汽车	奔驰卡车和乌尼莫克车	恒温器盖配件	快速配件更换
	雷诺卡车	发动机组件	部件减少 25%，质量减轻 25%
轨道交通	GE 轨道交通产品	热交换器	2000 个部件整合为 1 个，体积缩小 70%，散热距离缩短

　　国际知名分析机构 SmarTech Analysis 预测金属增材制造将在未来 10 年保持快速增长，到 2030 年产业规模将达到 500 亿美元（图 13-2）。根据 *SmarTech* 分析报告，2021 年全球金属增材制造收入一季度增长 11%，二季度增长 18%，金属增材设备销售增长 35%，上半年收入已超过疫情前的水平（图 13-3），预示了金属增材制造行业在 COVID-19 大流行之后将迎来强劲增长。据 *Wohlers Report 2021* 报道，2020 年金属增材制造材料在所有增材制造材料中占比 18.2%，收入增长 15.2%，达到 3.834 亿美元，高于 2019 年的 3.327 亿美元。

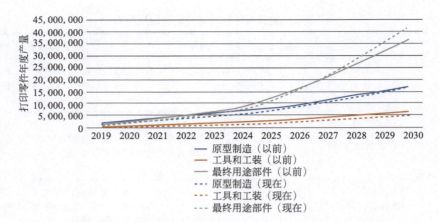

图 13-2　全球每年增材制造的零件预测（来源：SmarTech Analysis）

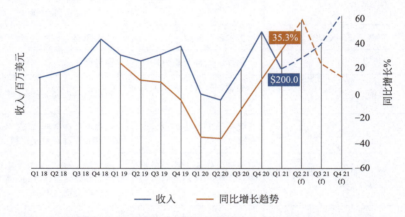

图 13-3　金属增材制造季度收入和同比增长趋势（来源：SmarTech Analysis）

13.1.3　增材制造金属材料概况

　　增材制造金属原材料主要分金属粉末和金属丝材两类，其中金属粉末的占比在 90% 以上。由于金属增材制造工艺和应用场景的特殊性，对增材制造用金属粉末的要求更加严格。美国国家标准与技术实验室（NIST）和大量学者研究认为，增材制造技术工艺稳定性和成形零部件的表面质量、微观组织、宏观性能和质量一致性等均与金属粉末材料直接相关。增材制造用金属粉末多是以球形度高、流动性好、纯度高、松装密度高、粒度分布窄的粉末为主，且需满足特定的化学成分要求。传统还原法、电解法等技术生产的不规则粉末难以在金属增材制造中得到大范围应用。随着增材制造技术的发展和增材制造金属制品在高端领域应用的拓展，对金属粉末的产能、品质和成本的要求不断提高。

　　当前全球主流的增材制造金属粉末制备方法包括：气雾化法（Gas Atomization, GA）、等离子旋转电极法（Plasma Rotating Electrode Process, PREP）、等离子雾化法（Plasma Atomization, PA），以及等离子球化法（Plasma Spheroidization, PS）等，其中气雾化法又细分为有坩埚的真空感应气雾化（Vacuum Induction Melting Gas Atomization, VIGA）和无坩埚的电

极感应熔融气雾化（Electrode Induction Melting Gas Atomization, EIGA）。各类粉末制备技术互有优劣，表 13-3 从粉末性能、适用材料范围等角度对不同制粉工艺物性进行了对比。

表 13-3　不同制粉工艺特性对比

制粉工艺	VIGA	EIGA	PREP	PA	PS
雾化原理	高速气流破碎	高速气流破碎	离心雾化破碎	高速气流破碎	自身球化整形
原材料	单质料、锭、棒等	精加工棒材	精加工棒材	丝材	不规则粉末
粒径分布	分布宽，一定比例细粉	分布宽，一定比例细粉	分布窄，细粉比例较低	分布宽，细粉比例较高	与原料相关，一定比例细粉
粉末纯净度	一般	较高	高	高	较低
空心粉和卫星粉比例	高	高	低	一般	低
粉末形貌	近球形，球形率＞80%	近球形，球形率＞80%	球形，球形率＞95%	球形，球形率＞85%	球形，球形率＞85%
适用材料	Ti、Ni、Co、Fe	Ti、Ni、Co、Fe	Ti、Ni、Co、Fe、难熔、脆性、软质金属	Ti 及难熔	Ti、Ni、Co、Fe、难熔、脆性、软质金属
制粉能耗	较高	高	较低	适中	低
生产成本	低	较低	高	较高	适中

电子束熔丝沉积增材制造（EBFF）、电弧增材制造（WAAM）技术通常以金属丝材作为原材料。增材制造用金属丝材一般要求具有良好焊接性能，通常经冶炼、拉拔等工序制成。由于加工工艺的局限性，对于某些高硬度的材料或特殊合金成分的金属丝材加工十分困难，甚至有些成分的合金能够冶炼而不能制成丝材，因此其种类和数量受到较多的限制。现阶段，增材制造用丝材主要以钛合金、铝合金、镍基合金、碳钢和不锈钢为主，其他材料如典型的不可焊合金等报道很少。

全球增材制造技术产业正处于高速发展期，在增材制造材料、装备、工艺、应用等方面，欧美发展更为全面系统。我国在增材制造专用合金材料研究方面重视不够，粉末材料的制造装置及工艺技术研究投入明显不足，新合金粉末材料开发和多工艺复合低成本制粉技术尚未广泛开展，这些基础性装备建设和工艺技术研究的缺失很大程度上影响了我国增材制造材料技术体系的自主建设和发展。研究开发出高品级的增材制造金属材料也是金属增材制造技术发展的首要条件，同时也是新型合金材料设计开发的重要工艺环节。

近年来，随着增材制造技术产业的快速发展，全球金属粉末需求旺盛，符合增材制造工艺要求的粉末材料供应短板凸显。欧美多家研究机构和企业不断加大对高品质球形粉末材料的研制，尤其是持续加大细粒径（≤45μm）粉末的研发力度。相比之下，我国高品质球形粉末技术产业基础薄弱，细粒径球形粉末大量依赖进口，价格非常昂贵。此外，国外增材制造设备商采取设备＋粉末材料捆绑的营销策略，增加了国内用户对国外设备供应商捆绑材料的依赖，极大制约了我国增材制造材料技术的自主发展。因此，重视增材制造用金属材料的发展，对我国金属增材制造产业长远、健康、快速发展意义重大。

13.1.4　增材制造金属材料对国家发展战略及经济和国防建设的重要意义

增材制造从原理上突破了复杂异形金属构件的技术瓶颈，实现了金属材料微观组织与宏观结构的协同控制，从根本上改变了传统"制造引导设计、制造性优先设计、经验设计"的设计理念，真正意义上实现了"设计引导制造、功能性优先设计、拓扑优化设计"转变，为全产业技术创新、军民深度融合、新兴产业、国防事业的兴起与发展开辟了巨大空间。美国国防部 2021 年 1 月发布的首份《增材制造战略》将增材制造视作推动国防战略改革的重要力量，提出从快速、按需和定制化制造等三方面推动国防战略改革，是实现国防系统创新和现代化、支撑战备和作战人员就绪的强大工具。随着技术、产业快速发展和应用场景不断拓宽延伸，增材制造金属构件将广泛渗入航空航天、燃气轮机、无人机、武器装备、核技术、生物医疗、汽车制造等领域，将有效带动上中下游全链条产业的兴起与发展，并进一步形成导入增材制造技术的战略新兴产业集群，成为经济发展新的增长点。

13.2　增材制造金属材料产业的国际发展现状及趋势

根据全球增材制造文献、专利以及装机量统计数据，全球增材制造产业已基本形成了以美国、欧洲等发达国家和地区主导，亚洲国家和地区后起追赶的发展态势。在国家层面，美国、欧洲、以色列及日本等发达国家，将增材制造技术列为重大战略性产业，积极推动产业发展和技术应用。美国率先确定增材制造为支持和推进经济和国防领域继续保持全球主导地位的重要方向，并已在火箭、航空发动机及外太空装备大量应用增材制造技术。德国《国家工业战略 2030》将增材制造列入未来重点发展的九大关键工业领域。在企业层面，美国通用电气、波音、霍尼韦尔、德国西门子、蒂森克虏伯、法国空客等工业巨头纷纷加快布局，以求抢占未来增材制造技术的制高点。

全球增材制造产业自 2011 年起连续多年保持快速增长，2020 年产值达到 127.58 亿美元（图 13-4）。特别是 2015 年以后，由于大量专利的失效、新投资的涌入，以及来自快速增长的用户群体对质量、价格、性能不断增加的要求等因素推动和促进，增材制造已经进入了一个新时代。

金属增材制造占整个增材行业产值的比重也在逐年提升，2020 年全球金属增材制造占增材制造行业总产值的比重约为 52.69%，预计 2022 年占比将超过 57%。据 SmarTech Analysis 分析称，2019 年全球金属增材制造市场约 33 亿美元，包括增材制造设备、材料和服务，预计在 2024 年将达到 110 亿美元。增材制造金属材料行业产值规模在不断增长，据统计近十年保持 30%～40% 的增速，2020 年全球增材制造金属粉末市场规模达到了 3.83 亿美元（图 13-5），保守估计 2026 年将达到 18 亿美元。

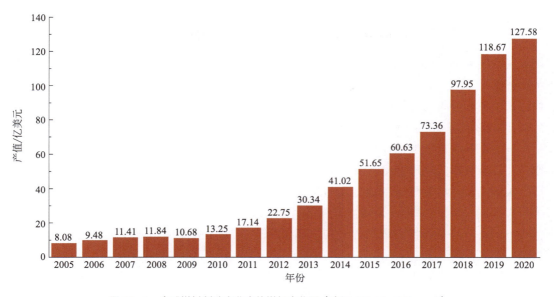

图 13-4　全球增材制造产业产值增长变化图（来源：Wohlers Report）

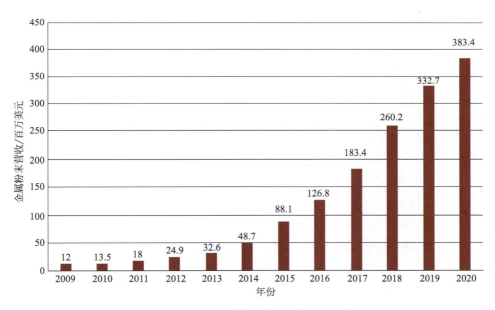

图 13-5　全球增材制造金属粉末营收增长变化图

金属增材制造发展与应用的重点地区主要在美国、德国等欧美地区，按产值规模大小依次为美国、德国、中国、日本和英国。美国曾占据了全球三分之二的增材制造市场，随着欧盟国家和亚洲国家的进步，市场占比逐步降低到 2019 年的 40.40%。德国是仅次于美国的世界第二大增材制造设备供应国家，也是仅次于美国的第二大增材制造材料和服务的提供者，产业规模占全球比重约 22.50%。中国整体产业规模略低于德国，占全球比重约 18.60%。日本和英国在增材制造材料和设备领域也有一定规模，分别占全球产业规模的 8.20% 和 6.30%（图

13-6)。

美国领先增材制造原创思想和产业发展，主要的几种增材制造技术原创思想多产生于美国，规模最大的几个增材制造上市公司都在美国（德国 ExOne 公司也在美国上市）。2012 年，美国在奥巴马政府提议下在俄亥俄州成立了国家增材制造创新中心，集合了百余家公司、研究性大学和非营利机构，开展产、学、研、用、网络方面的合作，美国国防部、能源部、商务部、国家科学基金会和国家宇航局（NASA）5 个政府部门持续出资支持。

美国在各大行业领域推动增材制造技术的全面应用。据称有 71.1% 制造领域的美国制造商在以某种形式使用增材制造技术，其中有 51% 的厂商将该技术应用于原型和零部件制造。美国 GE 先后收购了 Morris Tech 公司、RQM 公司、意大利 AVIO 公司、瑞典 Arcam 公司和德国 Concept Laser 公司，掌握了当前主流的金属增材制造技术，并专门成立了 GE Additive 公司，将增材制造纳入公司主营业务，实现了从增材制造应用向生产兼应用的跨越。

德国在金属增材制造技术的研究和应用一直走在世界的前列，拥有以 Fraunhofer 研究院和增材制造研究中心（DMRC）为代表的国际知名研发机构，在金属零件增材制造方面处于全球领先地位，占市场总份额的 50% 以上。由 10 个著名研究所组成的 Fraunhofer 增材制造联盟是德国较为著名的增材制造联盟之一，不仅为初入增材制造行业的企业提供解决方案，还配备了数千万欧元的资金用于基础研究。形成了 EOS、Concept laser、SLM Solutions、Trumpf 等国际一流的金属增材制造企业，特别是在激光增材制造领域处于国际领先地位。在增材制造金属粉末领域，德国也有处于行业领先地位的公司，代表企业包括 ALD 公司、TLS 公司等。

德国联邦外贸与投资署和全球著名审计与咨询机构安永（Ernst & Young）公司的调查统计数据表明，德国目前有约 37% 的企业运用增材制造技术。西门子、EOS、Concept laser、FIT 等企业先后投入巨资建设增材制造超级工厂。西门子能源公司拥有约 90 台工业金属增材制造设备，实现了 400 个零件的批量生产并应用于燃气轮机领域。空客公司在德国建立了航空增材制造工厂 Premium Aerotec 公司，用于生产飞机上的钛合金零件。

金属增材制造原材料的生产销售和应用以金属粉末为主。美国是全球最大的金属粉末市场，2020 年占有 34.40% 的市场份额，中国球形金属粉末市场约占国际市场总额的 17.8%（图 13-7）。增材制造金属粉末的市场占比按材质排序，铁基金属粉末约占 56%，铝金属粉约占 16%，钛金属粉约占 10%。目前国际上主要的增材制造粉末生产企业汇总见表 13-4，主要采用气雾化（GA）、等离子雾化（PA）以及等离子球化（PS）技术。等离子旋转电极（PREP）技术的国际优势单位有美国 Starmet 公司（被 TIMET 公司收购）、俄罗斯全俄轻金属研究院和乌克兰巴顿焊接研究院等，所生产的球形金属粉末产品主要用于核技术和航空发动机领域的粉末冶金制品生产。目前，全球工业级金属增材制造装备累积装机量达到约 7920 台，未来每年的装机量在 2500 台以上，其中 90% 以上的装备采用金属粉末作为原料。据估计，全球的金属球形粉末产能在 4 万吨以上，而且以每年 30% 以上的速度高速增长。随着金属增材制造技术的发展和应用的拓展，金属粉末原料市场潜力巨大。

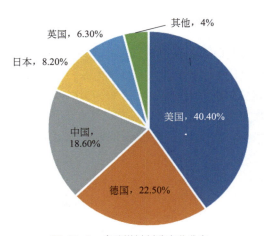

图 13-6 全球增材制造产业分布
（来源：Wohlers Report）

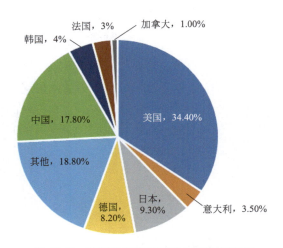

图 13-7 全球增材制造金属粉末区域占比情况

表 13-4 国外各类制粉技术的优势企业及主要产品

厂家	主要粉末产品	制备技术	产品特点
英国 GKN	钛基、镍基、钴基和铁基粉末	GA	粒度分布广，细粉收率高，杂质易于控制；存在空心粉、卫星粉
瑞典 Sandvik	钛基、镍基、钴基合金、合金钢、铜合金粉末	GA	
德国 TLS Technik	钛基、铝基合金粉末	GA	
瑞士 Oerlikon	钛基、镍基、钴基、合金钢粉末	GA	
美国 Praxair	钛基、镍基、钴基和铁基粉末	GA	
加拿大 AP&C	钛及其他活性金属，以及镍基高温合金和铌等高熔点合金粉末	PA	粒径分布范围窄，平均粒径约 40μm，细粉收率高（约 80%），少卫星球，纯度高，球形度高，伴生颗粒少。流动性和表观密度、振实密度较好
加拿大 Pyro Genesis	钛基、铝基、镍基合金粉末	PA	
英国 LPW	钛基、镍基、钴基合金粉末和钛合金粉末、钨粉末	PS	可显著改善原始粉末表面形貌，产量高；但粒度和化学成分受制于初始非球粉末原料，整体成本较高
加拿大 Tekna	钛基、镍基合金粉末及钨钼钽铌等难熔金属粉末	PS	

13.3 增材制造金属材料产业的国内发展现状

13.3.1 增材制造金属材料国内产业发展现状

在国家"加快建设制造强国，加快发展先进制造业"思想的指导下，我国发布了一系列推动增材制造产业发展的政策，并且将增材制造纳入国家重点发展领域，推动了国内增材制造自主研发能力不断提升，并且在 SLM、SEBM、LSF 等主要金属增材制造技术方面发展迅速，产业链日趋成熟，市场呈现高速成长态势。我国增材制造用金属材料已经基本实现了国产化替代，相关国家和行业标准正在逐步建立。

根据中国增材制造产业联盟统计，2013—2019年期间，我国增材制造产业规模保持了40%以上的增长速度。2012年产业规模仅为1.6亿美元，2019年达到140.4亿美元，其中，装备产业规模占比45%，应用服务产业规模占比29%，增材制造材料产业规模占比26%。结合国家层面政策指导以及国内近六年增材制造产业发展态势，前瞻产业研究院预测，到2025年我国增材制造市场规模将超过635亿元，2021—2025年复合年均增速20%以上（图13-8）。

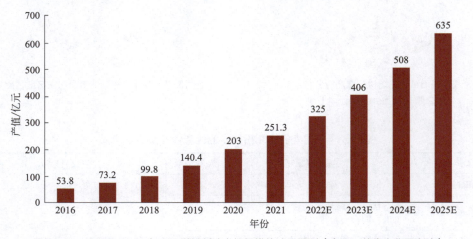

图13-8　2016—2025年中国增材制造市场规模统计及预测（来源：前瞻产业研究院）

从目前我国增材制造材料产业结构来看，非金属材料占多数。2019年，非金属材料产业规模25.38亿元，占比达到62%，金属材料产业规模为15.56亿元，占比达到38%。近年来，随着增材制造金属产品在航空航天、汽车、医疗、工业机械等领域应用的迅速普及，涌现出西安铂力特、西安赛隆、湖南华曙、上海联泰、杭州先临三维、江苏中瑞、广东汉邦、广州雷佳、北京鑫精合、北京煜鼎、北京三帝、江苏永年激光、武汉华科三维、无锡飞尔康等一批金属增材制造骨干企业。伴随金属增材制造材料规模快速增长，金属材料在整个增材制造材料的占比也逐渐提升，预计2025年达到61%。当前，增材制造的金属材料材质主要有钛及钛合金、铁基合金、镍基合金、铝合金、钴基合金等，其中钛合金占比27.6%、不锈钢占比26.6%、时效钢占比20.7%、镍基高温合金占比13.8%、铝合金占比3.4%（图13-9和表13-5）。

我国增材制造金属粉末制备主要采用PREP和GA技术。西安赛隆公司已实现PREP制粉装备国产化，已在国内生产销售设备三十余台。PA技术目前被加拿大AP&C公司垄断，且不对外出售PA技术的制粉设备。PS技术国内还处于开发阶段，设备的稳定性和实用性较加拿大Tekna公司还存在一定差距。目前国内有30余台PS制粉设备基本进口自Tekna公司。同时也出现了采用新技术的制粉企业，如江苏金物新材料有限公司采用北京科技大学研发的联合气雾化（IPCA）技术实现了钛合金粉末的生产。截止到2021年国内增材制造金属粉末厂商已经扩展到50～60余家，并以每年2～4家的增长速度持续增加中。表13-6汇总了国内主要增材制造金属粉末生产厂商情况。

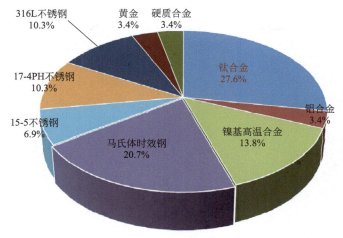

图 13-9 中国金属增材制造中不同金属所占比例

表 13-5 中国增材制造核心材料之金属材料产品汇总

产品	特性和主要牌号
钛及钛合金	目前应用最为广泛的增材制造金属材料,是医疗器械、化工设备、航空航天及运动器材等领域的理想材料。目前增材制造钛及钛合金主要有纯 Ti、TA15、TC4、TB6、TC20、NiTi、TiZr 等牌号
铁基合金	增材制造金属材料中研究较早、较深入的一类合金,较常用的铁基合金有工具钢、316L 不锈钢、M2 高速钢等。铁基合金使用成本较低、硬度高、韧性好,同时具有良好的机械加工性,特别适合于模具制造。目前增材制造使用的模具钢牌号主要有 MS1、CX、17-4ph、H13、420 等
镍基合金	在 650～1000℃高温下有较高的强度和一定的抗氧化腐蚀能力,主要作为高温合金应用于航空航天、石油化工、船舶、能源等领域。常用的增材制造镍基合金牌号有 Inconel625、Inconel718 及 Inconel939 等
钴基合金	可以作为高温合金使用,但目前主要是因其比钛合金更良好的生物相容性作为牙科植入体和骨科植入体使用。目前常用的增材制造钴基合金牌号有 CoCrMo、CoCrW、CoCrMoW 等
铝合金	密度低,耐腐蚀性能好,抗疲劳性能高,且具有较高的比强度、比刚度,是一类理想的轻量化材料。目前增材制造铝合金牌号有 AlSi10Mg、AlSi7Mg、AlSi12、AlSi9Cu3、Al7075、Al6061、AlMg、Al2024 等
其他合金	主要包括铜合金、镁合金、难熔金属、稀贵金属、金属间化合物、高熵合金等,目前在增材制造领域应用量不高,但有非常广泛的应用前景。目前主要材料或牌号有 TiAl、W、Mo、Ta、Cu、ZrNb、Ag、Au、Pt 等

表 13-6 国内增材制造金属粉末主要生产商及其产品与制备技术

生产厂商	主要产品	制粉技术
北京中航迈特	钛/铝/镍/高温合金、不锈钢、高强钢等金属粉末	VIGA、EIGA
江苏威拉里	高温合金、合金钢等金属粉末	VIGA、EIGA
兵科院宁波五十二所	钛及钛合金粉末	EIGA
盘星新型合金	高温合金、钴铬合金、钛与钛合金、不锈钢	VIGA、EIGA
中天上材	钛/镍基高温合金、钴铬合金、不锈钢、模具钢	VIGA、EIGA
安徽中体新材	铁基粉末、铝基粉末、镍基粉末、钴基粉末、钛基粉末、铜基粉末	VIGA

续表

生产厂商	主要产品	制粉技术
江苏金物	钛合金粉末	IPCA
宁波众远新材料	非晶合金、铝/钛/镍基合金、耐热钢/模具钢等金属粉末	VIGA
无锡飞而康	钛/镍/钴铬合金等金属粉末	EIGA
南通金源智能	铝合金、不锈钢、钛合金及高温合金粉末	VIGA
安徽颍元	钛合金粉末、镍基高温合金等金属粉末	EIGA
西安铂力特	钛合金粉末	EIGA
江西宝航	铝合金粉末	VIGA
河北敬业	铁基合金、镍基合金、钴基合金粉末	VIGA
西安赛隆金属	钛合金、钛铝、高温合金、难熔金属粉末	PREP
浙江亚通焊材	模具钢/不锈钢/镍基合金/钴铬合金/铜合金粉	PREP
西安欧中	钛/铝/镍/钴铬合金、钢等金属粉末	PREP

根据估算，2020年全国增材制造金属粉末总消费市场约有3亿元，且连续五年保持30%以上的增长，在可预见的将来，还将保持快速增长的势头。据统计2020年全国增材制造金属粉末主要生产厂商的总出货量为800～1000t，其中以兵科院宁波五十二所、江苏威拉里、中航迈特等三家企业出货量最多，主要出货粉末品种为钛合金、高温合金和模具钢粉末。

国内增材制造金属材料主要需求粉末牌号有：TC4、TA15、TC11、IN718、IN625、18Ni300、316L、AlSi10Mg等，出货量占增材制造金属粉末总量的70%以上，主要应用于SLM、SEBM、LSF等增材制造领域。除去上述出货量较多的主要粉末需求牌号外，难熔金属、钴基合金、锆基合金、铜及铜基合金粉末在航空航天、核工业、生物医疗、汽车工业等行业的产业化及需求量也在逐年攀升。预估到2025年难熔金属、锆基合金、铜及铜基合金粉末的年需求量将分别达到50t、20t、50t。钛铝金属间化合物已被美国GE用于制造航空发动机低压涡轮叶片，展示出良好的发展前景。国内各大机构也在抓紧研发钛铝金属间化合物的增材制造工艺，目前粉末年需求量约2～3t，预计到2025年年需求量达到10t左右。另外国内航天企业各类高品质高强不锈钢球形粉末需求量也在逐年攀升。

与AP&C、Praxair、Sandvik、GKN等欧美金属粉末优势企业相比，国内从事金属增材制造粉末生产的企业规模小、数量多，技术与装备稳定性较差，粉末化学成分、物理性能、粒度分布等主要性能参数存在波动较大、批次稳定性差等不足，还出现了在激烈的市场竞争中还未盈利就大打"价格战"的情况，一定程度上影响了行业的正常发展。

13.3.2 国内工程化产业布局与平台建设

金属增材制造经历过产品新、质量差，专攻研发与技术改进的"负盈利"导入期，目前部分技术逐步成熟、销量开始攀升、市场份额不断扩大、竞争者不断涌入。目前我国的金属增材制造产业处在成长初期，需要继续加大研发投入，推动技术和产品成熟，加大市场培育

和拓展力度，加强产业化建设工作，尽快推动金属增材制造过渡到成熟期。

我国增材制造产业已初步形成了环渤海地区、长三角地区、珠三角地区、中西部地区等多个聚集区。环渤海地区是我国增材制造人才培养中心、技术研发中心和成果转化基地。长江三角洲地区利用良好的经济基础和区位条件，初步形成了包括增材制造材料制备、装备生产、软件开发、应用服务及相关配套服务完整的增材制造产业链。珠三角地区随着粤港澳大湾区建设的推进，增材制造产业呈现快速发展的态势。中西部地区的陕西、湖北、山东、湖南等省份是我国增材制造技术中心和产业化发展的重点区域，集聚了一批龙头企业和重点园区。我国增材制造产业链已初具规模，技术体系和产业链条不断完善，产业格局初步形成，支撑体系逐渐健全，已逐步建立起较为完善的增材制造产业生态体系。

为进一步推动我国增材制造技术产业化进程，国家及各级省市积极推动各类增材制造创新平台建设。国家增材制造创新中心 2016 年在西安成立，北京、上海、江苏、广东、四川等省市和航空、航天、兵器集团等相关企业也相继成立了增材制造创新中心，形成了国家级、省级和重要行业增材制造创新中心协同布局的创新网络，逐渐形成以企业为主体、市场为导向、政产学研用协同的创新体系，促进我国在产业创新能力、工艺技术和装备、关键零部件配套、产业应用等环节的关键核心技术方面取得了系列突破，金属增材制造已成为飞机、运载火箭、舰船、核能等战略领域装备开发时快速迭代的手段。

13.3.3　市场需求与应用前景

金属增材制造在相关国家科技计划的持续支持下，已成为科技创新的加速器、新产品快速开发利器，正在向各个制造业领域、社会生活的各个方面深入应用，并在零部件集成制造、轻量化、高效换热、新材料应用与多材料功能构筑结构设计等方面带来产品与装备的创新，在成本、周期、轻量化等方面产生显著效益。金属增材制造在航空航天、船舶海工、核技术、新能源、生物医疗、汽车、模具、电子产业以及文化创意产业等领域将持续深入拓展。

航空航天、汽车工业、医疗/齿科三大领域是增材制造重点应用领域。金属增材制造技术在航空航天领域主要应用于铸造模具设计、功能性零部件制造、重要构件修复，应用价值主要体现在轻量化、一体化结构、拓扑优化、避免大余量切除、空间增材制造等方面。应用于航空航天的增材制造金属材料主要包括钛合金、铝合金、铜合金、镍基高温合金、钛铝金属间化合物等。目前，航空发动机是金属增材制造的重点应用领域，在一些技术较为成熟的国家，增材制造也开始用于导弹、无人机以及卫星的零部件制造。根据全球增材制造研究机构 3dpbm 数据，全球航空航天增材制造市场空间有望从 2020 年的 30 亿美元增长至 2030 年的 170 亿美元，保持 19.36% 的年均复合增长率。采用金属增材制造技术直接制造的无人机微小型涡喷发动机已可批量生产。在航天领域，金属增材制件已在我国北斗、载人空间站、深空探测、新一代运载火箭、高新/专项等国家重大工程获得广泛应用。

增材制造技术在汽车领域中的应用主要包括汽车零部件打印、汽车个性化定制和电池电极打印三个方面。在汽车零部件设计方面，增材制造技术使得更具设计性且颠覆传统的零部件设计得以实现；其次，增材制造允许多种材料的选择，有助于汽车兼具轻量化、安全性和舒适性。在汽车个性化定制方面，使用增材制造技术打印汽车，能够根据客户的偏好和需求制造出独一无二的车型，实现整车个性化定制。在电池电极打印方面，增材制造技术能够打印出一种有受控微孔的金属结构，这种结构允许锂离子大量进入电池的电极区，从而达到更高的电极利用率和蓄电能力。应用于汽车领域的增材制造金属材料主要包括钛合金、不锈钢、铝合金、铜合金等，据 SmarTech 报告，2019 年全球增材制造汽车市场为 13.9 亿美元，预计 2029 年汽车零部件生产中与增材制造相关的市场规模将达到 90 亿美元，增材制造金属材料将在其中占据较大比例。

在医疗行业，金属增材制造快速响应、个性化定制的特点，迎合了精准医疗的需求，主要医用在牙齿、骨植入物等领域。涉及的金属材料包括不锈钢、TC4、CoCrMo 合金、金属 Ta、锆铌合金等。在牙科领域的应用主要涵盖牙科模型 & 正畸应用、修复体、种植牙部件、隐形矫正器模型以及义齿铸造模型等方面，SmarTech 预计，2021 年牙科增材制造总市场超过 45 亿美元（硬件、服务、材料和软件）。至 2022 年，每年将通过增材制造生产 5 亿个牙科产品和修复体。增材制造骨科植入物细分市场包括脊柱植入物、胸椎植入物、颅颌面植入物、髋关节植入物、足踝植入物、膝关节植入物等。目前全球已有超过 100 种增材制造金属植入体获得注册认证，产品包括髋臼杯、椎间融合器、颈椎融合器、腰椎融合器、颅面植入物、颌面植入物等，市场前景广阔。我国北京爱康宜诚、天津嘉思特、湖南华翔、北京中诺恒康等医疗企业先后取得髋臼杯、人工椎体、椎体融合器等医疗植入产品的 NMPA 许可上市。国家出台了一系列推动增材制造医疗发展的支持政策，增材制造医疗器械正在进入快速发展轨道。

13.4 发展我国增材制造金属材料产业的主要任务及存在主要问题

增材制造产业被我国列为"中国制造 2025"战略的发展重点，整个产业正从起步阶段向高速成长阶段迈进。逐步形成了装备、原材料和制造工艺自主研发的创新发展模式，在增材制造装备技术、制造工艺方面已经达到国际领先水平，市场应用程度不断深化，与欧美发达国家形成了强劲的追赶趋势。我国增材制造领域相关专利和论文数量已全球领先。金属增材制造在航空航天、汽车、船舶、核工业、模具等领域得到越来越广泛的应用，市场规模呈逐年快速增长趋势。

美国和欧洲等工业发达国家和地区金属增材制造技术的起步早，一直引领全球增材制造技术的研究与发展。与国际先进水平相比，我国金属增材制造材料产业目前所存在的短板，主要表现在以下四个方面：

（1）材料基础研究薄弱，原始创新不足

增材制造专用高品质金属材料逐步实现国产化，但对于增材制造金属材料的基础理论、制造装备及技术研究还较薄弱。现有增材制造用金属材料基本沿用传统材料牌号体系，缺少针对金属增材制造独特的物理冶金过程开发的专用材料牌号，使用传统牌号对物理化学性能进行控制难以满足增材制造工艺和制品性能的特定要求。欧美企业均在大力布局增材制造专用材料体系，例如 GKN 公司开发出牌号为 20MnCr5 的硬化钢粉末，具有高强度、高延展性和良好耐磨损性能；空客公司开发出 Scalmalloy® 超强铝合金粉末，具备重量轻、延展性高、耐腐蚀性强、可焊度高的特点。国内科研机构之间、企业之间的科研协作、联合攻关的机制不够完善，专用于增材制造的材料体系研究有待加强。

（2）产业化程度较低，自主化保障能力不足

增材制造金属材料的国际优势企业 Praxair 公司、Sandvik 公司、Oerlikon 公司、GKN 公司原本就是金属粉末等领域的巨头，在增材制造材料产业领域的投入、兼并联营等方面的力度也远高于国内企业。我国在金属粉末和丝材制造领域本身与国外就有差距，而从事金属增材制造材料的产业单位相当比例是新成立企业，在技术水平和产业能力方面与欧美国家存在明显差距，产品化程度还很不充分且生产效率较低，批量化、规模化、系统化生产程度不高，没有完整的从材料研发到材料生产的产业链。主要表现在：一方面是技术工艺和装备水平不高，VIGA、EIGA 和 PREP 制粉技术在逐步与国外拉近差距，已经具备制粉装备和粉末国产化的能力，但尚需要进行更多的迭代、改进与升级，实现规模化与稳定化；PA 和 PS 制粉技术差距明显，目前国内仍不具备大规模商业化的能力，且高端商业化制粉设备基本被进口限制。另一方面是产业规模普遍较小，国内规模超千万的增材制造金属粉末生产企业数量很少，企业研发和产业化投入能力不高，多数产品只能在中低端市场竞争。

（3）知识产权保护和标准化体系建设滞后，产业规范化程度较低

我国的金属增材制造创新和产业生态环境建设还存在不足，突出表现在知识产权保护和标准化体系建设滞后，一定程度上体现了我国在金属增材制造领域原始创新能力不足、技术和产业规范化落后的问题。

根据欧洲专利局统计，增材制造技术的专利申请近几年的平均年增长率达 36%，是同期专利受理总量增速的 10 倍，其中美国和德国申请人占比最高。根据 INCOPAT 平台整理数据，全球增材制造专利申请量排名前十名中美国企业占据一半，中国仅有西安交通大学上榜位列第七。在国外巨头持续在全球范围内加大布局新专利，国内金属增材制造实质上将面临更加广泛的知识产权风险。

在标准化体系建设方面，美国材料与实验协会（ASTM）和国际标准化组织（ISO）分别在 2009 年和 2011 年成立增材制造技术委员会 ASTM-F42 和 ISO/TC 261，并在 2015 年签署了合作协议共同展开增材制造技术领域的标准化工作，目前已发布标准 63 项（金属增材制造相关标准 60 项）、编制中的标准 40 余项，从增材制造的材料与工艺、测试方法、设计、安全防护等多方面进行规范，初步形成完善增材制造标准体系。

我国 2016 年成立全国增材制造标准化技术委员会（SAC/TC 562），与有色金属、特种加工机床、生铁及铁合金等全国专业标准化技术委员会积极协同加快国家和行业标准制定，在增材制造标准制修订方面总体呈现起步较晚、发展速度较快、组织实施较为分散的特点。2020 年国家标准化管理委员会联合工信部等 5 个部委联合发布了《增材制造标准领航行动计划（2020—2022 年）》，对我国增材制造标准化工作进行系统规划。我国增材制造领域已发布

标准 32 项（金属增材制造相关标准 30 项），编制中的标准 30 余项。综合对比来看，我国在标准化体系建设方面与欧美国家还存在差距，参与国际标准化组织的工作不多，话语权也非常有限。

（4）专业人才短缺

作为战略性新兴产业的典型代表，人才已经成为推动增材制造产业发展的首要资源。未来数年，金属增材制造产业的发展对人才的需求必定急剧增加。中国增材制造产业联盟预测，未来数年，增材制造领域研发、工程、设计、应用等方面的人才数量短缺将达到 800 万规模。增材制造行业面临人才培养与产业增速不匹配的问题将越来越严重，除有技术经验的中高级人才短缺之外，复合型、骨干型、工程型和管理型人才的供给数量也明显不足。

国内增材制造人才的培养主力是高校和职业院校，专业设置较晚，培养规模较小，供给能力有限。2021 年 2 月，教育部新增设了"增材制造工程"本科专业，在此之前仅有增材制造方向的博硕士研究生培养和部分职业院校开设的增材制造专业教育。高校人才培养还存在多学科协同创新及交叉学科人才培养不完善的问题，限制了增材制造复合型人才的培养。行业内企业对人才培养力度不足，培训体系不完整，不利于后续我国金属增材制造产业链的高质量发展。

13.5　推动我国增材制造材料产业发展的对策和建议

建议依据"中国制造 2025"的战略布局，以航空航天、医疗、核技术、汽车等领域的重大需求为牵引，针对金属增材制造技术中的高品质原材料自主化保障问题，通过产学研用联合攻关，突破高性能金属增材制造材料的批量化制备关键技术，为增材制造技术开发和产业化应用提供稳定、高品质和低成本金属材料。

（1）发挥政府引导规范作用，强化资金和政策支持

加强制度建设和政策措施的配套，推出金属增材制造材料发展路线图，布局和支持研发产业化基地建设和发展，建立资源聚集、优化整合的平台，对产业发展方向进行有力、明确的引导。加大财政、金融、税收等方面政策对金属增材制造材料的扶持力度，针对性成立产业基金，发挥政府投资引导基金的功能和作用，加大金融对产业发展的支持力度。

（2）加强原始创新，形成增材制造专用材料体系

对增材制造金属材料的研发和产业化攻关加强政策支持力度，设立持续稳定的科技支撑体系，有组织地开展金属增材制造专用材料基础理论研究、新材料和原创性工艺技术开发，鼓励材料研发与增材制造工艺、装备、制品及应用工作紧密结合，形成循环反馈、迭代优化的创新链条，构建满足高性能金属增材制造需求的专用材料体系，为金属增材制造产业发展提供强力支撑。

（3）加大高性能增材制造金属材料专用装备研发投入，提高自主化保障能力

针对增材制造对细粒径球形金属粉末材料的特定要求，开展专用制粉设备和核心器件研

发，显著提升 GA 和 PREP 制粉设备的技术水平和成熟度，提高粉末球形率、细粒径粉末收率和纯净度等核心技术指标的控制水平。攻克 PA、PS 等制粉设备技术瓶颈，实现成套设备国产化。鼓励开展新型制粉技术及成套装备的研发，加强国产化制粉装备产业化建设，推动增材制造金属材料在质量提升、成本控制、产业保障能力等方面实现突破。

（4）通过重大应用牵引技术攻关和产业发展

瞄准金属增材制造重大应用，着力开展关键共性技术和工程化技术研究，突破成果转化孵化和材料首次商业化应用等制约瓶颈，补齐发展短板，解决核心材料"卡脖子"问题。培养金属增材制造材料领域领跑企业，选择一批具有明显技术优势和产业成长性的企业进行重点培育支持。同时鼓励金属增材制造材料研发和产业化单位积极开展与上下游的协同合作，以材料创新带动金属增材制造产业技术进步，共同构建全产业链的自主化保障能力。

（5）完善知识产权保障体系和标准体系

做好金属增材制造材料与相关技术的知识产权分析、评议、预警工作，指导行业技术和产品布局研发，主动规避知识产权风险。加强金属增材制造材料领域重点技术和产品的知识产权布局和挖掘工作，提高专利质量，培育高价值专利，加大知识产权保护力度。积极推动金属增材制造材料相关知识产权的运营工作，促进知识产权融资、授权使用、转让转化等，提高知识产权应用效益。开展金属增材制造材料行业标准发展战略规划，积极参与国际标准组织工作，提高话语权和影响力。完善和实施标准路线图，组织制修订高水平的产品标准、工艺标准、应用标准、检测方法标准，形成金属增材制造材料标准化体系。做好标准的宣贯工作，推进标准与产业工作的对接，规范产业化发展。

（6）加强人才培养和创新基地建设

完善金属增材制造材料学科建设，建立金属增材制造人才培训和认证规范，建设专业化的人才培养机构，形成高校和企业互相补充的人才培养机制，着力培养前沿、基础科学、工程化研究、科技领军、管理人才，同时做好工程应用类"工匠"型人才的培养力度，形成不同层次和能力方向的人才群体，为我国金属增材制造产业的发展提供人才保障。加强对相关国家重点实验室、工程研究中心、公共技术服务平台的持续支持，设立专业性强的企业技术中心或工程化中心，提升我国金属增材制造材料的科研和产业的创新能力和应用水平。

13.6 面向国家 2035 年重大战略需求增材制造金属材料产业技术预判和战略布局

随着增材制造技术不断突破，尤其是金属增材制造技术的应用和增材制造服务的兴起，对增材制造金属材料产业提出了更大的需求。制约金属增材制造技术发展的首要因素是材料，既要满足增材制造工艺要求，还要具有较好的后续加工性能，满足最终产品物理化学方面的不同要求。材料的成本、一致性和保障能力也直接影响金属增材制造产业的发展潜力。金属增材制造材料产业未来将朝向以下几个方向发展：

（1）降低材料成本

在金属增材制造技术中，高能量密度热源和高形状要求粉材是导致设备和材料成本较高的主要原因，因此开发粉末制备新技术和降低材料形状要求能够有效降低设备和材料成本，扩大金属增材制造技术的应用领域。

（2）拓展材料种类和适用范围

目前应用于金属增材制造技术的材料体系相对较少，需针对金属增材制造特有的传质传热特点，开发金属增材制造专用材料体系，并结合离散堆积的成型特点开发新型构筑材料，拓展材料种类和适用范围。

（3）减少工艺参数匹配难度

金属增材制造工艺参数较多，且针对不同的金属增材制造设备和材料，各工艺参数之间匹配较为困难。运用高通量的方法建立与设备和材料合理匹配的工艺数据库，能够显著减少工艺参数的匹配难度。

（4）提升产品质量及综合性能

通过材料技术突破和产业提升，结合增材制造智能化、工艺优化、过程控制以及与传统等材制造、热处理等方面的攻关，对成型过程的热积累以及产品的残余应力、孔洞和组织进行精确控制，能够有效提升产品质量及综合性能。

（5）开发金属增材制造新技术

针对传统金属增材制造技术设备、材料及工艺方面存在的诸多问题，多元化的开发金属增材制造新技术，形成创新性的增材制造材料生产装备和专用材料体系，对于推动金属增材制造技术的发展具有至关重要的作用。

未来随着金属增材制造产业发展和应用领域的快速拓展，金属增材制造材料将迎来巨大的发展机遇。一方面将会有更多的研发和产业机构加入，材料的性能将会显著提升，种类更加多样化；另一方面，产业的聚集程度将更加集中，产业规模快速扩大的同时也将逐步集中到少数几家头部企业，规模化和标准化程度将达到国际先进水平，材料的成本显著降低，基本实现国产化自主保障，进而推动我国金属增材制造产业迈入新的发展阶段。

作者简介

汤慧萍，教授，博导，入选国家"万人计划"、科技部"创新人才推进计划"和国家"百千万人才工程"，全国有色金属行业劳动模范，享受国务院政府特殊津贴。长期从事粉末冶金及增材制造技术研究与工程化应用，在粉末冶金多孔材料、粉床电子束增材制造方面取得多项创新成果。先后主持国家科技项目 20 余项。获国家科技奖 2 项、省部级一等奖 7 项，获授权发明专利 95 项，制修订国家及行业标准 16 项，发表 SCI 论文 200 余篇，合著专著 5 部。

朱纪磊，教授级工程师，陕西省青年科技新星、陕西省青年科技奖获得者。任西安赛隆金属材料有限责任公司副总经理，主要从事增材制造和粉末冶金技术研究与产业化。先后主持国家和省级科研项目 20 余项。发表 SCI 论文 20 余篇，获授权发明专利 46 项，制修订国家及行业标准 8 项，获省部级一等奖 4 项。

李会霞，西安赛隆金属材料有限责任公司研发部负责人，主要从事稀有金属材料粉床电子束增材制造技术研究与工程化应用，在钛铝合金粉床电子束增材制造性能提升及低压涡轮叶片工程化研究方面取得显著成果。先后承担或参与国家重点研发计划项目、工业强基项目、陕西省科技重大专项、陕西省重点研发计划、国家重点实验室对外开放项目等，以及其他省市增材制造相关科技项目 10 余项，在国内外核心期刊发表论文 10 余篇，授权发明专利 10 余项。

第 14 章

智能仿生材料

江 雷　董智超　李储鑫

14.1　智能仿生材料产业发展的背景需求及战略意义

14.1.1　智能材料的定义

材料科学的发展在一定程度上是人类社会进步的前提。近年来，材料科学已经从对材料的成分、结构与性能间相互关系的研究逐渐演变到对成分、制备、结构、加工与性能间综合系统的研究。发现和发展新型先进材料是推动材料科学领域进步的关键。新材料的问世加快了社会的发展，而社会的高速发展又反过来对材料的智能性等提出了新的需求。

智能材料作为一种新型先进材料，一般具有感知、驱动和控制能力，在接收外部刺激后能做出适度的响应。具体来说，智能材料应具备或部分具备如下功能和特征。

① 感知功能：能够感知和识别外界或自身所施加的声、光、电、热、磁、应力等刺激的强度；

② 反馈功能：利用传感网络，将所受刺激的强度及其变化传递至控制系统；

③ 响应功能：能够按照预定的方式，依据刺激的强度与变化适时做出恰当的反应；

④ 自诊断功能：能够自行分析比较材料系统的状态变化，对系统产生的故障等问题进行自诊断并实现校正；

⑤ 自修复功能：针对系统所受到的损伤，能通过原位聚合、自生长等再生机制进行自我修复；

⑥ 自调节功能：为应对外部环境的持续变化，能及时自发地调节自身结构与状态，使材料系统能够以一种优化的方式做出响应。

进入21世纪以来，智能材料系统的领域不断拓宽，内涵逐渐扩大，呈现出与仿生技术等密切结合的特点，发展出智能仿生材料这一新兴领域。

14.1.2 智能仿生材料概述

仿生是研发智能材料的重要设计思路。自然界的生物体经过数十亿年的演化，具备了应对各种极端生存环境的能力。每一种生物体都是历经漫长"进化战争"后出类拔萃、身怀绝技的生物战士。例如，兔子具有超亲水的眼角膜，具有防雾的能力；水黾有着超疏水的腿，可以在水上行走自如；猪笼草的超润滑表面可以有效防止被捕获昆虫的逃离；鲨鱼和蚯蚓则分别进化出在水中和土壤中减阻的皮肤；贝类轻质高强的外壳可以有效抵御捕食者；壁虎的尾巴在受伤后具有快速愈合的能力。从材料学的角度出发，生物体所经历的优胜劣汰也可以看作是难以计数的生物材料历经各种复杂苛刻的外界环境考验后筛选出最优材料体系的过程。因此，向自然学习是先进材料最重要的发展方向之一，也是科技进步永恒的主题。各式各样的生物体为研究人员开发和研制新型智能仿生材料提供了取之不尽的灵感源泉。

智能仿生材料是指受生物体启发、模拟生物体的各种特性，依据仿生设计和材料的多功能复合这一设计理念，由多种材料复合，通过多级次、多尺度的科学组装而构建的先进材料体系。科研工作者通过学习自然，模拟自然，实现结构及功能的有机结合和协同互补，最终研发出具有超越自然能力的智能仿生材料，在基础科学和应用技术之间搭建桥梁。

14.1.3 智能仿生材料的种类与性能特点

智能仿生材料的发展呈现出基础研究与应用研究密切结合的特点。近年来，全球专家通力合作，开发出一批性能可靠、特点突出、加工简易、造价便宜的智能仿生材料。根据材料的产业发展程度，本章节将重点介绍仿生超亲水材料、仿生超疏水材料、仿生超润滑材料、仿生减阻材料、仿生结构材料、仿生自修复材料这6种智能仿生材料的性能特点与产业化应用（图14-1）。

(1) 仿生超亲水材料

超亲水表面与水的接触角小于5°，水滴在超亲水表面上会自发快速铺展成一层水膜。在自然界中，兔的眼角膜、水榕的叶片等都具有超亲水性。研究人员通过观察和学习自然界中存在的天然超亲水表面，设计并制备出了多种仿生超亲水材料。

常见的仿生超亲水材料包括二氧化钛、氧化铜、二氧化硅、水凝胶等，一般具有较大的表面能，与水滴和雾滴有着强烈的吸引力，具有防雾、提高表面热交换效率、自清洁等特点，在诸多领域表现出强劲的应用潜力。

(2) 仿生超疏水材料

超疏水表面与水的接触角大于150°，水滴在超疏水表面会呈现球形。出淤泥而不染的荷叶就是超疏水表面的一个典型代表。此外，自然界中的水黾腿、蝉翼、水稻叶等同样具有超疏水的表面。研究发现，较低的表面能与较高的粗糙度是实现超疏水的必要条件。

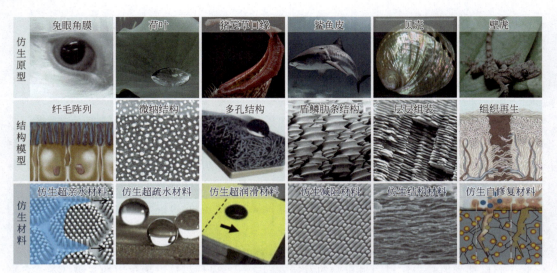

图 14-1 智能仿生材料的种类

仿生超疏水材料的制备工艺一般分为两种，一种是在低表面能物质上构筑粗糙结构，一种是在粗糙结构上沉积低表面能分子。仿生超疏水材料在生产生活中具有广泛的应用。比如，仿生超疏水材料用在服装、领带、雨伞、鞋靴等纺织品上，能起到防水防雨的效果；用在电路板、变电箱等电子设备上可以防止因沾水造成的短路；用在高降雪地区的电线上可以预防因积雪造成的电力中断。

（3）**仿生超润滑材料**

无论是生物体的运动还是机械设备的运转都需要润滑剂的保护。生物体内的诸多界面之间具有超低的摩擦系数，比如人体的关节软骨之间只有不到 0.03 的摩擦系数，眼睑与眼球间的摩擦系数更是低至 0.005。在这当中生物大分子润滑剂和黏液起到了非常重要的润滑作用。此外，食虫植物猪笼草也会分泌一种润滑液体，可以有效防止被捕获的昆虫脱离束缚。受此现象启发，研究人员发展了在多孔材料中涂抹润滑液的工艺用于制备仿生超润滑材料。

仿生超润滑材料的多孔结构表面能够牢牢束缚一层润滑油膜。这层油膜对水滴、微生物、蛋白质等诸多物质的黏附力极低，只需借助微小的外力就能有效去除残留在表面的污垢。因此，仿生超润滑材料在海洋防污、界面润滑、除冰等领域有着重要的应用。

（4）**仿生减阻材料**

无论是在海中遨游还是在土壤中穿行，生物体都需要克服外界的强大阻力。自然界中的一些生物体进化出优异的减阻本领。比如在海洋中游行的鲨鱼，其体表处进化出细小的盾鳞，起到优异的减阻作用。蚯蚓体表具有几何非光滑特征，赋予其在黏湿的土壤中活动自如的能力。

通过学习自然界生物体的减阻策略而制备的仿生减阻材料，具有减少运动物体和外界流体间摩擦阻力的作用，对于设计和制造新型交通工具或是流体输运设备有着重要意义，同时也有助于实现节能降耗的目的。

(5) 仿生结构材料

生物结构材料广泛存在于动植物中,其中最普遍的研究对象是贝壳、骨头、木材和牙齿等。尽管构成这些生物材料的成分不尽相同,形成的结构也各有差异,但是它们都具有十分优异的力学性能。例如贝壳珍珠层作为一种典型的无机/有机复合生物材料,实现了强度、韧性和硬度的完美结合,具有超越塑料、陶瓷、金属等人造材料的力学性能。

人类对生物结构材料的研究已有上百年的历史,研究内容主要包括生物结构材料的生长机理和微观结构等。通过长期的观察,研究人员认识到多级有序结构是提升材料宏观性能的关键,并参照这一原则制备了性能优异的仿生结构材料。例如,参照贝壳珍珠层制备的仿生高强超韧层状复合材料、参照鲍鱼壳制备的仿生高性能芳纶云母绝缘纳米纸等。仿生结构材料具有轻质高强的特点,有望取代工程塑料,在精密仪器结构件、空间材料、轻量化抗冲击材料等领域具有广阔的应用前景。

(6) 仿生自修复材料

自愈合是生物体的重要特征,核心在于物质补给和能量补给。仿生自修复材料是指仿照生物体损伤自愈合的原理,研制出的具有自诊断和自修复功能的智能材料,能够对外力造成的裂纹或缺陷主动进行修复,从而维持材料结构和性能的完整性。

常见的仿生自修复材料包括无机非金属材料、金属材料、高分子材料及复合材料。美、日、德等发达国家在仿生自修复材料的基础和应用研究中都投入了大量的资助。美国更是将仿生自修复材料作为武器装备更新换代的关键技术,并予以大力支持。

14.1.4 智能仿生材料产业发展的背景需求

智能仿生材料作为一种新型功能材料,一个重大的特点就是依据产业发展需求具备可设计性。同一种智能仿生材料通过精巧的设计可以用于几个截然不同的领域,对于推动材料科学的基础研究和产业化应用有着重要意义。

(1) 相变液冷散热领域

大数据、5G、人工智能、区块链、云计算等高性能大型信息系统对散热领域提出了非常苛刻的要求。浸没式相变液冷依靠液态冷却媒介沸腾时的液-气相变潜热吸收持续传热降温,较传统风冷技术可提高3500倍以上的换热效率,然而冷却媒介沸腾过程中存在气泡不易脱附的问题,严重影响了换热效率。

仿生超亲水材料具有水下超疏气的特点,应用于浸没式相变液冷可以降低气泡表面黏附力,能在低过热温度下促进剧烈气化更新、实现高效潜热交换,将在强化液冷散热技术中发挥重要作用。

(2) 自清洁玻璃领域

自清洁玻璃作为一种低维护成本的玻璃,仅通过雨水就能实现自身的清洁,完美解决了高层建筑玻璃清洗过程既费时费力又带有危险性的问题。此外,太阳能电池板、浴室镜子、汽车后视镜等终端也对自清洁玻璃有着广泛的需求。根据恒州博智的调查结果显示,2018年全球自清洁表面玻璃市场总值达到了 6 亿元，预计 2025 年可以增长到 9 亿元，年复合增长率为 4.4%。

仿生超亲水材料可以快速铺展雨滴、水滴或雾滴，形成均匀的水膜，并通过水膜自身的重力带走污渍，具有自清洁、防雾、防霉、杀菌、防酸防碱、防老化、治理污染等功能，可以放置在人工不方便清洁的区域，满足自清洁玻璃的诸多需求。

（3）油水分离领域

由于工业含油废水和生活污水排放的增多以及溢油事件的频繁发生，油水污染已经严重威胁了人类健康和生态环境。人口和经济的迅速增长也对纯净的水源提出了更大的需求。因此，除油或者将油水高效分离已成为急需解决的重大问题。

仿生超疏水材料具有超疏水超亲油的特点，由仿生超疏水材料制备的分离网、分离膜、分离海绵可以选择性透过或吸收油水混合物中的油相，同时截留水相，应用于油水分离领域具有分离效率高、可回收性好等优点。

（4）酶传感器领域

开发高效生物检测技术对精准医疗和人民健康至关重要，已成为国家发展的战略需求。血糖、尿酸、胆固醇等血液（或体液、组织液）生化指标同人体健康和生命安全息息相关，其精准检测对于疾病预防和诊断治疗有着重要的指导意义。氧化酶法是卫健委临床检验中心对该类疾病生化标记物床旁检验的推荐方法。以氧气为电子受体，通过测量电极表面氧化酶催化反应产物过氧化氢来对底物进行检测，是开发酶传感技术的理想途径。氧化酶催化反应通常发生在电极/电解液两相界面，由于溶液中氧气浓度低且易于波动，抑制了氧化酶催化反应动力学，限制了酶传感检测的线性范围、灵敏度与准确性。

仿生超疏水材料具有水下超亲气的特点，应用于酶传感器领域可以改变界面供氧途径，实现酶催化动力学的提升和持续稳定，是一种极具潜力的酶传感器材料。

（5）海洋防污领域

海洋生物污染一般是指海洋生物附着在船体或海洋人工设施的表面。对船体或潜艇而言，海洋生物的附着会增加其重量和运行过程中的阻力。根据美国的统计结果，一年中美国海军由于海洋生物污染造成的经济损失高达 1.8 亿～2.6 亿美元。同时潜艇如果被海洋生物大量附着，不仅会降低速度增加油耗，也更容易被声呐探测到，生存概率会降低。随着我国走向深海战略的实施，船舶和海洋设施的防污问题就显得更加重要。早期防污是采用在油漆中加入毒素的方法实现的，该方法对海洋有严重污染，目前已被大多数国家禁用。

仿生超润滑材料用作船舶的防污涂层既不释放毒素，也不逐层脱落，可以依靠涂层的物理和化学性质来实现环境友好、长期有效的海洋防污。在保护海洋环境的大趋势下，仿生超润滑材料具有广阔的市场前景。

（6）防黏附领域

世界上每年销售的含有黏性物质的产品，如食品、药品、化妆品等超过 500 亿份。诸如蜂蜜、酸奶、乳液等高黏性物质在容器中的黏附是一种常见的现象。据统计，每年因黏附在容器内壁而无法被利用的产品有数百万吨，足以装满 11 万辆重型卡车，造成极大的浪费。冰在固体表面难以脱落也是一种典型的黏附现象,影响公路运输、飞机、电线、风机涡轮等方面的安全运作。因此,开发出有效的防黏附材料具有重要意义。

仿生超润滑材料具有独特的液体边界层,可以减少液体与固体的接触,黏附力极低。在仿生超润滑材料上积聚的液体会在重力或者微弱外力的作用下滑落,是防止高黏液体或是冰晶黏附的有效手段。

(7) 航行器减阻领域

在现代飞机飞行过程中,与空气产生的摩擦阻力约占总阻力的50%。在管道运输过程中,80%的能量用于克服表面摩擦阻力。舰艇在航行时,与海水摩擦产生的阻力约占总阻力的70%~80%。航行过程中的阻力不仅大幅减缓了舰艇的作战速度,还造成了能源的浪费。通过仿生减阻的方式可以有效地降低舰船在航行过程中所遇到的阻力,进而提升舰船的航速。

美国宇航局(NASA)将发展仿生减阻材料称为未来航空产业的关键技术。仿生减阻材料对于飞行器的设计至关重要,是实现飞行器提速、延长飞行器续航时间、减少飞行器燃料损耗的关键一环。将仿生减阻材料进一步应用至军事领域,将极大地减少军用设备的磨损,提高武器等军用设备的使用寿命,尤其是有助于降低军队舰船在航行中的阻力,大大提升舰船的航行速度与航行里程,这项技术将对国防事业产生至关重要的影响。

(8) 地面机械脱附减阻领域

地面机械在行走和作业中存在土壤黏附重和阻力大的问题,是工程领域科研人员长期致力解决的重大技术难题。尤其是在农业领域,土壤黏附使阻力增加30%以上,耕整机械能耗增加30%~50%。随着农业领域中的工厂化育苗、机械化移栽、精密播种、侧深施肥、地膜覆盖等大中型机械化农业装备的用量逐年增加,脱附减阻技术的发展变得迫在眉睫。

(9) 汽车轻量化领域

汽车轻量化是当今汽车发展的趋势,合适的轻质高强材料可以大大降低汽车重量,不但节能环保,而且安全性有保证。据统计,汽车重量减轻10%,燃油效率可提高6%~8%,油耗可降低6%~10%,并且排放随之减少,既节能又环保,因此汽车轻量化发展势在必行。但是材料的轻量化与结构强度往往存在矛盾。

仿生结构材料具有轻质高强的特点,其密度仅为钢的六分之一,而比强度、比韧性均超过传统合金材料、陶瓷和工程塑料。因此采用仿生结构材料来替代普通钢板将成为汽车轻量化的主要发展方向。

(10) 高压电气装备绝缘领域

高性能芳纶云母纸是中高压电气装备的关键绝缘材料。随着高铁、核电、电力电缆、航空航天等领域的快速发展,高性能绝缘纸材料的需求量不断增加。

仿鲍鱼壳高性能芳纶云母绝缘纳米纸,作为新一代绝缘材料,可以用于中高压电气装备行业中。开发仿鲍鱼壳高性能芳纶云母绝缘纳米纸对我国在中高压电气装备关键绝缘材料方面实现自主可控具有重大意义。

（11）轮胎防爆领域

据不完全统计，高速公路上 42% 的意外交通事故是由爆胎造成的。在车辆高速行驶过程中发生爆胎时，驾驶员无法及时做出反应是爆胎演变成交通事故的根本原因。尤其是载重汽车，由于质量和惯性较大，出现爆胎后驾驶员很难做出有效反应。因此，防止轮胎在高速行驶过程中爆破，提高行车安全性成为轮胎设计人员关注的重点。轮胎领域迫切需要一种可以在触碰尖锐物后及时修复的技术。仿生自修复材料具有受损后自主修复和愈合的特性，喷涂在轮胎上可以较好地解决轮胎爆胎的问题。

（12）混凝土裂缝修复领域

水泥混凝土是当今使用最广泛的建筑材料，也是目前最大宗的人造材料。然而，混凝土材料本身脆性大，在使用过程中由于疲劳效应、腐蚀效应和老化，混凝土结构将产生损伤积累和抗力衰减，从而产生微开裂和局部损伤。混凝土内部出现的微损伤既不容易被探测也难以修复。这可能会引发混凝土宏观裂缝并出现脆性断裂，从而导致严重的灾难性事故和难以挽回的生命和财产损失。

仿生自修复材料非常适合用于解决混凝土微裂纹的修复问题。当仿生自修复混凝土出现裂纹时，能够自动分泌出黏结液并渗入裂缝中，使混凝土裂缝重新愈合，恢复甚至提高混凝土的性能。

14.1.5 智能仿生材料对国家发展战略及经济和国防建设的重要意义

人类生产生活水平的提高依赖材料的发展。自 20 世纪 80 年代以来，航空航天、电子设备、机械制造等高新技术领域都迎来了快速的发展，人们对材料的强度、结构、理化性能等提出了越来越严苛的需求，而传统材料的发展已经不能满足这些技术需求的增长。因此，材料的发展势必要引入新的设计理念。受自然界动植物各项特性启发而设计和制备的智能仿生材料具有功能化、智能化、个性化的特点，具有许多传统材料难以替代的优势，在经济发展和国防建设领域有着重要的应用价值。

智能仿生材料是诸多新兴产业发展的重要支撑。为相变液冷散热、自清洁玻璃、油水分离、酶传感器、海洋防污、防黏附、航行器减阻、地面机械脱附减阻、高压电气装备绝缘、轮胎防爆、混凝土裂缝修复等国防和民生领域提供了材料基础。发展智能仿生材料不仅能创造大量就业岗位、加快推动传统材料产业进行转型升级，同时也有望促进新原理、新技术、新材料、新产品的涌现，成为我国经济发展和国防建设的有力支撑。

14.2 智能仿生材料产业的国际发展现状及趋势

智能仿生材料作为材料科学领域的重要研究课题之一，备受各国政府及科研机构重视。美国、德国、日本等发达经济体在智能仿生材料领域相继规划了重点布局并给予不同程度的资金支持。全球各大高校、科研院所等研究机构也在不同研究方向上积极部署和筹建了诸多仿生研究组，进行了大范围科研尝试和探索。至 2021 年，全球共有 100 多个国家 1400 多所大学和研究所开展智能仿生材料领域的研究。目前，全球智能仿生材料领域的研究已取得重要突破，更具特色、更深融合、更高智能、更强性能的创新性成果和颠覆性技术不断涌现。尤其值得注意的是，世界主要强国已经开展了智能仿生材料应用于军事领域的新一轮重要部署。如美国国防部 2017 年宣布成立国防科学委员会生物学特别工作组，对有望在 2040 年前实现突破的生物新技术进行重点关注；俄罗斯的先期研究基金会被赋予了建立未来 30～50 年科技储备的重任，在其"未来保卫者"综合项目的框架内支持了众多与集成生物系统以及仿生学领域有关的研究，旨在利用仿生学原理解决军事和特种装备研制过程中遇到的系统和配置新问题；此外，以德国为代表的众多国家都希望通过发展仿生科技以振兴产业，其中德国领导成立了技术专业委员会，力争将仿生科技打造成一项产业，并积极推动相关国际标准的制定，以明确仿生科技的概念与定义，期望在未来仿生科技潜在市场的主导权争夺中占据有利位置。

智能仿生材料的关键技术转型及大规模产业化已受到各大公司青睐，发展势头迅猛，相关产品的经济价值正被逐步挖掘。经专业数据分析平台 StartUs Insights 统计，在其平台下登记收录的仿生学公司多达 75 家，且主要分布在欧美等发达国家。其中有 5 家初创公司被认为最具发展潜力，分别是 Bimitech、Biome Renewables、BEOnChip、denovoMATRIX 和 Bioxegy develop。总部位于美国的初创公司 Bimitech 研发了一款仿蜂鸟的冷却风扇，使用附着在膜上的仿生翼可快速散热，使电子芯片保持高效运转。加拿大初创公司 Biome Renewables 从翠鸟和枫树种子中汲取灵感，制造了用于风力发电的涡轮机。西班牙初创公司 BEOnChip 将环烯烃聚合物和环烯烃共聚物与微加工技术相结合，创建了新型体外测试平台，适用于测试定制的器官芯片等。德国初创公司 denovoMATRIX 研发了 96 种仿生涂层，适用于各种细胞的黏附、扩散和稳健生长。法国初创公司 Bioxegy develop 则专门为航空航天、汽车和医疗保健等各个行业提供基于仿生的创新，发展了多种智能仿生材料。

除这些专门从事仿生学研究和开发的公司外，诸如巴斯夫、拜耳、三星道达尔、埃克森美孚、杜邦化工、帝人化成等传统化工巨头也长期致力于智能仿生材料的研发，积极推动全球智能仿生材料的商业化进程。这些企业借助先进的仿生科技，发展智能仿生材料的功能化分子设计、制备与表征技术，实现智能仿生材料超疏水、超亲水、抗菌、轻质高强、环境响应等功能化设计，开发仿生超亲水材料、仿生超疏水材料、仿生超润滑材料、仿生减阻材料、仿生结构材料、仿生自修复材料在内的多种智能仿生材料，构建和完善智能仿生材料的创新开发平台并付诸生产实践，为材料产业升级和转型提供了有效技术保障。

尽管智能仿生材料仍属于新兴领域，但是目前国际上已有部分与仿生学相关的行业标准。比如国际标准化组织（ISO）的 ISO 18458 中制定了关于仿生术语、仿生概念以及仿生方法的标准，ISO 18459 中也制定了关于仿生优化的标准。法国标准化协会（AFNOR）的 XP X42-502 也制定了关于仿生和生态设计的标准。这些标准的制定也为智能仿生材料的规范化发展提供了依据。

14.3 智能仿生材料产业的国内发展现状

14.3.1 智能仿生材料产业发展现状

经过几十年的发展，我国智能仿生材料产业已逐步成型，正处于高速发展的阶段。在世界范围内，我国在智能仿生材料领域的整体研究水平处于第一梯队，其中部分研究方向居于主导地位。中国科学院理化技术研究所江雷院士团队研发的仿生超亲水/超疏水材料、中国科学技术大学俞书宏院士团队研发的仿生结构材料、吉林大学任露泉院士团队研发的仿生脱附减阻材料、中国科学院宁波材料技术与工程研究所薛群基院士团队研发的仿生抗污减阻材料等智能仿生材料都达到了世界领先水平。

近年来，国家各部委也对智能仿生材料的研发投入了大规模资助。其中，国家自然科学基金委资助了"仿生超浸润界面材料与界面化学"基础科学中心项目；科技部国家重点研发计划"纳米科技"重点专项部署了"仿生纳米结构能量转换材料及器件"等项目，资助了智能仿生能源转换材料等研究；国家重点研发计划"林业资源培育及高效利用技术创新"重点专项部署了"木基材料与制品增值加工技术"等项目，资助了智能仿生轻质高强材料等研究；国家重点研发计划"智能农机装备"重点专项部署了"薯类高效收获技术与装备研发"等项目，资助了智能仿生脱附减阻材料及装备等研究；国家重点研发计划"变革性技术关键科学问题"重点专项部署了"高效能仿生型储热材料和过程设计"等项目，资助了仿生储热材料等研究；国家重点研发计划"生物医用材料研发与组织器官修复替代"重点专项部署了"基于纳米簇新型材料的生物学效应及其仿生装配复合组织的基础研究"等项目，资助了仿生自修复材料等研究；国家重大研究发展计划部署了"仿生流体可控输运微/纳米界面材料"项目，资助了智能仿生界面材料等研究；重大科学研究计划部署了"仿生可控黏附纳米界面材料"项目，资助了智能仿生黏附材料等研究。

2016年科技部发布了《"十三五"国家科技创新规划》，在"发展新材料技术"章节提出围绕重点基础产业、战略性新兴产业和国防建设对新材料的重大需求，加快新材料技术突破和应用，发展智能仿生材料等先进功能材料技术。同年，国家发展和改革委员会发布了《"十三五"战略性新兴产业发展规划》，在"前瞻布局前沿新材料研发"一章提及开发智能仿生材料，形成一批具有广泛带动性的创新成果。

14.3.2 平台布局及建设情况

经过多年的布局与发展，我国已在智能仿生材料领域形成诸多研发平台（表14-1），凸显出坚实的研究基础，确保我国在该领域处于世界领先地位。

表 14-1　智能仿生材料领域部分核心平台

平台名称	依托单位
威海仿生研究院	吉林大学
软物质与生物仿生研究院	厦门大学
苏州纳米技术与纳米仿生研究所	中国科学院
仿生工程与生物力学研究所	西安交通大学
仿生材料与界面科学中科院重点实验室	中国科学院理化技术研究所
仿生智能界面科学与技术教育部重点实验室	北京航空航天大学
江苏省仿生功能材料重点实验室	南京航空航天大学
深圳智能仿生研究中心	中国科学院深圳先进技术研究院
仿生智能技术研究中心	中国科学院合肥物质科学研究院智能机械研究所

14.3.3　市场需求与应用前景

近年来，世界主要强国均致力于智能仿生材料的研究，取得了许多突破性进展，其成果在军事、工业、民生等领域已实现大规模应用，创造了巨大的经济效益和社会效益（图14-2）。

图 14-2　智能仿生材料的应用

（1）**仿生超亲水材料在相变液冷散热领域的应用**

当前，以 5G、大数据、云计算、区块链、人工智能为代表的战略性新兴产业逐渐成为评价社会生活品质的重要标杆，极大地带动了互联网企业对数据中心服务器的大规模建设。据《2019—2020 年中国 IDC 产业发展研究报告》预计，2020—2022 年，我国数据中心业务市场规模复合增长率为 27.8%，2022 年数据中心规模将达 3200 亿元。未来五年将是浸没式相变液冷的高速发展期，中科曙光、阿里、华为、联想等公司在数据中心服务器液冷领域均有长远布局。据赛迪顾问统计数据，2025年我国液冷数据中心的市场规模将突破1200亿元，市场潜力巨大。

中科院理化所江雷团队将装配有仿生超亲水材料的相变液冷服务器成功应用至国家超级计算昆山、成都、郑州中心以及中科院计算机网络信息中心等高性能大型信息系统，实现了超低散热能耗，提升了芯片整体运算性能。

（2）**仿生超亲水材料在自清洁玻璃领域的应用**

仿生超亲水材料广泛应用于自清洁玻璃领域，国内外众多研究机构及玻璃生产公司正致力于自清洁玻璃的研究。英国 Pilkington 公司将自清洁玻璃应用于门窗幕墙。北京中科赛纳玻璃有限公司开发的自清洁玻璃已成功应用于国家大剧院工程、北京五棵松奥林匹克篮球馆、沈阳百合塔、斯里兰卡科伦坡莲花电视塔等多个标志性建筑，共计20余万平方米。西北永新化工股份有限公司开发的纳米自清洁涂料在宁夏石嘴山正泰太阳能电站、武威大唐太阳能电站进行了大面积试验考察。此外，法国圣戈班公司、美国 PPG 公司、日本旭哨子公司、耀华股份有限公司等也在积极推广自清洁玻璃的应用。

（3）**仿生超疏水材料在油水分离领域的应用**

纺织印染行业是我国用水量较大、排放废水量较多的工业部门之一。据不完全统计，国内印染企业每天排放废水量达300万～400万吨。排放的废水中含有纤维原料本身的夹带物，以及加工过程中所用的浆料、油剂、染料和化学助剂等，具有生化需氧量高、色度高、pH值高的特点，如果不经处理或处理后未达到规定排放标准就直接排放，不仅给水体、土壤、大气等生态系统带来不可逆损害，还危害大众身体健康。因此发展先进油水分离技术具有重要的意义。根据 *Global Info Research* 研究报告，2020年全球油水分离器收入大约14.5亿美元，预计2026年将达到16.7亿美元，2021—2026年期间，年复合增长率为3.5%。

基于仿生技术研发的超疏水/超亲油分离膜已在油水分离领域得到广泛的应用。目前，意大利奥斯龙公司和美国贺氏公司都生产了商用滤纸，实现了高效的油水分离。

（4）**仿生超疏水材料在酶传感器领域的应用**

在酶传感器领域，以血糖检测仪为例，2019年我国血糖异常人群基数达到了1.16亿人，其中约有26%的人使用血糖检测仪进行日常监测。从现有市场格局和规模来看，仅血糖监测系统就有着百亿元的市场规模。然而血糖检测仪的市场目前为外资品牌主导。从事酶传感器的主要外资企业包括美国罗氏公司、美国强生公司、日本欧姆龙、日本爱科来株式会社等。其中个人和家庭使用血糖仪的外资品牌占有率为50%，而医院用血糖仪的外资品牌占有率更是达到了90%。超疏水材料在酶传感器领域的应用，将助力国内自主技术品牌检测试纸条及设备的发展。

（5）**仿生超润滑材料在海洋防污领域的应用**

海洋防污涂层的市场巨大，在千亿元级别。目前国外海洋防腐涂料研发主要集中在几家实力雄厚的大公司或政府部门。英国的国际船舶漆公司、丹麦的海虹老人、荷兰的 Sigma、挪威的 Jotun 及日本关西涂料等几家大公司与美、英等国的海军部门等均有上百年的防污涂料开发历史。目前市场上的生物防污涂层都以释放防污剂为主，其主要成分是氧化亚铜，大规模地使用也会污染海洋环境。

随着世界上对海洋环境保护的要求逐渐提高，环保类防污剂必将取代传统的释放类防污剂。仿生超润滑材料用于海洋防污涂层，具备无污染、环境友好、有效期长等优点。丹麦海虹老人集团推出的基于仿生超润滑材料的第三代海生物不黏附涂料产品 Hempasil X3 已经航海试验证实，每艘船舶每年可因此减少高达 150 万美元的船舶燃油费，同时也能显著减少船舶的二氧化碳排放量，降低船队的碳足迹。据测算，该涂层能在涂装后为远洋船舶节省至少 4%～8% 的燃油消耗量。在保护海洋环境的大趋势下，仿生超润滑材料在海洋防污领域具有广阔的市场前景。

（6）仿生超润滑材料在防黏附领域上的应用

美国 LiquiGlide 公司研制了一种智能仿生超润滑材料，并将其用于化妆品容器、蜂蜜容器、酱油瓶、奶瓶上，制备了多种不沾容器，可以使几乎所有的黏性物质在容器超润滑低摩擦的表面上滑出。这项技术甚至能替代产品包装上笨重的挤压盖和泵动系统，降低了产品包装成本，有望每年减少数百万吨石油基塑料的使用。超润滑材料如果应用于生产罐，可以减少原料浪费，降低生产成本，减少清洗周期，从而提高产能，降低成本。LiquiGlide 公司以该种智能仿生超润滑材料与 CGP 公司合作，加速了仿生超润滑材料的产业化进程。

（7）仿生减阻材料在航行器减阻领域的应用

仿生减阻材料在航空、泳衣、管道输运等方面都获得了广泛的应用，如德国最早在飞机上使用仿生减阻材料，节省燃料达 8%；空客在 A-320 试验机 70% 的表面贴上仿生减阻薄膜，节约油量 1%～2%；NASA 兰利中心开展了飞行试验，减阻约 6%；美国 3M 公司生产的沟槽膜也被应用于美国队的赛船上，减少赛船水下阻力；德国研究所的工程师研制出一种仿鲨鱼皮的表面涂层，将其铺设在一台风电机的叶片上进行测试，证实这种涂层可将叶片的升阻比提高 30% 以上，其不仅不会增加叶片的重量，还可以提高发电效率，预估可将一台风力发电机的年电能输出量提高 5%～6%。

仿生减阻材料最著名的应用当属仿鲨鱼皮泳衣。世界泳装顶级品牌 Speedo 曾相继发布包括 Fastskin 系列和 LZR 套装在内的四代仿鲨鱼皮泳衣，其表面有一系列的凹槽，与鲨鱼皮上微观结构类似，可以在游泳者周围产生微小涡旋，能有效地引导水流，降低皮肤和肌肉的振动，从而减小阻力。在北京奥运会上，超过 94% 的游泳比赛金牌由穿着仿鲨鱼皮泳衣的选手获得，并打破了 23 项世界纪录，展现出仿鲨鱼皮泳衣非凡的减阻能力。

（8）仿生减阻材料在地面机械脱附减阻领域的应用

吉林大学任露泉院士长期从事仿生脱附减阻材料的研发，并将仿生脱附减阻材料应用于全国多个省、市、自治区的农业耕种、土方施工、煤炭生产和热电厂粉煤输运等机械中，研发出减黏犁壁、防黏镇压辊、减摩活塞、耐磨轧辊和钻头等产品，已向多家生产单位转让关键性技术并发展大规模应用，产生了巨大的经济效益和社会效益。

大型地面机械在工业、建筑、农业等领域有着重要的作用。国内的徐州工程机械集团有限公司、广西柳工机械股份有限公司、三一重工股份有限公司以及美国的卡特彼勒、日本的小松、瑞典的沃尔沃、德国的利勃海尔等企业均生产挖掘机、翻地犁、镇压辊、钻车等大型地面机械。然而这些传统器械对土壤的黏附力大，导致能源消耗增加，生产效率降低。吉林大学与吉林农喜机械有限公司合作，将仿生非光滑表面减黏降阻触土部件应用于 LZ- 多用犁，通过田间试验，节能减排成效显著，后批量生产深受农民欢迎。经吉林省农业机械试验鉴定站检测，LZ- 多用犁各项性能指标完全符合国标要求，获科技部科技成果二等奖。LZ- 多用犁与中小型拖拉机配套可完成水、旱田翻地，起垄等作业，经检测采用仿生脱附减阻技术可以降低阻力 5%～10%，节油 5%～12%，提高工作效率 4%～5%，广泛适用于吉林、辽宁、黑龙江、内蒙古、河北、山东等省份的土质条件。

（9）仿生结构材料在汽车轻量化领域的应用

仿生结构材料具有轻质高强的特点，在飞机零部件、汽车轻量化、装备防护领域都有着重要的应用。瑞士乔治费歇尔集团在金属成型领域专注于仿生设计和轻质结构，在仿生结构铸件的开发和批量生产中，显著减轻铸件自身重力，达到减少车辆油耗和降低碳排放的目的。其开发的铸铁材料 SiboDur 与仿生设计相结合，成功地将转向节和轮架等底盘零件的重量减轻了 32%。

此外，美国海军科研实验室仿照角质甲壳多层水生贝类的微结构研制聚合防护材料。该实验室研制的透明装甲在保持良好抗打击性（可吸收 68% 的子弹能量）的同时，将自重减轻了 40%。此外，该材料在温度、负载大幅变化的情况下仍能保持形状，可用于人员、固定平台、运输工具和飞行器的防护。

（10）仿生结构材料在高压电气装备绝缘领域的应用

随着高铁、核电、电力电缆、航空航天等领域的快速发展，高性能绝缘纸材料的需求量不断增加。经市场调研保守估计：在高铁领域，一列 16 节车厢的高铁对芳纶云母纳米纸的需求量约 300kg，我国目前每年高铁新增约 400 列，可预计高铁领域每年需要 120t；在风力发电领域，一台 2MW 的风力发电机对芳纶云母纳米纸的需求量约 50kg，我国目前每年新增装机容量约 23170MW，可预计风力发电领域每年需要 579.3t；在核电领域，一台单机容量为 1000MW 的核电机组的需求量约 3t，我国目前每年新增装机容量约 6570MW，可预计核电领域每年需要 19.7t；据此，可以预计仅高铁、风力发电、核电领域每年即需要 719t 芳纶云母纳米纸。除此之外，在工厂和矿山使用的大型工业电机、电力电缆的电抗器和互感器以及其他各种中高压旋转电机都需要大量高性能芳纶云母绝缘纳米纸。

20 世纪 70 年代，美国杜邦公司发明芳纶云母纳米纸，其原材料成本大约 6.5 万美元/吨，但是凭借其垄断地位，售价竟高达 60 万～70 万美元/吨。仿鲍鱼壳高性能芳纶云母绝缘纳米纸的原材料成本与美国杜邦公司产品基本相等，但更具突出的性能优势，可满足中高压电气装备的未来发展需求。发展仿鲍鱼壳高性能芳纶云母绝缘纳米纸材料符合国家政策支持、契合相关产业需求、满足相关产业未来发展趋势，具备突出的性能优势和显著的价格优势，因此具有良好的市场机会。

（11）仿生自修复材料在轮胎防爆领域的应用

数据显示，平均每 80000km，法国就会发生一次轮胎被扎事件，而在美国这一数字为 55000km，中国则更短，仅为 9500km。近年来，米其林、马牌、锦湖、韩泰、路驰安等国内外轮胎厂商不约而同地开展轮胎自修复技术的研究，并陆续推出了自己的自修复轮胎。

仿生自修复轮胎早在 20 世纪初就已应用在自行车轮胎中。20 世纪末，通用汽车公司和福特汽车公司相继在小型货车上装配了早期的自修复轮胎。马牌在 2008 年的日内瓦车展上展示了成熟的自修补技术 ContiSeal，并在 2012 年获得了该项技术的专利。2015 年，韩泰推出了首款自修复技术轮胎 Ventus Prime2 SEALGUARD，用于大众旗下的 Touran 车型。2019 年，大陆马牌轮胎中国合肥工厂增建了 ContiSeal 自修补轮胎的生产线，次年全面投产。2021 年，米其林在中国市场正式推出自修复轮胎 Selfseal。作为国内新兴轮胎厂家之一，路驰安很早就开始研发自己的轮胎自修复技术，并在 2017 年实现量产。众多厂家在自修复轮胎领域的大规模研发和投产证明仿生自修复材料在轮胎防爆领域具有非常大的市场潜力。

（12）仿生自修复材料在混凝土裂纹修复领域的应用

美国 N-tech Research 公司认为，自修复材料将在汽车、建筑、航空航天、电子器件等领域拥有巨大的市场规模。终端用户行业自修复材料的产值至 2026 年可达 93.58 亿欧元。如 LG G Flex 2 手机配备了具有自修复材料的后壳，可以在受损 10s 内完成自动修复。汽车制造商 Panoz 公司与 Feynlab 公司合作开发了高性能自修复涂料 FeynLab Heal Plus，并用于诸如雷克萨斯 ES 300H 等车型上，可在漆面发生剐蹭后自动消除划痕。N-tech Research 公司指出，自修复混凝土可能成为自修复材料中的"杀手级"应用。目前，美国、荷兰、德国、新西兰、中国等多国的实验室已相继展开混凝土微裂缝自修复研究。例如，在新西兰怀卡托大学，工程师们采用固态发酵法制备出各种生物混凝土，将微生物和营养物质引入到初始混合物中，在发生裂缝时就会产生碳酸钙来修补缝隙。预计到 2022 年，仿生自修复混凝土的销售额将远超 3 亿美元。

14.4 发展我国智能仿生材料产业的主要任务及存在主要问题

14.4.1 智能仿生材料产业存在的主要问题

（1）研究与产业应用衔接度低

未来智能仿生材料的发展，要符合国家发展战略，产学研相结合，不断推陈出新、满足新型高新技术产业发展的需求，将仿生学与物理学、化学、工程学、微生物学、细胞学等学科紧密结合起来，精确地构建多尺度宏观/微观结构，实现材料的结构功能一体化。但是，就目前来看，国内许多与仿生材料相关的科研工作仅停留在实验室的制备和初步应用层面，在工程应用及工业生产中的实际效果仍有待考察和检验。因此，合理地创新制备方法，优化生产制备工艺，实现大规模的材料制造与精确的加工成型，也是仿生材料领域亟待解决的问题。

（2）研发投入和产业投资不足

近年来，我国在全球研发投入的份额不断提升（图14-3）。我国2020年研发经费总量近2.44万亿元，稳居全球第二。研发投入占GDP的比例也逐年提升，2020年达到了2.4%，但和发达国家相比仍然偏低，处在起步阶段。其中我国基础研发投入仅占全部投入的6%，而发达国家该项投入普遍超过10%，相较薄弱。"十四五"时期是我国进一步提高科研支出占比，使我国的科研实力更加符合大国地位的关键时期。尤其在基础科学领域，随着新冠疫情后全球产业格局出现新的变化，新的业态开始萌芽，我国需要抓住机遇攻克核心技术难点，开拓新的局面，进而实现弯道超车。

目前国家和企业对于智能仿生材料行业的总体投入仍有待增加。虽然我国科技经费预算规模稳步增加，结构持续优化，但是经费投入强度与其他科技强国相比尚显不足。企业在智能仿生材料领域的投入更是匮乏，造成了智能仿生材料领域工业化困难。

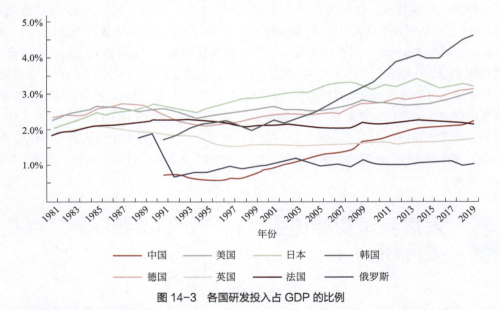

图14-3　各国研发投入占GDP的比例

（3）中试平台及产业化示范基地不足

我国在智能仿生材料领域多个方面都处于世界领先的水平。然而，每种智能仿生材料都有特定的工艺，新产品的开发必须与配套工艺紧密结合，这就要求代工厂的设备和工艺具有定制化的特性，因此小批量的订单不容易得到大型代工企业的青睐。此外，我国长期缺少智能仿生领域的开发与代工服务平台，难以为新产品提供中试条件，增加了产品研发的周期，错过了应用市场的需求窗口，制约了我国智能仿生材料产业的发展。

14.4.2　主要任务

（1）优化产业发展布局

根据各地区的发展条件，引导智能仿生材料产业向省级和国家级高新园区、经济开发区、产业集聚区及相关科技新城、智造新城、工业园区集聚，发挥各地区产业基础优势，聚焦智能仿生超亲水材料、仿生超疏水材料、仿生超润滑材料、仿生减阻材料、仿生结构材料、仿生自修复材料等细分领域，优化资源配置，合理布局创新链、产业链、金融链，建设新材料产业集群，形成一批新产业平台。依托相关地区区位及产业优势，建设一批智能仿生材料产业特色小镇，培育一批区位优势突出、产业特色明显、政策配套完善、具有品牌竞争力的产业聚集区。

（2）构建自主创新体系

依托各地区的科研背景和区位优势，重点建设一批智能仿生材料领域的高水平研发机构、重点实验室、产业技术创新中心、制造业创新中心等创新平台，构建全球顶尖智能仿生材料科学研究基地和创新集群，打通基础研究、应用研究和产业技术研究创新全链条，建立健全以企业为主体、市场为导向、产学研用结合的自主创新体系。

（3）突破核心关键技术

瞄准智能仿生材料国际前沿领域，加快布局一批基础研究重大专项，持续开展关键核心技术攻关，突破一批智能仿生材料产业急需的战略性、前瞻性、颠覆性技术，推动更多领域技术由跟跑、并跑向领跑转变，形成一批标志性重大科技成果，获得一批产业带动性强、具有自主知识产权的关键技术和重点产品。

（4）全链条完善产业生态

建立健全智能仿生材料测试评价体系、应用示范与推广体系以及前沿新材料产品的质量、责任风险保险机制，降低下游用户使用风险，突破"有材不好用、好材不敢用"瓶颈。强化关键原材料、高端装备、先进仪器设备等的支撑保障，推动产业链上下游开展全链条协同攻关，推动智能仿生材料研发、生产、应用企业及产业链相关单位，联合组建生产应用平台，开放新材料应用场景，积极推动智能仿生新材料在重大工程和政府采购项目中的应用。培育发展仿生新材料产业智库、行业协会等专业机构，为智能仿生新材料的推广应用提供服务，构建可持续发展的生态体系。

（5）强化国际交流合作

鼓励"引进来，走出去"，吸引海外人才、国际知名机构来国内发展，支持企业和研发机构开展国际交流、在境外实施海外并购和设立研发机构等。支持优势企业抓住智能仿生材料产业结构和区域布局调整的机遇，与Bimitech、Biome Renewables等国际智能仿生材料公司在产品创新和产业转移等方面加强合作，占领一些技术发展的制高点，积极参与国际高端供应链建设，谋求在全球经济格局变动中取得有利位置，打造一批在细分领域具有全球竞争力的优势企业。

14.5 推动我国智能仿生材料产业发展的对策和建议

（1）占领前沿制高点，提升影响力和竞争力

智能仿生材料是近年来材料科学领域重要的科学研究内容，作为智能仿生材料的重要组

成，仿生超浸润材料的研究受到全世界的广泛关注。汤森路透统计的 2011 年全球研究报告数据显示仿生超浸润界面材料的研究已经位于 438 项材料科学研究前沿方向的第 7 位，这是中国冲击诺贝尔奖的强有力竞争方向。这一新学科的产生，已经迅速带动了新材料、新器件的发明、发展及其应用，其对未来高新技术的发展有着深远的影响和广阔的应用前景。国际上，此领域的研发工作已经呈现出非常激烈的竞争局面。面对这一新学科的产生和发展、其潜在的巨大应用前景以及顶尖科学家的积极参与，有必要采取坚定而果断的措施，继续占领该领域的国际制高点，大幅提升我国的科技影响力和国际竞争力。

（2）**瞄准国家发展战略，调整未来产业结构**

当前，正处于智能仿生材料基础研究向产业化跨越发展的关键时期，通过政府实施具有远见性的顶层设计与统筹协调政策，对仿生界面材料基础研究、应用及产业化等方面进行整体布局，聚焦国家"十四五"及中长期重大战略需求，前瞻部署催生未来产业化变革性技术的重大原创性基础研究，力争在提高我国高新科技核心竞争力和产业化水平方面取得重大进展。另外，部署材料、能源、健康、环境等领域的可持续发展，有利于调整未来产业结构，为我国相关领域的发展提供强有力的科技保障。

（3）**实现创新驱动发展战略，引领高新技术产业发展**

实施创新驱动发展战略，最根本的是要增强自主创新能力，最紧迫的是要破除体制机制障碍，最大限度解放和激发科技作为第一生产力所蕴藏的巨大潜能。创新驱动实质上是人才驱动，通过建设一个以智能仿生材料为研究方向的新研究单元，凝聚一批在此领域具有旺盛创新能力的领军人才和青年人才，将为实施创新驱动发展战略提供基础保障，对于服务国家和地方经济以及社会发展具有重要意义。通过研发关键核心技术，并促进其在资源、信息、能源、健康以及环境等领域中的应用，不断提升科技创新能力，带动未来高新技术产业的发展。

14.6 面向国家 2035 年重大战略需求智能仿生材料产业技术预判和战略布局

2021 年 3 月 13 日，两会正式发布了《中华人民共和国国民经济和社会发展第十四个五年规划和 2035 年远景目标纲要》，进一步突出了科技创新在我国现代化建设全局中的核心地位。习近平总书记指出，在当前和今后一个时期，我国发展仍然处于重要战略机遇期。为此，我们要趁当今世界正经历百年未有的大变局之际，新一轮科技革命和产业变革方兴未艾之时，于变局中抓住机遇，在"十四五"乃至 2035 年的时间内，进一步突出科技创新在各类生产要素中的重要性，将科技成果转化为生产力，从而带动产业升级，提升社会生产力和我国综合国力。

此后，全国各省市也陆续发布当地的"十四五"规划，其中大多都对仿生领域，尤其是智能仿生材料这一重点领域做出相应部署。在《北京市"十四五"时期高精尖产业发展规划》

"打造面向未来的高精尖产业新体系"一章指出,要以"优品智造"为主攻方向,重点发展仿生柔性交互等协作机器人,突破仿人/仿生机器人前沿技术,构建具有北京特色的机器人产业生态,并抢先布局一批未来前沿产业,瞄准国际前沿抢占产业发展制高点,超前部署一批具有深远影响,能够改变科技、经济、社会、生态格局的颠覆性技术方向,为高精尖产业持续发展培育后备梯队。其中在前沿新材料领域重点突破智能仿生材料等方向,创新环保低碳材料制备工艺,培育一批专精特新企业。在《上海市先进制造业发展"十四五"规划》中的"发展重点"一章中指出,要以适应需求、加强推广为重点,推动智能健康产品的规模化生产,发展应用仿生学等新技术,提升产品智能化水平。在《广东省制造业高质量发展"十四五"规划》中的"发展重点方向"一章中指出,要重点突破研发仿生与超材料等装备,打造国内领先、世界知名的前沿新材料产业制造高地。在《浙江省新材料产业发展"十四五"规划》中的"发展方向"一章中指出,要将前沿新材料作为主攻方向,培育一批变革性材料,打造有望引领未来发展的新产品,支撑未来产业发展,其中将智能仿生与超材料等作为重点领域。在《天津市科技创新"十四五"规划》中的"聚焦重点研发领域方向"一章中指出,要推动交叉学科融合创新,并将仿生合成作为其主要研究方向之一。

面向国家 2035 年重大战略需求,对于未来智能仿生材料产业的规划与预判如下:

① 发展仿生原型材料的组成、结构、功能等关键表征技术,揭示仿生原型材料具有优越性能的本质原因。

② 建立形貌、功能、行为仿生的设计模板,发展用于极端环境智能仿生材料(如超轻超强材料、抗红外电磁干扰材料、低频隐身材料等)的制备工艺。

③ 研制与未来装备智能化、无人化等要求相符的环境快速响应材料。

④ 针对战场环境所形成的生物附着等问题,研发出具有自诊断、自修复、自调节功能,并且提升装备效能的新型智能仿生材料。

⑤ 利用智能仿生材料制备新型器件,尤其是在武器装备上开展创新应用,且性能达到世界先进水平。

作者简介

江雷,中国科学院院士,第三世界科学院院士,美国工程院外籍院士。现任中国科学院理化技术研究所仿生材料与界面科学中科院重点实验室主任。建立超浸润界面材料及超浸润界面化学体系,引领并推动该领域在全球的发展,实现多项成果的技术转化。获国家自然科学二等奖,北京市科技技术奖一等奖,求是杰出科学家奖,联合国教科文组织纳米科技与纳米技术贡献奖等奖励。编写《仿生智能纳米界面材料》等 4 部专著,发表 SCI 论文 800 余篇,总被引 143000 余次,H 因子为 177。

董智超,中国科学院理化技术研究所研究员,主要从事仿生液体绕流领域的研究。获得国家自然科学基金委优秀青年基金,入选第六届中国科协青年人才托举计划,*Langmuir* 杂志青年编委。

李储鑫,中国科学技术大学特任研究员,主要从事仿生拓扑结构操控液体输运领域的研究。入选博新计划,获中国科学院优秀毕业生、北京市优秀毕业生、中国科学院院长优秀奖、中国科学院 - 沙特基础工业公司奖学金、国际仿生工程学会仿生创新大赛二等奖、博新计划优秀创新成果等奖项。

第 15 章

液态金属材料

邓中山　刘　静

15.1　液态金属产业发展的背景需求及战略意义

　　液态金属是指常温或工作温度下呈液体状态的金属或合金，具有优异的导电和导热特性，在目前已知液体材料中具有最高的电导率和热导率。与其他金属材料相比，液态金属具有流动性好、液态温区宽、表面张力大、易被改性等显著特征，同时还具备其他固体金属材料所不具备的低熔点特性，熔融状态下的塑形能力使其能够更方便地打造出不同形态的产品。近年来，通过国内外学者特别是我国科学家的大量原创性工作，液态金属的应用基础研究已从最初的冷门发展成当前备受国际广泛瞩目的重大科技前沿和热点，为众多行业带来了颠覆性解决方案和实现手段，正为能源、热控、电子信息、先进制造、国防军事、柔性智能机器人，以及生物医疗健康等领域技术的发展带来变革。发展液态金属材料与器件具有重大工业价值和科技战略意义，相关技术所形成的上下游产业链极为宽广，还为有色金属工业的发展带来了新的出口和支撑。

　　液态金属新材料具备重大实际应用价值的同时，还具有产业关联度大、产业升级带动性强的特点。这方面将催生出一系列战略性新兴产业，有助于推动我国尖端科技水平的提高、全新工业体系的形成和发展。以液态金属印刷电子技术为例，由于液态金属电子墨水或浆料具有电导率高、不含有机辅料、不需烧结后处理以及通过改性后可以直接打印晶体管等显著优势，该技术打破了现有电子制造技术的瓶颈，使低成本快速制作电子电路特别是柔性电子器件成为现实，相关市场需求巨大，未来还有望在集成电路及功能器件快速制造领域发挥重大作用。液态金属印刷电子技术将凭借其全新特性为相关产业发展带来颠覆性变革，目前已经在电路快速打印、柔性传感器、柔性器件等相关领域展现出巨大的优势和潜力。

　　近年来，液态金属的产业发展受到高度重视。2017 年 1 月，工信部、发改委、科技部、财政部联合制定的《新材料产业发展指南》(工信部联规〔2016〕454号)将液态金属列为新材料产业的重点扶持方向之一;2017年4月,科技部印发《"十三五"材料领域科技创新专项规划》(国科发高〔2017〕92号),液态金属被列为新型功能与智能材料的重要组成部分;2017年6月,液态金属被列入工信部编制的《重点新材料首批次应用示范指导目录》(工信部原〔2017〕168号,2017年版),此后又连续列入2018年版和2019年版;2018年10月国家统计局第15次常务会议通过的《战略性新兴产业分类(2018)》目录中,也将液态金属制造项目收入其中。液态金属产业转化近年来也发展迅速,已孵化出一系列在世界上处于领先地位或填补空白性的液态金属高新技术企业,包括云南液态金属谷系列公司及北京梦之墨科技有限公司等,从功能材料、器件到先进制造装备等系列产品已批量进入市场,部分产品还成功打入国际市场。

作为极具标志性的具有完全自主知识产权的前沿领域,我国在液态金属材料及应用技术方面居国际领先水平,相关颠覆性技术突破了现有技术瓶颈,正在国防领域的创新应用中快速获得突破,还有望为我国尖端军事技术提供关键支撑。由于液态金属巨大的应用价值及潜力,一些发达国家正陆续投入巨额资金对其在基础研究和产业应用方面进行布局。建议国家加大液态金属相关研究和产业应用的投入,系统发展液态金属技术与工业体系,促使我国的液态金属研究和产业发展始终处于世界引领地位。

15.2 液态金属产业的国际发展现状及趋势

15.2.1 液态金属新材料国际发展现状

以往液态金属的应用主要包括汞及钠钾合金等,其中汞主要应用于冶金、温度计、压力计、汞灯、电开关以及化学药物等,由于其对环境的影响及对人体的毒害作用,目前国际上汞的禁用或限制使用是一个大趋势,而钠钾合金化学性质极其活泼,属于高度危险品,过去主要应用于核堆的冷却与二次传热。本章所介绍的液态金属如无特殊说明,主要指安全无毒的液态金属,其典型代表包括镓、镓基合金、铋基合金、铟基合金等,以及由这类材料制备的复合功能材料。

如前所述,液态金属材料的应用作为正在兴起的国际重大战略性新兴产业前沿,正在为先进能源技术、电子信息技术、国防军事安全,以及医疗健康等领域的发展带来颠覆性变革。液态金属产业发端于中国,主要基于我国科研工作者的系列原创性成果。近年来,国外在液态金属材料及相关产业方面虽有部分尝试,但无论是从规模上还是从涉及行业的广度上均落后于我国。

从国际上来看,较早进入液态金属产业的有美国Nanocoolers公司,它成立于2004年,在初期融资阶段曾获得超过2000万美元的投资用于开展液态金属芯片散热技术研究,并于2005年联合蓝宝石厂商发布了用于显卡芯片散热的液态金属散热器。丹麦Danamics公司也从液态金属散热着手获得了大量风险投资,并推出了基于钠钾合金的CPU液态金属散热器。

但是以上两家企业的发展都不顺利,其中美国 Nanocoolers 公司已于 2007 年 12 月关闭,丹麦 Danamics 公司的产品主要基于高度危险的钠钾合金,产品应用受到极大制约。值得一提的是,中国科学院理化技术研究所刘静研究员团队拥有国际上首项液态金属芯片散热技术底层专利(该项专利申请于 2002 年)。

除液态金属散热器外,国外已发展的液态金属产业还包括热界面材料,代表性企业主要包括德国 Coollaboratory(酷冷博)及 Thermal Grizzly(暴力熊)等,它们均是这一领域商业化比较成功的企业,并且树立了自己的产品品牌。其中,Coollaboratory 的代表性产品包括液态金属导热膏及导热垫,Thermal Grizzly 的代表性产品为液态金属导热膏。尽管这两家企业在液态金属热界面材料产业已取得一定成绩,但这些产品与芯片基底及散热器材料的浸润性还尚待提升,这在具体应用中会一定程度导致接触热阻的增大,从而牺牲液态金属材料优异的导热性能。

上述散热器及热界面材料均属散热产品。图 15-1 所示为全球散热产品的市场规模。根据数据,全球散热产品市场规模将从 2015 年的 107 亿美元增长到 2021 年的 147 亿美元,2016—2021 年期间年复合增长率为 5.6%。其中,全球热界面材料市场规模 2015 年为 7.74 亿美元,预计到 2022 年将增长到 17.11 亿美元,2015—2022 年期间年复合增长率为 12.0%。热界面材料产业目前主要分布在北美、欧洲、亚洲等地区,亚洲为全球产量占比最大的地区,占全球总产量的 63.6%。而根据 Tom's Hardware 的导热膏产品测试排名,性能排在前列的产品均为液态金属材料。热界面材料增长最快的应用领域主要集中在移动通信行业,未来 5G 通信的建设和应用还将进一步带动热界面材料需求的增长。

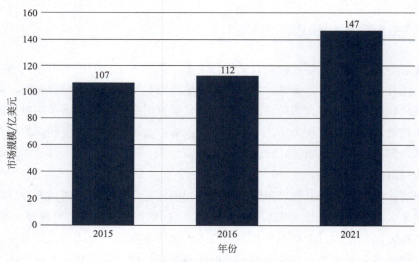

图 15-1 全球散热产品市场规模
(数据来源:智研咨询)

上面介绍了国外在液态金属产业方面的发展情况,如下将进一步介绍国外在相关产业应用研究领域的布局情况。在能源应用领域,一些发达国家的相关机构正纷纷开始对其进行布局。德国亥姆霍兹(Helmholtz)国家研究中心联合会德累斯顿罗森多夫研究中心、卡尔斯鲁厄理工学院，以及其他亥姆霍兹研究中心、相关大学在 2012 年联合成立了液态金属研究联盟，提高液态金属技术的能源与资源利用效率，其 5 年运行经费 2000 万欧元。美国 3 所顶尖大学（UCLA、UC Berkeley、Yale）也于 2012 年启动了 500 万美元的科研项目，研究液态金属在太阳能热系统中的应用。

在柔性电子领域，美国投资 1.71 亿美元，整合了美国国防部、麻省理工学院、波音公司、通用公司等建立了柔性混合电子制造创新协会，其核心之一在于寻找高性能柔性导电墨水。同时美国空军研究实验室尝试将液态金属作为柔性电路的互连材料，正在进行镓液态金属合金 GaLMA 传统射频电子研究。欧盟的信息技术协会（ITS）在 FP6 和 FP7 也启动柔性电子技术专项，并成立产业与学术界结合的联盟，广泛推动这一项目。瑞士洛桑联邦高等理工学院研究人员使用液态金属，搭配柔性聚合物，成功开发出一种电路系统，它能够弯曲，甚至拉伸其四倍原始尺寸。美国普渡大学 2014 年提出点胶针式的液态金属打印方法，2015 年设计出机械烧结的镓铟纳米粒子，通过喷墨打印，在手套上印制出液态金属电路。2013 年，卡内基梅隆大学提出液态金属微接触打印方法，但其精度较低，尚处于实验室研究阶段。美国化学会评选 2016 年顶级研究进展中，北卡罗来纳州立大学团队制造的 10μm 聚合物包覆的共晶 GaIn 线被列为其中之一。澳大利亚皇家墨尔本理工大学（RMIT）的团队联手莫纳什大学、北卡罗来纳州立大学和英联邦科学与工业研究组织（CSIRO）的研究人员，开发了"液态金属纳米印刷技术"，旨在打造效率更高、价格更低的未来芯片生产。

在有机电子学领域中，室温液态金属电极已显现出其独特的应用。比如美国哈佛大学著名学者 Whitesides 等人构建了金属（金或室温液态金属）、有机大分子（如水凝胶等）和室温液态金属的"三明治"体系，其电流方向改变会诱发电极表面的氧化层的形成和分解，导致电路的断与开，从而实现分子整流功能。新加坡国立大学 Nerngchamnong 教授在 *Nature Nanotechnology* 发表研究成果，指出该体系具有较高的稳定性，可进一步地发展成分子二极管。

在液态金属柔性机器领域，澳大利亚皇家墨尔本理工大学（RMIT）的研究人员利用无毒金属镓合金提炼出滴液，可用于制造 3D 显示器和其他复杂的机器元件。此外，北卡罗来纳州立大学新型液态金属技术制成的纳米机器人，能够精确地吸附并杀死癌变细胞，这一发现或将成为癌症终结者。

15.2.2 液态金属新材料产业的未来发展趋势

前沿新材料是引领新材料技术发展方向、催生新生产业发展的重点领域，前沿新材料的技术和产业化应用突破，有可能会对经济和社会产生变革性的影响。作为面向未来的颠覆性材料，液态金属将有望带动新一代信息技术、新能源、高端装备制造等领域快速发展。未来需进一步巩固扩大我国在液态金属新材料领域的优势，组织产业链上下游各方力量开展系统攻关，力争形成一批创新成果与典型应用，为新材料产业及下游应用行业的持续发展奠定良好基础。下文从几个具有代表性的方向对液态金属新材料产业的发展趋势进行介绍。

（1）液态金属印刷电子产业

室温液态金属印刷电子技术是一个快速发展的新兴领域，是一种有别于传统印刷电子技术的，尤其适合柔性电子的软材料电子技术。首先，液态金属墨水制备工艺较当前印刷导电墨水简便得多。其次，成型的室温液态金属电子结构始终保持液态，因而不存在传统印刷电子中电子材料固化后的断裂问题。此外，当前印刷导电墨水成本仍旧很高，而液态金属成本则较为适中。基于直写技术，它使得通过简便的方法直接快速打印各种功能电路成为现实，为印刷电子制造开启了一个全新的技术领域。这种技术克服了传统印刷电子技术的诸多技术瓶颈，如墨水电导率低、合成复杂、需要烧结等，使得电路制备过程更加简单，如图 15-2 所示。

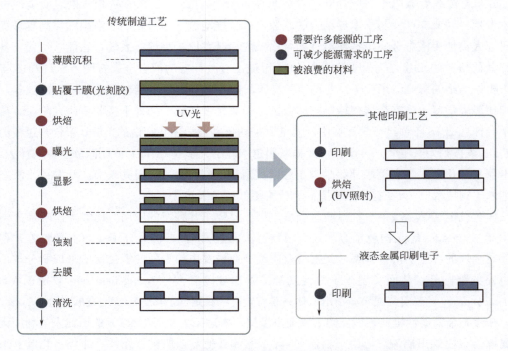

图 15-2　液态金属印刷电子与传统制造工艺及其他印刷工艺的比较

在应用方面，液态金属印刷电子可用于柔性显示领域，与卷曲的 OLED 技术相结合，制作显示器的柔性液态金属控制电路。液态金属电子技术还可以促进 OLED 照明技术的进步，发展绿色节能照明。利用此技术还可以制备轻便、小巧、灵活及廉价的压力传感器、RFID 非接触式识别系统等。

（2）液态金属混合柔性电子产业

据权威机构预测，柔性电子产业 2028 年将超过 3000 亿美元，未来 10 年内年复合增长率接近 30%，处于长期高速增长态势。美国《科学》杂志将有机电子技术进展列为 2000 年后的世界十大科技成果之一，可见柔性电子技术契合了未来的发展趋势。

未来液态金属混合柔性电子，要结合传统电子技术，对其进行改良和提升。未来发展应主要从提升性能和充分利用其优势扩展应用两个方面着手，全面开展液态金属混合柔性电子的研究。柔性电子发展具有广阔的市场，我国虽是电子产业大国，但目前还达不到强国水平，混合柔性电子是我国电子产业跨越发展的重要机会之一。当前，欧美发达国家纷纷制订了针对柔性电子的重大研究计划，如美国 FDCASU 计划、日本 TRADIM 计划、欧盟第七框架计划等。因此，掌握基于液态金属为电子材料的混合柔性电子核心技术，实现柔性电子领域的自主创新和技术突破，具有重要的产业战略意义，必将对我国相关产业的结构优化、转型升级产生深远影响。

（3）液态金属 3D 打印产业

作为新一代信息技术与制造业深度融合的先进制造技术，3D 打印技术是一项涉及物理、化学、材料科学与工程、计算机科学与技术、控制科学与工程、机械工程、生物医学工程等多学科交叉领域的前沿性先进制造技术，体现了信息网络技术与先进材料技术、数字制造技术的密切结合，是先进制造业的重要组成部分。

中国科学家首创的机电一体化液态金属 3D 打印技术，打破了传统 3D 打印技术的应用瓶颈。机电一体化液态金属 3D 打印技术的创新在于赋予传统 3D 打印产品的电学功能，从而使得各种功能应用得到完美实现。通过液态金属 3D 打印技术的革新，以及与多种材料（如塑料等 3D 打印材料）复合打印技术的突破，从而实现功能器件的 3D 快速打印（如图 15-3 所示）。

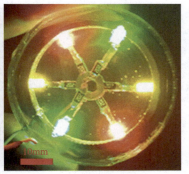

图 15-3　液态金属 3D 打印（左图）及复合 3D 打印形成的功能器件（右图）

在应用领域上，机电一体化液态金属 3D 打印技术基本上可以渗透到几乎所有 3D 打印技术领域，特别是在智能医疗领域具有重大的医学应用价值。采用多种墨水，运用多种打印技术制作电气系统（如立体电路）、机电器件、功能器件等将会是今后很长一段时间内的发展趋势，在制造业、电子信息、能源和医疗技术等领域将产生巨大的应用需求。

（4）液态金属医疗技术产业

针对若干世界性重大医学挑战，中国团队构建了液态金属医疗技术全新领域。首创的液态金属神经连接与修复技术（图 15-4），被认为是"极令人震惊的医学突破"（Most Amazing Medical Breakthroughs）；创建的液态金属血管造影术（图 15-5）、可注射固液相转换型低熔点金属骨水泥、植入式医疗电子在体 3D 打印，以及人体皮表电子液态金属直接打印成型技术等，也因崭新学术理念和技术突破性，引起业界广泛重视。

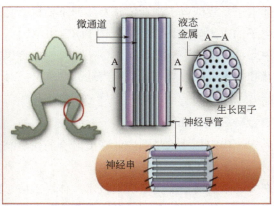

图 15-4 液态金属神经连接与修复

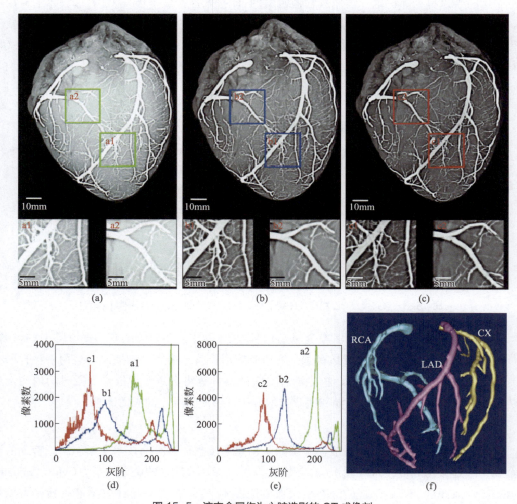

图 15-5 液态金属作为心脏造影的 CT 成像剂

中国团队首创的借助液态金属阻塞血管的肿瘤诊疗一体化技术,开辟了肿瘤医学新途径。中国现有乙肝病毒携带者超过 1.2 亿人,每年新发病人 129 万人,其中 90% 演变成肝癌。原发性肝癌发病率占全球发病率的 53%，其中每年新发病人 35 万人，死亡人数高达 32 万人。从现代医学发展趋势来看，肝动脉血管栓塞介入治疗具有微创、安全、疗效好的优点，可为肝癌病人特别是中晚期病人提供最佳受益方案。由于肿瘤栓塞剂重要的临床意义，欧美国家一直在加紧研发，不断推陈出新，除了常规的液态及颗粒栓塞剂，还开发出多种凝胶微球、载药微球及栓塞盘管，多款产品已获得美国食品药品管理局（FDA）及欧洲临床应用许可。反观国内栓塞剂，相应产品研发和应用处于十分缓慢的阶段。目前只有个别公司研发的栓塞微球 8Spheres 及载药微球 CalliSpheres 于 2016 年 4 月获批生产，但细观其制备技术，不难发现其采用的主体材料、制备及功能与国外产品 DC Bead 无异，属于跟踪国外技术的仿制系列产品。如此一来的不利后果是，国际栓塞产品不仅掌控着市场定价权，并经常以价格偏低为由降低国内供货量，严重影响了正常的医疗卫生服务，因而推出全新一代的具有独立自主产权的液态金属高效能肿瘤栓塞剂迫在眉睫。

此外，射频消融技术是一种基于高频电流生物热效应实现靶向癌细胞热摧毁的肿瘤微创疗法，广泛用于肝癌等实体肿瘤的治疗。而以镓基合金为代表的无毒性液态金属是常温常压下呈液态的金属或合金，兼具优良的导电和散热性能。中国团队提出的基于液态金属的新型射频消融方法，以循环流动的无毒性镓基液态金属同时作为导电和导热介质（即同时作为电极和冷却介质），融合了射频能量远距离输出和电极局部温度可控技术，以解决现有射频消融存在探针直径偏大、消融范围小、刚性电极难以适应于腔道肿瘤治疗等难题，从而突破现有射频消融技术的瓶颈。

未来产业发展方面，需着力探索液态金属生物医用材料的独特优势和科学规律，解决由液态金属引发的生物医学技术及器件研制中的关键科学与技术问题，系统建立液态金属生物医学材料学科完整的理论与技术体系，并突破液态金属在神经修复和连接、骨骼重建、血管造影及肿瘤阻塞治疗等若干重大核心技术，使我国液态金属生物医学材料学前沿技术研究与应用方面处于世界引领地位，打造液态金属生物材料与医疗技术航母，致力于肿瘤等重大疾病的医疗解决方案的构建。

（5）液态金属柔性智能机器人产业

液态金属柔性智能机器人的研制和产业化推进当前处于启动阶段，蕴藏着巨大发展机遇和空间。通过液态金属的引入，可以形成系列固液组合及刚柔相济的机器人形态，有望真正促成可变形液体机器理论与技术取得重大突破。不难预见的是，未来由液态金属引发的柔性可控变形单元，将有望用于构建各类全新概念的先进机器人技术，在民用乃至国防安全等方面将大大有助于开启前所未有的应用空间。预计中国可在这一原创方向上不断取得崭新的基础发现和变革性技术突破，从而为我国未来研发全新概念的尖端液体机器乃至开创关键应用领域创造条件。

15.2.3 全球液态金属新材料专利申请趋势

2019 年 12 月，中国科学院理化技术研究所委托合享汇智对全球液态金属新材料领域的专利申请情况进行了全面的梳理和分析。使用 IncoPat 全球专利数据库，经检索，截止到 2020 年 3 月底，共检索到包含液态金属主题的全球专利 52006 项，经人工去噪并进行标引，在全球范围内得到了液态金属新材料高相关专利 5164 项。并按照技术分类主要分为六大领域，其中，先进制造领域专利 1541 项，热控及能源领域专利 484 项，柔性机器人领域专利 62 项，天线技术领域专利 649 项，生物医学领域专利 223 项，复合材料领域专利 1742 项，其他领域 463 项。申请机构方面，北京梦之墨（系中科院理化所液态金属增材制造技术所孵化的公司）申请 224 项，全球排名第一；中科院理化所共申请 203 项专利，全球排名第二。其他全球排名前 10 位的研发主体如下：美国施乐公司申请 133 项，清华大学共申请 103 项，云南科威申请 118 项，云南靖创申请 95 项，北京态金申请 75 项，西安交通大学申请 54 项，中科院宁波材料所申请 34 项，浙江大学申请 34 项。其中，云南科威、云南靖创均为中科院理化所液态金属团队参与创建，北京态金系前期与中科院理化所技术合作后进入液态金属领域。由上述数据可以看出，我国在液态金属新材料领域的知识产权布局在全球范围内处于领先地位，其中中科院理化所及其关联公司最具优势。

将液态金属新材料相关专利按照申请年份进行统计，从图 15-6 可以看出，液态金属材料 2000 年以前发展缓慢，2000 年之后进入快速发展期，近 20 年专利申请量年均增长率达到 22.2%，而且在 2018 年专利申请量最多，达到 1001 项。

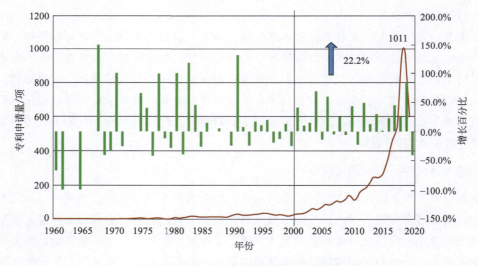

图 15-6　全球液态金属新材料专利申请趋势

图 15-7 为中国液态金属新材料专利申请情况，经过检索，截止到 2019 年 3 月底，共标引了 2969 项中国专利，由专利申请趋势可以看出，中国新材料液态金属在 2005 年之后进入发展黄金期，近 15 年专利申请量年均增长率为 29.3%。而且在 2018 年专利申请量最多，达到 742 项。此外，中国专利申请主要来自本土申请，达到 2663 项，其余为国外公司来华申请，其中，日本、美国、韩国三国来华申请相对较多。

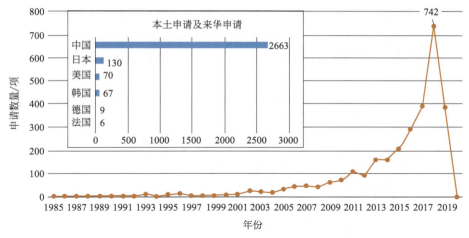

图 15-7 中国液态金属新材料专利申请情况

表 15-1 为全球各主要专利局中申请人国别分析情况。通过在各国专利局（纵列）申请量可以看出，中国、日本、美国、韩国等国家是申请人主要布局的市场国家，此外，通过欧专局（EPO）和 PCT（WIPO）申请的专利量也相对较多。由申请国家（横行）可以看出，日本、美国和韩国除了重视本国市场外，还将其专利技术在中国、德国、英国、法国等国家进行布局，中国、德国、法国三个国家在本国布局量最多，在其他国家布局量相对较少，尤其是中国在全球申请量排名第一，但主要是在本国内申请，海外申请较少，这与我国液态金属大国的地位和新材料战略强国目标并不匹配。

表 15-1 全球各主要专利局中申请人国别分析情况

专利局	国家					
	中国	日本	美国	韩国	德国	法国
WIPO	44	77	66	22	17	10
EPO	7	62	82	22	16	14
国家知识产权局	2663	130	70	67	9	6
日本特许厅	9	632	114	70	13	7
美国专利商标局	35	239	283	125	21	11
韩国专利商标局	3	85	44	211	4	6
德国专利局	1	28	48	10	47	4
英国专利商标局		9	16	4	12	1
法国专利局	1	4	13	1	13	15

15.3 液态金属产业的国内发展现状

作为国际上室温液态金属研究与应用的先行者和拓荒者，中科院理化所刘静研究团队自 2000 年来一直在液态金属研究领域不断积累和前行。除在先进芯片冷却、能源领域取得原创性创新突破,还在先进制造、生命健康以及柔性智能机器领域开辟出了一系列有显著科学意义和重大应用前景的全新领域。在液态金属领域渐成国际热门领域的起始阶段,中国团队已出版英文著作 3 部、中文著作 6 部,构建了液态金属物质科学与技术体系;已申请 600 余项发明专利,为我国有关重大前沿产业今后的发展奠定了基础;在取得大量底层核心突破的同时,他们还做出 40 余项全新的基础科学发现,在国际上产生了广泛的影响。

在热控与能源领域,最早基于液态金属散热技术已发展出系列已投入市场应用的液态金属芯片散热器(图 15-8)及大功率 LED 液态金属高功率密度散热器,发展了用于高性能计算机的室温金属流体芯片冷却技术、可广泛用于能源领域的金属流体无水换热器、移动电子器件低熔点金属相变吸热技术、液态金属能量自动捕获与发电技术以及纳米金属流体材料、液态金属热界面材料等(图 15-9),开辟出若干十分重要的研究新方向,同时也开发出一系列液态金属产品,如液态金属导热膏、芯片级液态金属散热器、液态金属相变热控模组等。液态金属散热技术大大提高了现有散热技术的效率,同时对高热流密度及大功率电子芯片和高强度光电器件等的热管理具有不可替代性。

图 15-8　中国团队发明的液态金属散热装置及在国际学术界获奖情况

由于液态金属热界面材料优良的导热性能以及润湿性能,在芯片及光电器件的散热方面已发挥重要作用。图 15-10 为液态金属导热片产品应用于 LED 路灯产品,功率为 200W,使用液态金属热界面材料后,由于界面热阻小,稳定工作状态基底对环境温升约 35℃,比传统导热硅脂降低约 5℃,且无导热硅脂的挥发变性等问题,性能更为稳定。

低熔点液态金属作为一种新型的热界面材料,其热物理性质与传统热界面材料有着非常显著的差异,在计算机芯片以及各种大功率军民用电子设备、光电器件以及近年来发展迅速的微/纳电子机械系统(MEMS/NEMS)等先进设备中,都有望发挥其独特而高效的性能,从而保障这些设备稳定而高效的工作。此外,液态金属还可与其他热界面材料进行复合,例如传统导热硅脂等,从而发展出高导热性但电学绝缘的热界面材料,电子封装领域对此类材料的需求十分迫切。

液态金属膏状产品

纳米液态金属导热膏　　液态金属相变化绝缘导热硅脂

液态金属相变化片状产品

纳米液态金属导热片　　液态金属相变化绝缘片

液态金属相变化凝胶产品

液态金属相变化凝胶

液态金属硅胶垫片产品

液态金属相变化硅胶绝缘垫片

图 15-9　液态金属热界面材料系列化产品

图 15-10　液态金属导热片产品用于 LED 路灯产品

　　经多年探索，2011 年 3 月，中科院理化所团队发表的研究工作首次系统论述了所提出的基于液态金属的电子直写技术（Direct Printing of Electronics via Alloy and Metal Ink，DREAM-Ink），逐步创建了液态金属印刷电子技术及基于液态金属的 3D 打印技术，研发出世界上第一台液态金属桌面电子电路打印机，可在任意基质上打印的液态金属喷墨打印机（图 15-11），以及室温下直接成型的液态金属 3D 打印机（图 15-12）。以上液态金属打印产品已由北京梦之墨科技有限公司实施产业化。

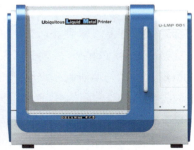

图 15-11　液态金属电子电路打印机（左图）及喷墨打印机（右图）

图 15-12　液态金属 3D 打印机

这些工作打破了传统电子制造技术瓶颈，使得个人在低成本下快速、随意地制作电子电路，特别是柔性电子器件成为现实，并有望在功能器件快速制造领域发挥作用。其中，液态金属个人电子电路打印机入围"2014 两院院士评选中国十大科技进展新闻"，荣获"2015 中国国际高新技术成果交易会优秀产品奖"，并入围素有全球科技创新"奥斯卡奖"之称的"R&D 100 Award"Finalist（2015），入选美国《大众科学》（中文版）年度榜单"2016 年度全球 100 项最佳科技创新"。

在医疗健康领域，利用液态金属的导电性建立的神经连接与修复技术，通过迅速建立损伤神经之间的信号通路及生长空间，可大幅提高神经再生能力并显著降低肌肉功能丧失的风险。同时，由于液态金属自身拥有的高密度，其会对 X 射线有很强的吸收作用，具备分辨率较高的血管成像效果。与此同时，基于液态金属的液-固相转换机制及低温熔塑特性，已发展出系列可在高柔性与高强度之间转换的人体外骨骼及外固定支具（图 15-13），并已进入临床应用。主持此项临床应用的专家认为"代替传统的石膏、夹板、支具，实施肢体、椎体有效固定，液态金属材料集合了诸多优点，具有低温熔塑、轻柔舒适、穿戴方便，可循环使用，还可（结合冷热疗对损伤部位）消炎消肿"。该项技术的突破在全球骨科医学领域属于前列，将产生深远的意义。

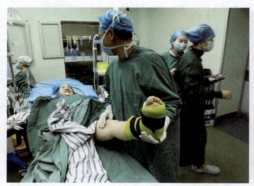 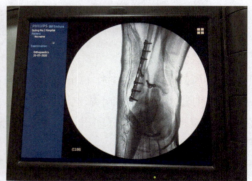

图 15-13　液态金属骨科外固定支具用于临床（左图）及显影效果（右图）

在液态金属柔性智能机器领域，该团队首次发现系列独特的电控可变形液态金属基础现象及过渡态机器、自驱动效应等，改变了人们对传统材料、流体力学及刚体机器的固有认识，为变革传统机器人技术乃至研制未来全新概念的柔性智能机器人奠定了理论与技术基础。团队在自驱动液态金属机器方面的开创性工作，入选由两院院士评选的 2015 中国十大科技进展新闻之一，以及科技盛典 CCTV 十大创新人物奖等。该项目首发论文成为权威刊物 Advanced Materials 年度最高下载量论文，其 Almetric 影响力指数在该刊以往所发表全部论文中位列第一。

由于液态金属的导电性高、柔性可变形及换热效率高等材料特性，在国防军事、电子印刷、柔性智能机器及生物医学健康等领域有可能会带来一系列颠覆性技术。世界各发达国家都在组织强有力的科研力量，加紧研究开发液态金属前沿技术。可以说，液态金属是中国为数不多的在基础研究与产业化推进方面均处于世界领先地位的领域，发展空间巨大。但与此同时，该领域目前也面临着世界高水平研究团队的冲击与奋力追赶，我国应抓住国内液态金属发展已取得的一些重大成果和先天优势，进一步抢占未来技术的制高点，确保持续成为液态金属研究与应用的引领者。

在产业发展方面，依托世界领先的液态金属技术，利用云南丰富的有色金属资源，液态金属新材料产业化项目于 2013 年落地云南省，被选为 2014 年云南省"科技入滇"签约重点项目，由云南中宣液态金属科技有限公司采用中科院理化所先进的液态金属技术，与中科院理化所联合云南科威液态金属谷研发有限公司、北京梦之墨科技有限公司、云南靖创液态金属热控技术研发有限公司、云南靖华液态金属科技有限公司等在云南打造液态金属谷产业集群。目前，已建成具有年产能力分别为 200t 液态金属原液、30t 液态金属导热片、10t 液态金属导热膏、20 万套液态金属电子手写笔、1 万套液态金属打印机、15 万套液态金属 LED 灯具、50MW 液态金属光伏组件的生产线。正在建设的项目包括 30t 纳米热界面材料技术改造项目、25t 液态金属低温环保焊料项目、300t 液态金属粉体制备项目、150t 液态金属熔接材料项目。上述有关产品推向市场后填补了国内外产业空白，并为相关行业提供了颠覆性解决方案，被中央电视台等主流媒体多次报道，大量原创性工作为国际著名媒体（如 *Discovery*、路透社、福克斯新闻、新科学家、麻省理工技术评论、新闻周刊等）广泛评价，在国内外均产生了重要影响。

经过多方努力和共同推动，在云南省各级政府和主管部门的支持下，液态金属产业于 2016 年列入云南省"十三五"科技发展规划和云南省"十三五"新材料发展规划；2017 年 1 月，正是源于云南的推动，工信部、发改委、科技部、财政部联合制定的《新材料产业发展指南》，将液态金属列为新材料产业的重点扶持方向之一；2017 年 6 月，液态金属列入工信部编制的《重点新材料首批次应用示范指导目录》。液态金属产业科技联合体以行业企业科协为主体，科研院所、学会社团、科技服务机构等单位共同参与；2018 年 5 月，中国科协公布了产学研融合技术创新服务体系建设项目名单，液态金属产业科技联合体（由北京梦之墨科技有限公司、云南中宣液态金属科技有限公司、云南科威液态金属谷研发有限公司、云南靖华液态金属科技有限公司、云南靖创液态金属热控技术研发有限公司等产业主体共同发起）获得批准。

产业集群发展方面，当前国内液态金属产业主要位于云南省宣威市及曲靖市麒麟区，并正逐步向昆明及全国拓展，目前已有北京、广东等地企业先后落地云南，推动液态金属上下游产业链的建设。液态金属产业应用的突破性研发始于中科院，规模化工业则形成于云南。云南作为液态金属全新工业的策源地，在带动新兴行业快速发展的过程中做出了引领性贡献，云南的液态金属产业发展走在全国乃至全球前列。2017 年 2 月，云南液态金属谷建设成果入选 2016 云南十大科技进展，被赞誉为"揭开了液态金属前沿技术的神秘面纱"。目前，液态金属谷的产业布局初见成效，正在谋划全面延伸下游产业链，致力于打造国际知名的液态金属谷产业集群。《云南液态金属产业发展规划》明确了液态金属"四大领域"(增材制造领域、热控与能源领域、生物医学领域、柔性机器领域)和"十大产业"(液态金属印刷电子产业、金属室温3D打印产业、液态金属合金材料产业、液态金属先进散热技术产业、液态金属热界面材料产业、液态金属国防应用技术产业、液态金属印刷功能墨水产业、液态金属能源利用技术产业、液态金属生物医用材料技术产业、液态金属柔性机器产业)发展方向,完成了液态金属谷建设规划设计。计划用5~10年的时间,围绕液态金属谷建设全力推动液态金属产业集群发展,打通液态金属从材料到下游应用完整的产业链,力争在"四大领域"的应用和"十大产业"的布局发展上取得显著成效。

平台建设方面,以企业为主体、市场为导向、产学研用相结合的液态金属前沿新材料创新体系逐渐完善,良好的研发创新和产业孵化的基础条件已经具备。已建成为液态金属产业发展服务的省级"六中心一委员会"(包括云南省企业技术中心、云南省液态金属制备与应用工程研究中心、云南省科学技术院-科威中宣液态金属谷研发中心、云南省液态金属产品质量监督检验中心、云南省液态金属企业工业设计中心、云南省液态金属企业重点实验室、云南省新材料标委会液态金属分技术委员会)。另外,云南省液态金属制造业创新中心也于2019年获得批准筹建。

在标准制定方面,液态金属新材料产业起步于中国,以往国内外均无相关标准,技术指标评价体系也未完全建立。为建立并完善液态金属标准体系,满足液态金属材料行业日益旺盛的需求,中国科学院理化技术研究所为主起草单位提交了《镓基液态金属》国家标准立项申请,并于2017年全国有色金属标准化技术委员会年会通过论证,在《国家标准化管理委员会关于下达2018年第三批国家标准制修订计划的通知》(国标委发〔2018〕60号)中正式通过立项。2018年12月标委会组织召开任务落实会,组成了由中国科学院理化技术研究所牵头,云南科威液态金属谷研发有限公司、云南中宣液态金属科技有限公司、云南省科学技术院组成的编制组,目前该项国家标准已获国家市场监督管理总局(国家标准化管理委员会)批准发布(GB/T 39859—2021),并于2021年10月1日起实施。为进一步推动产业发展,解决技术指标评价体系不完善的问题,全国有色金属标准化技术委员会组织相关企业预研后,由云南科威液态金属谷研发有限公司牵头提交国家标准立项申请,建立液态金属物理性能测定方法系列标准,该系列方法初步拟建立3个部分,第1部分:密度的测定;第2部分:电导率的测定;第3部分:黏度的测定。《国家标准化管理委员会关于下达2019年第一批推荐性国家标准计划的通知》(国标委发〔2019〕11号)中《液态金属物理性能测定方法 第1部分:密度的测定》正式通过立项,已于2019年5月召开了任务落实会组成编制组。《关于下达2019年第三批推荐性国家标准计划的通知》(国标委发〔2019〕29号)中《液态金属物理性能测定方法 第2部分:电导率的测定》也正式通过立项,《液态金属物理性能测定方法 第3部分:黏度的测定》作为拟立项项目正在公示。表15-2为目前已通过审定、在研及预研的液态金属相关国家标准情况。在液态金属新材料领域,上述标准的编制将对行业起到引领和规范的作用。

表 15-2　目前已通过审定、在研及预研的液态金属相关国家标准

序号	标准名称	计划号（标准号）	申报时间	状态
1	镓基液态金属	GB/T 39859—2021	2017 年	已获批准发布
2	液态金属物理性能测定方法 第 1 部分：密度的测定	20190753-T-610	2018 年	已立项
3	液态金属物理性能测定方法 第 2 部分：电导率的测定	20193120-T-610	2018 年	已立项
4	液态金属物理性能测定方法 第 3 部分：黏度的测定	—	2018 年	正在公示
5	液态金属物理性能测定方法 第 4 部分：表面张力的测定	—	拟 2020 年申报	预研
6	液态金属热界面材料	—	拟 2020 年申报	预研

15.4　发展我国液态金属产业的主要任务及存在主要问题

15.4.1　发展我国液态金属产业的主要任务

自中央提出加快新型基础设施建设以来，新基建相关领域及产业备受各方关注。新基建主要包括 5G 基建、人工智能、大数据中心、工业互联网、特高压、城际高速铁路和城际轨道交通、新能源汽车充电桩等七大领域。从长远看，新基建是强基础、利长远的战略性、先导性、全局性工程，近期看有稳增长、调结构、惠民生的内在需求，所以既要着眼长远，又不能脱离国情，将基础设施建设逐步从传统领域转向新兴领域，推进高质量发展。

如前所述，由于液态金属新材料的诸多优良特性，正为能源、热控、电子信息、先进制造，以及柔性智能机器人等领域技术的发展带来变革。液态金属的上述创新应用几乎可以渗透到新基建的所有领域。下文将围绕新基建、产业高质量发展、国家战略产业及重大工程项目建设等主线，重点阐述发展我国液态金属新材料产业的主要任务。

（1）液态金属天线技术及产业化应用

2021 年 6 月，中国 5G 商用牌照发放迎来一周年，5G 产业发展势头强劲。据工业和信息化部数据统计，中国 5G 终端连接数已超过 3600 万，2021 年底将建设 5G 基站超过 60 万个。而天线是 5G 基站和手机发射、接收信号的关键器件，可以预计，5G 时代的到来将给天线行业的发展带来巨大机遇。此外，在物联网应用推动下，未来全球无线连接数量将成倍增长。高通公司曾预计到 2020 年，全球实现无线连接的终端设备数量超过 250 亿个。除早已成熟的无线通信技术之外，近年来移动支付、无线充电等前沿技术，底层原理仍然是利用电磁感应现象，实现能量的相互转换，因此天线的应用领域仍在不断扩大。

5G 天线将从 4G 时代的 2/8 通道发展到 64 通道，大规模天线技术（Massive MIMO）的应用将导致天线振子数的快速增长。液态金属天线技术可为 5G 基站建设及相关行业提供颠

覆性解决方案。基于液态金属印刷电子技术，天线定制及快速制造将不再受现有技术瓶颈的限制。液态金属印刷电子是基于印刷原理，将液态金属材料制成液态导电油墨，利用印刷（涂布）工艺，实现具有大批量、薄膜轻质化、卷对卷等特征的电子器件与系统的快速制造技术。印刷电子技术具有节约资源、绿色环保、低成本、可大面积生产等显著特点，在天线、传感器、电子等产业领域具有十分广阔的发展前景。当前，许多先进国家和地区，如美国、欧盟国家、韩国、日本等，已经将印刷电子技术列为国家科技发展的重要规划，在军用、民用方面投入了大量人力、物力和财力进行相关技术研发。液态金属新材料已在印制天线领域展现出巨大的潜力和优势。此外，液态金属作为一种可以流动的金属或合金，还可以非常方便地实现天线参数（包括频率、极化、方向图等）的重构，实现按需调节辐射参数，达到"以一替多"，实现5G通信设备精简、系统减重及降低成本等目的。在当前5G天线领域激烈的竞争态势下，液态金属天线技术的产业化应用将给相关行业带来重大机遇。

（2）液态金属热界面材料产业化应用

随着5G基础设施日益完善，商用规模愈发庞大，5G设备的市场需求量也随之快速增长。面对海量数据需求，处于产业链上游的导热材料如何应对5G技术的散热问题、提高5G设备的工作性能、同时确保5G技术可持续发展，也成为业界广泛关注的话题。陶氏公司近期推出一款用于5G散热的高导热凝胶产品，标称热导率为6.5W/(m·K)，并且声称还具备挥发性物质含量低等多重优势，能够满足5G技术对功率设计、工艺效率与可持续性的多元需求。

事实上，目前各大热界面材料厂商的产品，基本上都是基于硅脂类的复合材料。这种材料最大的弊端在于，当器件工作温度较高时，硅脂极易挥发和变性，这会显著增大界面接触热阻，影响散热。液态金属由于拥有高导热特性，作为热界面材料用于芯片及通信器件的热管理相比传统材料具有显著的优势，主要表现在：

① 高导热性，热导率可以达到30W/(m·K)以上，通过改性还可以更高，可以显著减少热界面材料自身的热阻，液态金属材料自身热阻在实际使用中可忽略；

② 不含挥发物，在高温下也不会发生变性；

③ 无定形或高柔韧性，可以保证其在较低的安装压力条件下尽可能填充满固体接触表面间的空隙；

④ 安装简便并具较好的可拆性；

⑤ 适用性广，可用于填充不同尺寸的缝隙，还可作为配料与其他材料进行复合。

以上优势可以很好解决现有行业的痛点，保护电子元器件在5G技术更高的功率密度下稳定工作，因此有望在5G领域获得重大应用。

（3）液态金属电缆连接技术及产业化应用

特高压是当前世界上最先进的输电技术。特高压输电是在超高压输电的基础上发展的，其目的仍是继续提高输电能力，实现大功率的中远距离输电，以及实现远距离的电力系统互联，建成联合电力系统。

在特高压基建中，电缆连接是必不可少的环节。传统电缆连接多采用液压机构进行压接，尽管操作相对简便，但压接处易发生接触电阻大、发热、抗拉强度小等弊端。摩擦搅拌焊虽然可以避免上述问题，但其对设备需求高，实际施工中操作也很不方便。基于液态金属（低熔点合金）的电缆连接技术可以很好解决现有方案的痛点，其核心材料是由低熔点合金制备而成的液态金属低温环保焊料（熔点在 80～120℃间可调）。该电缆连接技术一方面可以显著降低连接处的接触电阻、增强导热，另一方面还可以增大电缆的抗拉强度。该技术前期已在云南电网公司的资助下开展了技术研究和验证。

（4）液态金属旋转电连接技术及产业化应用

在城际高速铁路和城市轨道交通领域，大功率电机是核心部件之一，而目前炭刷技术仍然广泛应用于各种电机中。炭刷也叫电刷，是用于电机的换向器或滑环上，作为导出导入电流的滑动接触体，需要其导电、导热以及润滑性能良好。炭刷产品材质主要有石墨、浸脂石墨、金属（含铜、银）石墨等，由于其主要成分是碳，因此也是易磨损的，需要定期维护更换，并清理积炭。液态金属材料在这类应用中则具备天然优势，作为金属，首先具备十分优良的导电、导热性能，其次作为液体材料，其润滑性能也显著优于固体材料，这种液体材料在使用过程中也不会存在磨损问题。位于云南省宣威市的液态金属谷企业前期已经深入研究了液态金属旋转电连接技术，并已开发出相关产品，曾荣获深圳高交会优秀产品奖。该技术和高速铁路、轨道交通结合，将对现有电刷类旋转电连接解决方案带来颠覆性变革。

（5）液态金属充电桩技术及产业化应用

截至 2019 年底，全国新能源汽车保有量达 381 万辆，其中纯电动汽车保有量达 310 万辆。而我国目前车桩比仅为 2.6∶1，若考虑公共充电桩比例，车桩比仅为 6.0∶1，远低于《电动汽车充电基础设施发展指南（2015—2020）》规划的 1∶1 的指标，充电桩尤其是大功率充电桩还有巨大的市场空间。国内大功率充电的发展起步相对较晚，尚未出现支持 350kW 充电的乘用车及配套的充电桩，主要受限于冷却型充电线缆技术，目前只有少数国外厂家掌握了相对成熟的技术，而且将其作为商业机密不对外公开。

对于冷却型充电线缆技术，液态金属也有望提供颠覆性解决方案。液态金属一方面可以作为冷却介质进行高效散热，另一方面还具有很好的导电性。采用液态金属作为大功率充电电缆，在实现充电枪线大电流传导的同时，还能实现高效散热，从而减轻重量，而且也同时实现了对充电枪头部分的冷却。此外，若采用液态金属仅作为现有充电线缆的冷却介质，不仅可有效提升电缆冷却能力，还可作为导电介质以降低电缆电阻和减少焦耳热。因此，液态金属线缆有望成为理想的液冷大功率充电线缆，并在此基础上发展相应的充电桩技术，对充电连接系统创新发展起到重大推动作用，为大功率充电站的大规模建立奠定关键基础。

（6）液态金属散热技术及产业化应用

在大数据时代，数据中心逐渐向规模化、集成化方向发展，不断扩张的体量使得数据中心的散热问题及由此引起的耗能及安全性等问题日益凸显，创新与变革正在各大公司的数据中心得到实践。未来，液体冷却系统在数据中心的采用率将越来越高，高效冷却技术的节能潜力为数据中心冷却市场发展提供了驱动力。另外，由于液体冷却技术的高效，可增加数据中心单位面积的计算处理能力，而这又进一步对冷却技术提出新的挑战。

出于对超高热流密度热量排放的需求，人们对高效冷却方式的追求长期投入了大量的人力物力，但现有途径的散热能力已几乎达到极限。对于具有显著超越现有以水冷技术为代表的液冷方案，以液态金属作为冷却流体的散热方式已显示其重要价值，成为寻找高效散热方法新的切入点，由此可望为大数据中心的冷却建立崭新的技术体系。

（7）液态金属印刷电子技术及产业化应用

随着 5G 通信、物联网、穿戴设备、显示面板等新一代电子信息技术产业的爆发式增长，作为其硬件基础的印刷电路行业也得到蓬勃发展；而其中最具技术含量也最符合未来技术发展要求的柔性印刷电路制造，也迎来了需求规模的持续高速增长，并已成为我国乃至全球电子信息产业的重要组成部分。

液态金属作为一种兼具金属性和流动性的低熔点合金，具备利用印刷（涂布）工艺，实现柔性化、薄膜轻质化、表面共形化电子线路及器件的能力，并且有望与大面积、卷对卷等规模化生产方式相结合；而增材制造的模式，不仅能够符合柔性印刷电路的各项性能指标和生产工艺要求，还可以完全避免废水的产生和大量金属原料的浪费。因此，液态金属柔性印刷电子技术将凭借其全新特性为产业带来颠覆性变革，契合产业替代升级方向，并已经在电路快速打印、柔性传感器等相关领域的研究工作中展现出其巨大的优势和潜力。

作为从概念原理到技术路线全部为自主原创的全球领先技术，液态金属功能材料及其柔性印刷电路技术已经由我国团队率先开始产业化，目前处在中试阶段，且有多家电子制造、物联网等领域的上市企业已经将液态金属柔性电路纳入供应体系，并计划进行行业发布和订单采购。

（8）液态金属可变形机器人技术及产业化应用

未来，机器人将成为人工智能的重要载体之一。实现在不同形态之间自由可控转换的变形柔性机器，以执行常规技术难以完成的更为特殊高级的任务，是全球科学界与工程界长久以来的梦想，相应研究在军事、民用、医疗与科学探索中极具重大理论意义和应用前景。在各种可能的技术途径中，建立可控主体构象转换、运动和变形的理论与技术体系是实现这类变形机器的关键所在。然而，已往所建立的方法和技术大多面临不易克服的瓶颈，特别是对受控主体实现大尺度可控变形与融合方面的有效途径十分欠缺。近年来，由于液态金属领域的一系列重大发现和突破，使得可变形机器的研制出现前所未有的曙光，由此促成可变形机器从理想走向现实，进而对世界性重大战略需求做出实质性贡献。

15.4.2 我国液态金属产业发展存在的问题

目前，我国尤其是云南省在液态金属产业部署和实质性产能和影响方面，在世界范围内处于领先优势。若能在相应基础探索和前沿研究上加紧部署相关力量，会进一步打通产学研全链条的高效运转，促成世界级液态金属研发中心和液态金属谷的真正建成。然而，与国际上业已出现的如火如荼态势形成对比的是，国内进入这一新兴领域的研发团队和企业应该说还十分有限，不少机构对此尚处于观望态度。以往，由于历史的原因，我国不少新兴科技和产业的发展大多源自发达国家，人们习惯于跟踪模仿和跟进，在开拓新工业方面缺失不少。因此，即便对于液态金属这样一个我国在开创性基础发现、应用研究乃至产业推进方面均处于世界领先地位的战略性高科技领域，国内对此有着深刻认识的机构和团队还为数不多，这在很大程度上必然会对今后全国范围内相应工业的发展十分不利。历史的经验表明，再好的机遇也会稍纵即逝。

尽管我国在液态金属产业方面已取得先机，但也要看到，液态金属产业仍处于培育发展阶段，还存在总体产业规模较小、研发与产业化资金投入不足、高层次人才匮乏、产业发展与市场结合度不高、品牌和标准建设滞后等问题。具体如下：

① 液态金属产业属于战略性新兴产业的功能定位尚不明确，国家对于这一战略领域的重视程度仍然不够，研发投入严重不足，制约了相关产业的壮大与发展；产业缺少政策扶持，导致结构不健全，产业链条不完整，在增材制造、功能材料、热控与能源、生物医学等领域发展不平衡，总体产业规模小。

② 缺乏高水平新产品应用示范测试平台，作为新兴材料，液态金属产品在各领域的应用需要漫长的验证测试。

③ 诸多液态金属科研成果并没有转化与应用，研发的转化效率低、研发周期长；液态金属新技术、新产品、新工艺的研究开发费用高，企业资本金少，难以支撑研发与产业开发持续不断的投入。

④ 缺乏支撑产业快速发展的高端人才队伍，液态金属产业集群所在地云南省各方面环境条件对比发达地区有差距，薪资待遇也难以达到高端人才的期望值，人才难引进、难留下，人才队伍成为制约产业快速发展的一个重要瓶颈。

15.5 推动我国液态金属产业发展的对策和建议

液态金属前沿材料及相关应用产业目前处于成长初期，需要从多方面给予扶持，以促进其更快更好地发展。面对"十四五"，贯彻落实十九大关于"建立以企业为主体、市场为导向、产学研深度融合的技术创新体系"重大决策部署，加快液态金属产业发展需坚持以下几点原则：

① 聚焦产业。围绕液态金属新兴产业培育的重大需求，强化重点领域和关键任务的部署，突破技术瓶颈，系统构建液态金属产业技术体系，形成技术持续供给能力，支撑实体经济做大做强。

② 企业主体。充分发挥企业在技术创新决策、研发投入、科研组织和成果转化中的主体作用，牵头形成产学研用协同创新生态，加强创新成果的转化，创造经济价值，发挥社会效益，强化对国家和相关行业发展的重要作用。

③ 开放协同。建立技术、人才、项目合作交流机制，推动创新资源开放共享，链接跨行业、跨学科、跨领域的技术创新力量，形成开放协同的创新网络。同时探索柔性引才引智机制，实施更积极、更开放、更有效的创新人才引进政策。

为推动我国液态金属产业发展，针对目前存在的问题和困难，具体建议如下：

（1）构建液态金属产业协同创新研究院

液态金属产业作为起步和发展期的高新产业，急需有针对性地攻克技术发展周期各个阶段的瓶颈，更为聚焦地解决产业发展所遇到的工程化应用问题，探索建立以企业为主体、市场为导向、产学研深度融合的技术创新体系。在此背景下，构建液态金属产业协同创新研究院就显得尤为必要。

液态金属产业协同创新研究院定位于实现从科学到技术的转化，促进重大基础研究成果产业化。以产业前沿引领技术和关键共性技术研发与应用为核心，协同推进现代工程技术和颠覆性技术创新，打造创新资源集聚、组织运行开放、治理结构多元的综合性产业技术创新平台，为区域和产业发展提供源头技术供给，为相关科技型中小企业孵化、培育和发展提供创新服务，为支撑产业向中高端迈进、实现高质量发展发挥战略引领作用。

（2）鼓励"首台（套）""首批（次）"等原始创新成果

作为高速发展的战略性新兴产业，在以创新为核心的前提下，重点在强化液态金属产业的原始创新，尤其是支持在高端制造领域内具有特色的创新成果。"十四五"期间需坚持鼓励"首台（套）""首批（次）"等原始创新成果，支持本土创新成果，提高"中国制造"的影响力。完善财政激励政策，发挥好战略性新兴产业发展专项资金作用，设立新兴产业创业投资引导基金，组织实施新兴产业创投计划。制订军民融合发展专项规划，设立军民融合产业发展基金。加大对战略性新兴产业产品的政府采购力度，通过政府支持应用示范和建立保险补偿机制促进首台（套）重大装备及关键部件和首批（次）新材料应用，鼓励民生和基础设施重大工程采用创新产品和服务。

（3）相关市场和应用领域的合理引导机制

液态金属产业属于新兴功能材料领域，可以作为基础材料广泛应用于热控、能源、先进制造、电子信息、航空航天、国防军工、生物医疗等领域。随着液态金属行业的不断发展，新产品开发和新技术推广应用步伐加快，市场上推出的液态金属产品也会呈现百花齐放的局面。因此，对于其应用领域方向的适当引导及规划也势在必行，选择那些契合产业高质量发展、国家战略产业及重大工程项目建设等实际需求并能够带动整体产业链发展的领域就显得尤为重要。通过合理引导机制，促成液态金属产业高质量健康发展格局。

（4）从国家层面对液态金属产业发展提供支持

将液态金属产业发展纳入国家"十四五"规划，在液态金属新产品应用示范方面提供更多政策支持。争取国家发改委、工信部、科技部等相关部门为液态金属谷建设提供更大推动力量，国家重点领域、关键行业的研发应用体系中，围绕液态金属产业应用引进、打造上下游链条，在重大装备、新材料攻关、军民融合等环节中提前将液态金属纳入优先使用范畴，推动整个产业的快速发展。将现有省级液态金属研发创新平台培育升级为国家级平台，吸引和聚集国内外优秀人才，助推我国液态金属产业的发展。争取从国家层面启动"液态金属工业助推计划"，聚集国内顶尖的人才、技术、资本等资源，对接整合上下游产业链，共同推动液态金属这一中国原创新兴产业的发展。

作者简介

邓中山，中国科学院理化技术研究所研究员，中国科学院大学教授。主要研究领域包括液态金属功能材料及应用、先进散热技术等。研究成果曾获中国电子学会电子信息科学技术奖、中国制冷学会技术发明奖一等奖、中国国际高新技术成果交易会优秀产品奖、中国科学院北京分院科技成果转化特等奖（2 项）等。已出版学术著作 2 部、发表论文 100 余篇、应邀著作章节 6 篇，申请发明专利 80 余项。曾主持国家"863"项目、国家科技支撑计划项目、国家自然科学基金项目、中科院仪器研制项目、中科院重点项目、云南省重大科技项目等科研项目 10 余项。

刘静，清华大学教授，中国科学院理化技术研究所研究员。长期从事液态金属、生物医学工程与工程热物理等领域交叉科学问题研究并做出系列开创性贡献。发现液态金属诸多全新科学现象、基础效应和变革性应用途径，开辟了液态金属在芯片冷却、先进能源、印刷电子、3D 打印、生物医疗以及柔性机器人等领域突破性应用，成果在世界范围产生广泛影响，为诸多科学杂志（如 *MIT Technology Review*, *New Scientist* 等）大量评价。出版 16 部跨学科前沿著作及 20 余篇应邀著作章节；发表期刊论文 500 余篇（含 30 余篇英文封面或封底故事）；获授权发明专利 300 余项。其是 2003 年国家杰出青年科学基金获得者；曾获国际传热界最高奖之一"The William Begell Medal"、入围及入选"两院院士评选中国十大科技进展新闻"各 1 次，入选 CCTV 2015 年度十大科技创新人物等。

第 16 章

气凝胶材料

孙 晔　张鼎昊

16.1　气凝胶材料产业发展的背景需求及战略意义

16.1.1　气凝胶产业概况

（1）气凝胶材料定义及种类

国际顶级权威学术期刊《科学》在第 250 期将气凝胶列为十大热门科学技术之一，称之为可以改变世界的多功能新材料。

气凝胶材料最初是由美国人 S.Kistler 采用溶胶－凝胶法获得二氧化硅凝胶，并采取超临界干燥方法获得的一种超轻的二氧化硅纳米孔结构材料，称之为"arogel"（气凝胶），随着科技的发展，科研工作者通过其他途径，同样获得了类似结构的物质材料。目前被科研工作者认可的定义为通过一定干燥方法将凝胶体制备成具有纳米多孔网络结构的固体材料。一般认为，凝胶内的流体介质被空气取代后，整体结构骨架没有变化而形成网络海绵结构体（不是通过发泡模式获得多孔的结构体），并且介孔大小属于纳米级的材料，才能被称为气凝胶材料。因此从科学角度来说，气凝胶不是材料而是物质的结构形式。具有气凝胶结构形式的材料被称为气凝胶材料。

按照组成成分可分为：无机气凝胶材料、有机气凝胶和金属气凝胶材料。其中无机气凝胶包含：二氧化硅气凝胶、氧化铝气凝胶、碳气凝胶、碳氧化物气凝胶（如氧化石墨烯气凝胶等）、二氧化钛气凝胶、钙钛矿型气凝胶材料等。有机气凝胶包含：植物纤维气凝胶、动物蛋白气凝胶、人工合成有机材料气凝胶材料（如聚酰亚胺气凝胶）等。金属气凝胶包含各种金属及合金气凝胶材料（如镍气凝胶材料等）。

气凝胶材料最基本的特性有高比表面积、纳米级多孔（高孔隙率）、低密度。根据材料种类的不同，各种气凝胶材料又具有其他特殊特性。

气凝胶特性应用：

① 绝热性能：在目前的固体材料中其热导率最低，利用这个特性可开发保温隔热材料、浇铸用模具材料和用于建筑节能。

② 超低密度性能：可用来作为 X 光激光靶。

③ 高孔隙率和高比表面积：可应用于催化、吸附、缓释、离子交换、传感器等。

④ 低折射率：可用于探测器、光波导、低折射率光学材料。

⑤ 低声速：可开发声耦合器件。

⑥ 低介电常数：微电子行业的介电材料、电极及超级电容。

目前已经产业化的气凝胶材料主要是二氧化硅气凝胶材料。其他材料目前基本处于中试或者实验室小试状态。后面陈述主要针对二氧化硅气凝胶材料，并简称为气凝胶。

（2）二氧化硅气凝胶材料特性

二氧化硅气凝胶是一种隔热性能优异的固体材料，具有高比表面积、纳米级孔、低密度等特殊的微观结构，基于在热学方面表现出优异的性能。它的热导率可达 $0.013W/(m·K)$、密度约 $0.16mg/cm^3$、比表面积在 $400\sim1000m^2/g$、孔隙率为 $90\%\sim99.8\%$，化学性能稳定，内部体积 99% 由气体组成，是目前已知密度最小的固体。

（3）气凝胶上游产业

二氧化硅气凝胶主要原料有硅酸盐制品（如水玻璃）、硅溶胶等和有机硅原料，溶剂介质主要有醇类及二氧化碳，催化剂主要有铵类、酸类。

水玻璃和硅溶胶是气凝胶前驱体主要无机原料。硅酸钠（水玻璃）主要以纯碱、石英砂为原料，原料易得。关于硅酸钠，美国约有 17 个主要生产商，年产能力在 150 万吨。欧洲主要有德国、英国、法国、意大利等生产，年产能力约在 120 万吨。中国从 1938 年开始生产硅酸钠，2004 年产能约 11 万吨，到 2020 年产能达到 300 多万吨，约占全球的 50% 的产能。200 多家规模相关企业遍布全国，主要集中在山东、江苏等省，山东省硅酸钠的产量约占全国的 60%。

有机硅方面，有机硅单体主要生产国家有中国、美国、日本、法国、英国、泰国等。2013 年以前，中国需求主要依赖国外进口，从 2014 年开始，中国首次突破有机硅出口量大于进口量。国外有机硅生产企业主要有道康宁、瓦克化学、迈图等，国内主要有合盛硅业、鲁西化工、新安股份、江西星火等企业，截至 2020 年底，已披露有机硅单体在建项目产能达 664 万吨/年，投资额达 433.75 亿元，如图 16-1 所示。截至 2020 年底，中国有机硅产量约占全球产量的 59%（数据来源于全国能源信息平台），如图 16-2 所示。

无极硅源和有机硅源国内市场的充分支撑，为二氧化硅气凝胶的发展打下了良好的基础。

有机硅单体产能近 10 年逐渐向中国国内转移趋势明显，中国已成为有机硅的生产大国，如图 16-3 所示。

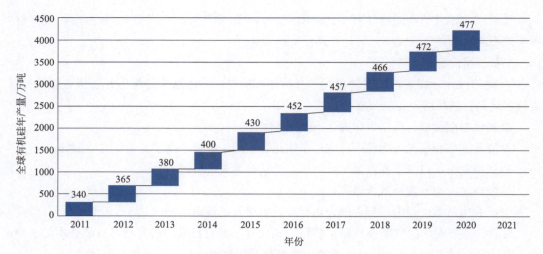

图 16-1 全球有机硅产能

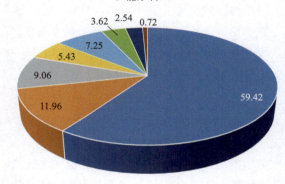

图 16-2 全球有机硅主要生产国家及占比

图 16-3 中国有机硅产能产量历史数据及 2021 年产量产能

（4）气凝胶下游产业

气凝胶种类繁多，目前工业化生产的单二氧化硅气凝胶，主要利用其轻质、超级绝热性被广泛应用到绝热绝冷保温领域。

对于保温行业，目前应用的材料主要有有机保温材料和无机保温材料，保温材料市场规模如图 16-4 所示。

发泡类有机保温材料包括发泡海绵、发泡聚苯板、发泡聚氨酯等。有机发泡材料质量轻，热导率相对较低，如发泡聚氨酯常温最低热导率可达 0.025W/(m·K)，得到了广泛的应用。但因其可燃性，在很多领域的使用受到限制，同时，有机保温材料不能耐高温和超低温，也限制了有机保温材料的应用。

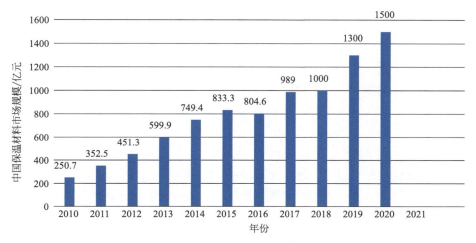

图 16-4　中国保温材料市场规模

无机保温材料主要是硅酸盐类或者石棉、岩棉类产品。石棉类保温材料因其具有致癌特性，逐渐退出保温行业。岩棉类和硅酸盐类保温产品热导率较高，使用寿命较短等缺点，但因其价格低廉，是目前无机保温的主打产品。二氧化硅气凝胶保温产品，具有质量轻，耐低温，不燃，使用寿命长，逐渐被企业认可，未来具有完全取代其他种类保温材料的趋势。

目前气凝胶材料主要延续气凝胶毡在石化管道方面的应用，工业隔热方面尤以热电行业为代表，建筑行业和交通行业相对应用量还比较小，其他行业如电子、新能源方面已初步得到推广，如图 16-5 所示。IDTechEX Research 分析，2024 年建筑建造领域的占比将会提升，应用占比预计较原来提升一倍，占比接近 12%，到 2029 年，建筑建造占比将会达到约 18%，交通领域也会提升至 5%，而传统油气领域占比将降低到 41%，建筑建造以及新兴领域将成为主要消费驱动。

气凝胶材料目前虽然前期投入成本比较高，但相对安全和产品质量方面性价比还是比较高，全球大型石化企业（如埃克森美孚、壳牌、雪佛龙、中石油、中海油、华昌化工等公司）炼厂均大量采用气凝胶材料作为保温材料。

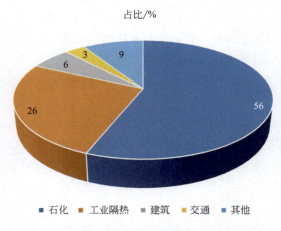

图 16-5　气凝胶产品在各行业中的应用市场占比

预计 2025 年气凝胶复合材料在全球新能源汽车市场的潜在规模约 15.75 亿美元，2030 年达到 31.50 亿美元。新能源汽车也是全球主流发展方向，根据主流车企的规划目标，对应全球销量在 2025 年将接近 1500 万辆，在 2030 年将达到 3000 万辆。

（5）气凝胶产业链

气凝胶产业链归纳为：上游产业主要是无机硅源和有机硅源企业构成气凝胶前驱体原料产业；中游产业包含气凝胶材料制品及气凝胶复合制品，包含但不局限于气凝胶毡、板、布、纸、异形件等；下游涉及产业主要有保温隔热绝冷需要领域、建筑领域、石油化工、新能源、航空、热电、电子、催化、杀菌等领域。

（6）气凝胶材料产业发展战略意义

中国经济发展速度令世界惊叹，同时，中国也成为世界第一的碳排放大国，面临国际要求碳中和，限制工业发展的局面。三个针对气候灾难的国际法律文件相继发布，即 1992 年的《联合国气候变化框架公约》、1997 年的《京都议定书》和 2015 年的《巴黎协定》，约定碳达峰时间和碳中和时间。中国在 2020 年 9 月承诺将于 2030 年实现碳达峰，到 2060 年实现"碳中和"。中央经济工作会议明确将"做好碳达峰、碳中和工作"确定为 2021 年八大重点任务之一。"碳达峰、碳中和"工作是我国"十四五"期间的重点任务，也是未来相当长一段时间内社会经济发展的重要主题，更是产业转型升级、增添发展活力的重要机遇。全球为推行这些国际法律文件，采取了"碳交易"和"交碳税"的做法。

碳中和，就是让人类活动产生的二氧化碳通过自然和人类本身技术采取节能减排等形式抵消人类产生的二氧化碳数量来达到平衡，最终实现二氧化碳零排放。这就要求工业企业要不排放或者减少二氧化碳的排放，或者将已产生的二氧化碳回收吸收。

节能技术是减少碳排放的有效途径，二氧化硅气凝胶的超级绝热性能将发挥重要作用。

16.1.2 国家战略产业需求

国务院印发的《中国制造2025》提出,通过"三步走"实现制造强国的战略目标。围绕实现制造强国的战略目标,《中国制造2025》明确了9项战略任务和重点。

在国家战略产业9项战略任务中,明确提出了重点十大领域,气凝胶新材料与这十大领域均有密切关系,如气凝胶石墨烯在超导方面的特性,磁性气凝胶在机器人等方面的应用。特别是气凝胶的绝热性能,将在航天、海洋工程、轨道交通、节能等方面应用。作为催化材料载体,其在生物医药方面也将有突出贡献。从气凝胶材料本身特性来说,气凝胶材料将是国家战略产业的有效支撑。

16.1.3 国家战略产业潜在气凝胶产品市场

随着我国大力发展航天事业,传统的热防护材料已经无法满足航天装备日新月异的需求(图16-6)。这时航天科工的科研人员从文献中找到了气凝胶这样一种陌生又神奇的材料。通过对技术体系的追踪和研判,他们敏锐捕捉到这种前沿材料未来可能会有巨大的应用前景。中国"天问一号"探测器于2020年7月23日在中国文昌航天发射场由"长征五号"运载火箭发射升空,成功完成地月合照、探测器"自拍"、中途修正、深空机动、载荷自检等工作。"天问一号"共应用了两种气凝胶材料,分别用来应对"极热"和"极寒"。同时,在空间站的搭建和运行过程中,气凝胶材料随"长征五号"系列火箭、"天舟二号"货运飞船执行运输任务。在"长征五号"系列火箭上主要应用于发动机高温燃气系统的隔热。在"天舟二号"任务中,把气凝胶做成真空隔热板安装在低温锁柜中,在飞船中搭建了超级冰箱。

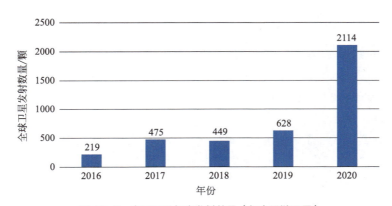

图 16-6　全球卫星年度发射数量(包含星链卫星)

目前新能源汽车(图16-7)蓄电池芯模组采用隔热阻燃材料,主要有两种:

① 塑料类PP、ABS、PVC等,其中以ABS工程塑料为主,通常将阻燃剂添加进PP、ABS等塑料制成阻燃塑料;

② 玻璃纤维、陶瓷纤维棉等防火类材料制成的防火毡。

气凝胶作为一种新兴材料,具有优良的绝热阻燃性能,将气凝胶与工程材料复合而成的气凝胶复合材料具有极为优异的阻燃性能。

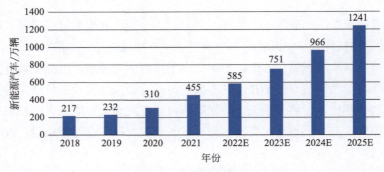

图 16-7　新能源汽车销售量

16.2　气凝胶产业的国际发展现状及趋势

16.2.1　国外气凝胶产业化及主要生产企业

国际上气凝胶产业企业主要有美国的 Aspen Aerogel、Cabot Corporation、Aerogel Technologies，德国的 BASF，法国的 Enersens，韩国的 Jios Aerogel，瑞典的 Svenska Aerogel，葡萄牙的 Active Aerogels。其中美国的 Aspen 和 Cabot 是主要生产商，韩国的 Jios 近几年发展比较快速。欧洲于 2014 年启动的"地平线 2020"项目（800 亿欧元）中，提出重点发展气凝胶隔热保温材料项目。2014 年 6 月，美国 Allied 公司预测全球气凝胶市场在 2014—2020 年内年增长率为 36.4%，到 2020 年可达 18.966 亿美元。中国国家发改委等联合下发的《当前优先发展的高技术产业化重点领域指南（2011 年度）》中明确将纳米多孔气凝胶材料列为优先发展的新材料产业。

Steven.S.Kistler 1931 年首次通过乙醇超临界干燥技术，制备出世界上第一块二氧化硅气凝胶，并在 Nature 杂志上发表论文《共聚扩散气凝胶与果冻》，这标志着气凝胶材料的发现。因二氧化硅气凝胶易碎的特点并制造成本高昂，起初仅局限于实验室使用，并没有引起人们的关注。20 世纪 70 年代末，法国科学家费舍及美国劳伦兹伯克利国家实验室阿龙亨特博士获得了初步的进展，90 年代气凝胶成为全球的研究热点。

16.2.2　国外气凝胶产业化进程

气凝胶材料产业化从 20 世纪开始，企业尝试工业产业化：

① 第一次气凝胶产业化尝试。20 世纪 40 年代早期，美国孟山都公司（Monsanto Corp.）与 Kistler 合作生产名为 Santocel 的气凝胶粉体，用来作化妆品、硅橡胶添加剂、凝固汽油增稠剂等。但因为高昂的制造成本及应用开发的滞后，孟山都公司于 20 世纪 70 年代终止了气

凝胶项目。第一次产业化最终失败。

② 第二次气凝胶产业化。20 世纪 80 年代，气凝胶材料在太空粒子捕捉和鉴别上得到应用，Belle 实验探测器中一个称为气凝胶切连科夫计数器（Aerogel Cherenkov Counter, ACC）的粒子鉴别器，利用了气凝胶的介于液体与气体之间低折射系数特性，还有其高透光度与固态的性质，优于传统使用低温液体或是高压空气的做法，从而引发新的一轮气凝胶制备技术改进：

1984 年，瑞典 Airglass 公司使用甲醇超临界技术，该材料用于切连科夫探测器。

1989 年，美国 Thermalux 公司使用二氧化碳超临界技术，由于经营不善，项目终止。

1992 年，德国 Hoechst 公司以常压干燥技术生产气凝胶粉体，推动其在隔热涂料、消光剂等多个领域的应用。

2003 年，同济大学开始发表常压干燥的研究论文，中国技术工作者在常压干燥领域的投入逐步增多。这一阶段的产业应用主要是军工科研特性，被称为气凝胶的第二次产业化。

③ 第三次气凝胶产业化。在 21 世纪初，美国全球领先的特种化学品和高性能材料公司 Cabot 尝试生产气凝胶粉体并推广民用，但因二氧化硅气凝胶的脆性及高昂的成本而失败。2003 年通过兼并德国 Hoechst，掌握了常压干燥制备二氧化硅气凝胶材料的生产技术，成立了气凝胶专业公司，主要产品为气凝胶粉体颗粒，作为涂料添加剂或采光玻璃中的填充层应用。1999 年美国 Aspen Systems 公司承接美国宇航局的课题，将二氧化硅气凝胶材料和玻璃纤维复合，制备出超级绝热材料气凝胶毡，Aspen Aerogel 公司 2001 年正式成立，进行气凝胶的商业化运作，开始将气凝胶绝热毡推广应用至航天军工、石化等绝热领域，开启了气凝胶材料第三次产业化浪潮。

Aspen 企业将气凝胶产业拓展到炼油和石化、电池隔热层、电池材料、液化天然气、地区能源、发电、可持续建筑材料、海底等行业应用。其主要客户有美孚石油、荷兰壳牌、雪佛龙、德国巴斯夫、美国康菲、中国台湾台塑等企业。北京奕非创拓科技发展有限公司成为其在中国的代理商。在 NASA 的资助下、美国联邦以及其他政府机构每年赞助超过 100 万美元用于公司气凝胶新技术开发，研发占比在全球气凝胶行业中保持高位领先，每年的研究收入也超过了 200 万美元。专利数量遥遥领先，截至 2019 年 12 月 31 日，Aspen Aerogel 已拥有 140 多项气凝胶相关授权专利，还有近百项专利正在申请中，有助于延长产品的生命周期，如图 16-8 所示。其中 Aspen 的二氧化硅气凝胶专利几乎将二氧化硅气凝胶复合纤维的生产方法全部涵盖，将日常公知的材料复合技术列为技术点，如浇铸复合、喷涂复合、辊涂复合、浸涂复合等，如图 16-9 和图 16-10 所示。在生产过程物料转移上采用了"transfer"（传输）这样的保护字眼，给中国气凝胶毡的生产发展带来巨大的阻力障碍。

Aspen 在 2016 年 5 月根据美国的《美国 1930 年关税法》第 337 条向美国国际贸易委员会（ITC）提起诉讼，申诉中国两家气凝胶毡生产企业侵权。2018 年，ITC 终裁：裁定两家中国公司存在侵犯知识产权的行为。该事件引起了国内气凝胶行业及科研人员对气凝胶专利产权的高度重视。

Aspen 在科研上的高投入，及世界专利的布局，消耗了大量的资本，从其公司年报显示，2021 年第一季度，研发费用投入 244.2 万美元，同比 2020 年 222.7 万美元增长继续增加了 9%的研发投入。产品收入从 283.07 万美元略微下降到 280.56 万美元。2008 年 Aspen Aerogel 推出两条主要产品线：高温领域产品 Pyrogel 和低温领域产品 Cryogel，产品收入从 2008 年的 1720 万美元增长到 2019 年的 1.37 亿美元，年复合增长率约为 21%。截至 2020 年底，EP20 项目气凝胶毡项目产能达到 550 万平方米（约合 5.5 万立方米）。

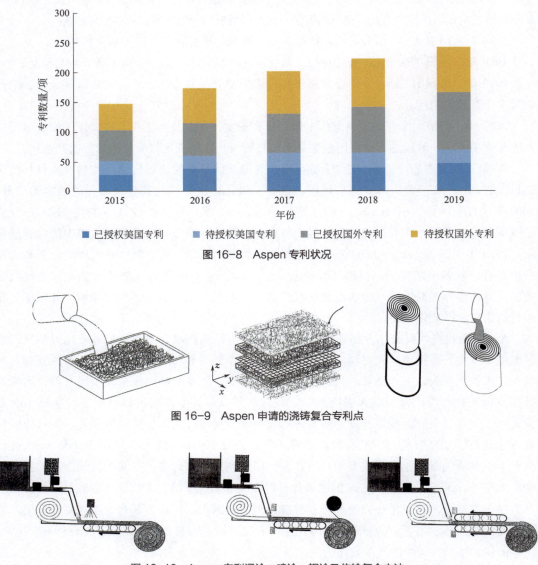

图 16-8 Aspen 专利状况

图 16-9 Aspen 申请的浇铸复合专利点

图 16-10 Aspen 专利浸涂、喷涂、辊涂及传输复合方法

销售地区分布上，公司 2019 年营收美洲和亚洲占比分别为 41% 和 32%，美洲地区营收占比呈现略微上升趋势，而亚洲地区由于专利封锁以及中美贸易紧张的影响小幅下降。由于研发支出以及业务扩张支出较大，Aspen Aerogel 已经连续 5 年处于净亏损状态。2020 年公司将停止研发合同，聚焦于现有的业务以及新市场的开拓。最近三年的年报显示，公司依然处于亏损状态。而亏损的主要原因是前期设备等固定资产投入过高及研发收入的减少。研发服务收入的减少，侧面反映了其他制造企业气凝胶技术的崛起。

Cabot 公司目前的气凝胶产品主要集中在粉体、气凝胶毡、气凝胶压缩包。开发的 ENOVA 系列型号粉体主要用于涂料产品、防火、红外反射、低辐射；Compression Packs 则主要应用于管道工程保温。Thermal Wrap 毡系类应用于建筑和服装的保温隔声、防水领域；Cabot 销售国家中美国、中国的占比逐渐升高。2019 年特殊化学品（包含气凝胶产品）销售地区分布中，亚太已经成为营收占比最高地区，达到 35.48%，如图 16-11 所示。为未来气凝胶板块业务在汽车领域的市场份额提前布局，2020 年 1 月 7 日，Cabot 收购了中国领先的碳纳米管（CNT）生产商深圳三顺纳米新材料有限公司，增强 Cabot 在电池市场的市场份额。

图 16-11 Cabot 特殊化学品（包含气凝胶产品）各区域销售额分布

Aerogel Technologies 公司为设备绝缘供应商 Armacell International S.A 子公司，2016 年与韩国气凝胶制造商 JIOS Aerogel Ltd 合作，成立 Armacell Jios Aerogels Ltd（AJA）。气凝胶毡产能由原来的 25 万平方米/年增加到 75 万平方米/年。目前主要市场在欧美，并主要在热电和管道市场布局（图 16-12）。已开发的产品有气凝胶粉体、气凝胶毡、气凝胶胶带、气凝胶垫等。其开发的气凝胶涂层，改变了传统涂层强调附着力的概念，更多强调绝热性能，具有喷涂简单、干燥快、易擦除的特点。

图 16-12 AJA 绝缘材料市场分布（含气凝胶毡）

Svenska Aerogel 控股的气凝胶公司，主要产业为石英制品。目前重点开发二氧化硅气凝胶产品系列，并重点布局在运输、工业、造纸和建筑领域。同时已在生命科学领域（医学、生物学、食品和饮料、化妆品等）投入科研。气凝胶涂层是该公司目前开发的主要产品。该公司的利用四氮烯作为气凝胶产品开发的主要手段，以降低生产成本。该公司将在 2022 年 4 月上海中国环博会参加会展，展位号为 1462，准备进入中国市场。全球气凝胶市场规模如图 16-13 所示。

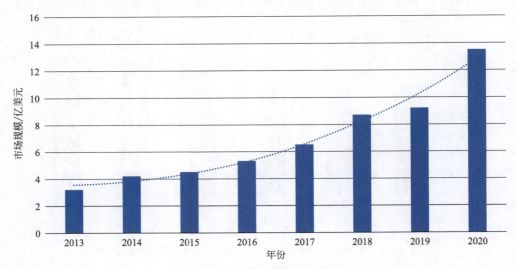

图 16-13　全球气凝胶市场规模

16.2.3　国外气凝胶科研发展

气凝胶制备方法有工业化常用溶胶–凝胶法，超临界干燥工艺复合的方法，获得性能较高的产品。随着气凝胶的应用发展，目前还出现了气相法、水热合成法、等离子溅射法、3D 打印法等结合不同的干燥工艺制备对应的气凝胶产品。目前已有常压高温干燥方法、常压冷冻干燥方法、负压低温干燥、微波干燥和激光干燥等。

（1）碳气凝胶（Cas）

碳气凝胶在 20 世纪 90 年代已被采用间苯二酚和甲醛为前驱体制备而成，有纳米碳和纳米孔径组成，具有极高的孔隙率和大的比表面积，具有优异的化学性、热和机械稳定性。

Swetha Chandrasekaran 等开发了一种间苯二酚和甲醛为前驱体，可基于 3D 打印的聚合物模板制造具有集成任意复杂的大孔结构的碳气凝胶，集成的大孔网络允许在热激活过程中均匀地蚀刻，而不改变碳气凝胶（CA）的化学成分。

日本 Tashima 等用间苯二酚甲醛聚合物纳米粒子制备了纳米碳气凝胶并应用于极化电容器。

法国 Guilminot 等利用有机气凝胶热解方法制备了新型镀铂纤维素基碳气凝胶，该研究在电池催化载体领域具有非常好的应用前景。

（2）石墨烯气凝胶

澳大利亚 Tran 等人合成了以铁元素修饰的三维石墨烯气凝胶，并演示了该材料在水中吸附磷酸盐的应用。

德国柏林工业大学 Arne Thomas 在 *Nature Communication* 发表 *Ultralight covalent organic framework/graphene aerogels with hierarchical porosity*。作者通过水热法合成 COF/还原氧化石墨烯（rGO）气凝胶。COF 以 3D 方式堆叠方式沿 2D 石墨烯片的表面原位生长，冷冻干燥后形成具有分层多孔结构的超轻气凝胶，可以压缩和膨胀数次而不会破裂。COF/rGO 气凝胶显示出极好的吸收能力，可用于从水中去除各种有机液体。此外，作为超级电容器装置的活性材料，气凝胶可提供 $269Fg^{-1}$ 的高电容，循环稳定性超过 5000 次。

（3）纤维素气凝胶

伊朗科学家 Mohammad 利用二氧化硅和纤维素制备了生物医药气凝载体，有效控制了药物释放速度从而提高了药效，具有优异的抗菌作用。

法国科学家 Galillon 等将纤维素采用溶胶-凝胶法制备了一种纤维气凝胶具有较高的比表面积。美国科学家利用细菌处理啤酒垃圾，获得细菌纤维气凝胶。德国科学家利用微晶纤维素制备出了高比表面积的纤维气凝胶。泰国 Srasiri 等利用废弃报纸复合磁铁物质获得磁性纤维素气凝胶，并具有可回收重复利用的作用。奥地利科学家 Maleki 等利用蚕丝纤维制备了聚甲基硅氧烷蚕丝蛋白杂化气凝胶，具有良好的力学性能和弯曲性能。

（4）无机气凝胶

美国通用电气公司 Malenfant 等制备了一种氮化硼气凝胶，具有极高的比表面积。新加坡 Kutty 等利用碳纳米管模板方法制备了氮化硼气凝胶，具有较高的比表面积，对二氧化碳具有非常强的吸附作用。瑞士联邦 Wim J. Malfait 团队提出了一种直接的墨水书写方法，可以从稀释的（SiO_2）纳米颗粒悬浮（溶胶）浆液中创建打印 SiO_2 气凝胶物体。充分利用了牛顿流体特性，油墨在剪切力作用下黏度降低，在打印期间容易流过喷嘴，但是在打印后它们的黏度迅速增加，确保了打印物体保持其形状。打印后，硅溶胶在氨气中凝胶化，随后加工成气凝胶。气凝胶比表面积高（$751m^2/g$）和热导率超低［$15.9mW/(m·K)$］。此外，作者还将之与功能纳米颗粒相结合。该气凝胶物体可用于热管理，用作微型气泵并降解挥发性有机化合物。埃及科学家利用溶胶-凝胶法室温制备超疏水有机改性二氧化硅气凝胶，对商用发动机润滑油具有良好的吸附能力。韩国 Parale 等利用硅溶胶掺杂稀土元素，屏蔽二氧化硅红外辐射，提高了二氧化硅气凝胶高温隔热性。

（5）生物气凝胶

Fohad Mabood Husain 等科学家研究了生物制备气凝胶，制备的气凝胶具有生物可降解性，对环境更加友好。Sandeep R. Kurundawade 等科学家利用蛋清研究了气凝胶对环境改善的影响。Varish Ahmad 等科学家在生物医药方面研究了气凝胶的应用，具有抗病毒、抗菌、生物传感等作用。

（6）其他气凝胶应用研究

美国 Linneen 等采用四乙烯五胺修饰二氧化硅气凝胶，用于吸附二氧化碳，该吸附剂显示了对二氧化碳具有良好的吸附作用并可重复利用。印度科学家 Goel 等人利用碳气凝胶可清除银离子、铂离子和镍离子。斯洛文尼亚科学家 Suzana 等人，制备了具有吸附苯类气体的二氧化硅气凝胶。Jamal Akhter Siddique 等科学家利用碳气凝胶制备了空气环境探测器，具有更高的灵敏度。

综上所述，国外气凝胶研究和应用的发展，不再局限于二氧化硅气凝胶单一产品种类，更多类型的气凝胶被开发并应用到实际。气凝胶产品除在隔热方面的优异性能，其他性能被逐渐开发，特别在作为催化载体、生物医药和军工吸能方面。

在隔热方面，气凝胶的研究也不再局限于二氧化硅单一品种，耐高温碳气凝胶、多功能氧化石墨烯气凝胶及低温及常温领域的纤维素气凝胶得到更深入的研究。包含前期耐高温氧化铝和二氧化钛气凝胶的发展及复合气凝胶的发展，必然将被应用到更广泛的工业民用领域。

16.3 气凝胶产业的国内发展现状

16.3.1 气凝胶材料产业国内高质量发展现状

气凝胶作为一种具有连续网络结构的三维纳米材料，具有低密度、高孔隙率、高比表面积、低热导率等特性，成为当前材料科学重点研究领域之一。气凝胶按组分主要分为氧化物气凝胶、聚合物气凝胶、碳/石墨烯/碳化物气凝胶等，在工业保温、建筑节能、航空航天、化工冶金、环境治理等领域展现出巨大的应用价值。2018 年，6 月 16 日，国内首个"建筑材料行业气凝胶材料重点实验室"在南京工业大学成功授牌；9 月 1 日，我国第一个气凝胶材料方面的国家标准——《纳米孔气凝胶复合绝热制品》正式实施；12 月 3 日，工业和信息化部、国防科工局联合发布了 2018 年度《军用技术转民用推广目录》和《民参军技术与产品推荐目录》，纳米孔二氧化硅气凝胶岩棉复合保温板入围 2018 年度"军转民"目录。目前国内外正迎来气凝胶材料研究的春天，各国大量的科学家和工程技术人员正投身于气凝胶材料研究热潮。

第四次产业化。1995 年，同济大学波尔物理研究所建立气凝胶设备并进行表征测试。2004 年国内开始出现从事气凝胶材料产业化研究的企业。国内目前在 Aspen 公司的基础上将二氧化硅气凝胶的工业应用拓展至航天军工、石化行业，除此之外还拓展了新能源汽车、轨道交通及航海船体领域的防火绝热的应用市场，部分国内人员称之为第四次产业化，但实际上还是以气凝胶毡为主体产品，是 Aspen 气凝胶毡工业化的延续，并不能真正称为第四次气凝胶产业化。目前，国内出现气凝胶膜、气凝胶玻璃、气凝胶涂料、气凝胶保温套、气凝胶绝热板、气凝胶真空板、有机-无机复合气凝胶等复合产品出现，打破了 Aspen 气凝胶毡产品单一的局面。气凝胶多品种的出现，丰富了气凝胶市场应用，快速将气凝胶产品由军工、石化工业应用推广到民用，如在建筑领域的应用、冷链市场的应用、电子等行业的应用。这标志着气凝胶产品有了真正意义的第四次产业化。

16.3.2 创新驱动和基础建设

16.3.2.1 政府支持政策创新驱动和政策基础建设

气凝胶作为新型材料，国家及地方政府给予了大力支持，作为创新政策驱动力和政策扶持基础，如表 16-1 所示。

表 16-1 国家关于新兴材料及气凝胶材料相关政策

发布时间	文件	政府部门	相关内容
2012 年	《新材料产业"十二五"发展规划》	工信部	支持工业研发平台和服务平台
2015 年	《中国制造 2025》	国务院	提出发展高性能材料及复合材料
2016 年	《"十三五"规划纲要》	国家发改委	支持新材料发展、突破相关技术
2016 年	《关于成立国家新材料产业发展领导小组的通知》	国务院办公厅	成立领导小组，推动产业发展
2018 年	《战略性新兴产业分类（2018）》	国家统计局	气凝胶及其制品列入战略性新兴产业重点产品和服务项
2018 年	《军用技术转民用推广目录》《民参军技术于产品推荐目录》	工信部和国防科技局	气凝胶产品列入 2018 军转民目录
2019 年	《产业结构调整指导目录（2019）年本》	国家发改委	鼓励气凝胶节能材料
2021 年	《"十四五"规划和 2035 年远景目标规划》	国务院	聚焦新一代新材料

根据国家统计局制定的《国民经济行业分类与代码》（GB/T 4754—2017），把气凝胶制造归入非金属矿物制品业（国统局代码 C30）中的隔热和隔音材料制造，其统计 4 级码为 C3034，如表 16-2 所示。

表 16-2 气凝胶行业在战略性新兴产业中的分类

代码	战略新兴产业分类名称	国民经济行业代码	国民经济行业名称	重点产品和服务
3.4.4.4	隔热隔音材料制造	3034*	隔热和隔音材料制造	建筑节能保温隔热材料、隔音材料、气凝胶及其制品、真空绝热板

同时，国内部分省份也颁布了相关的支持政策：天津市发布《天津市新材料产业发展三年行动计划（2018—2020）》，气凝胶绝热保温材料作为节能环保材料被列入关键战略材料突破工程；北京市发布《关于开展质量提升行动的实施意见》，支持石墨烯、气凝胶等新材料提升传统材料稳定性，稳步推进重点新材料首批次应用保险试点工作；山西省关于省级重点推进前期的产业类项目名单《新型纳米二氧化硅气凝胶技术的应用研究及工业性示范项目（阳泉）》；其他各省市也分别出台了关于"十四五"期间的新材料政策引导扶持规划。

16.3.2.2 行业协会成立对气凝胶材料发展驱动和行业基础的建立

"气凝胶材料国际学术研讨会"是气凝胶材料研究与应用的重要学术交流平台之一，实现了共享气凝胶材料领域最新成果，加强产学研合作与交流，推动气凝胶材料科学与技术进步和发展。

2017年6月，中国绝热节能材料协会六届十次常务理事（扩大）会议暨行业"创新大会"在蓉城成都隆重召开。会议决定成立保温装饰一体化分会、气凝胶分会和隔热膜分会。2017年11月，中国绝热节能材料协会气凝胶材料分会成立大会暨第一届第一次会员代表大会在北新科学院隆重召开。来自31家气凝胶材料相关企业、科研院所和大专院校代表出席本次会议。本次会议的举行，在推动气凝胶产品在中国的工业化，具有里程碑意义，是气凝胶材料社会团体的有效推动。

2020年中国第一届气凝胶应用与推广大会召开。大会旨在推动中国气凝胶产业技术创新与发展，加强产学研交流与合作，推进气凝胶应用技术开发与产业化进程，从而推动气凝胶产业的协同发展，共享气凝胶产业领域最新成果。

2020年在华阳集团筹备下成立了中国绿色建材产业发展联盟气凝胶应用技术专委会，重点推广气凝胶材料在建筑领域的发展和应用，及行业气凝胶应用的规范性。

2021年5月，在重庆举行的第二届中国气凝胶产业创新发展大会暨产业链协同发展对接会上，旨在促进气凝胶行业的应用发展、解读产业政策、破除行业痛点、展示行业前景、推动产业升级。在落实气凝胶产品与应用的相关标准与政策，推动应用技术的开发与产业化进程，促进气凝胶产业的协同发展等方面具有重要意义。

中国绝热材料节能协会对于推动气凝胶在国内的工业化发展起到了关键作用，各气凝胶专业分会构建了气凝胶产业的行业规范。氧化硅气凝胶的工业化规模化生产，为气凝胶制品打下了坚实的行业基础。

16.3.2.3　产品国家标准及行业标准产业化创新驱动和产品可规模化产业基础

2017年，我国发布了《纳米孔气凝胶复合绝热制品》（GB/T 34336—2017）国家标准；标准虽然有一定的局限性，还不够完善，但在推动国内气凝胶产品应用上起到重要的作用，有效推动了气凝胶产业的发展。

气凝胶涂料相关标准如下：

① 2019年中国供热协会公布了气凝胶在管道应用的行业标准《架空和综合管廊预热热水保温管》（T/CDHA1—2019）。

② 动力电池行业团体标准：《锂离子动力电池用气凝胶隔热片》（T/CSTM 00193—2020）。

③ 2020年11月，山西省土木建筑学会批准华阳新材料科技集团主编的《气凝胶保温隔热涂料系统技术标准》（T/SXCAS 005—2020）。

目前部分已经发布和正在编制中的气凝胶保温涂料标准如下：

① 上海凯标工程建设咨询有限公司主编的团体标准《气凝胶改性保温膏料外墙内保温系统应用技术标准》（T/SCDA 032—2019）。

② 湖南省建设科技与建筑节能协会组织编制的《气凝胶绝热涂料建筑应用技术规程》。

③ 中国建筑标准设计研究院有限公司和上海中南建筑材料有限公司牵头制定的中国工程建设标准化协会标准《气凝胶绝热厚型涂料系统》和《气凝胶绝热厚型涂料系统应用技术规程》。

④ 由中国建筑标准设计研究院有限公司、深圳中凝科技有限公司和山西阳中新材有限责任公司起草的《气凝胶新型建材系统》和《气凝胶新型建材系统应用技术规程》标准。

气凝胶新型建材系统是将气凝胶厚型绝热涂料系统、气凝胶毡、气凝胶自保温墙体等经过特殊工艺进行复合后应用于建筑领域，达到国家在建筑领域的节能要求。气凝胶新型建材系统应用技术规程旨在解决该新型建材的设计、施工和验收等技术问题。

标准技术的建立促进了气凝胶材料的健康发展，成为目前良好的基础优势，规范了氧化硅气凝胶的产品及市场认知基础，是气凝胶产品产业创新驱动的基础。

16.3.3 我国先进技术的研发

我国对气凝胶的研究逐渐呈爆发状态，在 2015 年之前，国内有少量人员在研究，2015 年之后，成为线性上升趋势，目前相关文献数量达到 2 万多篇，如图 16-14 所示。从研究领域来看几乎涵盖了传统学科和现代新增学科，其中在化学化工及材料领域占比最大，如图 16-15 所示。

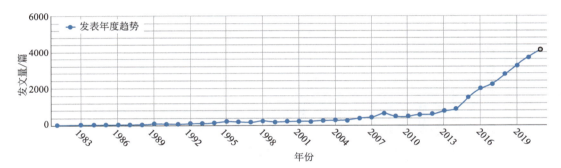

图 16-14　国内气凝胶研究文献数量

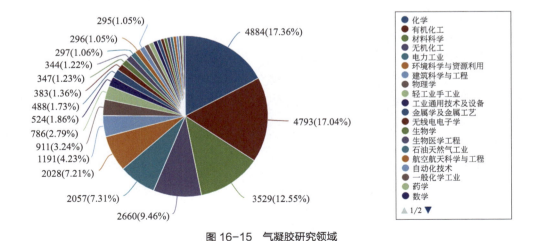

图 16-15　气凝胶研究领域

国内研究机构主要以大学为主，如同济大学、天津大学、清华大学、北京大学、国防科技大学等理工类及军工类研究机构，如图 16-16 所示。主要研究学者如图 16-17 所示。

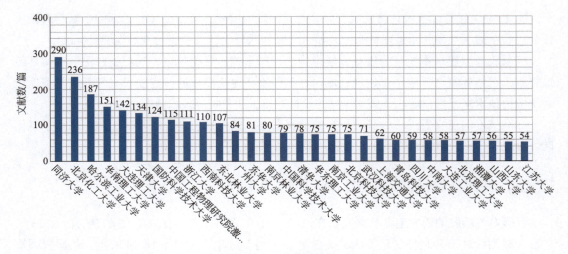

图 16-16 国内主要研究机构

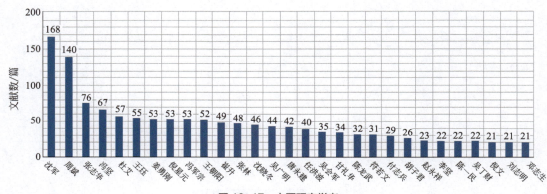

图 16-17 主要研究学者

气凝胶的研究项目得到了科研基金的大力支持，其中获得国家自然科学基金项目最多，如图 16-18 所示。

二氧化硅气凝胶技术相对成熟，是目前工业化的主要方向。其他种类的气凝胶 Muqian 工业化规模还比较小，或者还仅局限于实验室阶段。但国内气凝胶科研的蓬勃发展为未来气凝胶的应用和产品种类提供了良好的基础，如国内出现的磁性气凝胶、石墨烯气凝胶、仿生碳管气凝胶、耐高温陶瓷气凝胶、仿生有机气凝胶、木质纤维素气凝胶、介电气凝胶等新型气凝胶材料和应用。

（1）超轻磁性气凝胶——空气磁体的研发

来自北京航空航天大学的谢勇、陈子瑜和科罗拉多大学博尔德分校的 Ivan Smalyukh 合作领导的研究小组制备了可编程超轻的磁性气凝胶，有望用于航空航天飞行器及智能器件领域，从而减轻设备质量，降低运行成本，同时实现人和设备的远程、非接触互动。将铁磁纳米颗粒均匀地分散于气凝胶前驱物溶液中，然后施加均匀的磁场使铁磁颗粒拥有一致的磁化取向，等待溶液逐渐固化后，铁磁颗粒将紧束缚在网络结构中，从而保持一致的磁化方向，最后通过临界干燥，获得密度仅为 0.12kg/m³ 的超轻磁性气凝胶，即"空气磁体"（Aero-magnet）。这些超轻材质具有可编程磁畴的性质，发展的"空气磁体"还具有良好的疏水性和绝热性，可以适用于真空、低温的太空环境，以及潜在的节能材料领域。

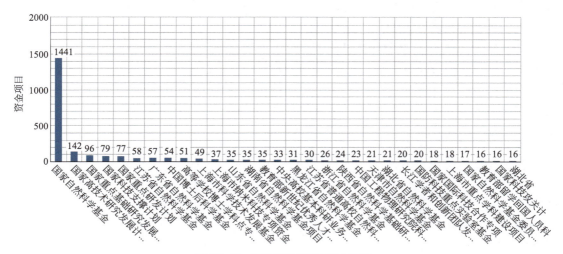

图 16-18　国家及地方科研基金支撑

（2）海水提铀石墨烯气凝胶

环境学院在 *Environmental Science & Technology* 发表了题为 *High-Capacity Amidoxime-Functionalized β-Cyclodextrin/Graphene Aerogel for Selective Uranium Capture* 的研究论文。该论文报道了一种用于海水提铀的高效石墨烯气凝胶吸附材料。山东大学为该论文第一完成单位，王志宁教授为通讯作者，环境学院 2018 级博士生李楠为第一作者。随着核工业的不断发展，核反应的主要原料金属铀的需求量越来越大。传统的陆地铀矿资源难以保障核能的可持续发展，如果能够将海水中的铀资源富集利用，实现高效的海水提铀，将为核能的发展带来巨大的推动作用。而突发性核泄漏以及核废水排放入海，将严重影响动植物和生态环境，对人体健康构成极大的危害。因此从能源保障和环境安全两方面来考虑，合理地分离、提取海水中的铀具有十分重要的现实意义。真实海水成分复杂，各种竞争离子、油污等因素都对铀的富集回收造成了巨大的挑战，因此，急需开发高选择性的抗污型铀吸附材料。基于此，作者团队成功制备了一种高性能的偕胺肟基修饰的环糊精/石墨烯气凝胶，该气凝胶不仅对海水中铀表现出较强亲和力和选择性，还具有较强的力学性能和抗油污性能，使其在真实海水提铀的应用中更具优势。其在天然海水中具有出色的铀提取能力，21 天即可实现 19.7mg/g 的铀吸附量（文章链接：https://doi.org/10.1021/acs.est.0c08743）。

（3）仿生碳管气凝胶

中国科学技术大学俞书宏教授领导的研究团队受北极熊毛发中空结构的启发，发展了一种人工合成类北极熊毛的中空碳管气凝胶（CTA）的方法，该碳管气凝胶表现出超弹性和低的热导率。该碳管气凝胶具有宏观尺度的三维网络结构，因而具有超弹性，当自由落体的小钢球落在碳管气凝胶的表面时，具有高回弹速度（1434mm/s），即使在 30% 应变下压缩一百万次或者90%应变下压缩一万次,碳管气凝胶仍然保持结构完整。研究人员还探究了其作为压阻式传感器的相关性质,在30%应变下压缩一万次以后,它的相对电阻值基本不变。这种受北极熊毛发中空结构启发设计合成的新型碳管气凝胶有望满足极端条件下对高性能材料的需求,例如航天航空领域中应用的轻质隔热保温材料、弹性体材料等。该项研究受到国家自然科学基金委创新研究群体、国家自然科学基金重点项目、中科院前沿科学重点研究项目、中科院纳米科学卓越创新中心、苏州纳米科技协同创新中心等的资助。相关研究成果以 Biomimetic Carbon Tube Aerogel Enables Super-Elasticity and Thermal Insulation 为题,于2019年6月6日发表在《化学》上(Chem 2019,CHEMJOURNAL-D-19-00185R1)。论文的第一作者为博士研究生詹慧娟。

(4)耐高温陶瓷气凝胶

西安交通大学材料学院王红洁教授课题组采用化学气相沉积的方法,利用碳化硅陶瓷纳米线的原位生长及自组装,构筑了一种超轻、可压缩回复、耐高温的陶瓷气凝胶。其密度仅为5mg/cm^3,孔隙率高达99.8%,最大可回复压缩应变量超过70%,具有优异的隔热[0.026W/(m·K)]、耐火、抗氧化(空气中可耐受2h 900℃的高温)和耐高温(惰性气氛中可耐受2h 1500℃的高温)性能。同时,该气凝胶还表现出了良好的有机溶剂选择性吸附能力,吸附量达到130~237g/g,在污水处理和环境治理方面也有潜在应用价值。该研究成果近日以 Ultralight, Recoverable, and High Temperature Resistant SiC Nanowire Aerogel 为题,在线发表于国际期刊 ACS Nano(影响因子:13.942)。博士生苏磊为论文第一作者,王红洁教授为论文通讯作者,西安交大为唯一作者单位和通讯作者单位。该工作得到了国家自然科学基金的资助(论文链接:https://pubs.acs.org/doi/10.1021/acsnano.7b08577)。

(5)仿生凯夫拉气凝胶

中国科学院苏州纳米技术与纳米仿生研究所研究员张学同领导的气凝胶团队通过溶解杜邦TM 的 Kevlar 纤维获得纳米纤维分散液,然后进行湿法纺丝、特种干燥等过程制备出了一种具有高孔隙率(98%)和高比表面积(240m^2/g)的凯夫拉气凝胶纤维。该气凝胶纤维具有优异的力学性能,可以任意弯曲、打结、编织等。该气凝胶纤维同时具有优异的隔热性能,常温下热导率仅为0.027W/(m·K),在低温下其隔热性能是棉布的2.8倍,可在-196~300℃的极端环境下长时间发挥隔热保温性能。此外,该气凝胶纤维还具有优异的化学稳定性,可进行染色、疏水化、化学镀等多种改性,且不损伤气凝胶主体骨架结构。最后,该气凝胶纤维也可以通过填充相变材料制备成空调纤维,其热焓值可达162J/g,远超现有商用 Outlast 空调纤维的热焓值。相关成果以 Nanofibrous Kevlar Aerogel Threads for Thermal Insulation in Harsh Environments 为题,发表于国际期刊 ACS Nano(DOI: 10.1021/acsnano.9b01094)上。博士生刘增伟和博士后吕婧是该论文的共同第一作者,张学同是该论文的通讯作者。论文工作获国家自然科学基金委、国家重点研发计划、英国皇家学会-牛顿高级学者基金等资助。

(6)相变气凝胶

中国科学院大连化学物理研究所热化学研究组研究员史全团队在柔性相变材料研究方面取得进展,通过简单易行的策略合成了石墨烯基的复合相变材料膜,并将其应用于可穿戴的光-热管理器件。该复合相变材料膜具有优异的柔韧性、储热能力、光热转化能力，为智能可穿戴光-热管理器件的研究提供了新思路。

相变储能材料能够在相对恒定的温度下吸收和释放大量相变潜热，广泛应用于热能储存和温度控制的热管理领域。然而，传统相变材料本身固有的液态泄漏、弱吸光能力以及固态刚性使其在可穿戴的智能光-热转化器件研究中具有挑战性。

为此，研究人员以聚合物和石墨烯为原料合成了具有优异柔韧性的复合石墨烯膜，并将相变材料复合其中得到柔性的复合相变材料膜。该复合相变材料膜具有优秀的形状稳定性，即使在高于相变温度时仍然保持固态而不发生泄漏；具有高相变材料负载量，表现出优异的储热能力，即使经过 500 个热循环和弯曲循环仍然保持稳定；具有出色的光-热转化能力，可迅速将太阳能转化为热能储存，转化效率最高可达 96%。研究人员进一步将该复合相变材料膜贴到人体模型表面，结果表明在弯曲状态其仍然表现出稳定的光-热转化性能。该复合相变材料膜表现出可应用于人体可穿戴光-热管理领域的潜力，为可穿戴智能织物的开发提供了新方向。相关研究成果以 *Flexible Graphene Aerogel-based Phase Change Film for Solar-thermal Energy Conversion and Storage in Personal Thermal Management Applications* 为题，发表在 *Chemical Engineering Journal* 上。论文第一作者为大连化物所热化学研究组 2018 级博士研究生孙克衍。研究工作得到国家自然科学基金等的支持。

（7）柔性木质气凝胶蒸发体

能动学院极端条件热物理与能源系统团队在太阳能界面蒸发领域取得进展，其最新研究成果连续发表于 *ACS Applied Materials & Interfaces*。成果包括：

① 利用玉米秸秆开发了一种高效、低成本的蒸发体用于太阳能海水淡化。玉米秸秆不仅是一种低成本的农业废弃物，它还具有孔隙发达、密度低等特点。其内部具有复杂的多孔结构，可以在高效输水的同时保持良好的隔热。这些特点使该蒸发体在一个太阳强度下的蒸气转化率达到了 86%。该研究成果以 *Highly Thermally Insulated and Superhydrophilic Corn Straw for Efficient Solar Vapor Generation* 为题，发表于 *ACS Appl. Mater. Interfaces*，论文第一作者是博士生张昊天，通讯作者为李林副教授和唐大伟教授。

② 以木材为原料制备了一种超轻的柔性木质气凝胶蒸发体，用于太阳能海水淡化。该木质气凝胶具有超阻热、抗霉变、自排盐的特性，从而在长期海水淡化过程中能够实现稳定、高效的蒸发性能。研究成果以 *Flexible and Mildew-resistant Wood-derived Aerogel for Stable and Efficient Solar Desalination* 为题，发表于 *ACS Appl. Mater. Interfaces*。

天然木材具有密度低、热导率低、成本低等优点，是一种理想的太阳能界面蒸发体基底材料。然而，木材等生物质材料长期浸泡于海水中容易发生塑性形变和受潮发霉，难以保证蒸发体结构的完整性，导致其稳定性较差，难以投入实际应用。针对以上难题，作者以木材为原料，通过去除其中的木质素及半纤维素，将格状刚性木材结构转化为弹簧状可压缩的层状结构，从而构建出具有柔性、超轻、多孔的木质气凝胶。研究发现，该气凝胶的质量仅为原木材的十分之一。在去除木质素的支撑后，其独特的三维层状结构表现出柔性和超阻热 [0.0418W/(m·K)] 特性，使气凝胶在保证长期漂浮的同时能够有效抑制向下方水体的导热损失。这种气凝胶不仅保温性能比天然木材要好，甚至优于大多数商用保温隔热材料。

另外，经过完全润湿后，其柔韧性也得到了明显改善，未受压状态下片状气凝胶仍可弯曲超过 90°，而且表面无任何裂纹或破损。被涂覆 Au 纳米粒子修饰的还原氧化石墨烯光热层后，气凝胶蒸发体在一个太阳强度下的蒸气转化率达到了 91%。在 60h 的持续蒸发测试中，木质气凝胶蒸发体展现出了良好的抗霉变特性，这是因为化学处理去除了霉菌生长所需的营养物质，使其长期漂浮于水面时仍能保持结构的完整性和高效的光吸收性能。相反，木材蒸发体表面出现了浅绿色的大片霉菌覆盖住部分蒸发表面，导致其蒸发效率的急剧下降。另外，在 120h 的脱盐实验中，该气凝胶蒸发体表现出优于天然木材的自排盐特性。这是因为在化学处理中保留了气凝胶在垂直于纤维素方向上排列有序的微米级孔道（15～20μm），使其在保证充足水供应和蒸气逸散的同时，促进了沉积盐的回流。

（8）**介电石墨烯气凝胶**

郑州大学刘春太教授、冯跃战课题组和北京化工大学张好斌教授课题组通过定向冷冻法和肼蒸气还原法构建了锚定有磁性镍纳米链的三维（3D）介电 $Ti_3C_2T_x$ MXene/ 还原氧化石墨烯（RGO）气凝胶（NiMR-H）。定向单元结构和异质介电/磁界面通过形成完美的阻抗匹配、多极化和电/磁耦合效应而有优异的吸波性能。值得注意的是，所制备的超轻镍/MXene/RGO 气凝胶（密度仅为 6.45mg/cm³）在已报道的 MXene 基吸收材料中呈现了最佳的 EMA 性能，具有 -75.2dB（即 99.999996% 电磁波吸收率）的最小反射损耗 RL 值和 7.3GHz 的有效吸收频带。此外，优异的结构稳定性和力学性能，以及高疏水性和隔热性能（接近空气），保证了 NiMR-H 气凝胶稳定和持久的 EMA 应用，以抵抗变形、水或潮湿环境以及高温攻击，堪称全能材料。在这项研究中，作者采用通用冰模板法结合肼蒸气处理，在 $Ti_3C_2T_x$ MXene/RGO 骨架上制备了镍纳米链支撑的三维定向单元结构介电/磁性气凝胶。孔结构和肼蒸气还原/改性赋予 NiMR-H 气凝胶超低密度（6.45mg/cm³）、疏水性、绝热性和不燃性，保证了气凝胶在各种环境中的耐久性。这种介电/磁性纳米镍复合气凝胶表现出超高的电磁波吸收性能，最低反射损耗值为 -75.2dB，最大 EAB 频率为 7.3GHz。特别是，由于气凝胶的超低密度，NiMR-H 气凝胶在载体基质中的填料含量非常低，为 0.64%（质量分数）。借助电磁参数、电子全息技术和有限元模拟，NiMR-H 气凝胶的 EMA 机制可归因于优异的阻抗匹配、多重 EMW 散射和协同电磁损耗效应的结合。此外，NiMR-H 气凝胶还表现出优于商用聚合物泡沫的隔热性能（接近空气）。这些特性支持了 NiMR-H 气凝胶在航空航天、隐身武器、电磁防护等方面的潜在应用。相关研究工作以 *Multifunctional Magnetic $Ti_3C_2T_x$ MXene/Graphene Aerogel with Superior Electromagnetic Wave Absorption Performance* 为题发表在纳米材料顶级期刊 *ACS Nano* 上。

从国内的气凝胶研究方向和应用研究来看，相关研究处于世界领先甚至超越的地位，将气凝胶的应用逐渐向智能化方向和特殊功能化方向发展。但目前这些先进的研究还没有形成产业，更多在实验室阶段，与工业化还有较长的距离。

16.3.4　国内气凝胶生产规模及技术

气凝胶产品目前主要是指二氧化硅气凝胶及其制品，其他种类的气凝胶产品还没有规模化生产。目前统计的市场规模主要是指二氧化硅气凝胶产品（图 16-19）。

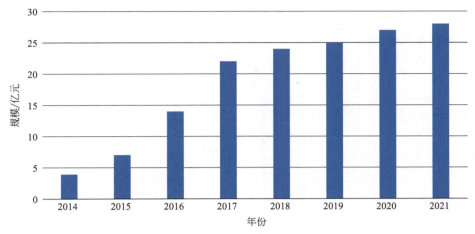

图 16-19　国内气凝胶市场规模（含气凝胶及其制品）

21 世纪初，中国开始产业化生产二氧化硅气凝胶产品。目前的产品主要有气凝胶粉体、气凝胶毡、气凝胶涂料、气凝胶版、气凝胶隔热片等复合制品。

（1）国内主要气凝胶生产企业及产能

目前国内从事气凝胶产品企业约有 6500 家，从事气凝胶毡的企业有 339 家，其中以浙江纳诺、广东埃力生为代表，其他规模化企业有阳煤纳谷、爱彼爱和、贵州航天乌江、山西天一、江苏玄同、天津摩根坤德、陶格纳米、华陆新材、航天海鹰等。国内气凝胶涂料生产企业主要有中南建材、阳煤华豹、优澎科技、天津朗华科技等。

（2）二氧化硅气凝胶产业技术

2004 年我国气凝胶材料商业化以来，气凝胶制备工艺优化取得了持续突破性进展。制备成本大幅下降。气凝胶材料走出实验室，实现了从年产千立方米到万立方米级的规模化生产，而制备工艺也逐步实现更新换代，用成本较低的无机硅源搭配优化的常压制备工艺取代原有的成本较高、周期较长的有机硅源超临界制备工艺，所生产出的气凝胶质量接近或达到超临界干燥工艺的技术指标，且大大缩短了投资回报期，从根本上脱离了由超临界干燥所带来的各种弊端，制造成本降低至超临界工艺的 1/20。未来气凝胶制备的发展方向将以常压干燥技术为主流。超临界技术虽然制备成本的下降难度较大，但由于产品纯度极高，在军工、航天等特殊领域市场具有不可替代性，未来将共存于市场。

① 气凝胶前驱体制备方法：目前常用的有溶胶-凝胶法、水热合成法。其中溶胶-凝胶法制备气凝胶前驱体是目前国内常用的方法，如图 16-20 所示。

② 气凝胶产品制备方法：气凝胶前驱体采用一定的干燥方法，从而获得固态气凝胶制品。目前常用的有二氧化碳超临界干燥法、乙醇超临界干燥法、常压干燥法（包含高温常压干燥、微波干燥、激光干燥、喷射干燥等）、冷冻干燥法、亚临界干燥法。

其中超临界干燥方法制备的气凝胶品相好，纯度高，品质相对较好，是目前企业生产高端气凝胶制品的主流方法，但因设备投资高，生产空间受限，间断式生产模式、原料采用有机硅等因素导致产品价位高，目前市场还比较难以接受，目前产品仅用于特殊领域，如石化等。常压干燥，设备投资小，工艺转换快，相对投资成本低，得到了企业的重视。但产品性能方面略逊于超临界干燥制品。纯度的影响因素主要是采用水玻璃或硅溶胶等，但可以满足目前的大多数应用领域。其他干燥方法目前大多属于实验室阶段。

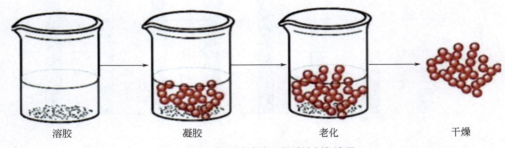

图 16-20　气凝胶溶胶－凝胶法制备流程

16.3.5　气凝胶产业布局

（1）国内产品种类的布局

气凝胶制品大部分应用集中于石化热电项目（56%）、工业隔热（26%），该两部分市场占比 82%，主要应用在能源基础设施的外保温材料，包含蒸馏塔、反应管道、储罐、泵、阀门的保温材料，天然气和 LNG 液化气管道的保温材料，深海管道保温材料，发电厂设备保温材料等。建筑占比 6%，交通项目占比 3%。据 IDTechEX Research 分析，2024 年建筑建造领域的占比将会提升，应用占比预计较原来提升一倍，占比接近 12%，到 2029 年，建筑建造占比将会达到 18%，交通领域也会提升至 5%，而传统领域占比将降低到 41%，建筑建造以及新兴领域将成为主要消费驱动。

气凝胶产品目前开发的种类比较多，初期气凝胶产品主要为气凝胶粉体，但是应用面比较窄，主要作为试验用品或太空捕捉器。后期 Aspen 开发了纤维复合制品，促进了气凝胶的应用发展。中国随着气凝胶的发展，以产品种类不再局限于纤维复合制品。国内目前出现的产品有柔性材料、刚性材料、流体材料、粉体材料等。

柔性材料主要有气凝胶绝热毡、气凝胶绝热纸、气凝胶纺织品，代表企业有纳诺、埃力生、素湃科技等；刚性材料有气凝胶绝热板、气凝胶真空板、纳米微孔绝热板等，代表企业有华陆、摩根坤德等；流体材料有气凝胶建筑保温涂料、工业保温绝热涂料、玻璃隔热涂料等，代表企业有阳煤华豹、中南建材、优澎等；气凝胶粉体代表企业主要有华阳新材、山西天一等；气凝胶相变材料代表企业主要有航天海鹰等。

气凝胶柔性材料状况已如前述。刚性材料中气凝胶玻璃具有一定的可发展性，技术含量相对较高，流体材料主要以涂料形式体现。

（2）气凝胶玻璃

欧美国家出现了用气凝胶颗粒来填充玻璃的企业，目前国内企业涉足该领域较少。

气凝胶玻璃是一种新的气凝胶应用模式。气凝胶节能玻璃可用于节能要求较高的建筑，同时可取代高层建筑一般幕墙玻璃，大大减轻建筑物自重，并起防火作用。相对于其他种类玻璃而言，气凝胶玻璃能帮助建筑更好地实现节能与舒适、环境方面三者平衡。美国新泽西州纽瓦克大学使用气凝胶玻璃进行建筑节能改造，气凝胶玻璃改造系统比普通玻璃系统节能增加4倍。Cabot实施了气凝胶玻璃节能系统示范，并获得良好的采光效果和优异的绝热性能，该项目获得LEED金牌认证。早在1977年，日内瓦欧洲核研究所开始研制，因其具有隔热、透光等特性，在现代科技及高科技领域（如航天、航海、汽车及原子能和激光领域）的应用引起了科学家的关注，随后瑞典的一所大学也开始研制。2012年，天津南玻研发出气凝胶中空玻璃，其隔热保温效果远远优于低辐射（Low-e）玻璃。中南大学以卢斌博士为核心的团队，经过10多年研究，突破并掌握了高端透明气凝胶技术，研制出"新型透明气凝胶材料"。由中南大学研制的新型超级节能气凝胶玻璃在我国首次实现量产，填补了我国在气凝胶研发应用领域的一项空白。2013年9月16日，经湖南省科技厅组织专家评审鉴定，认为该项技术"居国际领先水平"，具备产业化条件。其中拥有独立自主知识产权核心技术主要包括：高端透明绝热气凝胶新材料技术、快速超临界干燥工艺、大尺寸完整透明气凝胶生产工艺。据介绍，到目前为止，世界上也仅有少数国家拥有高端透明气凝胶核心技术。

从国内平板玻璃需求量看，气凝胶玻璃将是一个巨大的市场，特别是在建筑领域，如图16-21和图16-22所示。

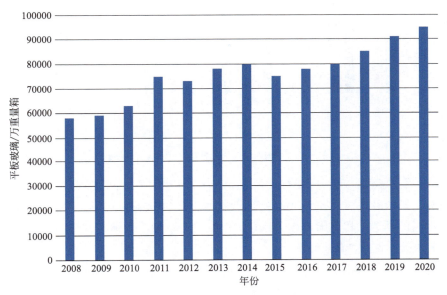

图16-21 国内平板玻璃需求量

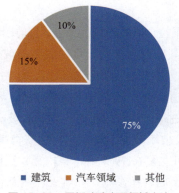

图 16-22 平板玻璃应用领域占比

（3）气凝胶涂料

涂料被应用到各行各业，最近几年需求量呈上升趋势。国内规模化生产企业有 1968 家，2020 年涂料营业收入达到了 3054.34 亿元（2459.1 万吨），如图 16-23 所示。气凝胶材料作为新型功能材料必然将在各种涂料中发挥作用。如利用优异的绝热性能开发的保温涂料，为涂料中的细分行业。

图 16-23 中国涂料需求总量及建筑涂料需求总量

虽然涂料整体趋势上升，但是行业营业收入从 2019 年增速开始缩减为负数，导致营业收入迅速缩减。如知名品牌三棵树 2020 年营业收入相对 2019 年缩减了一半。这要求企业必须改变传统涂料的理念。目前国内部分建筑涂料企业进军建筑保温，如立邦、三棵树、亚士、嘉宝莉、多乐士、宣伟、富思特等。

亚士创能 2004 年推出了外墙保温系统。2016 年，立邦建立 200 万平方米保温装饰一体板。2020 年，三棵树首条保温装饰一体板投产。

涂料企业除亚士创能从进军保温材料后持续在行业领航外，2020 年较多的涂料企业布局保温材料并进入前五名，如三棵树、立邦、美涂士等（图 16-24）。

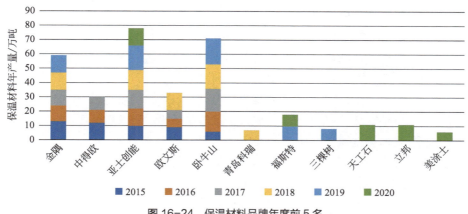

图 16-24 保温材料品牌年度前 5 名

气凝胶涂料作为新型保温流体材料,不仅可以应用在外墙体的保温中,还可以应用在建筑内墙保温和建筑顶部保温和建筑底部保温,如图 16-25 所示。2010 年上海世博会零碳馆及万科实验楼应用了该种涂料,表明这种涂料具有突出的节能效果,但目前价格偏高,推广还具有一定难度。阳煤华豹建成的 20 万吨气凝胶涂层项目,将领航气凝胶涂料的发展应用。

图 16-25 气凝胶保温涂料应用示意图

16.4 发展我国气凝胶产业的主要任务及存在主要问题

16.4.1 国家战略产业潜在气凝胶产品市场

随着我国大力发展航天事业,传统的热防护材料已经无法满足航天装备日新月异的需求。这时候航天科工的科研人员从文献中找到了气凝胶这样一种陌生又神奇的材料。通过对技术体系的追踪和研判,他们敏锐地捕捉到这种前沿材料未来可能会有巨大的应用前景。中国

"天问一号"探测器于 2020 年 7 月 23 日在中国文昌航天发射场由"长征五号"运载火箭发射升空,成功完成地月合照、探测器"自拍"、中途修正、深空机动、载荷自检等工作。"天问一号"一共应用了两种气凝胶材料,分别用来应对"极热"和"极寒"。同时,在空间站的搭建和运行过程中,气凝胶材料随"长征五号"系列火箭、"天舟二号"货运飞船执行运输任务,在"长征五号"系列火箭上主要应用于发动机高温燃气系统的隔热。在"天舟二号"任务中,把气凝胶做成真空隔热板安装在低温锁柜中,在飞船中搭建了超级冰箱。

目前新能源汽车蓄电池芯模组采用的隔热阻燃材料主要有两种:①塑料类 PP、ABS、PVC 等,其中以 ABS 工程塑料为主,通常将阻燃剂添加进 PP、ABS 等塑料制成阻燃塑料;②玻璃纤维、陶瓷纤维棉等防火类材料制成的防火毡。气凝胶作为一种新兴材料,具有优良的绝热阻燃性能,将气凝胶与工程材料复合而成的气凝胶复合材料具有极为优异的阻燃性能。

16.4.2 气凝胶产业主要任务及问题

(1)专利的布局

气凝胶产品最初由美国人发明,并在 Aspen 公司得到发展,相关的基础技术专利已被垄断,著名的"337"专利侵权案例严重打击了中国气凝胶制品的出口。其中基本的公知术语被定义为专利点,特别是气凝胶绝热毡的超临界生产方法。

虽然中国的气凝胶专利随着参与工作者的增加和研究的深入,最近几年数量急剧增多,中国气凝胶的专利申请数量从 2017 年的 4745 项增加到 2021 年 7 月的 23217 项,但相对专利质量不是很高,主要是专利的术语表达不够准确或者涵盖领域较窄,而国外 Aspen 布局的专利几乎针对了一个产品所有关键点,导致这个产品很难突破。

同时,中国企业申请的专利更多局限于中国地区,国际专利数量较少,主要是国际专利费用较高,企业将承担很大一部分费用,而部分企业目前没有国际业务,忽略了国际专利的申请,这将限制后期国内气凝胶产品走向国际市场。相关专利情况如图 16-26 ~ 图 16-30 所示。

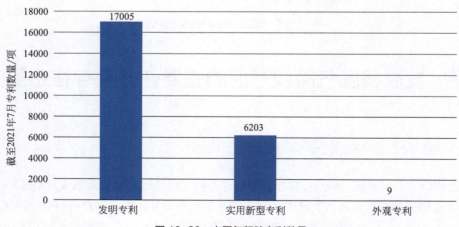

图 16-26　中国气凝胶专利数量

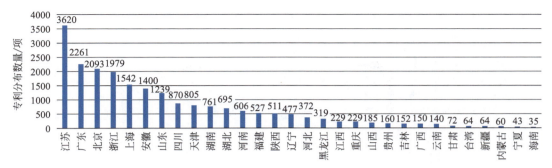

图 16-27 各省（自治区、直辖市）气凝胶专利申请数量

图 16-28 中国气凝胶年度累计授权及申请数量

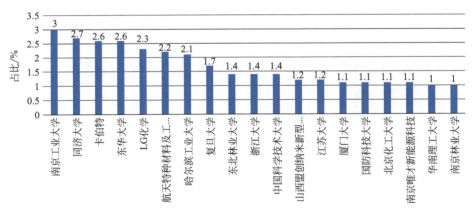

图 16-29 国内专利授权前 1000 名占比超过 1% 的单位

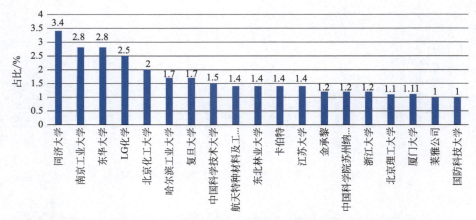

图 16-30　国内专利申请前 1000 名占比超过 1% 的单位

目前国内有 30 多个省份申请了气凝胶相关的专利，其中沿海地区和发达城市比较明显，如江苏、广东、北京等。同时，目前气凝胶的主要生产企业也集中在江浙一带。

专利的申请目前还主要集中在大学，企业申请数量相对较少。大部分科研成果没有转化为生产力，这是未来需要解决的一个问题。

（2）标准的建立及国际标准问题

虽然目前已制定了一部关于气凝胶及其制品的国家标准，但是这部标准建立的依据主要是二氧化硅气凝胶制品，其他类型气凝胶制品没有被包含进去，同时，这个标准由于初步建立，还存在很多需要完善的地方，如产品品质等级类型分类，对于市场来说比较模糊、烦琐。地方标准目前有少部分建立，但也不足够支撑整个行业的发展，同时，地方行业标准的说服力度不够。个别标准明显带有企业自我保护特性，不具有普适性，不利于走向国际化。

在国际标准中，目前还没有由中国主导编制的相关气凝胶的标准，中国在国际上的话语权不多。同时，也没有引起行业对标准的重视。这是将来气凝胶材料走向国际化需要重视的问题。

16.5　推动我国气凝胶产业发展的对策和建议

① 其他种类气凝胶的开发及应用工业化。目前工业化的产品还局限于二氧化硅气凝胶，其他种类的气凝胶还局限于实验室阶段，这限制了气凝胶产品的功能应用。高校和企业应响应国家的校企合作模式，同时，国家和地方政府应采取一些措施来引导和规避企业新料应用推广风险。根据二氧化硅气凝胶的企业年报显示，目前大多数企业处于亏损或微利状态，这不利于气凝胶材料的应用和推广。

② 气凝胶新材料作为一种新型功能材料，目前市场鱼龙混杂，应完善相关产品标准。

③ 气凝胶专利国际化布局应引起企业的重视，国家应给予适当的支持。

④ 气凝胶国际化标准的建立是未来需要重视并需要加强的方面，在国际上争取更多行业话语权，避免国外的垄断特性。

作者简介

孙晔，高级工程师，天津市"111"工程优秀企业家，中国节能协会会员，气凝胶绝热材料协会会员，目前就职华豹（天津）新材料科技股份有限公司，担任研发负责人。研究方向主要为化工及化工工艺，新材料制备及新材料工程应用。主持过天津市科委重大项目工程、集团科研项目等。授权发明专利6项，授权实用新型专利18项，已受理发明专利45项。申请国际发明专利2项。参编标准4部。国际期刊论文1篇，国内期刊论文10余篇。

张鼎昊，美国南加州大学硕士，华豹集团研发总裁。发表外文文献数篇，国内期刊文献数篇，申请国际专利1项，国内发明专利数项。